中国经济高质量发展研究丛书

余东华◎著

多重约束下中国制造业
转型升级路径研究

Research on the Transformation and
Upgrading Path of China's Manufacturing Industries
under Multiple Constraints

中国财经出版传媒集团

经济科学出版社
Economic Science Press

图书在版编目（CIP）数据

多重约束下中国制造业转型升级路径研究/余东华
著 . —— 北京：经济科学出版社，2022.4
ISBN 978 - 7 - 5218 - 3647 - 9

Ⅰ.①多…　Ⅱ.①余…　Ⅲ.①制造工业 - 产业结构升
级 - 研究 - 中国　Ⅳ.①F426.4

中国版本图书馆 CIP 数据核字（2022）第 068571 号

责任编辑：于　源　郑诗南
责任校对：杨　海
责任印制：范　艳

多重约束下中国制造业转型升级路径研究

余东华　著

经济科学出版社出版、发行　新华书店经销
社址：北京市海淀区阜成路甲 28 号　邮编：100142
总编部电话：010 - 88191217　发行部电话：010 - 88191522
网址：www. esp. com. cn
电子邮箱：esp@ esp. com. cn
天猫网店：经济科学出版社旗舰店
网址：http：//jjkxcbs. tmall. com
北京密兴印刷有限公司印装
710 × 1000　16 开　23. 25 印张　430000 字
2022 年 6 月第 1 版　2022 年 6 月第 1 次印刷
ISBN 978 - 7 - 5218 - 3647 - 9　定价：92. 00 元
（图书出现印装问题，本社负责调换。电话：010 - 88191510）
（版权所有　侵权必究　打击盗版　举报热线：010 - 88191661
QQ：2242791300　营销中心电话：010 - 88191537
电子邮箱：dbts@ esp. com. cn）

前　言

进入 21 世纪以来，中国制造业面临的国内外环境发生了深刻变化。从国内看，要素价格上涨和环境规制趋紧提升了制造业生产成本，减弱了"中国制造"的传统相对优势；新工业革命挑战、要素价格上涨、环境规制趋紧、消费需求升级、"碳达峰"和"碳中和"目标迫使中国制造业不得不加快转变发展方式，通过转型升级实现提质增效和高质量发展。从国际看，发达国家先后制定并实施了加快高端制造业发展的"再工业化"战略，以应对新工业革命挑战，提振实体经济，增强国家竞争优势；新兴的发展中国家也先后出台了加快制造业发展的规划和战略，以要素成本优势抢占制造业中低端市场；中国制造业面临着发达国家和发展中国家的"双向挤压"，国际竞争更趋激烈。共和党的特朗普当选美国总统之后挑起了中美贸易摩擦，试图通过实施贸易保护主义措施、推行逆全球化政策、制裁中国实体企业等多种手段打压"中国制造"，遏制中国崛起；民主党的拜登上台后并未改变美国对华政策，而是变本加厉，采用更加"阴柔手段"和多元政策打压中国制造业。新冠肺炎疫情尚未完全得到控制，后疫情时代的消极影响将长期存在。在要素价格上涨、环境规制趋紧、贸易摩擦增多、国际竞争加剧和后疫情时代影响等多重约束背景下，中国制造业急需通过转型升级、提质增效、由大变强，提升自主创新能力和国际竞争力，走上高质量发展之路。加快制造业转型升级、实现由制造业大国向制造业强国转变，是国家层面的重大战略，也是满足全局性、系统性、长期性、战略性和国际竞争性要求的工业强国方略。多重约束下的中国制造业转型升级是一个新课题，涉及多个领域，具有跨学

1

科性质，开展中国制造业转型升级的相关问题研究，能够推动多个领域的理论创新，具有重要的理论价值。同时，研究中国制造业转型升级路径，能够推动中国产业结构优化升级，推动中国经济走上内涵式发展和内生性增长的可持续之路，为构建现代产业体系夯实基础。

本书紧扣"百年未有之大变局"的时代特征，围绕提升制造业国际竞争力、治理过剩产能和节能减排降耗三大关键问题，重点分析要素价格上涨、环境规制趋紧对制造业转型升级的影响机制和影响途径，研究和探讨要素价格上涨、环境规制趋紧、贸易摩擦增多和国际竞争加剧等多重约束背景下的中国制造业转型升级的具体路径，提出推动中国制造业转型升级的支撑体系和政策体系。本书的主要内容包括：

（1）围绕"百年未有之大变局"研究中国制造业转型升级的背景条件和外部环境，剖析中国制造业转型升级所面临的多重约束条件；分析中国制造业发展现状和存在的问题，构建多维指标体系测度和评价中国制造业转型升级能力和国际竞争力演变历程，并进行区域之间的横向比较，客观把握我国制造业发展现状。

（2）构建理论模型，分析要素价格上涨和环境规制趋紧对制造业转型升级的影响路径和作用机制；在理论分析的基础上，量化分析要素价格上涨和环境规制趋紧对中国制造业国际竞争力和技术创新能力的影响程度，明确中国制造业突破多重约束、实现转型升级的主要方向和主要路径。

（3）测度中国制造业产能过剩状况并分析我国制造业出现产能过剩的主要成因，提出加快制造业供给侧结构性改革、化解产能过剩难题、加快制造业高新化发展的对策建议。

（4）以要素价格上涨、环境规制趋紧、国际竞争加剧等多重约束为背景，从信息技术扩散、人力资本积累、要素市场扭曲、生产性服务业集聚、技术创新能力、资本深化程度、全球价值链嵌入等维度，系统分析中国制造业转型升级的具体路径。

（5）研究设计推动中国制造业转型升级的支撑体系和政策体系。在借鉴工业化国家成功经验的基础上，结合我国制造业发展实际，研究提出中国制造业转型升级中的过剩产能治理和节能减排降耗的战略举措，设计推动制造业转型升级和提质增效的体制机制和加快制造业高质量发展的政策体系。

本书的主要结论和创新之处在于：

（1）研究提出了要素价格上涨和环境规制趋紧背景下中国制造业转型升级的主要方向和具体路径。中国制造业转型升级的方向是通过智能化、数字化、服务化、绿色化和国际化，走向高质量发展之路；将制造业转型升级的驱动力量与转型路径相结合，从信息技术扩散、全要素生产率提升、人力资本积累、有效劳动供给、资本深化、要素价格理顺、生产性服务业集聚、环境规制趋紧等多个维度，研究设计了中国制造业转型升级的主要路径和动力机制，并研究了中国制造业"低碳化转型""高新化升级"和迈向全球价值链中高端的具体路径。

（2）量化分析了要素价格上涨和环境规制趋紧对中国制造业国际竞争力的影响程度，实证分析环境规制趋紧对中国制造业技术创新能力的影响。研究结果显示，要素价格上涨过快会促使原材料价格越来越成为制造业企业的成本负担，进而降低制造业的国际竞争力，劳动力工资水平的提升对劳动密集型制造业国际竞争力存在负向影响，但是对资本技术密集型制造业的影响有限。环境规制通过技术进步偏向性提升了技能溢价，通过人力资本积累和技能劳动供给增加发挥了提升制造业国际竞争力的作用。从总体上说，环境规制趋紧不会明显阻碍中国制造业技术创新能力的提升，尤其是在长期内，环境规制强度上升能够推动企业加大研发投入，使用先进的绿色制造技术，从而提升企业技术创新能力和国际竞争力。

（3）测度分析了中国制造业转型升级能力和产能过剩状况，并进行了横向比较。从制造业生产增值能力、可持续发展能力、创新学习能力、信息技术辐射能力四个维度构建了新工业革命背景下制造业转型升级的能力指标体系，测度并比较了中国各地区制造业转型升级的能力。采用数据包络分析（DEA）方法对我国制造业产能利用率进行了测算分析，发现产能利用率低的行业主要集中在重工业领域，我国制造业总体的设备利用率呈现不断下降的趋势，产能利用率则经历了先缓慢上升后快速下降的变化路径。

（4）研究提出了推动中国制造业转型升级的支撑体系。在深入分析世界主要国家"再工业化"战略和规划的基础上，研究提出了推动中国制造业转型升级的六大支撑体系，即研发、设计与技术支撑体系，教育、培训与人才支撑体系，政策、项目与资金支撑体系，硬件、软件与平台支撑体系，改革、管理与制度支撑体系，创新、创业与服务支撑体系。

目录
CONTENTS

第1章

导　　论

1.1　研究背景与问题提出

经过改革开放以来的快速发展，2010 年我国制造业产值占世界制造业产值的比重达到 19.8%，首次超过美国的 19.6%，成为世界头号制造业大国。其后，我国一直保持世界第一制造业大国地位，成为名副其实的"世界工厂"。然而，我国仍非制造业强国，制造业高投入与低产出、高污染与低附加值的矛盾十分突出，产能过剩现象较为严重，制造业向全球价值链中高端迈进的任务仍然十分艰巨。我国制造业之所以能够迅速崛起，一个重要原因就是依赖比其他国家更低的劳动力工资、更廉价的土地等自然资源以及更高的环境污染容忍度等所形成的综合比较成本优势。然而，这些优势正在消减之中。当前，中国制造业面临着多重约束：一是要素价格上涨势头较快，制造业成本上升的压力越来越大。随着人口红利的逐渐消失、世界原材料价格的持续上涨、土地使用价格的上升，以及人民币汇率持续攀升，中国制造业要素成本上升的速度越来越快，"中国制造"的低成本优势逐步丧失。二是低碳经济条件下的环境规制趋紧，制造业节能降耗减排的压力越来越大。一方面，由于低碳经济在全球的兴起，世界各国环境保护力度加大，绿色制造、绿色贸易和"碳关税"逐渐兴起，使得中国制造业面临的节能减排压力逐年增大；另一方面，多年粗放式发展所带来的高污染使得中国生态环境变得空前脆弱，生态系统濒临崩溃，这也将倒逼中国制造业增加节能减排的投入。中国是世界第一碳排放大国，实现碳达峰和碳中和"3060 目标"的任务较为繁重，制造业需要继续加大节能减排力度。总而言之，要素价格上涨和环境规

1

制趋紧使得我国制造业综合比较成本优势逐步衰减，急需通过转型升级找到生态优先、绿色发展的现代化道路。

进入 21 世纪以来，中国制造业面临的国内外环境发生了深刻变化，"百年未有之大变局"对中国制造业高质量发展产生了深刻影响。从国内看，要素价格上涨提升了制造业生产成本，减弱了"中国制造"的相对优势；新工业革命挑战、要素价格上涨、环境规制趋紧和消费需求升级迫使中国制造业不得不加快转变发展方式。以信息网络技术为主导的新一轮科技革命和产业变革正孕育兴起，全球科技创新和产业发展呈现出新的态势和特征。这一轮变革是信息网络技术与制造业的深度融合，是以制造业数字化、网络化、智能化为核心、建立在物联网基础上，同时叠加新信息、新能源、新材料等方面的突破而引发的新一轮技术和产业革命，将给世界范围内的制造业带来深刻影响。这一革命，恰与中国加快转变经济发展方式、建设制造业强国形成历史性交汇，对中国制造业而言，既是机遇，也是挑战。截至 2021 年，中国已经连续十二年位居世界第一制造业大国，然而中国制造业也面临着一系列挑战：一方面，自主创新能力不强，核心技术和关键元器件受制于人，产品质量问题突出，品牌意识不强，资源利用效率偏低，产能利用率不高，产业结构不合理，大多数产业处于价值链中低端；另一方面，近两年来中国制造业面临较大困难，生产要素价格稳步上升，需求结构升级加快，环境规制日益强化，制造业国际竞争更加激烈。这些因素制约着中国制造业的发展，中国制造业急需转型升级、提质增效、由大变强，提升自主创新能力和国际竞争力。

从国外看，发达国家先后制定并实施了加快高端制造业发展的国家战略和"再工业化"计划，以应对新工业革命挑战，提振实体经济，增强国家竞争优势；新兴发展中国家也先后出台了加快制造业发展的规划和战略，以要素成本优势抢占制造业中低端市场。为了应对新工业革命挑战，加快本国制造业发展，抢占制造业国际竞争制高点，世界主要国家都制定了制造业发展战略。美国先后制定了"再工业化战略""制造业复兴计划""先进制造业伙伴（AMP）计划""重振美国制造业框架"等战略规划，推动制造业的回归和复兴；德国抛出了"工业4.0"发展规划和"德国 2020 高技术战略"，加快制造业数字化、网络化和智能化进程；日本开始实施"制造业再兴战略"和"日本制造业竞争力策略"，以巩固其制造业强国地位；韩国制定了"制造业新增长动力战略"，走上创新驱动之路；法国提出了"新工业法国战略"，重振法国实体经济。新兴发展中国家也先后出台加快制造业发展的规划和战略，以要素成本优势抢占制造业中低端市场；印度出台了"制造业国家战略"，目标直指"与中国竞争全球制造业中心的地位"；巴西成立了"国家工业发展理事会"，公布了"工业强国计划"，推行制造业减税政策，加快企业重组和制造业调整步伐。俄罗斯和南非也提出了加快制造业转型发展的战略规划。随着这些不同版本的制造业发展战略的实施，全球制造业格局面临重大调整，国际竞争将更趋激烈。特朗普当选美国总统之后挑起了中美贸易摩擦，通过增加贸易保护主义措施、推行逆全球化政策、制裁中国企业等多种手段打压中国制造业，中国制成品对美出口受到较大影响。拜登政府在维持前任的贸易保护主义政策同时，开始苦练内功，增加对制造业的研发投入，试图在多个领域对中国制造业进行围堵和卡压。

我国正处于加快推进新型工业化进程中，制造业是立国之本、兴国之器、强国之基，是工业经济的主体、国民经济的基础、服务经济的支撑，是构建现代产业体系的重要基础，也是国家竞争力最为直观的体现。制造业的规模和水平及其在国际分工中的地位，是衡量一个国家或地区综合实力和现代化程度的重要标志。应当看到，中国制造业既面临着重大挑战，更面临着前所未有的历史机遇。为了抓住制造业转型升级的历史性机遇，应对国内外挑战，中国政府先后提出并实施了"互联网＋""供给侧结构性改革"和"大众创业、万众创新"等制造业振兴战略，坚持创新驱动、智能转型、强化基础、绿色发展，加快从制造大国转向制造强国。中国制造业振兴战略的核心任务就是要应用新一代信息网络技术驱动制造业的转型升级，促进制造业从全球生产价值链的低端走向高端，从资源依赖型、环境破坏型、劳动力与资本密集型的传统制造业发展模式，转变为环境节约型、创新技术推动型的可持续发展模式，提高制造业的生产效率和国际竞争力。在制造业转型升级中，能否通过技术路径的设计、重点产业的选择和重大战略的实施，使产业链上下游动态匹配，控制产业链、供应链和价值链上的关键环节，并使产业链上下游产业之间，供应链、价值链上企业之间，分工合理、协作紧密、竞争有效，是决定产业结构合理和产业竞争力的关键。以网络信息技术驱动制造业转型升级，是应对国内外制造业竞争新态势和新工业革命挑战，推动制造业提质增效，化解制造业产能过剩矛盾，增强制造业国际竞争力、抢占制造业竞争制高点的重大战略部署。①

在这种大背景下，如何抓住新工业革命的契机，推动中国制造业转型升级，提升"中国制造"的国际竞争力，使中国由制造业大国转变为制造业强国，由世

---

① 2019年新冠肺炎疫情暴发之后，中国制造业转型升级面临的国内外环境又发生了一些新的变化，制造业高质量发展面临着新的挑战。受篇幅和时间限制，本书没有对此进行系统研究，课题组已在其他课题中讨论后疫情时期中国制造业高质量发展问题。

界生产中心转变为世界研发和制造中心；如何把握以信息网络技术为主导的新一代信息技术的基本特征和发展趋势，利用信息网络技术驱动中国制造业转型升级，解决制造业发展动力不足问题；如何治理制造业领域的产能过剩，通过淘汰落后产能形成良好市场竞争环境；如何降低制造业领域的碳排放，实现制造业低碳转型和绿色可持续发展，都是关系到中国经济能否保持持续健康较快发展的重大战略问题。本书将关注以上问题，围绕提升制造业国际竞争力、治理过剩产能和节能减排降耗三大关键问题，研究和探讨要素价格上涨和环境规制趋紧下的中国制造业转型升级路径，提出推动中国制造业转型升级的支撑体系和政策体系。

1.2 研究的理论价值与现实意义

1.2.1 理论价值

中国是一个发展中大国，正处于经济转型过程之中，西方经济学理论和模型很难直接应用于中国问题研究，需要学术界结合中国实践开展深入研究，提出可以指导中国实践的思想和理论。加快制造业转型升级、实现由制造业大国向制造业强国转变，是国家层面的重大战略，是满足全局性、系统性、长期性、战略性、国际竞争性要求的工业强国方略。要素价格上涨、环境规制趋紧和国际竞争加剧等多重约束下的中国制造业转型升级是一个全新课题，涉及多个领域，具有跨学科性质，开展中国制造业转型升级的相关问题研究，能够推动多个领域的理论创新，具有重要的理论价值：

（1）研究提出在要素价格上涨和环境规制趋紧等多重约束下中国制造业转型升级路径设计的理论依据，提出制造业转型升级模式与升级路径理论以及产业转型升级的动力机制理论。在深入分析世界科技革命和产业革命的本质特征和发展趋势的基础上，分析制造业发展中技术选择和技术变迁的规律和趋势，研究提出中国制造业向高端化、智能化、数字化、绿色化和国际化方向转型发展的理论依据和路径选择理论。

（2）构建理论模型分析要素价格上涨和环境规制趋紧对中国制造业国际竞争力的影响机制。探索在信息网络技术驱动下制造业可能出现的新业态和新模式，进一步完善制造业核心能力和相对优势的测度方法、指标体系与理论依据。通过本书的研究，力争从理论上解决中国制造业发展的后劲与潜力问题，并在理论研究的基础上，提出测度制造业国际竞争力和制造业企业核心能力的方法和指标体系。

（3）探讨中国制造业低碳转型和过剩产能治理的理论依据和分析方法，研究制造业转型升级的动力转换理论，提出产业转型升级动力系统理论。中国制造业发展面临着一系列难题，破解这些难题的突破口在于寻求制造业转型发展的新动力。本书将以信息网络技术为切入点，结合"制造强国"战略的实施，研究信息网络技术驱动制造业转型升级的动力机制，构建制造业转型升级和加快发展的动力系统，在此基础上逐渐构建产业发展动力学模型和理论。

1.2.2　现实意义

本书的实践价值与现实意义主要体现在以下三个方面：

（1）提出推动中国由制造业大国向制造业强国迈进的具体战略和路径，为解决中国制造业转型升级中的国际竞争力提升、过剩产能治理和节能减排降耗难题提供决策参考。未来 5～15 年是世界经济版图发生深刻变化、区域经济实力此消彼长的重要变化期，是新工业革命推动的传统工业化与新型工业化相互交织、相互交替的转换期，是工业化时代与信息化时代交汇、工业化与信息化深度融合的过渡期。开展中国制造业转型升级相关问题研究，可以推动中国制造业实现"四大转变"，即由要素驱动向创新驱动转变，由低成本竞争优势向质量效益竞争优势转变，由资源消耗大、污染物排放多的粗放制造向绿色制造转变，由生产型制造向服务型制造转变，这对于实现工业强国战略目标具有重大现实意义。

（2）通过制造业转型升级，提高制造业国际竞争力，同时推动中国产业结构优化升级，推动中国经济走上内涵式发展和内生性增长的可持续之路，为构建现代产业体系夯实基础。制造业是中国经济和社会发展的命脉，实施"制造强国"战略和相关发展规划，对于推动中国制造由大变强，加快中国制造业转型升级、提质增效，形成中国制造业的核心能力，增强中国制造业国际竞争力，使中国制造包含更多中国创造因素，更多依靠中国装备、依托中国品牌，促进经济保持中高速增长、向中高端水平迈进，具有重大战略意义。尤其是在向新常态转型的当下，经济增长下行压力较大，制造业发展面临的困难较多，传统制造业急需突破发展困局，通过实施制造业强国战略，加快制造业转型升级和提质增效，对于实现稳增长、调结构、转方式的战略目标具有重大的现实意义。

（3）研究提出推动中国制造业转型升级和实现高质量发展的支撑体系和公共政策体系。通过政策引导，推动制造业转型升级，建立创新驱动、集约高效、环境友好、惠及民生、内生增长的制造业发展模式，不断增强工业核心竞争力和可持续发展能力，为建设工业强国和实现共同富裕打下更加坚实的基础。系统研究如何把握新工业革命带来的重要机遇，推动实施"制造强国"计划和制造业转型升级，构建现代产业体系，进而打造中国经济升级版，优化经济结构，提高经济实力和经济竞争力，对于把握好战略机遇，科学应对各种挑战，推进经济转型、保持经济稳定发展，对于加快推进社会主义现代化建设、实现"四个全面"和"两个百年"的战略目标具有重要的现实意义。

1.3　国内外研究现状述评

1.3.1　产业结构调整与升级

（1）国外学者较早关注产业结构调整及其对经济增长的影响。从配第（Petty）、克拉克（Clark）、库兹涅茨（Kuznets）到霍夫曼（Hoffman）、钱纳里（Chenery）和罗斯托（Rostow），很多西方学者长期致力于探求资源在不同部门之间的配置以及由此引起的产业结构调整对经济增长的贡献。根据研究方法的不同，国外关于产业结构调整与升级的研究可以分为两大类：一是以美国学者罗斯托、刘易斯（Lewis）、费农（Vernon）和日本的筱原三代平（Shinohara Miyohei）、佐贯利雄（Sakanori）等为代表的理论分析学派；二是以克拉克、库兹涅茨、霍夫曼、钱纳里、赛尔昆（Syrquin）等为代表的实证研究学派。尽管着力点不同，但两派研究的主要问题均集中在工业结构演进的规律、工业结构升级的动力机制或影响因素上。

在产业结构变动规律方面，罗斯托（1960）提出的经济成长"六阶段"理论从经济发展进程的角度解释了产业更替过程。配第－克拉克定理（1940）、罗斯托（1960）的经济发展理论、贝尔（Bell，1974）提出的"后工业社会"理论、钱纳里和塞尔昆（1986）的"标准产业结构"等关于产业结构升级的理论都指出，随着经济发展，工业在经济结构中的比重将先上升后下降，服务业对经济的贡献度会逐渐增加并且会占据比工业更高的比重。钱纳里（1991）、塞尔昆（1986）等人在研究初期都认为，以恩格尔定理（Engel's Law）为基础的最终需求是产业结构变动的最主要因素，但在后来的研究中指出中间需求变动等供给性因素对产业结构变动也发挥关键作用。库兹涅茨（1989）也强调完全用需求因素来解释产业结构变动是具有一定局限性的，供给性因素对结构变动起到了重要的作用。

在产业结构调整的影响因素方面，库兹涅茨（1989）从实证研究中发现了制度对产业结构的影响。钱纳里（1991）等人揭示了制造业内部结构转换的原因，即产业间的关联效应，这为了解制造业内部结构变动趋势奠定了基础。他们同时还提出了经济增长即是经济结构转变过程的观点。达斯古普塔和黑尔（Dasgupta and Hea，1979）以及斯蒂格利茨（Stiglitz，1974）、索洛（Solow，1974）、加格和斯威尼（Garg and Sweeney，1978）等学者运用新古典增长模型对可耗竭性资源的最优开采和利用路径进行了分析。20 世纪 80 年代中后期，以罗默（Romer，1990）、卢卡斯（Lucas，1988）等人为代表的内生增长模型的出现，摆脱了新古典模型中长期人均增长率被外生技术进步率所盯住的束缚，使得分析长期经济增长成为可能。格里芬（Gereffi，1999）认为，产业升级是一个企业或经济体提升其迈向更具获利能力的资本/技术密集型经济领域能力的过程。潘恩（Poon，2014）则认为，产业升级就是制造商成功地从生产劳动密集型、低价值产品向生产更高价值的资本或技术密集型产品这样一种经济角色转移的过程。

在产业结构升级模式方面，汉弗莱和施密茨（Humphrey and Schmitz，2002）将产业升级的过程概括为工艺升级、产品升级、功能升级和价值链升级四种不同层次的模式。格里芬（1999）和恩斯（Erns，2012）认为，发展中国家在加入全球化生产体系后，就成为嵌入全球价值链条上的一个节点，这使发展中国家有可能通过利用承接发达国家产业转移的机会超越产业成长阶段，实现跨越式产业升级。日本经济学家赤松要（Kaname Akamatsu，1932）提出工业成长的"雁行模式"成为战后日本产业结构优化升级的理论依据。小岛清（Kojima，1975）深入分析了战后日本企业对外直接投资和美国跨国公司对外直接投资的不同特点，提出了适合日本国情的对外直接投资理论，即"比较优势论"，从而将"雁行模式"理论进一步推向了一个新的高度。

（2）国内有大量学者致力于产业结构优化升级方面的研究，取得了较为丰硕的学术成果。在理解产业结构优化的内涵及其对经济增长的影响方面，周振华（1990，1992，1999）认为，产业结构优化的内涵包括产业结构的合理化和高度化两方面内容，并将产业结构优化理论与区域产业结构背景相结合，分析了地区产业结构优化升级问题。李悦和李平（2004）、芮明杰（2005，2007）、余东华（2008）等学者认为，产业结构优化是指产业结构向协调化和高级化方向演进的过程，提高经济增长质量就必须提高产业结构水平。江小涓（1996，2004，2005）分析了政府在产业结构调整中的作用、在产业政策制定和执行中的行为，同时也对以政府干预为主的产业结构调整方式进行了反思。原毅军等（2008）不仅对产业结构的变动和优化做了理论解释，而且对衡量产业结构优化的定量分析方法做了归纳和总结。张培刚（2001）认为，从广义上讲，产业结构是指各次产业间及各产业部门内乃至企业之间相互作用、相互制约所形成的一种网状关系结构。金碚（2013）、金碚和张其仔（2014）研究发现，中国工业化向经济腹地的较快推进直接表现为产业在区域间转移的加快，并在空间转移中实现结构升级。干春晖等（2011）将中国产业结构升级分为产业结构高级化和产业结构合理化两个维度，认为后者对经济发展的贡献要远远大于前者。

在产业结构升级模式和测度方面，国务院发展研究中心课题组（2010）从国际经验总结与借鉴的角度，归纳出产业结构升级的四种模式，即美国"创新型"产业结构升级模式、日本"追赶型"产业结构升级模式、韩国"压缩型"产业结构升级模式和拉美"交替型"产业结构升级模式。冯根福等（2009）认为产业结构升级的测度可以在两个层面进行：第一层含义仅考虑三次产业结构比例的变化，第二层含义主要考虑附加价值的提高、各产业部门技术构成的提高和新兴产业的成长等。乌义钧（2006）、黄茂兴和李军军（2009）从产业结构优化升级角度，提出评价产业结构优化升级的多指标体系，这些指标包括附加价值溢出量、高加工化系数、结构效益指数、结构效应链等。刘志彪（2009）、王岳平（2008）、臧旭恒（2010）等认为，在产业发展模式上，从物质要素投入驱动向效率驱动转变，使经济增长更多地依靠自主创新、管理创新和劳动者素质的提高；在产业结构上，从注重比例关系到突破关键环节，强化功能性政策，加速推进产业结构调整升级。

在产业结构调整的影响因素和制约条件方面，安苑和王珺（2012）考察了地方政府的财政行为特征对产业结构升级的影响，发现地方政府财政行为的波动显著抑制了产业结构的升级。刘元春（2003）详细分析了各种因素对中国经济增长的贡献，发现二元经济转型引起的产业结构的升级无论从增长质量的改善上还是经济增长的边际贡献上都高于经济制度变迁。洪银兴（2014）指出，我国产业结构转型升级的方向应是由外需型结构转为内需型结构，由比较优势转向竞争优势，创新和市场是产业结构调整的两个杠杆和动力。吕炜（2012）认为，在政府主导的增长模式与中国经济特有体制的约束下，较低层次的产业结构已内生于中国经济增长模式，成为维系高增长的重要动力，同时也异化为产业结构自身向高级化升级的巨大阻力。陈英（2007）认为，我国产业结构调整出现了三大隐忧：在"工业化"的同时却没有出现生产率增长率的不断提高；各地重复建设、重复生产、恶性竞争等现象比较严重；中国作为"世界加工厂"为发达国家加工产品，但是由于大量消耗资源，必须从发展中国家进口原材料。杜传忠等（2011）对供给因素、技术水平、需求因素、政府因素、对外开放以及外部冲击等因素影响我国产业结构升级的机理进行了理论分析和实证检验。

（3）简要述评。国外学者关于产业结构调整升级的研究较为宏观，未能考察产业内部结构的变动及其对产业结构和经济增长的影响。国外产业结构调整理论可以为中国产业结构优化升级提供借鉴与参考，但是由于中国是发展中大国，国情差异和转型期的特殊制度属性规定了中国产业结构调整的特殊性。国内学者的研究较为具体深入，但是同样存在对制造业内部结构调整升级的规律性探讨不够、对制造业结构调整的动力机制研究不够等不足。本书将深入探讨工业内部结构，分析制造业结构调整的规律、模式及其对整体产业结构、宏观经济增长产生的影响，重点探讨影响"制造强国"战略实施和中国制造业转型升级的主要因素以及制造业结构调整的方向和路径，研究提出通过制造业高质量发展技术路径的确定和优先发展产业的选择，引导制造内部结构优化升级的机制和途径。国内外学者关于产业结构调整和升级的研究成果对于研究中国制造业转型升级具有重大参考和借鉴价值。然而，已有研究还存在一些不足之处：（1）国外学者的研究主要是针对西方发达国家或某些特定产业情况的，没有联系中国特殊制度背景和环境研究中国制造业转型升级问题；（2）进入 21 世纪以来，中国制造业转型升级的背景条件已经发生了根本性变化，国内外学术界还未系统研究要素价格上涨和环境规制趋紧背景下的中国制造业转型升级路径问题，还未深入探讨大数据、3D 打印、新工业革命等对于制造业转型升级路径的影响；（3）在转型升级的具体路径和政策体系方面，还需要进一步深化研究，增强路径设计的针对性和政策设计的战略性、前瞻性、系统性和可操作性。

1.3.2　制造业转型升级的内涵与路径研究

1. 国外研究现状

制造业转型升级是优化产业结构的重要途径，也是学术界关注的永恒话题。国外学者对于制造业转型升级的研究可以分为三个层面：

（1）在宏观视角层面，主要是从竞争优势和经济增长两个方面进行研究。波特（Porter，1990）、克鲁格曼（Krugman，1996）、赫梅尔斯（Hummels，2001）等学者认为，制造业转型升级是当资本相对于劳动力和其他资源禀赋更加充裕时，国家在资本和技术密集型产业中发展比较优势，通过要素在产业间的转移拉动经济增长。格伦茨（Greunz，2004）通过对欧洲 153 个地区的 16 个制造业部门进行实证分析发现，不管是高技术产业还是高密集地区，产业结构和创新之间都存在互相影响的关系，创新产生的技术进步会影响这些地区的产业结构。凯文（Kevin，2006）对中国 40 多个工业部门进行了实证分析，结果证明，技术创新改变了这些部门的产业水平，那些产出增长相对较快的行业获得了更高的利润，在产业中的份额也得到提高。阿尔滕伯格和施密茨等（Altenburg and Schmitz et al.，2007）的研究也表明，中国之所以能成为世界上主要的产品提供者，是因为中国通过发展创新系统，迅速提高了技术模仿和原始创新的能力，使得产业的竞争力提高，产业结构更加合理。

（2）在微观视角层面，主要是沿着两条路径展开：一是技术追赶与市场追赶理论，认为发展中国家可以在技术扩散中通过模仿和干中学，实现技术跨越式追赶（Solow and Abramovitz，1956；Scherer，1965；Elkan，1996；Larsson et al.，1999；Rutten et al.，2007；Ernst，2010）。二是基于全球价值链的产业升级理论，引入全球价值链分析框架，认为企业通过组织学习，改变学习曲线的形状，可以改进其在国际分工中的地位，突破价值链低端锁定，实现产业升级（Gereffi，1994，1999；Nolan et al.，2008；Azadegan and Wagner，2011）。布朗等（Brown et al.，1994）总结出了基于服务的制造（Service based manufacturing）、服务增强型制造（Service-enhanced manufacturing）、服务导向型（Service-oriented）制造、产品服务系统（Product service system）等概念。加西亚 - 米拉和麦奎尔（Garcia-Mila and McGuire，1998）对服务型制造的企业组织层面的微观机理进行了探索。奥利瓦和卡列内布（Oliva and Kallenebrg，2003）从组织变革等管理角度提出从传统制造商转型为服务型制造商的四个阶段。植草益（2001）介绍了电信产业内部各企业群之间的融合，说明了技术发展和产业融合在产业升级中的重要作用。

（3）在制造业转型升级过程和路径研究方面，蒂希（Tichy，1998）从集群生命周期、格里芬（1994，1999）从全球价值链、库克（Cook，2002）从区域创新网络的视角讨论了产业升级路径问题。汉弗莱（Humphrey，1995）在研究发展中国家产业升级后认为，东亚国家的产业升级路径是沿着组装、自主加工（OEM）、自主设计（ODM）、自主品牌（OBM）的路径实现的，这是一种以全球贸易为基础的产业升级方式。汉弗莱和施密茨（Humphrey and Schmitz，2002）将制造业升级的过程概括为工艺升级、产品升级、功能升级和价值链升级四种不同层次的模式，尼尔森和温特（Nelson and Winter，1982）、彭罗斯（Penrose，1995）、伦纳德 - 巴顿（Leonard-Barton，2012）等人研究了路径依赖现象，赛德、施雷约格和科赫（Sydow，Schreyogg and Koch，2009）提出了路径突破理论。国外学者关于产业转型和制造业升级的研究对于研究我国制造业转型升级具有启发性和借鉴意义。

2. 国内研究现状

国内学者关于制造业转型升级的研究是围绕四条主线展开的：（1）在结构调整和转型升级的背景和动力方面，江小涓（2004）、吕政（2003，2015）、杨丹辉（2005）、原毅军等（2008）、干春晖等（2009）、周振华（2011）、唐晓华（2013）和沈坤荣等（2013）指出，加快制造业转型升级是中国经济保持持续健康发展的迫切需要，加大自主创新力度，积极培育和引进企业家群体，营造有利于产业高端化、服务化、集约化的发展环境，能够促进产业结构调整和优化升级。陈佳贵和黄群慧（2012）、吴晓波（2013）、潘悦（2012）等认为，制造业转型升级的概念不再简单地局限在产业之间，而是指同一产业内部的劳动密集型环节向资本密集型和技术密集型环节的升级转换。

（2）在转型升级的方式和路径方面，刘志彪等（2008，2009，2012）、芮明杰（2010，2012）、唐晓华（2015）等学者认为，中国企业需要突破俘获型全球价值链的低端锁定，通过产业内迁和产业延伸构建国内价值链，调整区域间产业关系，促进产业发展和升级。金碚等（2011）、杜传忠（2013）、张建华等（2012）从深化体制改革、完善产业政策和优化发展环境等方面，提出了引导和推动工业结构转型升级的方式和路径。臧旭恒等（2012）、吕薇（2013）研究了消费需求升级与产业发展的内在关联机制，对消费需求升级背景下的产业结构演变进行了理论探讨和实证研究。蔡昉等（2009）延伸了雁阵模型的解释和预测范围，从经验上实证分析了 21 世纪以来中国地区制造业增长和生产率提高的格局变化。

（3）在转型升级的政策措施方面，郭克莎（2007）、李善同（2008）、宋冬林（2009）、裴长洪（2010）、李平等（2010）、刘戒骄（2011）、赵彦云等（2012）、杨蕙馨（2012）、张耀辉（2014）、陈诗一（2011）、吕政（2015）等学者通过研究从不同视角提出了制造业发展和升级的政策建议。余东华（2008）提出了双重转型背景下，推动中国产业结构调整的政策体系。

（4）在制造业竞争力评价方面，金碚（2009）、李廉水（2009）、李平（2010）、余东华和孙婷（2018）等学者构建了多维集成的评价指标体系，评价了中国制造业发展的总体特征和国际竞争力。黄桂田等（2012）采用模糊聚类分析方法解释了中国制造业生产要素使用比例的变化，分析了中国制造业生产要素使用比例变化的经济效应。

3. 简要评述

制造业转型升级是产业高质量发展的重要组成部分,也是实现"制造强国"目标的重要途径。已有文献中关于产业结构调整和升级的研究,对于讨论中国制造业转型升级的路径选择具有借鉴价值。然而,已有研究还有一些可以提升的空间:(1)国外学者的研究主要是关注三次产业之间的结构变化和产业组织问题,对制造业内部结构的转型升级问题关注较少;(2)新工业革命时代,中国制造业转型升级的背景条件已经发生了较大变化,学术界还未系统研究新一代信息技术对中国制造业转型升级路径的影响;(3)在中国进入高质量发展新阶段之后,中国制造业转型升级的具体路径和政策体系,还需要进一步深化研究。

1.3.3 技术选择、技术路径与制造业转型升级

1. 国外相关研究综述

(1)在技术选择和技术进步对经济增长的作用机制方面的研究。森(Sen,1960)最早探讨了经济增长和产业发展中的技术选择问题。阿特金森和斯蒂格利茨(Atkinson and Stiglitz,1969)提出适宜技术概念并将之具体表述为"本地在实践中积累的知识"。阿特贝克和阿伯马蒂(Utterback and Abemathy,1978)通过建立技术创新的动态模型(A - U 模型),揭示了技术发展的内在规律。这一模型已经成为众多国家设计其产业竞争战略的一个重要基点。巴苏和威尔(Basu and Weil,1998)、阿西莫格鲁和齐利博蒂(Acemoglu and Zilibotti,1999)等学者提出了适宜技术理论,他们或者认为厂商所面临的要素投入结构可以人为地加以提升并偏离本地的要素禀赋结构,或者认为发展中国家所选择的技术结构必须和发达国家的技术结构相同。赖特和切洛斯塔(Wright and Czelusta,2002)将美国的增长归功于通过技术创新对资源和投资策略实现了新组合。斯马尔德斯(Smulders,2004)在资源稀缺与内生技术的研究中,认为技术进步和政府政策是重要的内生变量。克劳特克雷默(Krautkraemer,2005)认为技术进步弥补了自然资源的稀缺;由于价格的变化,市场会给出资源状况的信号从而引发一个内在的自我生成的社会和技术进步机制。鲍姆加特纳(Baumgartner,2005)研究发现,尽管自然资源变得越来越稀缺,但是通过技术进步使用较少的资源投入产生相当数量的产出是可能的。以罗默(Romer,1990)、格罗斯曼和赫尔普曼

（Grossman and Helpman，1991）、阿吉翁和豪伊特（Aghion and Howitt，1992）等为代表的新增长理论学派认为，技术进步是企业有意识地进行研发（R&D）活动的结果，企业进行研发活动的目的在于对创新所带来的垄断利润的追求。在新增长理论的框架下，罗默（Romer，1986，1990）、卢卡斯（Lucas，1988）研究发现，技术创新是由干中学等因素内生决定的，使用最先进技术的发达国家可以带来经济的持续繁荣。阿特金森和斯蒂格利茨（Atkinson and Stiglitz，1969）把适宜技术的思想引入新古典贸易理论，提出了区域性的干中学理论。阿西莫格鲁和齐利博蒂（Acemoglu and Zilibotti，1999）则认为进口技术对发展中国家存在不利之处，因为技术引入发展中国家会因为劳动技巧和技术之间的不匹配而带来总要素生产率的下降。

（2）在技术路径与技术路径依赖方面的研究。温特（Winter，1982）提出的自然轨道被认为是技术路径的前身，用以描述技术发展的积累和演化特征，如对规模经济和范围经济的追寻、生产工序的不断机械化等。多希（Dosi，1982）从技术轨道的角度解释了技术创新路径，认为技术创新路径是企业经过经济要素和技术要素的权衡折中，在技术范式规定下，技术创新沿着技术轨道方向所选择的一条发展路径。多希（Dosi，1988）又进一步把技术轨道定义为经过经济的和技术的要素权衡折中，由技术范式所限定的技术轨迹。技术发展过程是在技术范式规定下，沿着技术轨道方向发展的一种强选择性的进化活动。在多希（Dosi，1982，1988）研究的基础上，詹金斯和弗洛伊德（Jenkins and Floyd，2001）分析了技术轨道的三个关键属性，即能量、动力和不确定性的程度；能量和动力分别指技术轨道对技术所产生的影响力和推动力。罗森伯格（Rosenberg，1976）和萨赫勒（Sahal，1985）对于技术演进过程中的变化规律也提出了与技术轨道相似的解释。他们分别提出了技术发展的"聚焦器"和"技术路标"的论述，认为创新活动是一种在强选择性下沿着更准确的发展方向为终结的，通常是积累性的活动。帕维特（Pavitt，1988）在技术轨道理论和希佩尔（Hippel，1988）经验研究的基础上，提出了技术轨道模型，发展了技术轨道过程中创新产生和使用的部门分类理论。多希、帕维特和苏特（Dosi，Pavitt and Soete，1988）提出了技术轨道的诱导机制因素，即相关活动中的技术瓶颈，关键投入的稀缺性，某些投入物的富裕程度，需求的组成、变化和增长率，相对价格的水平和变化，产业冲突的格局。林和李（Lim and Lee，2001）提出了发展中国家技术赶超的三种路径，即路径跟随型、路径跳跃型、路径创造型；他们认为，发达国家的技术路径是从产品设想到集成发展的创新路径，而发展中国家的技术路径则是通过对发达国家产品组装基础上，运用反求工程，实现从低技术发展到高技术发展、最终提出新产品设想的路径。皮尔斯（Pearce，1999）的国际产品周期理论、邓宁（Dunning，1998）的国际生产理论、柯莫尔（Kuemmerle，1997）的技术开发与技术增长理论、皮尔斯（Pearce，1989）、郑和博龙（Cheng and Bolon，1993）、格兰斯特兰德（Granstrand，1999）等人的研究分散与集中理论、塞拉皮奥和道尔顿（Serapio and Dalton，1999）的辅助资产理论，都是对国际产业转移的技术路径进行深入探讨后的理论总结，从而也说明了20世纪90年代研发投资已成为国际产业和技术转移的主流路径。布雷齐斯、克鲁格曼和齐登（Brezis，Krugman and Tsiddon，1993）建立了一个国家技术领先地位更迭的周期理论模型，说明了发展中国家实现技术跨越的可能性。布雷斯基等（Breschi et al.，2001）认为，不同的科技体制会影响一些赶超企业的技术创新活动，进而影响到成功赶超的机会。大卫（David，1985）和阿瑟（Arthur，1982）最早将路径依赖理论纳入技术创新过程研究，提出了技术创新的路径依赖理论。阿瑟（Arthur，1982）认为，一种技术由于偶然事件首先发展起来，投入应用，并不断获得报酬递增，就会以一种良性循环效应不断强化，这就是技术锁定的"自我强化机制"。多希（Dosi，1982）提出了可能打破路径依赖的几种动力：新技术范式、成员的异质性、社会经济共同进化的适应性特征和新的组织形式的侵入。埃宾豪斯（Ebbinghaus，2005）将技术创新路径依赖分为两类：一种是无计划的"乡间小路"，是由人随机选定的并在以后被人重复、自然形成的路径；另一种是"道路丛林"，在每个分岔点必须选择一跳以继续前进。

2. 国内相关研究现状

（1）技术选择与产业结构升级方面的研究。20世纪90年代以后，国内一部分学者开始注意并研究技术选择问题。徐庆（1996）认为，政府作为宏观层次上的主体，强调的是经济整体利益，应当寻找理由并采取积极的措施推动技术选择从微观层次向宏观层次转变，从而加速整体利益的提高。陆长平（2002）认为，"资本倒流"和"技术再转移"使新古典的以要素禀赋结构为基础的技术选择发生了"悖论"，在低工资率或高利率的条件下，发展中国家也可以采用"先进技术"而不是"适度技术"进行盈利。唐晓华（2010）、张军（2002，2007）研究发现，改革开放以来中国的资本 - 产出比率与增长率之间存在着一个显著的负相关关系，他们认为出现这个负相关关系的主要原因是，资本形成对经济增长表现不敏感，资本形成过快和投资收益持续恶化导致中国经济增长率在近年来持续下降。张耀辉（2008）、高建（1997）、谢伟（2001）、魏江（2002）等认为，发展中国家没能成功缩小与发达国家的技术差距，主要根源在于政府采取了不适当的技术发展战略，应采取有选择的技术发展战略。苗文龙、万杰（2005）研究表明，推动我国经济增长的主要动力仍然是投资扩张，并且投资效率在下降，其原因主要是技术选择偏向于资本密集型，未能充分利用转轨经济中产生的剩余劳动力。林毅夫（1994，1996，2001，2004，2005）的一系列关于技术选择的文章认为，一个国家的经济结构是由其要素禀赋结构所内生决定的，而要素禀赋结构的升级应该是经济发展的目标而不是经济发展的手段，要素禀赋结构决定了发展中国家没有发展资本密集型产业和技术所必需的比较优势，发展中国家在遵循由自己的要素禀赋结构所决定的比较优势发展时，技术变迁应该是循序渐进的，没有必要研发或者引进发达国家最先进的技术。潘士远（2008）认为，技术模仿成本小于技术发明成本，发展中国家应该放弃引进世界前沿技术，通过模仿（引进）适宜技术可以发挥后发优势，从而可能实现向发达国家的收敛。黄茂兴、李军军（2009）在研究技术选择与产业结构升级作用的基础上，构建技术选择、产业结构升级与经济增长的关系模型，研究了技术选择与产业结构升级的关系。刘志彪（2000）指出，产业升级体现为产业结构由低技术水平、低附加值状态向高技术水平、高附加值状态的演变趋势，对产业升级动因的分析，应该在经济主体追求分工和降低交易成本的基础上，从知识资本和人力资本被大量引进商品生产过程的角度进行。罗瑞生（2002）认为，中国资源浪费严重，生态环境恶化，技术创新是推动经济增长、转变经济增长方式的必由之路。李廉水、周勇（2007）认为，技术效率是工业部门能源效率提高的主要原因，在尽量改善技术效率的前提下，依靠科技进步是提高能源效率的根本途径。吕政（2005）认为过多依赖国外技术是导致产业自主创新能力非常薄弱的原因。潘文卿等（1994）把结构关联经济技术矩阵水平作为衡量产业结构高度化水平的综合性指标。他们认为，产业结构高度化水平是各产业的经济技术水平及其结构关联水平，它最终反映在结构关联技术矩阵的水平上。

（2）技术路径与技术跨越方面的研究。许庆瑞（1986）将路径理论引入对企业的技术发展研究，认为"技术路径"是指达到战略目标所拥有的不同技术战略方案和未来机会的吸引力之间的技术通道。芮明杰（2011）、杜传忠（2012）、李善同（2012）、李长英（2013）等在讨论中国制造业技术路径时认为，信息科学和技术发展方兴未艾，依然是经济持续增长的主导力量；生命科学和生物技术迅猛发展，将为改善和提高人类生活质量发挥关键作用；能源科学和技术重新升温，为解决世界性的能源与环境问题开辟新的途径；纳米科学和技术新突破接踵而至，将带来深刻的技术革命。陈德智（2006）将技术跨越分为四种模式：自主式技术跨越；引进式技术跨越；合作式技术跨越和并购式技术跨越。王生辉和张京红（2005）以某一产业新技术的首次出现为始点，构造了一个技术路径演化的一般过程模式，将技术路径演化的一般过程划分为三个阶段，即路径产生阶段、路径锁定阶段和路径更新阶段。林毅夫和张鹏飞（2005）以技术扩散的溢出效应为出发点，认为发展中国家可以获得发达国家在技术扩散中溢出的技术，从而获得更快的技术进步。

3. 简要评述

国内外学者对于技术进步及其对经济增长的贡献研究较为充分，提出了很多原创性理论和观点，为本项课题研究提供了较好的参考。然而，仍存在以下几点可以进一步强化研究的空间：一是国外学者研究技术选择的文献大都集中在技术核心能力的研究上，而对技术能力发展的前端——技术选择分析不足，同时这些分析并没有回答发展中国家政府在技术发展过程中应充当什么样的合适角色。二是对新工业革命背景下的发展中国家技术路径选择研究不足。2008 年全球金融危机以后，世界科技革命风起云涌，发达国家先后实施制造业回流和复兴战略，这将对发展中国家的技术选择和技术路径产生深远影响。三是"制造强国"战略实施中的技术选择与技术路径研究问题尚未得到关注和研究。目前，学术界还未系统研究"制造强国"战略中所涉及的相关理论问题，还停留在对战略的介绍、宣传和部署实施阶段。

1.3.4 新工业革命、国外制造业发展战略与制造业转型升级

1. 关于新工业革命方面的研究

杰里米·里夫金（Jeremy Rifkin，2012）对第三次工业革命进行了较为系统的分析，研究了第三次工业革命带来的新经济模式及其改变世界的方式。彼得·马什（Peter Marsh，2013）将人类制造业分为五个阶段，目前人类正处于个性化量产阶段；新工业革命时期，制造技术、生产方式和商业模式都将发生巨大变化。黄群慧、贺俊（2013a）、朱瑞博等（2012）分析了第三次工业革命和制造业服务化对中国工业化进程的影响，他们认为，未来在向工业强国目标迈进的过程中，中国的工业化道路不仅要能够在满足自身特殊的要素禀赋约束条件下有效解决经济社会发展不断出现的新问题，而且要面临工业化国家工业化中后期未曾经历的"第三次工业革命"和"制造业服务化"等新的经济和技术挑战。陈抗、郁明琴（2013）认为，第三次工业革命的实质是信息技术、新能源、新材料等一

系列重大关联技术实现群体突破，带动一批新兴产业诞生与发展，进而引发经济社会深刻变革的过程。黄群慧、贺俊（2013b）、芮明杰（2013）、杜传忠等（2013）、肖兴志等（2013）、朱瑞博等（2012）学者认为，以智能化、数字化、信息化技术的发展为基础，以现代基础制造技术对大规模流水线和柔性制造系统的改造为主要内容，以基于可重构生产系统的个性化制造和快速市场反应为特点的"第三次工业革命"，是一场嵌入在技术、管理和制度系统中的技术经济范式的深刻变革。随着这场工业革命的不断深化，制造和制造业的经济功能可能被重新定义，国家和企业竞争力所依赖的资源基础、要素结构和全球产业竞争格局可能被重构。为了迎接"第三次工业革命"以及未来与发达工业国家在价值链各环节"全面竞争"的挑战，未来中国需要在转型升级战略、全球竞争战略、技术创新战略、产业发展战略、国家信息战略等多方面进行适时调整。

2. 关于国外制造业发展战略方面的研究

余东华（2015）介绍了美国、德国、日本、法国、韩国、印度、巴西等世界主要国家为了应对新工业革命挑战、加快本国制造业发展、抢占制造业国际竞争制高点所制定的制造业发展战略，分析了这些战略对中国制造业可能产生的影响。王婷、谭宗颖、谢光锋（2014）系统梳理了近期发达国家促进制造业回流的相关战略规划、政策措施和政策工具，分析了这些举措可能对中国制造业产生的影响，提出促进中国制造业发展的政策建议。崔日明、张婷玉（2013）对美国"再工业化"战略的实施效果进行了系统的数据分析，并深入研究了该战略对中国制造业的影响。赵彦云、秦旭和王杰彪（2012）以再工业化为背景比较了中美制造业竞争力，认为两国制造业差距逐年缩小；从长期看再工业化对我国制造业影响较大，因此应从制造业产业结构、自主创新以及制造服务融合三方面进行调整。巫云仙（2013）、陈志文（2014）、杜传忠等（2015）分析了德国"工业4.0"的基本内容、目标导向和内在实施机制，德国"工业4.0"战略的智能化、数字化和服务化的基本方向，系统、关联、集成、协同与融合的制造业产业体系，充分发挥中小制造业企业的有效机制，大规模、个性化、定制化的制造业生产方式，完善的技术创新平台和统一的工业制造业标准，以及充分发挥人力资源潜力等特点都值得中国借鉴。

3. 产业选择方面的研究

（1）在产业选择的评价基准方面，学者们提出不同的评价基准及指标体系。罗斯托（1960）提出了产业扩散效应理论和主导产业的选择基准，学术界称之为

"罗斯托基准"。赫希曼（1958）提出了联系效应理论和"产业关联度基准"，即选择能对较多产业产生带动和推动作用的产业，即前向关联、后向关联和旁侧关联度大的产业，作为政府优先扶植发展的产业和主导产业，以主导产业为动力，直接或间接地带动其他产业的共同发展。筱原三代平（1957）为日本规划产业结构提出了两条基准，即需求收入弹性基准与生产率上升率基准，产业界称之为"筱原两基准"。周振华（1991）提出了三条基准：增长后劲基准、短缺替代弹性基准和瓶颈效应基准。另外，还有一些其他评价基准，例如企业获利能力、产业集群度、市场影响力（宋德勇，李金滟，2006），市场优势、要素优势、环境优势（赵君，蔡翔，2007）；产业规模、发展潜力、比较优势、社会效益（张记波，2008），原因类评价指标体系及目标类评价指标体系（曾德高，张燕华，2011）等。

（2）在产业选择的评价原则方面，主要是基于产业经济学、区域经济学及国际贸易学等理论提出了若干原则。基于产业经济学理论提出了比较优势明显、经济效益好、增长速度快、关联效应强等原则（王岳平，2001；季睿源，2008）；基于区域经济学理论提出了区位优势明显、区间差异较大、与当地政策一致等原则（姚晓芳，赵恒志，2006；王崇光，2009）；基于国际贸易学理论提出了绝对优势、相对优势和竞争优势等原则（许娟，孙林岩，2009；符臻臻，2010）。

（3）在产业选择的评价方法方面，学者使用不同的方法和模型对产业进行了评价和选择，常用的方法和模型包括：最优脱层法（陈晓剑，王淮学，1996）、产业系数关联表模型（张志英，2000）、定权类评价模型（刘思峰，2000；郑长娟，2001），层次分析法（王敏，2001）、偏离份额法（王育宝等，2003）、因子分析法（温宇静，常阿平，2003）、灰色关联分析方法（张宁，2003；林峰，2005）、主成分分析法（刘克利，彭水军，2004）及数据包络分析法（赵成柏，2005）等。

1.3.5 总体述评

学术界对制造业转型进行多维度、多视角研究，成果较多。但是，国外学者注重对产业组织问题的研究，对产业结构调整升级的研究较少，中国是发展中大国，正处于转型时期，国情差异和转型期的特殊制度属性影响中国产业结构转型升级的路径。国内学者对产业结构调整的研究较为具体深入，但是同样存在对制造业内部结构调整升级的模式和路径探讨不够、制造业结构调整的动力机制研究不够等问题。本书与产业结构调整、制造业转型升级、技术路径、新工业革命和"制造强国"战略等紧密相关，因此我们对以上领域的研究现状进行了梳理、回顾和综述。从以上综述可以看出，已有文献对本书研究具有重要借鉴和参考价值，但仍有一些关键问题有待进一步探讨：（1）如何推动信息网络技术与现代制造业深度融合，设计制造业转型升级的技术路径，如何转换中国制造业转型升级和提质增效的动力机制。（2）如何通过实施"制造强国"战略，如何选择重点发展产业、发展方向和发展领域，形成中国制造业的核心能力，从而提高中国制造业整体效率，推动中国由制造大国发展为制造强国。（3）如何将提升国际竞争力、淘汰落后产能与制造业低碳发展结合起来，研究提出要素价格上涨和环境规制趋紧条件下中国制造业转型升级的路径选择。（4）如何推动制造业转型升级的支撑体系和政策体系，从根本上优化中国制造业发展环境，提高制造业投资回报率和创新收益率，从而提升制造业的生产效率。从以上文献回顾可以看出，本课题具有较为广阔的创新空间，以上尚未系统研究的问题将成为本书研究的重点和实现理论创新的努力方向。

1.4　主要内容和基本观点

本书将在全面评价中国制造业国际竞争力动态演变的基础上，分析要素价格上涨和环境规制趋紧对制造业转型升级的影响机制和影响途径，探寻多重约束下中国制造业转型升级的具体路径。重点研究中国制造业转型升级中的国际竞争力提升、节能减排降耗和落后产能治理三大问题，提出中国制造业应对低碳挑战、实现路径突破、提升国际竞争力的政策体系。本书的主要内容、基本观点和解决的重点问题包括：

（1）多重约束下中国制造业国际竞争力动态演变的影响因素与转型升级能力评价研究。量化分析要素价格上升和环境规制趋紧对中国制造业国际竞争力的影响程度，多维度评价中国制造业国际竞争力的动态演进与制造业转型升级能力，全面把握中国制造业的比较优势、竞争优势的动态演变及其相互转化。

（2）新发展阶段中国制造业转型升级中的产能过剩状况和碳排放效应研究。量化分析中国制造业各行业的产能过剩状况，分析中国制造业产能过剩的影响因素；系统研究中国制造业产能过剩的形成机制，提出制造业淘汰落后产能的具体对策。研究低碳经济条件下中国制造业转型升级的压力与动力，测算中国制造业转型升级中的"碳足迹"和碳排放效应，研究提出中国制造业低碳化转型路径。

（3）多重约束下中国制造业转型升级的路径选择研究。在科学界定"再工业化"的内涵的基础上，厘清全球制造业发展新趋势、欧美国家"再工业化"的本质及其对中国制造业转型升级的启示，深入研究大数据时代和新工业革命的本质特征以及对中国制造业转型升级可能产生的影响，从技术、制度、环境、动力、风险和产业配套等多层面分析中国制造业转型升级的主要障碍和约束，明确制造业转型升级的方向。从产业发展的智能化、生态化、集群化、融合化，以及创新驱动、信息化和工业化深度融合等多维度、多视角、多层次系统研究中国制造业转型升级的具体路径。

（4）促进中国制造业转型升级的支撑体系和公共政策体系。从政策设计的视角研究中国制造业转型升级中政府、企业和市场的关系，围绕人才培养、科技进步、制度创新、环境保护、财税金融、软硬件建设等维度，研究如何构建促进制造业转型升级的支撑体系，提出推动中国制造业转型升级的公共政策体系。

1.5　研究思路和主要研究方法

1.5.1　研究思路

本书的研究思路为：首先，在调查研究的基础上，全面把握中国制造业转型升级的背景、动因和现状，了解要素价格上涨和环境规制趋紧对中国制造业国际竞争力演变的影响程度；其次，多视角、多层次、多维度研究中国制造业转型升级的具体路径，通过路径设计重点解决制造业转型升级中的三大难题：一是如何抓住新工业革命契机、通过转型升级提升中国制造业的国际竞争力，二是如何通过转型升级治理制造业的过剩产能，三是如何在转型升级中实现制造业节能减排降耗。最后，在系统研究发达国家制造业转型升级中的"再工业化"战略的基础上，提出推动中国制造业转型升级的支撑体系和政策体系。本书的研究思路与主要内容如图 1-1 所示。

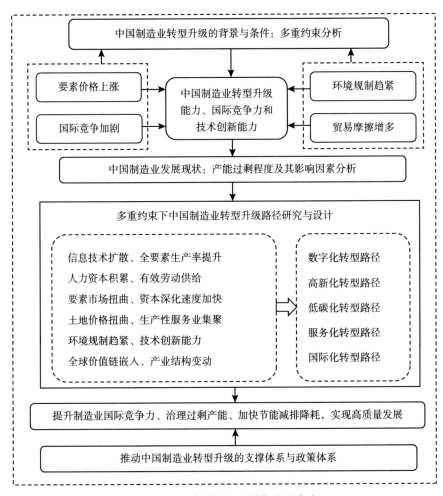

图 1-1 本书的研究思路与主要内容

1.5.2 主要研究方法

本书采用的主要研究方法包括：

（1）统计计量分析方法。在定性分析的基础上，采用统计计量分析方法对以下几个领域进行量化分析：一是采用统计计量分析方法对中国制造业转型升级能力进行量化分析和评价，把握中国制造业发展现状；二是量化分析要素价格上涨和环境规制趋紧对中国制造业国际竞争力产生的影响；三是对中国制造业的产能利用率进行量化测度，分析中国制造业产能过剩状况，并测度分析产能过剩的影响因素；四是对制造业转型升级中信息技术扩散、全要素生产率变动、有效劳动供给变动、资本深化程度、生产性服务业集聚等经济现象进行统计计量分析，回归分析以上变量对制造业转型升级的影响，为设计制造业转型升级路径提供依据。

（2）比较分析方法。从产业维度对战略性新兴产业与传统制造业进行比较，提出不同的发展战略和转型升级的模式和路径；对制造业转型升级能力、产能过剩状况进行区域比较分析，探寻影响制造业转型升级的主要因素。

（3）制度分析方法。制度因素是影响中国制造业转型升级的重要因素。在分析中国制造业产能过剩影响因素、设计中国制造业转型升级支撑体系等问题时，将采用制度分析方法，对制造业转型升级所涉及的改革创新和优化发展环境等方面的问题进行系统分析。

（4）案例研究方法。从产业和区域两个维度进行案例研究。产业案例方面，本书将以战略性新兴产业为例，研究中国制造业产能过剩形成机制，并设计具体转型升级路径。区域案例方面，以先进省市为例研究制造业转型升级的动力机制和路径选择依据。

1.5.3　主要研究手段

本书主要采用的研究手段包括：

（1）文献收集与分析。广泛收集和整理与制造业相关的文献资料。通过对文献资料的分析、研究、归纳和评述，掌握本书相关领域的研究现状，把握课题研究方向、研究路径和研究重点，明确课题预期创新之处。

（2）调查研究与数据采集。本书的大部分子课题都需要开展实地调研，调研对象包括珠三角、长三角、京津冀等三大制造业基地和山东半岛、东北三省、中西部等制造业集群。通过实地调研、问卷调查、典型案例分析等方式和途径获取原始数据资料，通过购买数据库、自建数据库等形式采集制造业行业、企业和产品层面的数据，保障量化分析所需要数据的客观性、准确性和全面性。

（3）计量分析与模拟分析。采用 Stata、Matlab 等计量分析软件，对中国制造业的相对优势、核心能力和国际竞争力等进行量化分析和测度，采用计算机模拟分析程序对中国制造业的主要行业未来发展前景进行预测分析。通过计量分析和模拟分析，提高研究的信度和效度。

（4）规范分析与实证分析相结合。本书既涉及定性问题，也涉及定量问题。定性分析偏重于采用规范分析方法，定量分析偏重于采用实证分析方法。同时，将规范分析与实证分析结合起来，使二者相互补充、相互印证、相互支撑。

（5）多学科相结合的交叉学科研究。本书涉及经济学、管理学、规划学等多个学科。研究过程中，我们将坚持跨学科思维，推进多学科研究方法的交叉融合。

1.6　主要创新之处

本书的主要创新之处包括以下三个方面：

1. 从信息技术扩散、有效劳动供给、产业内部结构变动、资本深化、全球价值链嵌入、生产性服务业集聚等多个维度研究提出了中国制造业转型升级的具体路径，研究提出通过提升制造业国际竞争力、淘汰落后产能、实现低碳发展、形成有序市场竞争环境的战略措施和加快制造业转型升级从而实现高质量发展的路径选择。

（1）研究了信息技术扩散对于提高制造业全要素生产率、推动制造业转型升级的作用机制，从供给角度研究了信息网络技术影响有效劳动供给和人力资本积累的机制，以及推动制造业转型升级的路径。技术资本密集型厂商和劳动要素密集型厂商对信息技术利用程度的差距会驱动制造业的转型升级，两类厂商提升全要素生产率时对信息技术利用程度的差异可称之为制造业转型升级动力机制转换的新原因。近年来，中国信息技术水平是提升的，但是技术资本密集型厂商和劳动要素密集型厂商产出之比是下降的，其原因在于技术资本密集型厂商对信息技术的利用程度低于劳动要素密集型厂商。信息网络技术能够提高校外学习的效率和效果，推动劳动力人力资本积累，让越来越多的劳动者具备从事优质职位的技能；这些高技能劳动者会不断从劳动密集型制造业流向技术资本密集型制造业，最终导致技术资本密集型制造业的产出增速高于劳动密集型制造业的产出增速，推动制造业转型升级。

（2）研究了要素市场扭曲、资本深化与制造业转型升级之间的作用机理。我国制造业内部结构高级化进程一直在稳步推进，产业高级化发展整体向好；要素市场扭曲现象在我国制造业行业中普遍存在；资本与劳动的扭曲程度不尽相同，资本价格的负向扭曲更为严重，从而导致制造业资本深化程度不断加深；要素市场扭曲和资本深化对制造业转型升级的作用机制不同，要素价格负向扭曲会对制造业转型升级产生不利影响，资本深化在一定范围内也会产生抑制作用，但超过一定临界值后反而能够促进制造业结构合理化。土地价格扭曲与制造业转型升级呈负相关关系，生产性服务业集聚与制造业转型升级呈正相关关系。土地价格扭曲程度越低越有利于制造业转型升级，生产性服务业集聚水平越高越有利于制造业转型升级。同时土地价格扭曲还会通过推动生产性服务业集聚来促进制造业转型升级。

（3）分析了新一代信息技术与价值链嵌入程度对制造业转型升级的作用机制，并实证分析了新一代信息技术与价值链嵌入程度对制造业转型升级的影响程度。在新一代信息技术的推动下，全球价值链正在发生解构和重构，为中国制造业高端嵌入全球价值链提供了战略机遇；欧美等发达国家实施的"再工业化战略"在短期内可能对中国制造业形成价值链低端锁定，但在中长期内中国制造业能够通过技术创新和价值链高端嵌入打破低端锁定，实现价值链跃迁；中国制造业的全球价值链嵌入程度与制造业转型升级程度之间呈现正 U 型关系，并且通过动态嵌入将推动制造业转型升级。

（4）在理论分析和实证研究的基础上，提出在要素价格上涨、环境规制趋紧和国际竞争加剧等多重约束条件下中国制造业如何实现"高新化"发展以及中国制造业转型升级的方向、动力和具体路径。结合新工业革命的特征和趋势，从要素集约化、技术绿色化、价值链攀升和生产智能化四个维度界定制造业"高新化"内涵，并运用熵权法测算中国制造业"高新化"水平及其区域差异，实证分析中国制造业"高新化"的影响因素。从要素禀赋升级、工艺流程升级、产品升级、功能升级、价值链条升级、发展空间优化升级、技术距离延伸与技术升级和投资结构优化升级等维度研究提出了推动中国制造业转型升级路径。

2. 系统研究了要素价格上涨和环境规制趋紧对中国制造业国际竞争力、创新能力和转型升级的影响，测度分析了中国制造业转型升级能力和产能过剩状况。

（1）量化分析了要素价格上涨和环境规制趋紧对中国制造业国际竞争力的影响程度。研究发现，原材料价格上涨过快会促使原材料价格越来越成为制造业企业的成本负担，进而降低制造业的国际竞争力。劳动力工资水平的提升虽然对劳动密集型制造业国际竞争力确实有负向影响，但是对资本技术密集型制造业乃至整个制造业国际竞争力有显著正向影响，所以不能以提升成本会降低劳动密集型制造业国际竞争力为借口，压制制造业工人工资的上涨，要使工人工资收入水平与付出成正比，激发广大制造业工人的劳动热情，提高劳动生产率。环境规制通过技术进步偏向性提升了技能溢价，但其传导路径并没有到此结束，还会通过人力资本积累和技能劳动供给增加发挥提升制造业国际竞争力的作用。环境规制在不同技能溢价门槛区间对国际竞争力的影响也不相同。随着技能溢价水平提升，环境规制对制造业国际竞争力的影响更为明显，说明技能劳动的增加有利于环境规制的推进及效果提升。从总体上说，环境规制趋紧不会明显阻碍中国制造业技术创新能力的提升，尤其是在长期内，环境规制强度上升能够推动企业加大研发投入，使用先进的绿色制造技术，从而提升企业技术创新能力和国际竞争力。

（2）利用中国 28 个制造业行业的面板数据，采用综合指数法测度了我国环境规制强度，并从时间维度和强度维度分别研究了环境规制对不同污染程度的制造业行业技术创新能力的影响，对"波特假说"在中国的存在性进行了检验。对于重度污染行业，环境规制在当期和滞后各期内对行业的技术创新均产生负面影响，并且随着环境规制强度的增加，其对重度污染行业的技术创新能力负面影响越严重；对于中度污染行业，环境规制在各期对其影响均是正面的，环境规制能够促进企业技术创新，但是在门槛效应检验中不同环境规制强度对企业技术创新能力的影响是不显著的，存在一个最优规制区间；对于以高技术行业为主的轻度污染行业，环境规制对其影响在即期和滞后各期经历了从负面到正面的转变，总的来说在时间维度上是符合波特假说的 U 形，但在强度维度上，环境规制与行业的技术创新的关系是呈折线形的，虽然环境规制对技术创新一直是负面的影响，但是随着环境规制强度的增加，负面影响会先增大后减弱，进而产生显著的补偿效应，促进企业技术创新能力的提升。

（3）量化分析中国制造业转型升级能力，并进行了区域比较。在系统分析制造业转型升级能力内涵的基础上，结合新工业革命的特征和趋势，从制造业生产增值能力、可持续发展能力、创新学习能力、信息技术辐射能力等四个维度构建了新工业革命背景下制造业转型升级的能力指标体系，测度并比较中国各省市区制造业转型升级的能力。全国制造业转型升级能力综合指数呈现一种"先下降后上升，再下降再上升，最后又下降"态势，其中，可持续发展能力与信息技术辐射能力整体呈现上升态势，造成综合指数呈阶段性下降的原因在于生产增值能力与创新学习能力的动力不足。通过对各省市区之间制造业转型升级能力纵向比较发现，全国制造业转型升级能力会受到全球金融危机的影响，其中东部地区下降较为明显，西部地区次之，而中部地区则呈现微弱上升。

（4）采用生产函数法测度了中国制造业产能利用率，评估分析了中国制造业产能过剩程度，分析了中国制造业产能过剩的影响因素。采用数据包络分析（DEA）方法对我国制造业产能利用率进行了测算分析。研究结果表明，我国制造业产能利用率较低的行业主要集中在重工业领域，制造业总体设备利用率呈现不断下降的趋势，制造业产能利用率则经历了先缓慢上升后快速下降的变化路径。进而采用固定效应面板模型和固定效应面板模型广义矩估计方法（GMM）分析技术效率和产能利用率的影响因素，发现国际经济环境和市场竞争的激烈程度对产能利用水平产生正向的促进作用，国内经济环境、政府干预力度以及行业的固定资产比重、国有资产比重和出口比重会对行业产能利用水平造成负向的抑制作用。

3. 将中国制造业转型升级中的国际竞争力提升、过剩产能治理和节能减排降耗三大难题结合起来，研究设计了制造业转型升级和高质量发展的支撑体系和政策体系。在深入分析要素价格上涨、环境规制趋紧、新工业革命和发达国家"再工业化"等因素对中国制造业产生影响的基础上，研究设计推动中国制造业转型升级的支撑体系和政策体系。从技术、平台、资金、制度、人才、服务等维度研究提出了推动中国制造业转型升级的支撑体系；从财政政策、金融政策、产业政策、竞争政策、投资政策、贸易政策、人才政策、收入政策等维度研究提出了推动中国制造业转型升级的政策体系。

第2章

中国制造业转型升级的
背景环境与现状分析

人类社会的发展和演进呈现出特定规律和一般趋势。从社会视角看，人类社会是从原始社会、奴隶社会、封建社会、资本主义社会到社会主义社会；从经济视角看，人类社会是从农业化、工业化到信息化；从政治视角看，是从神权政治、君权政治到民权政治；从文化视角看，是从神学思想、玄学思想到科学思想（马克思，2013；周有光，2014）。新工业革命和以互联网技术为代表的信息技术快速发展，从经济、政治、文化等多维度对社会产生方向性影响，特别是移动互联网正逐渐融入人们的生活、工作、学习等各个领域，改变着人类的沟通、购物、理财、娱乐等日常生活方式，对商业盈利模式、运营组织模式、产业价值链和价值创造体系产生巨大影响，从而推动制造业转型。移动互联网的兴起和新工业革命将带来一系列的新技术、新思维、新产业与新模式，为制造业转型升级提供了机遇和动力。

2.1　新工业革命及其对中国制造业转型升级的影响

2.1.1　技术革命、工业革命与新工业革命

18 世纪以来，我们所生活的这个星球上大致发生了五次技术革命，即将进入第六次技术革命时期。六次技术革命分别为：

（1）第一次是机械时代的技术革命（1771～1840 年）。这一时期的主导技术

是以铁器、纺织机械、水能为主的机械技术。

（2）第二次是蒸汽动力和铁路时代（1829～1890年）。蒸汽技术逐渐成熟并被广泛应用，铁路开始出现，人类活动空间大大扩展；钢铁产业开始萌芽，电力、天然气、合成染料和重型工程机械开始逐渐发明和改进。

（3）第三次是钢铁、电力和重工业时代（1875～1940年）。电气工程、电力机械和设备、电报和电缆、重工业、造船业、重化工、合成染料等技术开始出现和应用。

（4）第四次是石油、汽车和大规模生产时代（1908～1980年）。汽车开始普及，生产的组织方式趋向规模化和自动化。

（5）第五次是信息和远程通信时代（1971～2021年）。集成电路、现代电子、计算机、因特网等技术广泛应用。

（6）第六次技术革命（2020～2070年）。新能源、纳米、新材料、生物技术、生物电子等技术广泛应用。

伴随着技术革命的是工业革命，也称为产业革命。工业革命是用来描述人类因在产业发展中广泛使用新技术、新能源、新动力而在经济和社会环境、生产和生活状况等方面发生的深刻而持久的变革。同时，在重大技术革命和创新集群涌现的推动下，人类能源动力使用发生变革，大量新兴制造产业出现，导致社会生产方式与生产组织方式发生重大变化，进而使人类社会总体上有了突破性进步与发展。世界经济大致发生了三次工业革命，包括机械化、电气化、自动化和信息化革命等①。中国曾错失前四次科技革命的机遇，并在第五次科技革命中表现平平，收获不多。目前，第六次科技革命的核心专利争夺即将展开，第四次工业革命的来临已进入倒计时，它们将决定一个民族的世界地位，将影响一个国家的兴衰成败。中国制造业应该抓住机遇，借助科技革命和工业革命带来的新动力推动产业转型升级。

第一次工业革命发生在18世纪的英国，以蒸汽机为动力的机械生产设备被大量使用，机器大工业和工厂制度推动了人类生产生活方式发生重大变革，使人类由农业社会进入了工业社会。第二次工业革命发生在19世纪末20世纪初期的美国和德国，石油内燃机和新交通工具、新通信手段以及电力的广泛使用推动了经济、生产和劳动的转变，生产流水线等大规模生产制造方式开始出现，集中供电、石油时代、汽车成为代步工具、郊区建设迅速扩张等成为标志性事件。第三

---

① ［美］杰里米·里夫金，张体伟等译：《第三次工业革命：新经济模式如何改变世界》，中信出版社2012年版。

次工业革命发生在 20 世纪 70 年代中期，可编程逻辑控制器的使用以及电子信息技术的发展推动了自动化的产生，从而使科技发生巨大进步。第四次工业革命发生在 21 世纪的今天，基于新能源和信息物理融合系统的应用与推广，人类的生产和生活方式正在发生巨变。

然而，关于人类经历了几次工业革命，学术界还存在争论。以施瓦布、森德勒、博切丁、科勒等为代表的德国学者认为人类已经进入第四次工业革命时期，即所谓的工业 4.0 时代，而以里夫金等为代表的美国学者认为人类仍然处于第三次工业革命时期。为了避免不必要的争论，我们将现在正在经历的工业革命统称为新工业革命。

2.1.2　新工业革命的基本特征

以新一代信息技术为核心的新工业革命发生于 21 世纪的前 50 年，其影响将延续到 21 世纪末期，其基本特征可以总体概括为智能化、科技化、全球化、互联化、绿色化、定制化、本土化和利基产业①的出现。在新工业革命时期，生产方式、生活方式、制造模式、产业组织模式和主要技术基础等都将发生重大变革。

（1）生产与制造方式发生重大变革。新工业革命将推动制造业由规模制造转向绿色制造、智能制造和个性化制造，制造业和服务业的融合程度越来越高，制造业服务化趋势也越来越明显。伴随着生产与制造方式变革的是生产的网络化，制造业生产网络可以分为两种类型：一是适者愈富的网络。为了在快速变化的市场中保持竞争力，企业逐渐从静态优化的树形结构转变成动态的网状结构，并且通过这种转型获得更具可塑性和灵活性的管理架构。二是赢者通吃的网络。在经济网络中，随着网络的增长，枢纽节点必须变得越来越大。为了满足枢纽节点对链接的渴求，商用网络中的节点学会了吞并小节点。以 3D 打印为代表的添加式生产方式开始在制造业中得到应用和推广，大幅度降低了耐用商品的生产成本，并且能够更好地满足个性化需求。新工业革命期间，产品设计和制造方式将更趋复杂化、多元化和信息化，制造流程将遍布全球的价值链体系，同时为高成本国家和低成本国家提供机会；制造商和销售商将更具环保意识，努力以可持续而非破坏性的方式制造和销售产品，资源和材料的循环利用也将越来越普遍；新一代

---

①　利基产业是指能够给国民经济正常发展提供基础利润的支柱产业或主导产业。参见门豪：《技术融合、产业创新与利基市场锁定》，载于《理论建设》2020 年第 4 期。

信息技术将进一步缩小时空范围,产品的生产地将更加分散,越来越多的制造商将根据资源和禀赋状况在发达国家和发展中国家混合分布其制造业链条,进入所谓的工业民主化时代。拥有强大的、资源丰富的制造业部门将成为 21 世纪强国的重要标志。

(2) 产品与服务的创新速度加快。随着新一代信息技术的快速普及,并行设计和模块化设计将逐步流行,产品和服务的研发创新速度也将进一步加快。通过标准化的设计和生产流程生产出满足客户特殊需求且成本可接受的产品或服务,以及如何提供经济实惠的产品或服务是新工业革命的主要特点。新工业革命时期突出消费者需求导向,制造者需要重点解决如何为消费者提供物美价廉的产品。新工业革命时期,创意和设计的重要性进一步凸显,满足个性化需求成为商家参与市场竞争的利器。新工业革命将催生一批战略性新兴产业,将在清洁能源、绿色建设、电子通信、微型发电系统、分散式 IT 网络、插电式生物电池交通工具、可持续化学、纳米技术、无碳物流和供应链管理等领域创造商业机会,创造新的产品和服务。

(3) 价值模式与商业模式发生革命。第一次工业革命时期出现的集中化、理性化的商业模式一直延续到第二次工业革命,集中化、巨型化、多元化的企业大批涌现,生产和分配逐渐集中于商业寡头。第三次工业革命将产生网络时代的合作经济范式,由市场向网络的转向带来了一个截然不同的商业模式,开放性的共同体正在挑战独占性的商业运作。新工业革命时期,价值创造模式和商业模式的变革趋势是,技术高端化、产品个性化、生产网络化、设计模块化、企业集聚化。分散、合作式商业模式将对制造业产生巨大影响,同传统的垄断式资本主义紧密相连的产业正在遭受严重的挑战。如果全球经济顺利完成第三次工业革命的转型,那么企业家和管理者就必须主动学习如何利用新型的商业模式,包括开放性的网络商业、分散合作式研发战略以及可持续的低碳物流和供应管理(里夫金,2012)。

(4) 技术创新群大量涌现。工业革命的核心是出现一系列提升了生产效率、从寿命和生活水平到居住地点及人口数量等各个方面改变了人类日常生活的技术群。新一代信息技术向纵深拓展是当前第三次工业革命的核心本质,互联网革命将使信息、生物、纳米、新能源等技术不断交叉融合,有可能导致创新突破和创新集群的涌现。技术创新主要领域包括:①新一代信息技术与大数据革命。新一代信息技术主要包括下一代通信网络、物联网、三网融合、新型平板显示、高性能集成电路、以云计算为代表的高端软件等。②3D 打印技术。3D 打印是一种新型增材制造技术,计算能力、新型设计软件、新材料、创新意识和互联网进步共同推动其发展。它将信息、材料、生物、控制等技术融合渗透，将对制造业生产模式和人类生活方式产生重要影响，可能引发产品制造革命、设计革命、材料革命、生物革命、知识产权革命。3D 打印技术的发展方向是，跨越虚拟世界与实体世界的鸿沟，将比特世界与原子世界联系起来，从打印实体物品的形状、控制其材料组成到控制实体物品的行为。③新材料技术。新材料是指用现代科学技术研制生产的具有传统材料所不具备的优异性能和特殊功能的材料。主要包括：电子信息、光电、超导材料，生物功能材料，能源材料和生态环境材料，高性能陶瓷材料及新型工程材料，粉体、纳米、微孔材料和高纯金属及高纯材料，表面技术与涂层和薄膜材料，复合材料，智能材料，新结构功能助剂材料、优异性能的新型结构材料等。④数字化制造技术。主要包括以设计为中心、以控制为中心和以管理为中心的数字化制造技术。⑤支撑五大支柱的关键核心技术。主要包括可再生能源技术、储能技术、智能电网技术、新能源汽车技术、云计算技术、物联网技术等。

2.1.3 新工业革命对中国制造业转型升级的影响

经过 40 多年以市场化为取向的改革开放，"中国制造"风靡世界，中国成为世界第一制造业大国。然而，中国并非制造业强国。在中国快速实现工业化的同时，能源资源消耗巨大、经济产业结构失衡、生态环境日益脆弱等问题日趋严重。不调整经济结构，不推进产业升级，不转变发展方式，中国经济持续稳定发展势必难以为继。调整经济结构、推动产业升级、转变发展方式的突破口在于加快制造业转型升级。新工业革命将对中国制造业转型升级的内外部环境产生显著影响。

（1）新工业革命将使中国制造业的传统比较成本优势加速削弱。资源能源约束和要素价格上涨致使中国制造业传统比较优势正在减弱，中国制造业需要抓住新工业革命带来的机遇通过转型升级构建新竞争优势。新工业革命将催生一批新的制造模式和组织方式，生产过程中使用的劳动力将显著减少，这将使中国制造业的低端要素比较成本优势加速削弱。中国传统制造业基本上还是建立在以化石能源为驱动的技术基础上，随着化石能源的枯竭和价格上涨，传统制造业也将出现竞争乏力的局面。改革开放以来支撑中国制造业快速发展的"人口红利"等要素成本优势也正在逐渐消失。要素价格低廉，是发展中国家在工业化追赶过程中的重要优势。但是，随着经济发展，这种优势会逐渐被透支殆尽，或者至少相对优势在下降，对于传统制造业国家而言，这种特征表现得更加明显。我们以制造业雇员人均实际报酬作为衡量指标，对比主要经济体劳动力成本的变化情况。作为先发国家和典型消费国的美国、加拿大在 20 世纪 70 年代和 90 年代劳动力成本的变化较小，劳动力实际报酬提升了 3% 和 20%。相比而言，典型的生产国如日本、德国、新加坡、韩国等劳动力成本上升明显。其中，日本、德国、新加坡 20 年间劳动力实际报酬分别提升 70%、60% 和 70%；韩国劳动力成本 20 年间提升了近 4 倍。中国作为发展中国家，劳动力成本上升更快，20 年上升了近 5 倍；如果再放长时间跨度，劳动力成本上升速度更快①。导致劳动力成本上升的逻辑，可以采用"两部门"模型解释（即"巴拉萨 – 萨缪尔森效应"）。如果将整个经济体分成"可贸易部门"与"不可贸易部门"，那么加入全球贸易分工会从两个层面导致劳动力实际成本上升。一方面，由于追赶效应的存在，可贸易部门的生产效率较融入全球产业链条之前出现明显提升，导致可贸易部门的劳动力实际成本提升，并通过劳动力市场的流通带动不可贸易部门的劳动力实际成本上升。另一方面，如前所述，追赶效应会带动工业化进程的加快，可贸易部门的占比也会逐步提升。因此，"追赶效应"带来后发国家经济快速发展的同时，要素价格的上升也是不可避免的，而要素成本的提升会逐步削弱后发国家在"追赶阶段"的国际竞争优势，逐步消化后发国家早期发展模式的相对竞争优势。

（2）新工业革命使得中国制造业"追赶效应"和后发优势逐渐消退。"追赶效应"是指在其他条件相同的情况下，经济相对落后的发展中国家在发展初期更容易实现持续高速增长。可以从全球产业链分工或全球经济一体化的角度理解这个概念。贫穷国家在加入全球一体化分工时，其贫瘠的技术积累、低廉的要素价格、匮乏的资本存量以及脆弱的产业结构等，这些因素一方面是前期制约经济增长的主要因素，另一方面也为后期追赶提供了较大的增长空间。贫瘠的技术积累与低廉的要素价格，导致少量的资本投入就会大大提高单位劳动的生产效率；在本国资本存量匮乏的前提下，可以通过吸引外资的方式实现，而融入全球产业链分工可以为其提供发展契机；与此同时，在吸引外资的同时，国外相对先进的技术、设备与管理理念也会随之进入。从生产函数的角度来看，穷国在融入全球产业链分工的过程中，生产效率与资本投入会同时提升。国际经验显示，从低收入群体迈向中低收入群体的过程中，追赶效应最为明显；进入中高收入群体之后，追赶效应带来的红利逐步减弱，外包代工等传统模式下的弊端逐步体现。

（3）与新工业革命相伴随的"工业 4.0"和"互联网 +"将给中国制造业价值创造模式带来挑战。中国传统制造业比重较大，还存在自主创新能力不强、

---

① 芮明杰：《第三次工业革命与中国选择》，上海辞书出版社 2013 年版。

产品质量水平不高、资源能源利用效率较低、产业结构不太合理、高端产品制造能力不强等问题。新工业革命时代,市场需求、消费结构形式、科技与产业创新、企业经营模式业态、价值创造模式、社会服务与治理方向等都将发生新的变革。中国制造业既面临经济发展转型和全球知识网络时代新科技与新产业革命交汇的历史机遇,也面临着发达国家重振高端制造和实体经济、新兴发展中国家低成本制造竞争的双重挑战。新工业革命将对中国创新体制机制带来挑战。新工业革命的真正驱动力是创新,谁能够在创新中领先谁就能够赢得先动优势。中国在创新体制、创新能力、创新效率、创新质量和创新速度方面与发达国家还有一定差距,需要改革创新体制机制,建立健全创新激励机制,调动广大劳动者创新创业的积极性。为了应对新工业革命挑战,欧美日等发达国家从技术、制度和组织等方面加快了新兴产业发展步伐,强化其在全球新兴产业体系中的主导地位,这将加大中国战略性新兴产业发展面临的国际竞争压力。同时,新工业革命将推动商业模式和价值创新体系变革,网络化组织、大规模定制、开放式创新、社会化生产、平台型企业等产业组织形式将大量出现,中国制造业如果不能快速适应这一变革,也将面临被边缘化的危险。

(4)新工业革命所倡导的生态文明和低碳经济将推动环境规制政策趋紧,这将提升中国制造业环保成本。制造业绿色化是新工业革命的主要方向之一,而制造业绿色化发展将迫使各国政府强化环境规制。随着低碳经济兴起和人类对环境保护的关注程度提高,政府在环境规制方面的政策执行力度将日益严格。环境规制会增加企业成本,相当于给企业的生产决策施加了新的约束条件,导致管理、生产和销售等环节难度加大,导致 TFP 和产业竞争力下降。在假设技术、资源配置和消费者需求固定的前提下,企业已经做出最优选择,环境规制通过环境外部性的内部化只会增加企业污染治理成本和环境服从成本,对生产性投资、创新活动和组织管理产生“抵消效应”,从而削弱被规制企业的创新能力和国际竞争力。环境规制对全要素生产率、产业竞争力净影响的方向不确定,取决于正向“创新补偿效应”和负向“遵规成本效应”的相对大小,关键在于“创新补偿效应”的大小,即取决于环境规制能否促进生产技术进步,而环境规制与技术创新之间的关系也具有不确定性。适当的环境规制会刺激企业进行技术创新,并通过“创新补偿效应”和“学习效应”促进 TFP 和产业竞争力的提升。从国内看,随着工业化、城镇化进程的加快和消费结构的不断升级,我国资源和能源需求呈刚性增长,受国内资源保障能力和环境容量制约,我国经济社会发展面临的资源环境瓶颈约束将更加突出,节能减排工作难度将不断加大,这将迫使制造业转变增长方式。从国际看,围绕能源安全、气候变化和环境保护的博弈更加激烈。一方面，逆全球化趋势和贸易保护主义开始抬头，部分发达国家凭借技术优势开征碳税并计划实施碳关税，绿色贸易壁垒日益突出。另一方面，全球范围内绿色经济、低碳技术、循环经济正在兴起，不少发达国家大幅增加投入，支持节能环保、新能源和低碳技术等领域创新发展，抢占未来产业发展制高点的竞争日趋激烈。

（5）新工业革命将为中国制造业加快技术创新提供新的战略机遇。制造业数字化为制造业转型升级提供了动力。绿色能源革命将推动制造业绿色化发展。绿色能源包括大中型水电、现代生物质能、新可再生能源三大类。其中，新可再生能源，尤其是太阳能，是新工业革命时期发展绿色能源的重点。可再生能源需要以"分散生产、分散使用、社会调节余缺"的方式进行生产和使用。这就需要建立能源互联网、能源调度中心和分散的能源存储单位，以节约能源大规模远距离输送成本。与绿色能源的生产与消费相关的节能产业、电力装备与新能源汽车产业等绿色能源革命产业群将迎来发展机遇。通信方式革命将推动工业化与信息化深度融合，为制造业转型升级指明方向。新工业革命时期的信息化过程的载体除了互联网和信息技术之外，还需要相应的智能生产设备、数控机床等智能化工具，形成具有庞大规模、自上而下、有组织的信息网络系统，为航空航天装备、海洋工程装备及高技术船舶、先进轨道交通装备等产业发展提供动力和契机。通信方式革命为人类进入消费者主导的信息社会提供了契机，信息社会以消费者驱动、个性化生产、网络化协作为特征。以互联网技术为代表的信息技术快速发展将从经济、政治、文化等多维度对社会产生方向性影响，特别是移动互联网正逐渐融入人们的生活、工作、学习等各个领域，为人类提供信息平台、交易平台、生产控制平台、娱乐平台和社交平台，改变着人类的沟通、购物、理财、娱乐等日常生活方式。新材料革命将为制造业发展创造新的产业和领域。能源、信息和材料是人类文明的三大支柱。新材料革命包括两层含义，一是指运用新概念、新方法、新技术或新工业合成或制备具有高性能或特殊功能的材料；二是指对传统材料进行再开发，使之性能获得重大改进和提高或者产生新的功能。例如：碳纤维、超导材料、能源感应材料、先进储能材料、智能材料、磁性材料、纳米材料、复合新材料、超高分子量聚乙烯纤维、耐蚀钢、钛合金、仿蜘蛛丝纤维、膜材料、丁基橡胶、聚碳酸酯。新材料革命的方向是发展绿色、高效、低能耗、可回收再利用的新材料以及发展先进的数字化制造技术，未来新材料的发展将更加注重绿色指标，更加注重与资源、能源、环境的协调发展，更加注重资源的再生利用，从而发展低能高效、无污染或少污染的制造技术，提高产品人性化、智能化和环保化。

2.2　发达国家"再工业化"及其
对中国制造业转型升级的影响

20 世纪 70 年代以后，发达国家为了发挥服务业优势、提高经济国际竞争力，开始片面追求经济服务化、实施"去工业化"发展战略，逐渐导致产业空心化。进入 21 世纪以后，新工业革命风起云涌，以"金砖国家"为代表的新兴经济体的制造业迅速崛起，发达国家产业空心化带来的弊端开始显现，债务赤字、金融危机、经济衰退、失业加剧等现象先后出现，发达国家开始反思产业发展战略，先后出台一系列战略、计划和政策，推动实施"再工业化"战略，如表 2-1 所示。再工业化并不是简单地重新回到工业化时代，而是通过研发创新和品牌经营更深地控制制造业价值链，推动制造业产业革命，在更高形态上增强制造业国际竞争力。

表 2-1　　　　　部分发达国家近年来发布的部分"再工业化"战略

发布时间	战略名称	主要内容	战略目标
2009 年	重振美国制造业框架	制定了提升美国工人技能、投资技术创新及商业活动、加强对新能源及基础设施建设等在内的七大战略举措	促进美国先进制造业的发展
2010 年	美国制造业促进法案	降低制造业企业在进口原材料所需支付的关税，降低美国制造业的生产成本	加快美国制造业的复苏
2011 年	美国先进制造业伙伴关系计划	创造高品质制造业工作机会以及对新兴技术进行投资	提高美国制造业全球竞争力
2012 年	美国先进制造业国家战略计划	围绕中小企业、劳动力、伙伴关系、联邦投资以及研发投资等提出五大目标和具体建议	促进美国先进制造业的发展
2013 年	美国制造业创新网络计划	计划建设由 45 个制造创新中心和一个协调性网络；构建全国性创新网络，专注研究 3D 打印等有潜在革命性影响的关键制造技术	打造成世界先进技术和服务的区域中心，持续关注制造业技术创新，并将技术转化为面向市场的生产制造
2010 年	欧洲 2020 战略	实施智慧、可持续、包容性增长等七大政策	推动实施"再工业化"

发布时间	战略名称	主要内容	战略目标
2013 年	德国工业 4.0 战略实施建议	建设一个网络：信息物理系统网络；研究两大主题：智能工厂和智能生产；实现三项集成：横向集成、纵向集成与端对端的集成；实施八项保障计划	通过信息网络与物理生产系统的融合来改变当前的工业生产与服务模式；使德国成为先进智能制造技术的创造者和供应者
2014 年	日本制造业白皮书	重点发展机器人、下一代清洁能源汽车、再生医疗以及 3D 打印技术	重振国内制造业，复苏日本经济
2015 年	英国制造业 2050	推进服务 + 再制造（以生产为中心的价值链）；致力于更快速、更敏锐地响应消费者需求，把握新的市场机遇，可持续发展，加大力度培养高素质劳动力	重振英国制造业，提升国际竞争力
2013 年	"新工业法国"战略	解决能源、数字革命和经济生活三大问题，确定 34 个优先发展的工业项目，如新一代高速列车、电动汽车、节能建筑、智能纺织等	通过创新重塑工业实力，使法国处于全球工业竞争力第一梯队

资料来源：作者根据里夫金（2012）、施瓦布（Schwab，2016）、芮明杰（2013）等资料整理。

2.2.1 发达国家"再工业化"战略的主要内容与成效

（1）美国"再工业化"的内容与成效。1980 年，美国的制造业增加值在全球制造业增加值中约占 1/3，经过 20 多年的"去工业化"和离岸外包，到 2008 年已不足 1/5①。金融危机使美国再次认识到制造业的重要作用和发展制造业的紧迫性。奥巴马政府出台了一系列制造业复兴政策，美国"再工业化"发展战略正式拉开序幕。2009 年，美国总统办公室（Executive Office of the President）发布了《重振美国制造业框架》报告，指出"制造业是美国国家经济的心脏"，并制定了提升美国工人技能、投资技术创新及商业活动、加强对新能源及基础设施建设等在内的七大战略举措用以重振美国制造业。2010 年 7 月美众议院启动"美国制造"行动议程（"Make It in America" Agenda），包括一系列详细的振兴制造业法案。同月还通过了《清洁能源技术制造和出口援助法案》和《国家制造业战略法案》，前者意在促进清洁能源商品和技术出口，后者则主要设立相应部门对制造业行业进行综合性分析。2010 年 8 月，作为细化制造业重振战略的一部分，进一步出台了《美国制造业促进法案》，试图通过降低制造业企业在进口

---

① 刘戒骄：《美国再工业化及其思考》，载于《中共中央党校学报》2011 年第 2 期。

原材料所需支付的关税，降低美国制造业的生产成本，加快美国制造业的复苏。2011 年，美国总统办公室（Executive Office of the President）又提出"先进制造业伙伴计划"（AMP），目的是在顶尖大学、最具创新能力的制造商以及联邦政府之间建立合作伙伴关系，通过构筑官产学研间的紧密合作机制，促进制造技术发展，并不断将技术推向产业应用。①

为了抓住新工业革命带来的机遇，适应新竞争环境，美国制造业企业及时调整发展战略，从纯粹依靠成本竞争，转向顾客定制、高性能产品等附加值较高的领域，通过"再工业化"发展高端制造业，重振实体经济。"再工业化"是指产业结构面临高附加值、知识密集要素和经济衰退的结构性因素，以及战后大量产业同时进入成熟期和市场饱和阶段之后所需要的产业再转型。传统产业具有过剩生产力但缺乏竞争力的现象，不仅仅是因为短暂的宏观经济约束，更主要是因为需求模式转变和技术发展阶段的变化。美国"再工业化"不是简单的传统制造业回归，而是在制造业的高技术、高附加值领域，尤其是大型、复杂、精密产品的生产制造领域，以高新技术为依托，发展先进制造与新兴产业，从实质上推动产业升级。美国"再工业化"将主要致力于最高端、最高附加值的制造业领域，重点制造别国无法制造的产品，与新兴国家形成错位发展。过去美国"去工业化"发展模式是世界资源配置格局条件下客观形成的，经过几十年形成的国际产业分工格局不会轻易改变。因此，"再工业化"虽然有应对短期金融危机的因素，但更主要的是通过主动调整产业，实现可持续发展，保持长远竞争力。

美国"再工业化"战略的实施，目的在于实现美国制造业的复苏，提高制造业国际竞争力，在未来科技领域占领制高点，继续控制全球价值链。从 2009 年战略提出以来，通过对美国相关方面经济数据的分析，可以看出"再工业化"战略在一定程度上促进了美国制造业的发展、增加了就业机会，取得了初步成效。虽然近期美国制造业发展有显著的上升趋势，使得很多政客和经济学家宣称美国进入了"再工业化"时期，但美国同时也在使用页岩气和原油来刺激经济繁荣，而这种繁荣并不一定会增加产出。仔细对比美国近年来的经济指标可以发现，这些经济指标并不能说明美国制造业正在繁荣振兴。所以说美国制造业在全球市场上形成了新的竞争优势，还为时过早。"再工业化"的确是美国增加就业者收入、缩小收入差距，进而增强居民生活质量的一条重要途径。"再工业化"战略在增加了就业的同时，也增加了产品的出口，对美国缓解经济危机压力、实现经济复

---

① A National Strategic Plan for Advanced Manufacturing. Executive Office of the President National Science and Technology Council，2012.

苏意重大。然而，"再工业化"战略的实施在未来还存在很多不确定性，美国制造业的重振需要更多的要素投入。美国将处于价值链低端的生产环节向发展中国家转移是其产业发展的必然趋势和产业演进的规律，通过实施"再工业化"战略很难扭转这一趋势。

（2）欧洲国家"再工业化"的内容与成效。为了提振经济、解决就业、提高欧盟产业竞争力，欧盟委员会（European Commission，2010）制定了"欧洲2020战略"（Europe 2020 Strategy），提出实现智慧、可持续、包容性增长等七大政策，推动实施"再工业化"。同年，欧盟委员会制定《全球化时代的统一工业政策：以竞争力和持久性为重点》（*An Integrated Industrial Policy for the Globalization Era：Putting Competitiveness and Sustainability at Centre Stage*）的工业复兴计划，再次强调了工业在欧盟未来经济发展中的地位。2012年10月欧盟出台报告《一个强大的欧洲工业有利于经济增长和复苏》（*A Stronger European Industry for Growth and Economic Recovery*），提出"再工业化战略"和新工业政策的目标，即2020年欧盟工业产值占GDP的比重从之前的16%增至20%。同年12月，欧盟理事会审核通过新工业政策报告（*Conclusions on A Stronger European Industry for Growth and Economic Recovery*）。欧盟提出的"再工业化战略"，并非基于现有产业结构提高工业比重，而是在本质上以先进创新技术为支撑的新工业革命。欧盟"再工业化"战略的实现路径是：通过增加创新投入、改善欧盟内部市场条件、完善融资环境、重视教育和人力资本来扶持清洁生产先进制造技术、关键使能技术、生态型产品、可持续的建筑材料、清洁运输工具、智能电网等六大战略性新兴技术和产业。①

为了实施"再工业化"，德国提出了"工业4.0"战略。德国政府2010年7月制定了《高技术战略2020》，2011年1月工业4.0战略被纳入其中。德国科学与工程院于2012年10月编写的《未来项目"工业4.0"落实建议》被认为是2013年版本的基础。2013年4月，德国正式发布《保障德国制造业的未来：关于实施"工业4.0"战略的建议》，将工业4.0战略提升至国家战略层面，并提出两个战略目标：通过提升制造业领域的智能化和信息化水平升级其国内的工业体系，保持德国工业现有优势地位的同时取得智能制造的领先地位；以物理信息系统（CPS）为核心，凭借德国在工业上的现有优势，重视政产学研的跨界合作和中小企业的作用，通过传统优势产业与信息化的融合开拓新领域，实现"智慧

---

① 余东华：《新工业革命时代全球制造业发展新趋势及对中国的影响》，载于《天津社会科学》2019年第2期。

工厂"并取得领先地位。工业 4.0 概念的提出标志着人类迎来了以物理信息系统为基础，以生产高度数字化、网络化、机器自组织为特征的第四次工业革命时代。德国"工业 4.0"和美国"工业互联网"发展战略，注重"网络信息技术 + 工业系统"加速融合发展，工业革命和信息革命齐头并进，推动制造业结构升级，从而促进经济复苏。在法国，由于希拉克时代的"去工业化"催生了萨科齐时代的"再工业化"。法国"再工业化"战略确定了七个重点发展的战略性新兴产业以及 5 大类 23 项配套政策。奥朗德总统将"再工业化"提升为国家优先战略并于 2013 年出台了"新工业法国"战略。该战略是一项 10 年期的中长期规划，包含 34 项优先发展项目，目标是通过创新重塑法国工业，解决能源、数字革命和经济生活三大问题。由于优先项目过多，2015 年 5 月，出台了"新工业法国 II"，总体布局优化为"一个核心，九大支点"，标志着法国"再工业化"开始全面效法德国工业 4.0。2010 年，英国政府发布了《制造业：新挑战、新机遇》和《向增长前进》战略报告，将制造业发展上升至国家战略层面，强调创新的重要作用。2011 年又出台了《英国低碳转型计划》《英国低碳工业战略》，并制定了《低碳产业战略远景》，旨在通过发展"绿色""低碳"经济，发挥英国能源资源丰富的优势。一方面，制定税收优惠政策，吸引企业回流；另一方面，发布《英国高端工程行业国际营销战略》推动出口。2012 年出台了《英国国家技能战略》，旨在通过重视高技能的技能工人来支持工业的研发。2013 年 10 月英国政府发布终极报告《制造业的未来：英国面临的机遇与挑战》（*The future of manufacturing：a new era of opportunity and challenge for the UK*），即《英国工业 2050 战略》，旨在为政策制定者、立法者、制造业人士服务，该报告认为信息通信技术、新材料等科技将与产品和生产网络紧密结合，给产品的设计、制造、提供、使用方式带来深远影响。此外，英国政府还通过推动创新、数字化、创意产业的发展来推动英国的"再工业化"。

由于欧洲"再工业化战略"的制定和实施的时间不长，效果尚未充分显现。欧盟各国合理的"再工业化"战略将会使欧洲工业优势地位得到进一步提升，2014 年德国在欧洲经济发展中起火车头作用，英国经济表现良好，法国经济疲软，意大利经济持续衰退。欧盟"再工业化"战略的主要成效有五点：一是经济企稳回升，但基础尚不稳固；二是就业状况，尤其是工业就业状况得到改善；三是英国资本回流效果较好，德法两国资本回流效果显现，德法之外的欧盟地区情况一般；四是国际贸易结构、工业出口结果趋于优化；五是新兴产业发展迅速。

（3）日本和韩国"再工业化"的内容与成效。广场协议后，随着日元对美元的大幅度升值，日本国内劳动力成本逐渐上升，同时为了避免日益严重的国际贸易摩擦，日本劳动密集型企业大规模对外转移。20 世纪 90 年代，日本经济泡沫破灭后，国内经济迅速恶化，日本资本密集型、技术密集型企业也大量向海外转移，日本逐渐形成了严重的产业空心化问题，日本国内产业竞争力严重下降。近年来，随着主要发达国家先后实施"再工业化"战略，日本政府更加重视工业国际竞争力，为了鼓励日本工业回归本土，重振日本国内的制造类产业，日本采取了一系列"再工业化"策略。日本"再工业化"的内容包括：日本政府计划通过降低税负、优惠补贴、放松管制等手段，鼓励企业技术创新、兼并重组、扩大对本土投资，同时针对工业 4.0 时代新兴技术，不断调整和聚焦产业政策方向，重点强调在机器人、清洁能源、信息家电、纳米与新材料、医疗与生物工程等领域，利用大数据、云计算、3D 打印技术和物联网对生产、流通、销售等环节进行变革，从而对制造业的生产服务系统和运营模式进行改造，通过构建新型制造系统，更加突出未来制造系统的协同性，实现产业结构升级变革，实现制造业国际竞争优势的重构与再造。

日本推进实施"再工业化"战略的具体做法是，日本政府每年发布《日本制造业白皮书》，对"再工业化"战略实施情况进行评估；2009 年、2010 年日本国际贸易委员会和日本通产省分别发布了《日本制造业竞争策略》和《日本制造业》专题报告，全面推动以制造业为主的 6 大战略性产业加快发展；2010 年，日本政府召开了"国内投资促进圆桌会议"，广泛召集各界代表，对促进就业、扩大国内投资等问题进行了讨论；2013 年日本颁布了《日本再兴战略》，2014 年重新修订了《日本再兴战略》，以产业振兴、刺激民间投资、放宽行政管制、扩大贸易自由化为主要支柱，确立了以机器人技术创新带动制造业、医疗、护理、农业、交通等领域的结构变革。2013 年日本通过了《产业竞争力强化法案》。为配合该法实施，2014 年 1 月 24 日，日本经济产业省公布了强化产业竞争力的支持政策，主要内容是针对不同阶段的企业分类施策，通过税收优惠，鼓励企业积极投资；通过放宽限制，鼓励企业优化重组；通过减免费用，鼓励企业技术创新。[1]

韩国政府一直较为重视制造业发展，近年来又制订了一系列推动制造业创新的重大战略计划。韩国政府借助已具备的制造业和信息科技产业基础，制定了长期规划与短期计划相结合的多项具体措施，大力发展无人机、智能汽车、机器

---

[1] 余东华：《新工业革命时代全球制造发展新趋势及对中国的影响》，载于《天津社会科学》2019 年第 2 期。

人、智能可穿戴设备、智能医疗等新兴动力产业，通过智能工厂改造等方式，促进制造业与信息技术相融合，从而提升韩国制造业的竞争力。韩国政府预期，通过实施"制造业创新 3.0"战略，计划到 2024 年韩国制造业出口额达到 1 万亿美元，竞争力进入全球前 4 名，超越日本，仅次于中国、美国和德国[①]。2008年，韩国出台了"信息技术未来战略"，鼓励发展汽车、船舶和机械等十大产业与信息技术融合。2009 年出台了"新增长动力规划及发展战略"，将高技术融合产业作为三大重点领域之一。2014 年正式推出了被誉为韩国版"工业 4.0"的《制造业创新 3.0 战略》。2015 年 3 月，韩国政府又公布了经过进一步补充和完善后的《制造业创新 3.0 战略实施方案》。

日韩实施"再工业化"以来，在促进制造业回流、缓解就业压力、促进经济微观主体活力等方面都取得了一定的成就，制造业整体运行环境有所改善，日本经济微观主体活力进一步增强，大数据、云计算、3D 打印等高新技术得到了快速发展和应用。由于"再工业化"战略是一个中长期战略规划，其成效很难立竿见影，需要后续长期观察。

2.2.2　发达国家"再工业化"对中国制造业转型升级的影响

（1）美国"再工业化"对中国制造业转型升级的影响。无论在制造业技术密集度方面还是在制造业与服务业融合的方面，中国与美国都存在相当差距，美国"再工业化"的经验、政策与做法可以为中国制造业产业升级、提升国际竞争力提供可借鉴的路径。美国"再工业化"主要从加强贸易保护、增加吸引资金和高端技术难度、降低我国制造业成本竞争力三个方面产生不利影响。美国"再工业化"重点支持的产业与我国计划发展的战略性新兴产业有较大重叠，因此两国在产品和能源市场上的竞争将日趋激烈，而这将为我国制造业发展增加很多不确定性因素。另外，美国"再工业化"战略会使我国对外贸易难度加大、摩擦加剧，还可能在先进制造业方面受到美国的技术封锁（宾建成，2011；赵刚，2010；宋国友，2013）。美国再工业化战略也具有明显的层级性发展特点，是对美国乃至全球制造业产业结构的重构，而这也对我国制造业发展形成了上下夹击态势，需要谨慎应对。美国"再工业化"战略以数字制造技术和新能源技术等高新技术为依托，发展先进制造业和新兴产业，并不是传统工业的简单复苏和回

---

① 吕明元、尤萌萌：《韩国产业结构变迁对经济增长方式转型的影响》，载于《世界经济研究》2013年第 7 期。

归，实质上是一场产业革命。对中国而言，不仅影响了中美两国的贸易状况，更为重要的是会进一步拉大中美技术差距，对中国制造业创新转型等方面产生影响。在看到冲击的同时，还看到了"再工业化"战略给我国产业发展带来的新机遇。"再工业化"在带来负面影响的同时，也带来了发展契机，例如有利于我国进一步承接国际产业转移，加快我国产品出口结构的调整步伐。"再工业化"会对我国高新技术产业、战略性新兴产业产生较大冲击，但就"走出去"而言，"再工业化"也为我国加大对美投资，直接到发达市场与先进技术进行竞争，学习发达国家先进技术和商务模式提供了有效途径。

（2）欧洲国家"再工业化"对我国制造业转型升级的影响。关于欧盟及其成员国"再工业化"战略对中国制造业影响的研究，大体上可以分为两类：一类是欧盟及其成员国"再工业化"战略对中国制造业政策制定的影响，以定性研究为主；另一类是对中国制造业实施"制造强国"战略和"互联网＋"战略的影响，定性和定量研究均有。

就第一类研究而言，何跃和杨小朋（2013）较早从定量的角度研究了美国、欧盟、日本和中国制造业 PMI 之间的相互影响。裴长洪和于燕（2014）认为中德制造业合作新发展有助于中国制造业汲取德国"工业 4.0"的养分。张可云和蔡之兵（2015）探讨了工业 4.0 对于中国"一带一路"倡议实施政策的影响。郑志来（2015）肯定了中小微企业、政产学跨界在中国高端制造业发展中的重要地位。李金华（2015）通过将德国"工业 4.0"与中国"制造强国"战略对比，认为中国制造业应重视职工培训和企业信息平台的搭建。杨帅（2015）认为"工业 4.0"对中国加快推进两化融合战略政策的制定具有重要借鉴意义。徐广林和林贡钦（2015）认为，美德"再工业化"战略促使中国制造业政策更加重视技术和创新。张建平（2016）认为加强对已有产业高附加值环节的再造、扶持新兴产业的产业政策思路对中国制造业政策制定具有重要借鉴意义。李俊和胡峰（2016）认为，面对欧美"再工业化"的挑战，中国制造业的政策应侧重于延长传统制造业比较优势周期，填补高端制造业弱势及发展区域比较优势。

就第二类研究而言，李廉水等人（2015）提出了新形势下制造业转型升级的新内涵。重点研究信息技术对制造业全要素生产率或转型升级的文献较少，先前的研究或是将信息产业或是将邮电通信业纳入生产性服务业的范畴，研究生产性服务业对制造业效率或发展的影响。冯泰文（2009）认为生产性服务业的发展促进了制造业效率的提高，顾乃华（2011）、宣烨（2012）、余永泽等（2016）、程中华等（2017）进一步检验了生产性服务业的发展或聚集对工业、制造业的外溢效应。此外，墨菲等（Murphy et al.，1989）、埃切瓦里亚（Echevarria，1997）、莱特纳（Laitner，2000）、霍里等（Hori et al.，2015）、恩佳和皮萨里德斯（Ngai and Pissarides，2007）、阿西莫格鲁和桂列里（Acemoglu and Guerrieri，2008）、阿尔瓦雷斯－卡德拉多等（Alvarez-Cuadrado et al.，2016）、杨智峰等（2016）对产业、制造业转型升级动力机制的研究，对面临欧美"再工业化"挑战下的中国工业产出结构优化升级具有重要借鉴意义。

（3）日本和韩国"再工业化"对我国制造业转型升级的影响。日韩在"再工业化"战略实施过程中，为了增强制造业竞争力，增加制造业所占比重，必然会加大国内资本投资力度，加大外资吸引力度，加强贸易保护力度，加速抢占未来科技信息制高点等，这可能对其他国家制造业的发展带来不利影响（方晓霞、杨丹辉和李晓华，2015）。日韩"再工业化"战略对我国制造业的具体影响：第一，不利于针对日韩企业招商引资。日韩作为经济发达国家，对外投资能力一直较强，实施"再工业化"战略后，为了促进对外投资回流，必然会加大对外投资限制，增加国内投资优惠条件，因此其他国家吸引日韩投资的难度将加大。第二，不利于对日韩扩大出口。随着日韩"再工业化"战略实施，日韩制造业国内所占比重日益增加，国内产品将越来越多通过国内生产得到满足，同时为了增加本国制造业竞争力，贸易保护力度将进一步加强，其他国家对日韩产品出口将更加困难。第三，周边发展中国家容易被低端锁定。受到日韩"再工业化"战略影响，周边发展中国家与日韩逐渐由产业优势互补关系更多地向产业竞争关系转变，日韩具备较为发达的工业和信息技术基础优势，相对而言，周边发展中国家竞争劣势明显。因此，在日韩"再工业化"的战略过程中，周边发展中国家如果不能抢抓制造业转型升级机遇，容易被进一步低端锁定，最终对周边发展中国家的整体工业产生不利影响。

2.3　互联网发展及其对中国制造业转型升级的影响

2.3.1　互联网发展阶段与趋势

网络互通性和交通便捷性是当今社会的基本特征，物流、商流、资金流交互作用形成了相互交织的有形和无形网络，尤其是互联网的产生和发展，使得网络型社会的联系更加紧密。互联网深刻地改变着生产制造模式、信息传播模式、舆论选择模式和社会交往模式，同时改变了政府的社会管理模式和产业发展环境。自20世纪70年代产生互联网以来，互联网经历了以下几个发展阶段（见图2-1）。

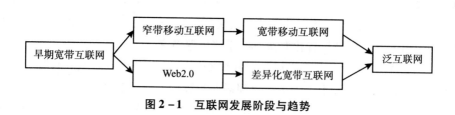

图2-1 互联网发展阶段与趋势

（1）第一阶段。第一阶段是早期宽带互联网阶段，其主要特征是，宽带覆盖范围不断扩大，互联网应用逐渐繁荣。此时的互联网形态主要为门户网站、BBS、社区网站、邮箱服务等基础服务，移动数据业务技术尚未成熟，还不存在移动互联网概念。1994年4月20日，时任中科院副院长的胡启恒就中国接入互联网一事与美国自然科学基金会主席雷恩达成共识。伴随着一条64K的国际专线从中科院计算机网络中心通过美国Sprint公司连入Internet，中国正式加入国际互联网，并被正式承认为第77个真正拥有全功能Internet的国家。1995年3月，中科院使用IP/X.25技术完成上海、合肥、武汉、南京4个分院的远程连接，开始了将Internet向全国扩展的第一步。

（2）第二阶段。随着互联网技术的发展和商业化应用趋势的加快，宽带互联网阶段逐步分化为两个不同的发展方向：一是仍以宽带化为基础的Web2.0方向，例如谷歌、腾讯、阿里巴巴等；另一个是以早期移动增值业务为基础的窄带移动互联网方向。标准化业务开展和统一边界管理是早期运营商移动互联网概念模型的主要特色，该模型的主要缺陷在于WAP应用在移动性特色体现、人机交互能力及用户体验等方面相对欠缺。1999年7月12日，中华网在纳斯达克上市，这是首个在纳斯达克上市的中国概念网络公司股。随后，新浪、网易、搜狐、TOM、掌上灵通、百度、携程、亿龙、前程无忧、分众等网络公司纷纷上市。2003年，中国互联网开始进入理性发展时代。网络游戏的爆发、网络广告的复苏、短信的井喷式发展等，使中国互联网重新萌发生机。2005年，互联网传播全面进入Web2.0时代，由广大用户的集体智慧和力量主导的互联网体系开始形成。

（3）第三阶段。随着信息技术的快速发展、三大运营商的重组以及3G网络建设的逐步完善，国内已经全面迈入了互联网发展的第三个阶段，即宽带移动互联时代。宽带技术、智能设备技术、第三代通信技术等一系列技术创新已经成为推动移动互联网产品快速发展的强大动力，尤其是新一代宽带接入技术极大地释放了传统互联网中内容、媒体应用的潜力，与新兴信息处理技术一起成为移动互联网商业模式变革的主要动力；网络平台的开源化、价值体系的合作化和商业要素的清晰化，促进了移动互联网产业的发展，同时也刺激了市场需求的产生，为宽带移动互联网的发展和创新奠定了坚实的基础。

（4）第四个阶段。第四个阶段是泛互联网阶段。随着多种形态的终端设备、软件和数据都具备了联网功能，联网成为泛化功能存在于各种设备及各种软件之中，"终端＋应用＋平台＋数据"四位一体的泛互联网范式开始出现。传统企业灵活运用泛互联范式，可能取得意料之外的高速增长，这也是创业型公司从零开始积累核心资产的正途。泛互联网范式本质上是移动互联网与大数据的联姻，是移动互联网向人类社会生活中的制造、分配、消费、娱乐等各个领域渗透的结果。泛互联网时代的网络是泛在的网络，人们可以通过任何软件、任何设备在任何地点和任何时间获取网络服务。人们越来越需要便捷的个性化服务，而非标准化的应用软件，消费者看重的是信息，而非承载信息的设备。泛互联网范式崇尚互联网精神，既包括自由、平等和开放，也应包括创新、秩序与尊重。遵循互联网精神，在免费与盈利之间取得平衡，下一个互联网 20 年的轮回才能更加人性、更加精彩。在看到中国互联网快速发展的同时，也应清醒地认识到，我国还不是互联网强国，在提升关键领域自主可控能力、完善行业生态体系、加强网络空间法治化体系建设、保障网络信息安全、增强行业国际竞争能力等方面还存在突出问题和挑战。

2.3.2　移动互联网时代的社会新特征

（1）互联网业务与网络型社会。移动互联网业务由移动互联网接入业务和移动互联网应用服务构成，一般是指构筑在 IP 数据网络基础之上的、具有开发性特征的移动信息服务应用。根据不同的形式和内容，移动互联网信息类产品大致可以分为三种类型，即以内容差异构成其价值差异的内容性产品、以契约代表为目的的交换性工具产品和以信息为载体的服务类产品。移动数据接入业务是指，从移动节点到用户终端之间利用多种移动传输手段向用户提供数据接入服务，例如中国移动动感地带手机畅游包及数据套餐等。移动增值业务是指除语音、传真等传统移动基础业务之外，由移动运营商主导的附属扩展业务，典型例子包括短信、可视电话等。当代社会是网络型信息社会、学习型创新社会、技术型知识社会，这些典型特征都与移动互联网息息相关。移动互联网并不是一个具有清晰界定的网络定义，它是在延续传统互联网"端对端"开放透明的基础上，以终端移动化为起点、以应用个性化为支撑、以服务平台化为特色、以价值差异化为目标，以个体性、社会性和交互性为特色的互联网生态体系。

移动互联网应用在基础业务方面的优势包括：①个人专属性和隐私性，移动业务应用的个人专属性和隐私性已经获得用户认可，渗透到移动互联网应用和服务的每一个环节；②网路社会性，移动互联网应用从开端就构筑在真实用户身份和社交关系的基础之上，是反映真实社交关系的社会性社交网络；③环境感知性，移动互联网应用是与用户周边的应用环境紧密结合在一起的，智能终端的便携性、传感特性和移动网络的高度可管理性为应用提供了一定的基础环境感知能力，以获取与用户相关的全方位信息；④可反馈训练，互联网应用可通过分析、归纳和推导用户行为方式，以自动化途径来提高信息服务质量及其用户体验，提供精准服务信息；⑤主动适应性，移动互联网应用的主动适应能力体现在环境自适应、用户轮廓自适应、系统自适应三个方面。环境自适应是指移动互联网的环境感知能力使其应用对用户所处环境的自适应调整成为可能；用户轮廓自适应是指由于移动互联网具有自反馈训练属性，可实现对用户个人轮廓、历史行为与偏好的自适应，提供相关信息和服务；系统自适应是指移动互联网应用可根据用户的年龄、身份、历史偏好等个人属性实现对界面、交互方式等业务外观的调整，给用户带来独特体验。由以上分析可见，与传统互联网相比较，移动互联网优势的核心基础在于用户及统一业务接口的唯一性，移动互联网应用的核心特色在于深度应用感知能力，核心潜力在于可反馈训练和业务主动适应性。

移动互联网核心产业链的主体由网络运营商、终端厂商和应用服务供应商构成，价值链的三个基本层面分别为基础层、业务层和经营层，网络外部性、需求方规模经济、正反馈现象、临界规模、系统锁定、平台现象、免费模式、长尾效应等互联网特性将影响到产业发展机遇和产业成长性。当一种产品对用户的价值随着采用相同或可兼容产品用户数量的增加而增长时，就出现了正的网络外部性，原有用户免费得到产品中所蕴含的新增价值，且无须为这一部分价值提供额外的支出，而为了追求这种免费的价值增值，或者是随着对网络协同价值预期的增长，新用户也会倾向于更积极地加入到网络中来。需求方规模经济不单纯依赖于供给方持续资源投入而产生的规模利润，而是依靠信息化、数字化途径来削减边际成本，进而借助用户网络规模的增长来实现更高的综合性盈利。移动互联网中的正反馈现象是指从赢家通吃的角度，已有网络产品的价值随用户基数的增长而增长，而产品价值的增长又进一步带动了更多的新增用户加入网络。移动互联网中的临界规模是指，可以定义一个维持均衡所需的最小网络规模，唯有达到并突破这一规模之后，产品的市场状态方可维持均衡状态，其网络效应的强度方可保证正反馈现象稳定、持续地发生。所谓系统锁定，是指借助各种因素使得从一个系统转换到另一个竞争系统的转移成本大到转移不经济，从而将系统稳定在某个难以退出的均衡状态，并逐步对该状态进一步地巩固和强化。网络产品的收益递增及其正反馈特点为实现稳定的系统锁定提供了基础。

（2）移动互联网中的信息类产品特征。①高固定成本与低边际成本并存。高固定成本包括庞大的网络建设成本、业务系统部署成本、具有不确定性收益风险的研发成本，这些成本大多属于沉没成本；信息产品不涉及实体生产资源，其边际成本主要由复制成本、信息处理成本、存储成本、网络传输成本等构成，这些边际成本相对于固定成本而言可以忽略不计。②存在需求方规模经济，以知识资源为基础的信息类产品的边际成本始终保持着相对较低的水平，同时由于学习效应的存在，随着信息类产品供给和服务运营经验的增长，其边际成本还将进一步呈现出下降趋势。因而信息类产品的平均成本曲线将随着需求方市场规模单调递减，需求量的增长将在很大程度上分摊其高固定投入，并获得持久的边际利润。③需求与产品消费特性。用户经验与体验属性，即信息类产品大多属于经验产品，其用户效用必须通过消费者的体验进行判断，并且其用户评价也相对较容易受到其他同类用户评价的影响；需求的个人偏好性与时效依赖性，即信息类产品具有极强的时效性，其需求更容易随着消费者个体偏好及消费时机的不同而变化。④外部性与长尾效应。信息类产品具有可共享性，其所蕴含的信息价值被消费者获取之后，能够产生正外部性。虚假数据或负面信息可能产生负外部性；信息类产品的海量的小众化用户需求能够汇集成为庞大的市场，从而形成需求方规模经济，并依靠信息类产品几乎为零的边际成本、持续降低的平均成本和海量的小众化需求来获得收益。与规模受限的生产方经济相比，这种需求方经济盈利趋势体现得更为强烈，其收益也更不容易受到规模增长的限制。

（3）移动互联网用户的典型行为特征。移动互联网用户的典型行为特征可以概括为：①时间碎片化，用户上网行为穿插在日常生活中，会话时间短暂，获取信息、使用体验和消费行为较为零碎；②内容浅显性，用户缺乏阅读耐心，浏览内容的深度和广度有限，信息浮于表面和浅层次；③服务针对性，用户获取信息的目的性强，期望短时间内获得较为精准的信息；④频率稳定性，用户上网频率相对稳定，忠诚度高，具有较强的用户黏性；⑤突发多变性，用户猎奇心理和需求随机多变，历时短暂，难以有效掌控。移动互联网时代消费者需求的特征包括：①需求的碎片化，主要是指移动互联网用户在时间、信息、消费碎片化等方面的行为趋势更加明显，具体表现为时间碎片化、获取信息碎片化、体验碎片化、消费碎片化等几个方面。②需求整合化，现阶段整合化应用体验已成为移动互联网用户的关键诉求之一。消费者对移动互联网上的不同种类和不同定位的应用和服务的整合，在迅速明确产品定位、减少选择成本的同时，充分降低新业务的体验成本及风险。③需求多样化，表现在用户上网意图多样化、移动互联网业务需求的多样化、同种业务中不同风格内容的多样化。④需求合理化，主要是指用户群体中普遍存在的带宽合理化和资费合理化的期望。⑤整体需求的巨量化，主要是指在达到一定产品丰富程度以后，若干单一渗透率和盈利水平较低的发展及储备业务聚合起来，将形成一个规模与利润均能与成熟业务相匹敌的市场。移动互联网业务的长尾现象就较好说明了总量需求的快速膨胀和应用产品总量的迅速丰富，丰饶长尾业务的收入贡献叠加起来，将有望形成一波比单一传统业务更高的巨浪。多产品和服务整体需求的巨量化特征为免费模式的应用提供了理论依据。

2.3.3 互联网发展对中国制造业转型升级的影响

（1）移动互联网技术的应用将推动中国制造业商业模式和生产方式的创新与变革。当今企业之间的竞争已不再是产品之间的竞争，而是商业模式之间的竞争（德鲁克，2001）。制造业企业通过商业模式创新，构建平台型商业模式或网络型商业模式，可以强化和保持有效优势，把关键劣势、无效优势、无关资源等通过重构交易结构、寻求交易或者转化成有效优势，这也是企业获得持续优势的有效途径。商业模式是利益相关者的交易结构和交易方式，利益相关者在建立交易结构进行盈利时需要考虑到其中的交易价值、交易成本、交易便利性和交易风险（魏炜等，2013）。交易价值和交易成本之间的差额构成利润和价值空间，价值空间扣除货币成本就是价值增值，它是衡量和评价商业模式的重要指标。商业模式是一个复杂的系统，包括以下构成要素：业务系统、定位、赢利模式、关键资源能力、现金流结构、企业价值等。业务系统是商业模式的核心概念，由利益相关者的构型、拥有资源能力的角色和利益相关者之间的治理关系构成；定位强调的是满足利益相关者需求的方式，包括战略定位、营销定位、商业模式定位等；赢利模式强调与交易方的收支来源及收支方式，包括固定、剩余和分成以及进场费、过路费、停车费、油费、分享费等收支方式；关键资源能力强调支撑交易结构的重要资源和能力，它决定了不同商业模式的绩效差异；现金流结构强调在时间序列上现金流的比例关系以及相应的现金流的形态，它是企业的现金流入和流出在时间序列上的表现形式；企业价值是商业模式构建和创新的目标与最终实现的结果。

　　互联网彻底改变了全球分工体系和客户需求响应，从而改变了企业和行业的边界条件。如果不能顺应新的商业环境的变化，积极改善自身在新的全球分工体系下的独特作用，企业可能被市场边缘化。要获得生存和发展的机会，企业必须突出自身在全球分工体系下的独特功能、定位和作用，重构商业模式和核心竞争能力。移动互联网时代商业模式的四大要素为终端、应用、平台和数据，可移动、可识别、可定位和可收费是移动互联网的本质特征。泛互联网时代的商业模式具有三大特征，即门户化、平台化、碎片化。门户化是指终端门户化，无论是硬件还是软件，都可能成为用户完成某类工作、获取某类服务的必备之物和必经之地。门户具有排他性和唯一性的特点，门户化的价值在于吸引足够多的用户、足够快的使用频率，为碎片化长尾应用奠定基础。平台化是指能够承载相关产品、服务，或者是第三方产品、服务的机制。平台化的核心在于利益共享的商业模式和给用户提供全面服务的能力。平台是一种能够为多方获利的机制，平台拥有者具有制订游戏规则的权利。碎片化是指应用的碎片化，其最大价值在于破解厂商提供标准化产品与用户需要个性化服务之间的矛盾。碎片化应用是平台拥有者的主要盈利来源。在泛互联网时代的"终端＋平台＋应用＋数据"的商业模式中，如果缺少终端就有可能失去战略主动权，沦为别人平台上的一个碎片化应用；如果缺少平台就难以做大，无法形成有效的产业协同效应和聚集效应；如果缺少应用就无法满足用户多层次的需求，难以解决标准化产品与用户个性化需求之间的矛盾；缺少数据就可能失去泛互联网时代的核心资产，使企业丧失未来竞争力（赵国栋等，2013）。基于大数据的商业模式创新过程有两个核心环节：一是数据获取；二是数据的分析利用。基于大数据的商业模式创新，需要从数据治理架构、数据质量管理、数据系统建设、数据人才培养和数据运用文化等几个方面全方位展开，提升交易价值，降低交易成本，控制交易风险。

　　（2）互联网的应用和普及将加快制造业智能化进程。智能化引发了移动终端基因突变，从根本上改变了终端作为移动互联网末梢的传统地位。移动智能终端迅速转变成为移动互联网业务的关键入口和主要创新平台，引领了网络、应用服务、终端、产业、商业模式等的发展创新。移动终端操作系统已经成为产业巨头实现产业整合、提升自身影响力的关键要素，随着制造业发展模式实现革新，产业链思维更加普遍，产业融合趋势更加明显。"终端＋服务"模式已经成为移动互联网领域竞争的重要商业模式之一。移动互联网拓展了制造业发展的时空领域，很多以前受到时间和空间限制的业务都可以得到快速蓬勃的发展。智慧超群的人应用互联网思维，凭借着小小的互联网接口和创意改变了世界，也正在影响着实体制造业，推动制造业转型升级。以互联网为平台，DIY 制造、智能制造、开源制造、创客运动、桌面制造、3D 打印等新型制造方式层出不穷，传统制造方式正在被颠覆，一场新的制造业革命已经来临。

（3）互联网快速发展推动了制造业价值链与产业链的融合发展。移动互联网时代，产业结构和竞争环境正在发生着颠覆性的变化，对互联网产业链相关企业的传统商业模式产生了巨大的冲击。在市场、技术、产业和用户等多种因素的合力作用下，围绕电信业的相关产业链得到不断拓展和延伸，各环节开始相互渗透，上下游各环节之间的边界日益模糊，原先单一的电信产业链呈现出深度融合、走向开放的趋势，发生了深刻变革。互联网的整合化发展趋势主要表现在，信息产品和门户的纵向整合和横向整合，其目的是减少用户产品获取成本；通过搜索引擎等构建合适的产品筛选机制，帮助用户降低选择和体验成本；通过排序竞争等手段构建有效的推荐机制，帮助用户发现未知的消费领域。移动互联网以核心价值链为中心，形成价值网络与价值平台，并形成价值创造和流通的多元模式。移动互联网产业内部形成了非线性供应链，移动互联网产品将越来越多地倾向于采用多重价值传递路径相结合的供应链组织方式，而不是从上至下的单一线性供应链形式，目的在于最大限度地实现价值增值。移动互联网产业是传统移动通信行业、互联网行业、软件行业、信息服务业、终端和网络设备制造业的融合，与移动互联网相关的产业包括三大板块，即以终端为核心的板块、以运营商为核心的板块、以内容和服务为核心的板块，而去中心化、服务平台化、垂直整合化和专业分工化是移动互联网产业价值链发展演进的主要特征。

2.4 要素价格上涨和环境规制趋紧对中国制造业的影响

2010 年以后，中国经济发展进入新常态，资源环境和要素成本约束日益趋紧，经济发展环境发生重大变化，这将对制造业转型升级产生深刻影响。2014年中央经济工作会议指出，"我国经济正在向形态更高级、分工更复杂、结构更合理的阶段演化，经济发展进入新常态。"中国经济发展已经走出总量扩张的过程，步入质量提升和结构转型升级的过程，经济增长增速下降可能带来某些难以预料的挑战，这对我国制造业发展方式转变提出了紧迫要求。当前，支撑中国制造业发展的生产要素、资源能源、生态环境、国际市场等都在发生动态变化。从要素成本看，随着人口红利的逐渐消失和要素成本的全面上升，中国制造业原有的传统比较优势正在逐渐消失。2014 年中国劳动年龄人口比 2011 年的顶点下降了 560 万，有效劳动力供给呈缩减趋势，并直接导致用工成本上升。2019 年，中国制造业工人平均日工资普遍达到 6000 元左右，远高于东南亚等国。波士顿研究报告显示，中国制造业对美国的成本优势已经由 2004 年的 14% 下降到 2014 年的 4%，表明在美国生产只比在中国生产贵 4% 左右。从资源能源看，中国人均资源相对不足、环境承载能力较弱，人均淡水、耕地、森林资源占有量仅为世界平均水平的 28%、40% 和 25%，石油、铁矿石、铜等重要矿产资源的人均可采储量分别为世界人均水平的 7.7%、17%、17%。过去几十年内，石油、铁矿石等能源和原材料价格不断攀升，土地价格快速上涨，物流成本居高不下，推高了中国制造业生产成本。从环境压力看，粗放式增长长期积累的环境矛盾正在集中显现，全国有 70% 左右的城市不能达到新的环境空气质量标准，17 个省（区、市）的 6 亿左右人口经常受到雾霾天气影响，水体污染较为突出，土壤污染日益凸显，重大环境事件时有发生①。《京都议定书》《哥本哈根协议》《巴黎协定》等国际应对气候变化的全球性行动要求中国制定减排目标，做出低碳发展的承诺。从以上分析可以看出，中国制造业传统竞争优势赖以保持的多种要素约束日益趋紧，已经使粗放式的发展道路越走越窄。经济发展新常态下，在原有比较优势逐步削弱、新的竞争优势尚未形成的新旧交替期，制造业必须加快转型升级步伐。

本书将在以后的章节中专门分析要素价格上涨和环境规制趋紧对中国制造业转型升级的影响。因此，本章不再展开分析，仅仅简要提及。

2.5　中美贸易摩擦对中国制造业的影响

2017 年 3 月，特朗普就任美国总统不久就签署行政命令，要求审查美国的贸易逆差及其原因，并开始就减少贸易逆差与中国开始谈判。在经过 100 天的贸易谈判之后，中美双方未能就减少美国对华赤字的新举措达成共识，2017 年 8 月，特朗普签署行政备忘录，授权美国贸易代表审查所谓的"中国贸易行为"，并正式对中国发起"301 调查"。2018 年 3 月，特朗普决定对所有来源的进口钢铁和

---

① 余东华、孙婷：《环境规制、技能溢价与中国制造业国际竞争力》，载于《中国工业经济》2017 年第 5 期。

铝产品全面征税，税率分别为 25% 和 10%；宣布对从中国进口的 600 亿美元商品加征关税，并限制中国企业对美投资并购，中美贸易摩擦逐渐升级。2018 年 4 月，美国商务部对中兴通讯实施制裁禁令，禁止所有美国企业在 7 年内与其开展任何业务往来，中兴通讯公司主要经营活动已无法进行。2018 年 9 月，美国正式对 2000 亿美元的中国进口商品征收 10% 的关税；2019 年 5 月，美国对 2000 亿美元中国输美商品加征的关税正式从 10% 上调至 25%；2019 年 6 月，特朗普继续威胁对 3250 亿美元中国输美商品加征 25% 关税①。截至 2019 年底，中美之间共举行了十二轮中美经贸高级别磋商，但未能就解决中美贸易摩擦达成协议。

无论中美贸易摩擦是否会暂时性休战，未来很长一段时间内中美之间的经贸关系还会出现波折，中美贸易摩擦会对中国制造业产生长时间的影响。一是中国制造业产品的对美出口出现明显下降。2019 年上半年中国工业制成品对美出口额下降 8% 左右，制造业需要加大国际市场开拓力度，寻求替代美国市场的其他新兴市场②。二是美国在贸易摩擦中不遗余力打压中国制造业，将影响中国制造业的转型升级进程。美国力图将中国制造业锁定在全球价值链中低端环节，阻止中国发展飞机制造、电动汽车、机器人、计算机微芯片和人工智能等战略性新兴产业，这将影响中国制造业迈向全球价值链中高端环节。三是部分制造业企业将转移到东南亚国家，中国制造业面临的国际竞争将更趋激烈。由于美国对中国输美产品加征高额关税，部分在华制造业企业会逐步将生产车间转移到东南亚国家，这将对中国制造业形成出口压力。四是美国将进一步限制对中国的敏感技术投资和转让，将对中国制造业技术创新产生不利影响。在禁止高新技术对华出口的同时，美国还不顾国际道义和基本规则，悍然制裁中国制造业企业，企图阻碍中国高新技术产业发展。五是伴随着贸易摩擦，技术、金融、文化等领域纷争四起，这将影响中国制造业发展的国际环境。

然而，任何事物都有两面性。中美贸易摩擦会给中国制造业造成暂时性困难，但也倒逼中国企业加快自主创新和转型升级步伐，提升国际竞争力。我国是世界第二大经济体、第一大工业产品制造国、第一大货物贸易国、第一大外汇储备国，市场空间和发展韧劲较大；中国拥有 39 个工业大类，191 个中类，525 个小类，是全世界唯一拥有联合国产业分类全部工业门类的国家；制造业产业门类齐全、构成多元，不同部分之间可以相互补充和替代，产业链和供应链较为完备且能够自成体系，在应对外部冲击时往往能够表现出很强的弹性和韧性，增加了

---

① ② 资料来源于中华人民共和国商务部网站《商务部新闻发言人就美方正式实施加征关税发表谈话》，2019 年 5 月 10 日。

中国在贸易战中的反击能力。中国已成长为典型的经济大国，体量巨大，产业体系完备，具有超大规模抵御风险的能力。中美贸易摩擦对中国制造业的影响是客观存在的，但也是完全可控的，中国制造业企业只要通过创新加快转型升级步伐，提升国际竞争力，完全能够化解来自美国的打压。

2.6　中国制造业发展历程与现状分析

2.6.1　中国制造业发展历程回顾

制造业是国民经济的主体，是支撑经济增长的主要力量，也是衡量一个国家综合国力的重要指标。制造业的发展直接影响到一个国家和地区的工业化进程，观察制造业增加值的增长及占 GDP 比重的变动情况，可以较为准确地把握工业化演化路径。1952 年以来，中国制造业增加值及其占 GDP 的比重如表 2 - 2 所示。

表 2 - 2　　　　　　　　中国制造业增加值占 GDP 比例

年份	GDP（亿元）	制造业增加值（亿元）	制造业占比（%）
1952	679	89	13.070
1966	1889	596	31.525
1967	1794	500	27.880
1968	1744	450	25.807
1969	1962	575	29.292
1970	2280	760	33.346
1971	2457	851	34.622
1972	2552	909	35.603
1973	2756	984	35.721
1974	2828	995	35.179
1975	3039	1143	37.599
1976	2989	1106	37.001
1977	3250	1260	38.765

年份	GDP（亿元）	制造业增加值（亿元）	制造业占比（%）
1978	3679	1475	40.102
1979	4100	1624	39.619
1980	4588	1829	39.864
1981	4936	1874	37.973
1982	5373	1976	36.780
1983	6021	2169	36.023
1984	7279	2544	34.946
1985	9099	3131	34.415
1986	10376	3594	34.638
1987	12175	4155	34.126
1988	15180	5205	34.289
1989	17180	5829	33.930
1990	18873	6097	32.304
1991	22006	7076	32.156
1992	27195	8814	32.410
1993	35673	12003	33.647
1994	48637	16208	33.324
1995	61340	20459	33.354
1996	71814	23852	33.214
1997	79715	26206	32.874
1998	85916	27102	31.545
1999	90564	28330	31.282
2000	100280	31867	31.778
2001	110863	34690	31.291
2002	121717	37803	31.058
2003	137422	44615	32.466
2004	161840	51748	31.975
2005	187319	60118	32.094
2006	219438	71212	32.452

续表

年份	GDP（亿元）	制造业增加值（亿元）	制造业占比（%）
2007	270232	87466	32.367
2008	319516	102539	32.092
2009	349081	110118	31.545
2010	413030	130282	31.543
2011	489301	153063	31.282
2012	540367	165655	30.656
2013	595244	177014	29.738
2014	643974	195253	30.320
2015	685506	208040	30.348
2016	743585	214289	28.818
2017	827122	242707	29.344
2018	900309	265127	29.443
2019	986515	264137	26.775
2020	1013567	266418	26.285

资料来源：根据 1952 ~ 2020 年《中国工业统计年鉴》整理。

回顾中国制造业近 70 年的发展历程，大致可以分为五个阶段：

（1）改革开放前重工业化阶段（1952 ~ 1978 年）。新中国成立以后，经过几年的恢复建设，逐渐进入计划经济时代，开始了全面工业化建设阶段。从 1953 年开始，中国开始模仿苏联的工业化模式，将工业化建设的重点放在了重工业方面。"一五"时期，钢铁、煤炭、电力、石油、机械制造、军事工业、有色金属和基本化学工业等重工业部门上马了一大批重点项目；"二五"计划再次提出优先发展重工业，实行以钢为纲、全面跃进的方针；除了国民经济调整时期以外，计划经济时期中国重工业发展速度快于轻工业。1952 年，中国重工业占工业总产值的比重为 35.5%，1958 年达到 53.5%，1978 年上升到 57.3%。1952 ~ 1978 年中国主要工业部门总产值构成如表 2 - 3 所示。优先发展重工业的工业化战略决定了由政府集中资源、按计划方式配置资源的经济管理方式和高度集中、封闭的计划经济体制。同时，制造业内部也出现了"重工业太重、轻工业太轻"的畸形产业结构。

表 2 – 3 　　　　　1952 ~ 1978 年中国主要工业部门总产值构成　　　　单位：%

工业部分	1952 年	1957 年	1962 年	1967 年	1972 年	1978 年
冶金	5.9	9.3	10.1	9.2	11.0	8.7
电力	1.3	1.4	3.5	3.4	3.8	3.8
煤炭	2.4	2.3	4.2	2.0	3.1	2.8
石油	0.5	0.9	2.6	3.7	4.9	5.5
化工	4.8	8.2	11.1	15.3	11.3	12.4
机械	11.4	18.2	20.2	21.5	25.1	27.3
建材	3.0	3.3	2.1	3.0	3.0	3.6
森林	6.5	5.4	3.7	2.4	2.0	1.8
食品	24.1	19.6	14.9	10.8	12.4	11.1
纺织	27.5	18.2	14.4	15.1	12.3	12.5
造纸	2.2	2.3	2.0	1.6	1.4	1.3

资料来源：根据 1952 ~ 1978 年《中国工业统计年鉴》整理。

这一时期，由于出现了"大跃进"、三年困难时期、"文化大革命"等事件，制造业发展出现了大起大落，1958 年增长率高达 37.53%，1961 年又降至 - 40.69%，如表 2 - 4 所示。

表 2 - 4 　　　　　　中国制造业增长率（1953 ~ 1978 年）

年份	制造业增长率	年份	制造业增长率	年份	制造业增长率
1953	30.50	1962	- 17.61	1971	16.97
1954	15.42	1963	10.48	1972	- 10.31
1955	5.86	1964	22.75	1973	10.22
1956	28.12	1965	26.59	1974	0.40
1957	11.19	1966	21.22	1975	15.12
1958	37.53	1967	- 16.62	1976	0.63
1959	36.87	1968	- 9.72	1977	14.68
1960	11.85	1969	39.08	1978	14.19
1961	- 40.69	1970	34.95		

资料来源：根据 1953 ~ 1978 年《中国工业统计年鉴》整理。

从"一五"时期到改革开放前夕，中国优先发展重工业的工业化战略虽然历经曲折且付出了较高代价，但是依然在短短 20 多年的时间内就基本实现了国家工业化的目标，初步建成了一个门类齐全的工业体系和国民经济体系。计划经济时期工业发展的主要矛盾体现为工业比例失调和工业增长效率低下。与此相伴随的是，消费需求被长期压抑，消费品供给严重不足。

（2）快速工业化与调整工业结构阶段（1978～1988 年）。1978 年开始，中央对国民经济进行全面调整，重工业发展速度相对放慢并调整了发展方向，关停并转了一批消耗高、质量差、长期亏损的企业；同时，优先发展轻工业，大力发展消费品工业。经过一段时间的调整，工业内部结构得到优化，轻工业内部的比例关系也得到改善。从反映重工业化进程的霍夫曼比例来看，按工业总产值计算的霍夫曼比例由 1978 年的 0.76 回升为 1988 年的 0.97，按工业净产值计算的霍夫曼比例由 1978 年的 0.63 回升为 1988 年的 0.81。从轻重工业的总产值结构变动来看，轻工业比重由 1978 年的 43.1% 上升为 1988 年的 49.3%，重工业比重则由 56.9% 下降为 50.7%[①]。

改革开放以后，随着国家政策的不断放开和沿海地区开放程度的逐渐提高，民营企业、乡镇企业快速发展，各类工业园区大量出现，中国制造业迅速崛起。同时，包括产品市场和要素市场在内的市场体系逐步发展，宏观经济管理体制改革也开始起步，价格机制对生产和供给的调节作用逐步发挥，制造业生产结构逐步适应消费和需求的变化，消费品工业的快速发展，有力推动了中国以轻工业为主的加工制造业发展进程。较低的劳动力、土地、资源、原材料和环境成本以及巨大的中国市场，吸引了大批国外制造企业进入中国，外资、合资和合作企业大量出现。民营企业、外资企业等非公有制企业的快速发展，如表 2 - 5 所示，推动了制造业内部结构调整和转型升级，价格低廉的中国制造业产品开始走出国门，"中国制造"在全球的份额逐年提升。

表 2 - 5　　　　各种经济成分在工业经济中的比重（1978～1988 年）　　单位：%

经济成分	1978 年	1980 年	1985 年	1986 年	1987 年	1988 年
国有工业	77.6	76.0	64.9	62.3	59.7	56.8
集体工业	22.4	23.5	32.1	33.5	34.6	36.2
民营及外资企业等	0	0.5	3.0	4.2	5.7	7.0

资料来源：根据 1978～1988 年《中国工业统计年鉴》整理。

[①]　资料来源：作者根据历年《中国工业统计年鉴》计算整理。

（3）制造业装备现代化与工业结构协调化、高度化阶段（1989～2000）。1989～1991年三年治理整顿期间，中央颁布了一系列推动工业结构调整的政策，加强基础工业发展，推动制造业装备现代化，中国工业化发展进入了以协调化和高度化为方向的结构调整阶段。尤其是1992年邓小平南方谈话和党的十四大之后，经济体制改革步伐加快，市场机制对工业结构调整的引导作用逐步增强，社会主义市场经济体制初步建成，制造业朝着高度化方向发展。与此同时，外资大量涌入，中国成为国际制造业生产外包和代工基地，国有工业部门的产出比重持续下降，非国有工业部门和外资企业迅速发展壮大，如表2-6所示。1993年以后，外资加快了进入中国市场的步伐，外资工业在制造业中的比重迅速提升，1998年在原料工业中的比重达到10.2%，在轻工业中的比重达到37.5%，在重工业中的比重达到27%，在客观上加快了中国制造业高加工度化的进程。

表2-6　　　　各经济成分在工业经济中的比重（1989～2000年）　　　　单位：%

经济成分	1989年	1991年	1993年	1995年	1997年	1998年	2000年
国有工业	56.1	56.2	47.0	34.0	25.5	28.5	26.3
集体工业	35.7	33.0	34.2	36.6	38.1	32.7	29.9
个体工业	4.8	4.8	8.0	12.9	17.9	18.9	22.3
外资企业等	3.4	6.0	10.8	16.5	18.5	19.9	21.5

资料来源：根据1989～2000年《中国工业统计年鉴》整理。

这一时期内，固定资产投资主要投向基础工业、基础设施和高新技术企业，加快了加工工业技术改造步伐，推动制造业装备现代化，规模经济逐步形成，生产效率大幅提升。外资工业不仅拥有较好的设备、较高的技术、较为先进的管理，而且在加工工业中相对集中于技术密集型的产业和深加工工业，在一定程度上推动了中国制造业中技术密集型产业的发展和产业结构升级。

（4）工业化与城市化相互促进阶段（2000～2010年）。进入21世纪以后，扩大内需的宏观调控政策开始显现效果，2002年开始中国经济进入新一轮快速增长周期。2001～2010年，中国工业增加值年均增长11.2%，工业增长构成以重化工业高速增长为主导。钢铁、建材、机械、有色金属、化工等重化工业快速发展，重工业的比重在工业总产值中的比重又开始逐年上升，从1999年的58.1%上升到2006年的69.5%[①]。中国开始进入新一轮重化工业发展阶段。与改革开放以前的重化

————————

① 资料来源：作者根据历年《中国工业统计年鉴》计算整理。

工业快速发展不同的是，这一轮重化工业的快速增长是由住宅、汽车、电子通信和基础设施建设等行业拉动的，城市化和消费结构升级成为工业结构变动的主要动力。这一时期内，中国城市化加速发展，城市化率年均上升 1.4 个百分点，比 1978～1998 年期间年均上升 0.7 个百分点，高了近一倍，如图 2－2 所示。大型城市积极推进旧城改造、轨道交通、城市道路和城市公用事业建设，中小型城市也在大力扩充城市功能，改善城市居住环境，全国范围的城市建设促进了城市就业和人口的增加。住宅、汽车、消费类电子产业为主导的与城市化紧密相关的产业进入加速增长阶段，带动中国进入到一个以消费结构升级带动产业结构升级、以城市化推动工业化的发展阶段。

　　2001 年底中国成功加入 WTO，中国制造业呈现出"两头在外、大进大出"的增长模式，开始迅速融入全球经济，出口大幅增长，外商直接投资成倍增加，制造业增加值和规模快速增长，"中国制造"风靡世界，中国成为"世界工厂"。中国主要工业产品产量在全球排名迅速上升，主要工业产品产量很快跃居世界第一，如表 2－7 所示。与此同时，中央对国有经济布局和结构进行战略性调整，按照"有进有退、有所为有所不为"的原则，逐步收缩国有经济战线，提高国有资本利用效率和整体竞争力。这一时期，国有经济改革成效显著，国有企业经济效益持续增长，国有企业实现利润由 1998 年的 213.7 亿元提高到 2003 年的 4951.2 亿元。

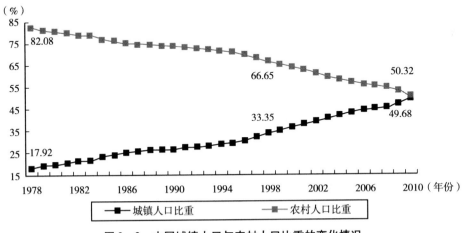

图 2－2　中国城镇人口与农村人口比重的变化情况

注：1982 年以前数据为户籍统计数；1982～1989 年数据根据 1990 年人口普查数据进行了调整；1990～2000 年数据根据 2000 年人口普查数据进行了调整；2001～2004 年、2006～2009 年数据为人口变动情况抽样调查推算数；2005 年数据根据全国 1% 人口抽样调查数据推算；2010 年数据来自第六次全国人口普查。

资料来源：中国国家统计局官网。

表 2 – 7　　　　　　中国主要工业产品产量的世界排名（1978～2010 年）

工业产品	1978 年	1980 年	1985 年	1990 年	1995 年	2000 年	2005 年	2010 年
钢	5	5	4	4	2	1	1	1
煤	3	3	1	1	1	1	1	1
原油	8	6	5	5	5	5	5	4
发电量	7	5	5	4		2	2	1
水泥	4	3	1	1	1	1	1	1
化肥	3	3	3	3	2	1	1	1
棉布	1	1	1	1	1	2	1	1
天然气	—	—	—	—	—	—	10	—
汽车	—	—	—	13	11	8	5	—

资料来源：根据 1978～2010 年《国际统计年鉴》《中国统计年鉴》《中国工业统计年鉴》整理。

　　（5）信息化与工业化深度融合阶段（2010 年以来）。新工业革命风起云涌，新一代信息技术快速发展，对制造业发展提出了新的要求。为了应对新工业革命挑战和发达国家"再工业化"带来的冲击，中国制定并实施了"制造强国"战略。国家推出"制造强国"战略的主要目的是，通过促进工业化与信息化的深度融合，加快制造业转型升级和结构优化，推动中国从"制造业大国"向"制造业强国"迈进，实现由中国制造向中国创造、中国速度向中国质量、中国产品向中国品牌三大转变，让高端化、智能化、绿色化和服务化发展成为中国制造业发展方向，让信息化与工业化深度融合成为中国走新型工业化道路、构建现代产业体系的重要手段和途径。

　　这一时期，国家重点发展战略性新兴产业，加快发展先进制造业和生产性服务业，制造业高端化和服务化趋势明显。实施"制造强国"和高端装备创新发展工程，落实重大技术装备国产化依托工程，实现一批重大装备的工程化、产业化应用。积极协调产业政策与竞争政策之间的关系，发挥产业政策促进竞争功能，支持新一代信息技术、新材料、新能源汽车、生物技术、虚拟现实、人工智能等新兴产业发展壮大。加快新技术商业化应用推广，积极培育新兴市场，推广新型制造模式，推动生产方式向柔性、智能、精细化转变。全面推行绿色制造，构建高效、清洁、低碳、循环的绿色制造体系。

2.6.2　中国制造业发展现状与特征分析

（1）制造业综合实力较强，制造业仍是经济发展的重要引擎。改革开放以来，通过所有制改革、投资体制改革、完善市场体系和价格形成机制、打破垄断等一系列配套措施，工业经济活力得以加强，中国工业快速发展，工业竞争力和技术水平不断提高，经营效益明显改善，规模迅速扩大。2010年中国制造业增加值占世界制造业的19.8%，超过美国的19.4%，首次成为世界制造业第一大国。2013年，我国制造业产出占世界比重达到20.8%，连续多年保持世界第一大国地位。在500余种主要工业产品中，我国有220多种产量位居世界第一。2014年，我国共有100家企业入选"财富世界500强"，比2008年增加65家，其中制造业企业56家（不含港澳台），连续两年成为世界500强企业数仅次于美国（130多家）的第二大国。其后，中国一直保持世界第一制造业大国地位，2016年中国制造业产值占全球的比重达到22%。按当年价格计算，2016年工业增加值是1978年的100多倍，增速长期保持在10%以上，工业增加值占国内生产总值比重维持在30%~40%。2018年，我国的制造业增加值占全世界的份额达到了28%以上，成为驱动全球工业增长的重要引擎。在世界500多种主要工业产品当中，有220多种工业产品居全球第一①。

改革开放以来，制造业的快速发展直接保障了中国经济发展的速度、质量和效益，增强了中国在全球化格局中的国际分工地位。从国内看，新中国成立70多年来，中国工业增加值占GDP的比重由1952年的17.6%提高到2014年的35.85%，增加了1倍多，促进中国工业实现了由小到大的历史性转变。从国际对比来看，1990年中国制造业占全球的比重为2.7%，居世界第九；到2000年上升到6.0%，居世界第四；2007年达到13.2%，居世界第二；2010年为19.8%，跃居世界第一。2016年制造业增加值同比增长6.8%，为全国GDP实现6.7%的增速奠定了坚实基础②。制造业仍然是国民经济发展的重要支撑，并且在未来很长一段时间内，制造业仍将是中国经济发展的基石和支撑。

（2）制造业自主创新能力显著增强，部分关键领域技术水平位居世界前列。进入21世纪以来，中国大力实施创新驱动战略，社会创新要素不断向制造业企业集聚，工业企业研发投入快速增长，如图2-3所示，自主创新能力明显增强。

---

① ②　史丹：《中国工业70年发展与战略演进》，载于《经济日报》2019年10月9日（理论版）。

2015 年规模以上工业企业研发支出 1.2 万亿元，比 2008 年增长 3.7 倍，企业研发投入强度从 2008 年的 0.61% 增加到 2015 年的 0.89%。2015 年，规模以上工业企业共拥有科技机构 6.2 万个，比 2008 年增加了 2.57 倍；规模以上企业共申请专利 73 万件，是 2008 年的 5.4 倍。载人航天、探月工程、载人深潜、新支线飞机、大型液化天然气船（LNG）、高速轨道交通等领域的技术取得突破性进展。特高压输变电设备、百万吨乙烯成套装备、风力发电设备、千万亿次超级计算机等装备产品技术水平已跃居世界前列。

制造业是技术创新的主战场，是创新最集中最活跃的领域。经过多年的积累，我国工业领域技术创新经过模仿创新、集成创新、引进消化吸收再创新等多个阶段，创新要素在总量上逐步接近世界前列，在水平上与发达国家的差距正在逐步缩小，产业总体创新能力明显增强，正在由跟随式创新向引领式创新转型。2015 年，我国全社会 R&D 经费投入 1.4 万亿元，占 GDP 比重达 2.1%，比 2012 年提高 0.17 个百分点，已达到中等发达国家水平，居发展中国家前列[①]；按照汇率计算，我国已成为仅次于美国的世界第二大研发经费投入国家，投入强度在新兴发展国家中居于领先地位。

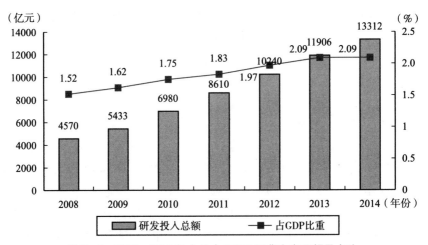

图 2 - 3   2008 ~ 2014 年全社会 R&D 经费支出总额及占比

（3）中高速增长成为工业化"新常态"，中国走上迈向制造业强国征程。当

---

① 余东华、张鑫宇：《知识资本投入、产业间纵向关联与制造业创新产出》，载于《财经问题研究》2018 年第 3 期。

前中国经济增长已经从高度增长期进入增长速度换挡期，中高速增长成为经济增长的"新常态"。未来一段时间内，中国将处于工业化、信息化、城镇化与农业现代化同步发展的新阶段，制造业将保持7%左右的中高速增长。为了应对新工业革命和科技变革的挑战，推动中国由制造业大国向制造业强国迈进，我国制定并实施了"制造强国"战略。"制造强国"战略的实施将立足于我国转变经济发展方式的实际需要，围绕创新驱动、智能转型、强化基础、绿色发展、人才为本等关键环节，以及先进制造、高端装备等重点领域，实施加快制造业转型升级、提质增效的重大战略任务和重大政策举措，力争到2025年使我国从制造业大国迈入制造业强国行列。

实施"制造强国"战略，就是要推动制造业由创新驱动实现转型升级，促进制造业从全球价值链的低端走向高端，从资源依赖型、环境破坏型、劳动力与资本密集型的传统制造业发展模式，转变为资源节约型、环境友好型、创新驱动型的可持续发展模式，提高制造业的生产效率和国际竞争力。新工业革命时期，制造业面临新的时代特征，即全球化市场竞争趋于激烈、环境保护意识增强、资源有限导致要素价格上涨、科学技术发展加速、信息大量广泛分布和大数据应用、用户需求升级且个性化特征明显、产品与技术的知识含量增加、知识产权和技术标准更加重要。在这一时代背景下，实施"制造强国"战略将以制造业数字化为核心，融智能制造、互联制造、个性化制造、绿色制造于一体，推动技术要素和市场要素配置方式发生革命性变化，抢占制造业竞争制高点，进而实现制造业强国方略。

（4）制造业面临巨大的资源环境压力，制造业劳动力成本显著上升。中国已经成为制造业第一大国，但同时也面临着巨大资源环境压力。根据国家环保局提供的数据，2013年全国化学需氧量排放总量为2357.7万吨，氨氮排放总量为245.7万吨，二氧化硫排放总量为2043.9万吨，氮氧化物排放总量为2227.3万吨，其中工业源分别占到13.57%、10.01%、89.79%和69.40%。全国地表水污染严重，劣四类和劣五类水质断面比例分别超过19.3%和9.0%。从2009年开始，中国能源消费量就超过美国居世界第一位；2012年中国成为世界第一大原油进口国，全年生产原油20748万吨，进口原油27109万吨，原油对外依存度达到56.4%。2008年，中国二氧化碳排放量居世界第一位，2012年达到92.08亿吨，占世界总排放量的26.7%，是美国的1.59倍。从中国与美国劳动力成本的比较上就可以看出近年来中国制造业劳动力成本变化趋势。1990~2015年，中国制造业年平均工资由2073元上升到55324元，16年间劳动力成本提高了26倍。同期，美国制造业年平均工资由28173美元提高至55292美元，劳动力成本仅上升了 1.9 倍。值得注意的是，汇率波动也是影响中美劳动力成本的重要因素，人民币兑美元年均汇率由 1990 年的 4.8 上升至 2000 年左右的 8.3，又逐步降至 2015 年的 6.2。考虑汇率因素后，若统一按人民币计价，中美制造业劳动力成本的相对差距一直在缩小，而且这种趋势在 2008 年之后表现得更为显著。1990～2015 年，中国制造业年平均工资增速基本保持在 10% 以上，一直高于美国，美中制造业平均工资差距已由 1990 年的 65 倍降至 2015 年的 6 倍[①]。

劳动力成本还可以从劳动力产出水平进行比较。1990～2015 年，美国制造业人均增加值上升了 3.16 倍，而制造业人均工资上升了 1.91 倍，这使其劳动力成本产出比由 1.98 上升至 3.27。也就是说，每支付美国制造业工人 1 美元，可以创造的制造业增加值由 1990 年的 1.98 美元上升至 2015 年的 3.27 美元。相比之下，同期中国制造业人均增加值虽然提高了 24.73 倍，而由于同期制造业人均工资上升 26.69 倍，导致劳动力成本产出比不升反降，由 2.59 降至 2.40。也就是说，每支付中国制造业工人 1 元人民币，可以创造的制造业增加值由 1990 年的 2.59 元降至 2015 年的 2.40 元[②]。与美国制造业劳动力成本产出比一直稳步增长相比，中国制造业劳动力成本产出比经历了先上升再下降的"驼峰"式变化过程。在这种此消彼长的过程中，自 2008 年起，中国制造业劳动力成本产出比已低于美国。这意味着，美国制造业可通过更快的劳动生产率增速"消化"其相对较高的劳动力成本。反观中国，自 1997 年后，制造业劳动生产率的增速只能勉强"跟上"劳动力成本增速，劳动力成本产出比止步不前。随着 2008 年后制造业人均工资进一步上升，中国劳动力成本产出比甚至出现下降。因此，从制造业总体来看，投资美国似乎比中国更具"性价比"，这也是部分美国企业回流本土、一些中国企业"出走"美国的重要原因。

（5）中国制造业发展质量和效益仍需提升，制造业总体上仍处于全球价值链的中低端环节。首先，制造业生产效率和效益不高。2019 年，中国制造业增加值率仅为 26% 左右，低于美、英、日等发达国家平均水平 20 个百分点左右。其次，自主创新能力不强。就研发投入而言，中国规模以上工业企业研发经费内部支出仅占主营业务收入的 0.7% 左右，而国外跨国公司研发投入占比普遍在

---

① 杨丹辉、渠慎宁和李鹏飞：《中国利用外资区位条件的变化：基于中美制造业成本的比较分析》，载于《国际贸易》2017 年第 9 期。

② 渠慎宁和杨丹辉：《中美制造业劳动力成本比较分析》，载于《中国党政干部论坛》2017 年第 9 期。

3% ~5% 左右①。再次，制造业企业自主品牌建设相对滞后。目前，我国制成品出口以低附加值、低技术含量产品为主，加工贸易产品出口占全部出口的一半以上，自主品牌产品出口占比非常小，具有国际影响力的著名品牌还十分缺乏。最后，缺少具有国际竞争力的大企业。中国许多行业产量居世界第一，但各行业缺少具有较强国际竞争力的大型企业集团。

（6）制造业创新能力有待增强，国家创新竞争力与经济实力不太匹配。中国科学技术发展战略研究院发布的《国家创新指数报告 2013》的评价结果显示，美国凭借雄厚的创新资源和优异的创新绩效成为最具创新能力的国家。日本和韩国依靠突出的企业创新表现和知识创造能力，分别位居第 2 位和第 4 位，继续领跑其他亚洲国家。中国国家创新指数虽然比上年提高 1 位，但排名仍居全球第 19位。根据美国康奈尔大学、欧洲工商管理学院和世界知识产权组织联合发布的《2014 全球创新指数报告》，高收入经济体占据了当年排行榜的前 25 位，其中瑞士、英国、瑞典、芬兰、荷兰等欧洲经济体依次位居"最具创新力经济体"的前5 位。在中等收入经济体中，尽管中国、巴西是创新领域的领头羊，但中国仍居第 29 位，与中国经济实力排名不太匹配。总体而言，中国国家创新强度普遍偏低。美国制造业研发强度为 3.35%。2013 年中国制造业研发强度为 0.88%，差距较大。数据显示，中国作为全球规模最大的制造业基地，2013 年制造业研发强度只有 0.88%，而日本 2009 年已经达到 4%，2008 年美国已经达到 3.3%，德国为 2.4%。中国制造业研发强度仍低于发达国家在 2008 年至 2009 年的研发强度②。金融危机之后，主要经济体围绕新一代互联网、生物技术、新能源、高端制造等七大战略新兴产业展开了新一轮增长竞赛，纷纷推出各自的创新增长战略，推动制造业升级而不仅仅是回归。不论欧美发达经济体还是印度等新兴经济体，全球制造业正在向高端、高科技的更高层级迈进。特别是随着全球智能网络将继续快速发展，超级计算、虚拟现实、网络制造、网络增值服务等产业快速兴起，中国战略新兴产业也出现了类似于传统产业那样的技术差距和技术鸿沟。

---

①　董敏杰、梁泳梅和张其仔：《中国工业产能利用率：行业比较、地区差距及影响因素》，载于《经济研究》2015 年第 1 期。
②　黄群慧和李晓华：《中国工业发展"十二五"评估及"十三五"战略》，载于《中国工业经济》2015 年第 9 期。

2.7 本 章 小 结

21 世纪以来，以信息网络技术为主导的新一轮科技革命和产业变革正孕育兴起，全球科技创新和产业发展呈现出新的态势和特征。这一轮变革是信息网络技术与制造业的深度融合，是以制造业数字化、网络化、智能化为核心，建立在物联网基础上，同时叠加新信息、新能源、新材料等方面的突破而引发的新一轮技术和产业革命，将给世界范围内的制造业带来深刻影响。这一革命，恰与中国加快转变经济发展方式、建设制造业强国形成历史性交汇，对中国制造业而言，既是极大的机遇，也是极大的挑战。以新一代信息技术研发与应用为核心的新工业革命的基本特征可以总体概括为：科技化、全球化、互联化、绿色化、定制化、本土化和利基产业的出现。在新工业革命时期，生产方式、生活方式、制造模式、产业组织模式和主要技术基础等都将发生重大变革。新工业革命将加速削弱中国制造业的传统比较成本优势，使得中国制造业"追赶效应"和后发优势逐渐消退，与新工业革命相伴随的"工业 4.0"和"互联网＋"将为中国制造业加快技术创新提供新的战略机遇。中国制造业应抓住新工业革命带来的历史性机遇，加快转型升级步伐，通过提质增效增强国际竞争力。

中国制造业面临着发达国家高端制造业"回流"和发展中国家中低端制造业"分流"的双重挤压，尤其是发达国家"再工业化"将对中国制造业转型升级产生重大影响。如何应对这种影响带来的机遇、挑战和风险，通过实施"制造强国"战略提升中国制造业国际竞争力，是急需解决的重大现实问题。

随着互联网技术的快速发展和应用普及，人类社会进入了移动互联网时代。移动互联网技术的应用将推动中国制造业商业模式和生产方式的创新与变革，加快制造业智能化进程，推动制造业价值链与产业链的融合发展。信息网络技术为中国制造业转型升级提供了机遇、动力和需求。中国需要抓住这一历史性机遇，应用信息网络技术驱动制造业转型升级、提质增效，增强中国制造业的国际竞争力，实现工业强国的百年梦想。

回顾中国制造业近 70 年的发展历程，大致可以分为五个阶段。第一个阶段是 1952～1978 年，改革开放前重工业化阶段；第二个阶段是 1978～1988 年，快速工业化与调整工业结构阶段；第三个阶段是 1989～2000 年，制造业装备现代化与工业结构协调化、高度化阶段；第四个阶段是 2000～2010 年，工业化与城市化相互促进阶段；第五个阶段是 2010 年以来，信息化与工业化深度融合阶段。当前，中国制造业发展的现状和基本特征可以概括为以下几个方面：（1）综合实力较强，制造业仍是经济发展的重要引擎；（2）制造业自主创新能力显著增强，部分关键领域技术水平位居世界前列；（3）中高速增长成为工业化"新常态"，中国走上迈向制造业强国征程；（4）制造业面临巨大的资源环境压力，制造业劳动力成本显著上升；（5）中国制造业发展质量和效益仍需提升，制造业总体上仍处于全球价值链的中低端环节；（6）制造业创新能力有待增强，国家创新竞争力与经济实力不太匹配。新产业革命、发达国家"再工业化"、移动互联网时代的到来、要素价格上涨和环境规制趋紧等，共同构成了中国制造业转型升级的背景环境，对中国制造业转型升级将产生明显影响。在本书中，我们将重点分析要素价格上涨和环境规制趋紧背景下中国制造业转型升级的模式与路径问题。

第3章

中国制造业转型升级能力的
测度与比较分析

3.1 引　　言

　　新工业革命的兴起、信息技术的发展和远程通信时代的到来，推动了全球范围内制造业格局的解构与重构。为了应对新工业革命带来的挑战和全球经济危机的影响，欧美国家纷纷实施"再工业化"战略，布局未来战略性新兴产业，掌控制造业高端环节。2009年美国公布的《制造业振兴框架》提出重点发展高科技含量、高附加值、创新型的先进制造业，推动产业转型升级，巩固其制造业强国地位。随着美国"再工业化"战略推进，其制造业占全球比重由2011年的15.2%上升至2014年的16.6%，上升了1.4个百分点。与此同时，欧洲国家也纷纷出台工业发展战略，引导制造业回流[①]。英国政府于2009年制定了"制造业新战略"，加快推进制造业智能化进程。法国于2013年开始实施"新工业法国战略"，将工业作为国家发展的核心，牢牢把握新一代信息技术，以期重塑工业实力。德国出台了"工业4.0"战略，加快新一代信息技术的应用与普及，基于"信息物理系统"实现"智能工厂"。日本发布了《制造业基础白皮书》，进一步明确制造业在产业政策中的核心地位，并通过实施"未来开拓战略"促进制造业的尖端技术研发和新一代信息技术产业的发展。印度、越南、泰国、印度尼西亚

　　① 崔日明、张婷玉：《美国"再工业化"战略与中国制造业转型研究》，载于《经济社会体制比较》2013年第6期。

等东南亚国家凭借廉价劳动力优势，进军制造业中低端环节，吸引跨国公司投资设厂，也对"中国制造"形成了威胁。发达国家从高端环节、发展中国家从中低端环节对中国制造业形成了"双向挤压"。

　　制造业是国民经济的主体，而信息技术是促进传统制造业改造升级、提升生产率、推进工业现代化必不可少的重要手段，更是促进制造业结构优化和转型升级的重要动力。随着云计算、大数据等新技术的不断涌现，现代社会步入了一个信息驱动的时代。科技进步引发生产要素使用方式的结构性转变，从而改变了全球制造业生产要素比较优势的既有格局。发展中国家所具有的土地、原材料、能源、劳动力等传统生产要素比较优势，在新一代信息技术的推动下逐渐丧失，而发达国家所具备的技术、设备、人才等生产要素比较优势开始彰显其巨大能量。全球制造业的比较优势正在发展中国家与发达国家之间产生"逆转"，如果不加快推进制造业转型升级，以廉价劳动力为比较优势的发展中国家制造业就有可能陷入困境。在世界经济的发展过程中，依靠成本优势发展制造业是一种常规路径，可以让发展中国家积累资金，获得技术并提高人民收入水平。但是，在新工业革命的浪潮下，制造业的技术更新速度、创新能力、附加值及竞争激烈程度都达到了前所未有的高度，制造业发展的常规路径已难以为继。发展中国家迫切需要重新认识制造业转型升级能力，寻找推动制造业转型升级的新动能，进而探索设计制造业转型升级的新路径。中国作为发展中大国，拥有着门类齐全、独立完整的制造业体系，提升制造业转型升级能力是大势所趋。如何准确并全面认识制造业转型升级能力，充分挖掘转型升级的新动能，对于处在新工业革命背景下亟待转型升级的中国制造业具有重要意义。基于此，本章将对制造业转型升级能力进行明确界定，遵循"从省市综合指数层面出发，上升至全国层面，再回归地区层面"的分析思路，计算并比较中国各省区市制造业转型升级能力。本章的研究将有助于客观认识中国制造业转型升级能力以及在转型升级过程中所面临的机遇与挑战，为制造业探寻转型升级新动能提供参考和借鉴。

3.2　文　献　综　述

　　工业 4.0 是连接第三次工业革命和第四次工业革命的"纽带"，如果将前三次工业革命分别概括为机械化、电气化和信息化，那么可以将处于第三次工业革命和第四次工业革命"交界处"的新工业革命概括为智能化。凯内特和克雷奇梅（Keinert and Kretschmer，2015）认为，工业 4.0 是第三次工业革命的重要组成部分，是信息技术在工业领域的深层次应用。徐莉（2014）认为工业4.0是网络技术的全程化应用以及互联网经济与合作伙伴的"全维度"融合。第四次工业革命的战略核心是构建信息物理系统（CPS），采用信息通信技术（ICT）等关键技术对制造工程系统实现实时感知、动态控制和信息服务。张其仔（2014）、金碚（2014）、王喜文（2015）等认为，工业4.0战略是一项最大限度发掘现有技术和经济潜能的整体优化战略，是继机械化、电气化、信息化之后第四次工业革命，工业4.0中智能制造业与新一代信息技术紧密相连，工业4.0的本质就是基于"信息物理系统"实现"智能工厂"。余东华等（2015）认为，以新一代信息技术为核心的新技术范式正处于形成阶段，智能化、数字化和信息化技术将向工业和服务业全面嵌入。施瓦布（2016）指出，新工业革命不仅包含智能互联的机器和系统，而且涵盖基因测序、纳米技术、可再生能源以及量子计算等诸多领域，将带来巨大的经济效益和财政收益，也将为制造业转型升级提供新机遇。

秦可德等（2013）从产业集群角度，结合全球制造业智能化发展趋势，提出通过优化网络空间布局推动区域制造业转型升级。张志元和李兆友（2015）认为中国制造业转型升级的动力机制主要来自五个维度，即科学技术的发展、需求结构的升级、产业组织结构的改革和创新、全球经济阶梯发展效应和国家战略的积极推动。阿里研究院（2015）指出，新一代信息技术是促进传统制造业转型升级、提升生产率、推进工业现代化必不可少的手段，更是促进制造业结构优化升级的重要动力。制造业采用商业智能分析可以有效协调大规模低成本生产与"快速化""个性化"的矛盾，实现生产过程柔性控制。李平等（2010）构建了中国制造业可持续发展评价指标体系，从总体、结构、技术、能源与环境四个方面对中国制造业可持续发展目标进行了预测。李廉水等（2015）从经济指标、科技指标、能源指标、环境指标和社会服务指标五个方面构建了制造业"新型化"指标，并对中国制造业"新型化"程度进行了评价。

已有文献大多是通过构建产业升级能力评价体系，采用突变级数法、构造"OEM指数"、模糊评价模型等方法对相关行业进行测度。程艳霞和彭王城（2010）从产业结构、技术结构和产品结构三个维度，提出产业升级能力评价指标体系，运用模糊评价模型进行了分析。安忠瑾和宫巨宏（2016）通过构造"OEM指数"对我国制造业产业升级能力进行了测度，研究结果表明制造业产业升级能力总体呈上升态势。唐辉亮（2014）研究发现，产业结构由劳动密集型向技术密集型升级会受人力资本结构和技术资本配置结构条件的约束，为了推动产业结构高级化，人力资本结构还有待改善。李邃和江可申（2011）认为，高技术产业科技能力及其能力结构都会影响产业结构的优化升级，高技术产业科技创新

资源投入及研发能力与产业结构优化升级之间的相关关系最强。余东华等
（2017）从要素集约化、技术绿色化、价值链攀升和生产智能化四个维度构造制
造业"高新化"评价体系，测算了中国制造业"高新化"水平及其区域差异，
并实证分析中国制造业"高新化"的影响因素，提出了供给侧改革背景下推动中
国制造业实现"高新化"发展的具体路径。

综上所述，国内研究制造业转型升级领域的相关文献主要集中在转型升级的
动力、制造业"新型化"等方面，研究转型升级能力的文献较少，仅有的几项实
证研究也主要集中于高技术产业、特定省份或是特定产业的升级能力。由此可
见，学术界对新工业革命背景下制造业转型升级能力的研究关注不够。本章将结
合前人相关研究成果，从生产增值能力、可持续发展能力、创新学习能力、信息
技术辐射能力等方面构建制造业转型升级能力指标体系，系统评价新工业革命背
景下中国制造业转型升级能力，为探寻转型升级新动能、新路径提供借鉴和
参考。

3.3　制造业转型升级能力的界定与理论分析

新工业革命推动信息技术日趋成熟，信息化与工业化深度融合，对全球制造
业的影响已经从"点升级"发展为"系统升级"。"研发—设计—采购—生产—
市场"系统内的每个环节均被网络技术、智能制造及数字技术深度渗透，从而形
成新一代信息技术推动制造业转型升级的内在动力。一方面，在新工业革命的推
动下，信息技术将提升制造业生产增值能力、可持续发展能力和学习创新能力。
其内在机制是通过作用于生产要素和创新，有效降低生产过程中的资源能耗，将
创新研发出的智能设备广泛应用于生产过程，有效降低成本和人工误差，提高生
产环节的规范性和资源配置效率。与此同时，推进制造业生态化和低碳化发展，
增强制造业的可持续发展能力。另一方面，在新工业革命背景下，信息技术的辐
射能力将进一步增强，通过推动互联网、信息产业、软件产业的发展，加强产业
间融合，以全新方式满足现有需求，颠覆传统制造业生产模式，进而推动制造业
转型升级。制造业转型升级能力是指推动制造业在规模扩大、结构升级以及价值
链提升的同时，实现从速度至上到质量至上、从粗放制造到集约制造、从传统制
造到智能智造、从产品制造到品牌制造转变的一种内在驱动力。基于以上分析，
本章从要素驱动、环境驱动、创新驱动及信息驱动四个维度提出制造业转型升级
的四大能力，即生产增值能力、可持续发展能力、创新学习能力和信息技术辐射

能力。新工业革命背景下制造业转型升级能力及其作用机制如图3-1所示。

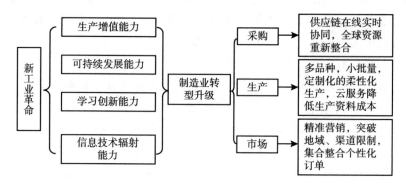

图3-1 新工业革命背景下中国制造业转型升级能力的构成

资料来源：作者整理。

（1）生产增值能力。生产增值能力是指制造业转型升级过程中通过生产效率和结构优化程度的提升，把低投入转换成高产出的能力，它可以从要素使用效率和结构优化程度等两个维度进行衡量。目前，中国制造业的要素使用效率仍处于较低水平，单位GDP能耗仍是世界平均水平的2倍以上。不断上涨的要素价格使得我国以低成本取胜的制造业发展模式难以为继，提升制造业要素使用效率刻不容缓。劳动密集型产业的发展空间日益受到劳动力成本上升的制约，资源投入密度大的产业存在高能耗、高环保成本压力，而且多处于价值链低端，价值增长空间有限，资源、环境对资源密集型产业的承载空间也日益受限。要素条件制约要求中国制造业必须在现代制造业、战略性新兴产业等领域拓展空间，提高技术密集型产业及资本密集型产业的比重，从总体上提升制造业产业结构。结构优化是制造业转型升级的重要方向，在迈向制造强国的历程中，国防安全、工农业生产、基础设施建设、人民生活水平提高都对制造业有着不同层次需求，因而制造业产业体系多层次化是发展趋势。制造业产业结构优化，就是要改变制造业发展的要素投入结构，降低劳动、资源的投入，提高资本、技术、管理等要素对制造业增长的贡献。

（2）可持续发展能力。可持续发展能力是指制造业转型升级过程中通过转变制造业生产方式，形成人与自然相平衡的内生动力机制，着力提升生态化和节能减排的能力，它可以从生态化和节能减排等两个维度进行衡量。在新工业革命背景下，降低制造业能耗，并减少其对环境的污染，实现由资源消耗大、污染物排放多的粗放制造向绿色制造转变，对我国制造业转型升级具有重要的现实意义。

国务院制定实施的"制造强国"战略中提出加快推进绿色工程，不仅强调制造过程本身的节能减排，也强调产品的绿色节能。我国制造业尚未完全摆脱高投入、高消耗、高排放的粗放型发展模式，加速提升制造业可持续发展能力是加快推进制造业转型升级、提高生产效率的关键。我国制造业应重视生态化和节能减排两个方面，推进绿色制造、绿色发展。环境规制的驱动机制虽然不同，但对促进产业升级起着重要的推动作用。尤其在环境污染、生态破坏、雾霾严重、资源能源日趋匮乏的当下，通过强化环境规制增强制造业可持续发展能力尤显重要。

（3）创新学习能力。创新学习能力是指制造业转型升级过程中对新技术、新流程、新工艺的学习、消化和吸收的能力，是推动技术创新和技术突破的能力，它可以从创新能力和学习能力等两个维度进行衡量。"制造强国"战略和"创新驱动"战略都提出，通过智能制造工程加快推动新一代信息技术与制造业技术深度融合，通过制造业创新体系建设工程建立以企业为主体、产学研紧密结合的技术创新体系。欧洲创新联盟从公司外部主要驱动力、企业行为革新以及创新产出三个方面对中国在创新领域的综合表现进行了预测，结果表明，随着中国经济增长模式更重视创新和服务，2015 年中国的创新能力已经达到欧盟水平的 49%（2006 年为 35%）。《奥斯陆手册》基于熊彼特的理论基础，把创新活动归类为"产品创新""工艺创新""组织创新"和"市场创新"。组织学习被定义为组织学习的过程，学者和执业者认为其是组织中适应变化环境的重要技能。组织学习能力，被认为是组织和管理中促进组织学习的过程和允许组织学习的一种特质，其在组织学习的过程中尤为重要。阿伯纳西和厄特贝克（Abernathy and Utterback，1978）指出企业通过组织学习，能够加深对产品与运作过程的理解，更容易推动产品的创新。基姆（Kim，1980）提出三阶段模型，即后进入企业开始采用某种特定的外部技术，然后，再进行其他技术的学习、消化、吸收，最终实现企业的升级。由此可知，国内外大量的文献支持创新学习能力对制造业转型升级的重要推动作用。

（4）信息技术辐射能力。信息技术辐射能力是指制造业转型升级过程中信息技术与制造业不断融合，借助数据流、信息流、知识流和人才流推动信息化与工业化深度融合，从而实现制造业转型升级的能力，它可以从互联网辐射能力和电子信息辐射能力两个维度进行衡量。2015 年，国务院正式印发了关于积极推进"互联网+"行动的指导意见，明确了"互联网+"的 11 个重点行动领域和做好组织实施的 7 项保障措施。经济辐射能力是指在城市群的中心城市通过自身规模效益、市场效益、人才效益及设施效益对周边城市和地区发挥的综合影响能力和发展带动能力。伴随着新一代信息技术与制造业的融合与发展，信息技术辐射能力也开始初现"端倪"。互联网技术与制造业融合可以通过对海量数据的分析实现智能生产、网络协同制造，企业与客户也可以借助互联网参与到价值创造、价值传递及价值实现等生产制造的各个环节。山川町等（Yamakawa et al.，2013）和迪克森等（Dixon et al.，2010）研究发现，互联网技术的迅速发展和随之而来的高技术产业与传统产业的融合均为高技术企业的机会发现与创造提供了广阔的平台。陈志祥和迟家昱（2016）通过构建企业信息化应用水平与企业升级转型能力关系模型，明确信息技术应用水平、信息技术效能和产业升级能力之间的关系，提出基于信息技术驱动与促进作用下的双循环升级转型模式。由此可以看出，信息技术可以借助数据流、信息流、知识流和人才流等作用于制造业的采购、生产、销售等环节，从而促进其转型升级。

基于以上分析，我们将新工业革命背景下制造业转型升级的能力分为生产增值能力、可持续发展能力、创新学习能力和信息技术辐射能力四个维度。基于这四种能力构建评价指标体系，力求客观准确地测度新工业革命背景下中国制造业转型升级能力。

3.4 测度方法与指标体系

3.4.1 制造业转型升级能力的测度方法

本章借鉴产业结构高级化的测度方法来测度制造业转型升级能力，其测度方法可以归纳为如下四类：一是直观比较法，该方法将研究对象的产业比例关系与发达国家"标准结构"进行比较，判断研究对象的产业结构所处的高度；二是比较判别方法，该方法通过将某一产业结构系统作为参照系来评价和判别另一个产业结构所处水平；三是经济发展阶段判别法，结合相关理论和数据，将经济发展过程划分为若干个阶段，然后根据比较国的经济特征，判别该国经济处于哪一个阶段，进一步衡量其相应的产业结构水平；四是指标法，依据一定标准构建出一个指标或者一个指标体系来综合衡量一个经济的产业结构高度。前三类方法都是基于比较进行的，因而存在一定的相对性，指标法对这种缺陷进行了改良，可以用于定量分析。综合考虑以上四种方法，本章决定采用构建指标体系的方法来综合评价制造业转型升级能力。指标权重的确定方法主要有主观赋权法和客观赋权法两种。主观赋权法的主观随意性较大，没有充分考虑客观历史数据的重要性，诸如德尔菲法、层次分析法等；客观赋权法重在强调客观数据，包括离差最大化决策和熵权法等。本章采用熵权法来确定指标权重。熵权法的运算过程如下：

1. 建立指标矩阵

假设系统中包括 n 个评价对象，m 个评价指标，由此可以构建 $n \times m$ 的指标矩阵，如式（3-1）所示：

$$X = (x_{ij})_{n \times m} = ,\ i = 1,\ 2,\ \cdots,\ n,\ j = 1,\ 2,\ \cdots,\ m \qquad (3-1)$$

其中，x_{ij} 指第 i 个评价对象的第 j 个评价指标的值。

2. 指标矩阵规范化

指标矩阵中的指标需要进行规范化处理，以消除量纲对最终结果的影响，确保其数值处在 $[0, 1]$ 之间。正向指标规范化计算过程如式（3-2）所示：

$$r_{ij} = \frac{x_{ij} - x_{j\min}}{x_{j\max} - x_{j\min}} \qquad (3-2)$$

负向指标的规范化计算过程如式（3-3）所示：

$$r_{ij} = \frac{x_{j\max} - x_{ij}}{x_{j\max} - x_{j\min}} \qquad (3-3)$$

其中，r_{ij} 指第 i 个评价对象的第 j 个评价指标的规范化值，$x_{j\min}$ 指全部评价对象第 j 个评价指标的最小值，$x_{j\max}$ 指全部评价对象第 j 个评价指标的最大值。由此可以构建规范化后的指标矩阵，如式（3-4）所示：

$$R_{ij} = (r_{ij})_{n \times m} = \begin{bmatrix} r_{11} & r_{12} & \cdots & r_{1m} \\ r_{21} & r_{22} & \cdots & r_{2m} \\ \vdots & \vdots & \ddots & \vdots \\ r_{n1} & r_{n2} & \cdots & r_{nm} \end{bmatrix},\ i = 1,\ 2,\ \cdots,\ n,\ j = 1,\ 2,\ \cdots,\ m$$

$$(3-4)$$

3. 确定评价指标的熵值

参考张近乐等（2011）对 p_{ij} 值进行修正，则有式（3-5）：

$$p_{ij} = \frac{r_{ij} + 10^{-4}}{\sum\limits_{i=1}^{n} (r_{ij} + 10^{-4})},\ i = 1,\ 2,\ \cdots,\ n,\ j = 1,\ 2,\ \cdots,\ m \qquad (3-5)$$

定义第 j 个指标的熵值为 H_j，则有式（3-6）：

$$H_j = -\frac{1}{\ln n}\left(\sum_{i=1}^{n} p_{ij}\ln p_{ij}\right) \qquad (3-6)$$

各评价指标权重的确定，如式（3-7）所示：

$$w_j = \frac{1 - H_j + \frac{1}{10}\sum_{j=1}^{m}(1 - H_j)}{\sum_{j=1}^{m}\left(1 - H_j + \frac{1}{10}\sum_{j=1}^{m}(1 - H_j)\right)}, \quad j = 1, 2, \cdots, m \qquad (3-7)$$

其中，w_j 为第 j 个评价指标的权重。

4. 确定综合指数

综合指数的确定如式（3-8）所示：

$$Z_i = \sum_{j=1}^{m} r_{ij}w_j \qquad (3-8)$$

其中，Z_i 为第 i 个评价对象的综合指数。

3.4.2 测度制造业转型升级能力的指标体系

本章从生产增值能力、可持续发展能力、创新学习能力、信息技术辐射能力四个维度构建制造业转型升级能力指标体系，并将这四类能力确定为一级指标、二级指标和三级指标，其设置如下：

（1）生产增值能力从制造业要素驱动出发，包括制造业的要素使用效率和结构优化程度 2 项二级指标，以及资本生产率、劳动生产率、资本密集产业比重、劳动密集产业比重 4 项三级指标。

（2）可持续发展能力从制造业环境驱动出发，主要基于生态化和低碳节能两个维度，包括生态化和低碳节能 2 项二级指标，以及单位产值废气排放量、单位产值废水排放量、煤炭消耗占比、单位产值能源消耗量、单位产值电力消耗量 5 项三级指标。

（3）创新学习能力从制造业创新驱动出发，包括创新能力和学习能力 2 项二级指标，以及 R&D 投入强度、R&D 全时人员当量、出口新产品销售额比重、单位产值有效专利数、引进技术经费支出、消化吸收经费支出、技术改造经费支出 7 项三级指标。

（4）信息技术辐射能力从制造业信息驱动出发，包括互联网辐射能力和信息技术辐射能力 2 个二级指标，以及互联网上网人数、互联网普及率、互联网宽带接入端口、电信业务总量、软件业务收入 5 项三级指标。

具体能力指标体系如表 3 - 1 所示：

表 3 - 1   制造业转型升级能力指标体系

序号	一级指标	二级指标	序号	三级指标	指标解释	指标单位	指标属性
A	生产增值能力	要素使用效率	A1	资本生产率	制造业总产值/制造业资本存量	%	正向
			A2	劳动生产率	制造业总产值/制造业从业人员数	万元/人	正向
		结构优化程度	A3	资本密集型产业比重	资本密集型产业总产值/制造业总产值	%	正向
			A4	劳动密集型产业比重	劳动密集型产业总产值/制造业总产值	%	正向
B	可持续发展能力	生态化	B1	单位产值废气排放量	制造业废气排放量/制造业总产值	亿立方米/亿元	逆向
			B2	单位产值废水排放量	制造业废水排放量/制造业总产值	亿吨/亿元	逆向
		低碳节能	B3	煤炭消耗占比	制造业煤炭消耗量/制造业能源消耗量	%	逆向
			B4	单位产值能源消耗量	制造业能源消耗量/制造业总产值	万吨标准煤/亿元	逆向
			B5	单位产值电力消耗量	制造业电力消耗量/制造业总产值	亿千瓦时/亿元	逆向
C	创新学习能力	创新能力	C1	R&D 投入强度	R&D 经费支出/国内生产总值	%	正向
			C2	R&D 全时人员当量	全时加非全时 R&D 人员按工作量折算为全时人员数的总和	%	正向
			C3	出口新产品销售额比重	出口的新产品销售额/新产品销售额	%	正向
			C4	单位产值有效专利数	调查单位作为专利权人在报告年度拥有的、经国内外知识产权行政部门授权且在有效期内的发明专利件数	件	正向

序号	一级指标	二级指标	序号	三级指标	指标解释	指标单位	指标属性
C	创新学习能力	学习能力	C5	引进技术经费支出	为引进新技术、新流程、新工艺，或购买专利等发生的费用	万元	正向
			C6	消化吸收经费支出	对引进技术的学习、应用、复制而开展的工作	万元	正向
			C7	技术改造经费支出	对技术、流程、工艺进行技术改造而发生的费用支出	万元	正向
D	信息技术辐射能力	互联网发展辐射能力	D1	互联网上网人数	使用过互联网的6周岁及以上人数	万人	正向
			D2	互联网普及率	互联网用户数/当地常住人口总数	%	正向
			D3	互联网宽带接入端口	指用于接入互联网用户的各类实际安装运行的接入端口的数量	万个	正向
		信息业务辐射能力	D4	电信业务总量	是指以货币形式表示的电信企业为社会提供的各类电信服务的总数量	万元	正向
			D5	软件业务收入	指企业从事软件产品、信息系统集成服务、信息技术咨询服务、数据处理和运营服务、嵌入式系统软件、IC设计六项业务收入的合计	万元	正向

资料来源：作者整理。

3.5 中国制造业转型升级能力的测度与区域比较

3.5.1 中国各省市制造业转型升级能力综合指数的测度

本章选取除港澳台、西藏外30个省级行政区作为评价对象，并按照常用的区域划分标准将其分为东部地区、中部地区和西部地区。东部地区包括北京、天津、河北、上海、江苏、浙江、福建、山东、广东、海南、辽宁、吉林、黑龙江13个省份，中部地区包括山西、安徽、江西、河南、湖北、湖南6个省份，西部地区包括内蒙古、广西、重庆、四川、贵州、云南、陕西、甘肃、青海、宁夏、新疆11个省份。

本章对我国制造业转型升级的能力进行全面测度，既纵向分析制造业转型升级能力变化情况，又横向分析各省制造业转型升级能力的差异。本章采用的数据来源于《中国统计年鉴》（2008~2015年）、《中国环境统计年鉴》（2008~2015年）、《中国工业统计年鉴》（2008~2015年）、《中国科技年鉴》（2008~2015年）、《中国电子信息产业统计年鉴》（2007~2014年）、《中国互联网络发展状况统计报告》（2008~2015年）。采用熵权法测度中国各省市区的制造业转型升级能力的综合指数如表3-2所示，中国制造业整体的转型升级能力如表3-3所示。

表3-2　　　　　　　各省份制造业转型升级能力综合指数

省份	综合指数 Z_i							
	2007年	2008年	2009年	2010年	2011年	2012年	2013年	2014年
北京	0.62000	0.57069	0.56580	0.56290	0.54480	0.53560	0.57350	0.57460
天津	0.46455	0.46979	0.45170	0.44570	0.43480	0.40500	0.42240	0.40600
河北	0.30349	0.32699	0.36110	0.37720	0.32270	0.33880	0.31950	0.31360
山西	0.19209	0.19758	0.21670	0.21950	0.21230	0.21730	0.19840	0.14560
内蒙古	0.20370	0.20472	0.22680	0.22060	0.27650	0.19590	0.22950	0.19180
辽宁	0.37322	0.36699	0.41550	0.41460	0.41150	0.38570	0.41430	0.39440
吉林	0.27494	0.25627	0.28620	0.28890	0.28970	0.27150	0.30110	0.30070
黑龙江	0.22445	0.21012	0.22490	0.23410	0.21280	0.21970	0.22900	0.21750
上海	0.57130	0.56116	0.60890	0.61040	0.60050	0.58800	0.59570	0.59020
江苏	0.68307	0.67440	0.68670	0.67110	0.73720	0.73390	0.72440	0.71870
浙江	0.51608	0.51949	0.52160	0.49990	0.49570	0.47510	0.47750	0.47760
安徽	0.27508	0.26768	0.29220	0.28830	0.31650	0.29780	0.32820	0.32480
福建	0.40092	0.39205	0.38490	0.39310	0.38160	0.40930	0.39790	0.39580
江西	0.26761	0.26007	0.29090	0.29490	0.28470	0.28340	0.29610	0.29960
山东	0.48898	0.51518	0.53360	0.52110	0.52730	0.51230	0.55160	0.53600
河南	0.31478	0.30293	0.32530	0.31700	0.31490	0.30750	0.36450	0.37160
湖北	0.30205	0.32225	0.33430	0.34330	0.32690	0.32400	0.35270	0.35340

省份	综合指数 Z_i							
	2007 年	2008 年	2009 年	2010 年	2011 年	2012 年	2013 年	2014 年
湖南	0.27147	0.29150	0.33030	0.34800	0.33760	0.31240	0.34800	0.34470
广东	0.76586	0.78609	0.78710	0.78290	0.77470	0.77920	0.77020	0.76070
广西	0.18814	0.19079	0.21100	0.22320	0.22350	0.20880	0.24140	0.25990
海南	0.26071	0.25478	0.24740	0.26330	0.26090	0.22210	0.21260	0.21450
重庆	0.25514	0.25666	0.27720	0.30010	0.32130	0.30770	0.34270	0.36280
四川	0.30436	0.32682	0.35550	0.35260	0.34080	0.34580	0.36240	0.36440
贵州	0.12441	0.12780	0.13760	0.14560	0.13780	0.13660	0.16580	0.16470
云南	0.21758	0.20864	0.20820	0.22020	0.18540	0.17730	0.20760	0.19170
陕西	0.25993	0.25108	0.27510	0.28290	0.28660	0.25140	0.27850	0.28360
甘肃	0.22413	0.20891	0.23320	0.24530	0.23280	0.22080	0.27110	0.23750
青海	0.12285	0.12758	0.11600	0.13720	0.12950	0.09550	0.10320	0.11150
宁夏	0.10404	0.10749	0.09090	0.10250	0.07080	0.09780	0.11150	0.09210
新疆	0.20503	0.19803	0.19530	0.19720	0.18130	0.15890	0.17190	0.14590

资料来源：作者整理。

表 3 - 3   **2007 ~ 2014 年中国制造业转型升级能力**

年份	生产增值能力	可持续发展能力	创新学习能力	新一代信息技术辐射能力	综合指数
2007	0.06689	0.12555	0.07990	0.05366	0.32600
2008	0.06630	0.12592	0.07836	0.05457	0.32515
2009	0.07068	0.12650	0.08189	0.06066	0.33973
2010	0.07456	0.13074	0.07502	0.06314	0.34345
2011	0.07479	0.12456	0.07672	0.06305	0.33911
2012	0.06138	0.12414	0.07617	0.06549	0.32717
2013	0.07221	0.12785	0.07824	0.06714	0.34544
2014	0.06522	0.12840	0.07620	0.06837	0.33820

资料来源：作者整理。

3.5.2　中国制造业转型升级能力的评价与分析

（1）2007～2014 年，制造业转型升级能力综合指数呈现一种"先下降后上升，再下降再上升，最后又下降"态势。呈现阶段性下降的主要原因在于生产增值能力与创新学习能力的不足，使得综合能力的提升动力不足，进而使得制造业转型升级能力出现波动和反复。2008 年，制造业转型升级能力中的生产增值能力和创新学习能力不增反降，这主要是受到全球金融危机的影响，中国外向型制造业的订单减少，从而使得其转型升级能力出现下降。

（2）可持续发展能力整体呈现上升趋势，评价值从 2007 年 0.12555 上升至 2014 年的 0.12840。2011～2012 年，可持续发展能力有所下降，很可能是政府出台"4 万亿"拉动内需的投资计划，使得钢铁、建材等高污染行业产生了巨大的市场需求，因此带动盲目投资，进而引起产能过剩，然而这一效应存在一定的滞后期和作用期，就使得废气、废水排放量有所增加，2011～2012 年的可持续发展能力出现下降。2012 年，中国共产党第十八次全国代表大会召开，把生态文明建设纳入中国特色社会主义事业"五位一体"的总体布局。从 2013 年开始，可持续发展能力开始出现回升。随着"制造强国"战略的出台和实施，制造业的可持续发展能力在制造业转型升级过程中发挥着越来越重要的作用。

（3）信息技术辐射能力呈现稳步上升趋势，评价值从 2007 年的 0.05366 上升至 2014 年的 0.06837。大中型工业企业财务及办公自动化系统的应用普及率较高，并逐步实现了对采购、生产制造、销售等各环节的覆盖。2011 年，工业企业信息化和工业化融合评估报告表明：被评估的重点行业，如钢铁、水泥、机床、商用车行业的财务管理系统的普及率达到 95% 以上，采购、销售和库存管理的应用普及率达到 70% 以上。党的十七大报告中提出信息化与工业化融合的命题"发展现代产业体系，大力推进信息化与工业化融合，促进工业由大变强"，在新工业革命背景下，新一代信息技术将持续通过自身辐射能力推动制造业转型升级。

3.5.3　各省份之间制造业转型升级能力纵向比较

我们对表 3-2 数据进行整合，计算出分地区制造业转型升级综合指数，如表 3-4 和图 3-2 所示。从表 3-4 和图 3-2 可以看出，各地区制造业转型升级综合指数与全国情况整体呈现一致性，局部略有差异。在 2008 年，受到全球金融危机的影响，全国制造业转型升级能力出现下降，其中东部地区下降较为明显，西部地区次之，而中部地区反而呈现微弱上升。分析原因，这主要与制造业的类型有着很大关系，东部地区有很多外向型制造业，当全球出现金融危机时，国外进口大幅度减少，使得制造业发展陷入困境，转型升级能力也会出现下降。而中部制造业受这一影响相对较小，故而呈现微弱上升。

表 3－4   2007～2014 年分地区制造业转型升级能力综合指数

年份	全国	东部地区	中部地区	西部地区
2007	0.32600	0.45751	0.23187	0.20085
2008	0.32515	0.45415	0.23457	0.20077
2009	0.33973	0.46734	0.25567	0.21153
2010	0.34345	0.46655	0.25871	0.22067
2011	0.33911	0.46109	0.25613	0.21694
2012	0.32717	0.45202	0.24891	0.19968
2013	0.34544	0.46075	0.26970	0.22596
2014	0.33820	0.45387	0.26281	0.21872

资料来源：作者整理。

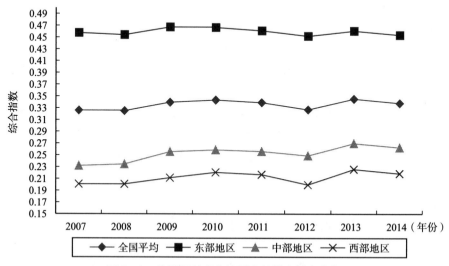

图 3－2   分地区制造业转型升级能力综合指数

资料来源：作者整理。

从图 3 - 3 中可以发现，东部地区制造业转型升级能力总体较强，但也存在着内部不均衡的特点。2007～2014 年，广东、江苏、上海、北京、山东、浙江、天津、辽宁、福建制造业转型升级能力虽有微弱变动，却始终稳居前 9 名，而海南、黑龙江制造业转型升级能力却始终排在 18 名之后。2012 年，江苏、上海、北京、山东、浙江、辽宁、天津、吉林及海南多省的综合指数出现下降情况，随后又呈现回升趋势。

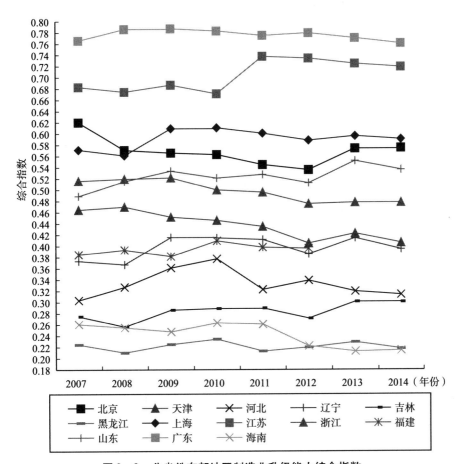

图 3 - 3　分省份东部地区制造业升级能力综合指数

资料来源：作者整理。

从图 3 - 4 中可以发现，中部地区的江西、安徽、湖南、湖北、河南的制造业转型升级能力在 2012 年均呈现下降，随后又有所回升。2012 年的下降态势与前文中全国综合指数呈现相同情况。但是，山西的制造业转型升级能力呈现"异样",为探究其原因对其 2007~2014 年的四大能力进行列示。从表 3-5 可知,山西省制造业转型能力综合指数在经历上升期及平缓期后呈现下降状态。在"十一五"时期,山西制造业转型升级能力快速发展,积极响应党的十七大提出的"促进工业由大变强,振兴装备制造业""鼓励发展具有国际竞争力的大企业集团"等要求,但是这一时期的高速发展使得山西省制造业转型升级能力中的可持续发展能力大幅度降低,煤炭产业快速增长以及煤炭等资源的大幅度开采,使得山西制造业转型升级能力在"十二五"时期呈现下降态势。

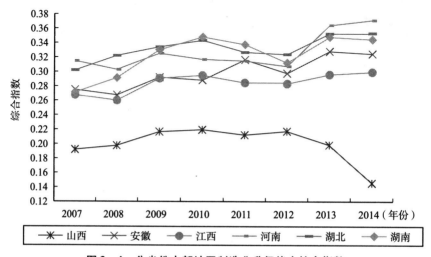

图 3-4 分省份中部地区制造业升级能力综合指数
资料来源:作者整理。

表 3-5   2007~2014 年山西省制造业转型升级能力

年份	综合能力	生产增值能力	可持续发展能力	创新学习能力	新一代信息技术辐射能力
2007	0.19209	0.03345	0.07928	0.04734	0.03202
2008	0.19758	0.03500	0.08038	0.04653	0.03566
2009	0.21665	0.02359	0.07361	0.07806	0.04140
2010	0.21946	0.02951	0.08970	0.05782	0.04243
2011	0.21228	0.03037	0.08292	0.05677	0.04222
2012	0.21728	0.03784	0.08410	0.05261	0.04272
2013	0.19841	0.06065	0.04301	0.04932	0.04543
2014	0.14559	0.04479	0.02067	0.03404	0.04609

资料来源:作者整理。

从图 3 – 5 中可以发现，西部地区的重庆、陕西、广西、内蒙古在 2012 年均呈现下降趋势，随后又有所回升。宁夏和四川则在 2011 年出现下降趋势，随后又有所回升。甘肃、云南、青海、新疆、贵州在 2011 年和 2012 年有一个持续的下降趋势，随后又有所回升。

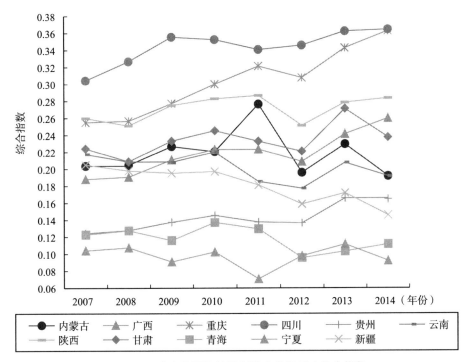

图 3 – 5　分省份西部地区制造业升级能力综合指数

资料来源：作者整理。

3.5.4　各省区市之间的横向比较

从表 3 – 2 可以看出，在所研究的 30 个省区市中，2007 ~ 2014 年，广东、江苏、上海、北京、山东、浙江依次稳居前 6 名，2007 ~ 2011 年及 2014 年，宁夏制造业升级能力排名最低，2012 年和 2013 年，青海制造业转型升级能力排名最低。总体而言，东部地区制造业转型升级能力指数高于中部地区和西部地区。根据表 3 – 6 可知，从生产增值能力角度来看，东部地区领先，中部地区次之，西部最弱；从可持续发展能力角度来看，东部地区领先，中部次之，西部最弱；从创新学习能力来看，东部地区优于中部地区优于西部地区；从新一代信息技术辐射能力角度看，东部地区领先，西部地区次之，中部地区最弱。

表 3-6 　　　　　　　　　2014 年地区间制造业转型升级能力评价

地区	生产增值能力	可持续发展能力	创新学习能力	新一代信息技术辐射能力
全国	0.06522	0.07320	0.05314	0.05754
东部地区	0.12840	0.15525	0.11318	0.09469
中部地区	0.07620	0.11960	0.05464	0.03171
西部地区	0.06837	0.10582	0.04186	0.03478

资料来源：作者整理。

根据表 3-7 可知，生产增值能力和可持续发展能力最强的三个省份均是北京、上海、天津，创新学习能力最强的三个省市是江苏、广东、上海，信息技术辐射能力最强的三个省市是广东、江苏、北京。其中，江苏省采用创新驱动积极调整产业结构，2013 年，高新技术产业产值占规模以上工业的比重达到 38.5%，大中型工业企业研发机构建有率达到 85%。截至 2015 年上半年，江苏制造业的区域创新能力在全国连续六年排名第一。广东省自"十二五"规划以来，借助战略性新兴产业培育新的工业增长点，制定并实施了《广东省战略性新兴产业发展"十二五"规划》，重点发展高端新型电子信息、新能源、新材料、节能环保等八大战略性新兴产业。广东已经把智能制造作为推进制造业转型升级的核心和主攻方向，借助互联网，积极推进"互联网 + 制造"，引领制造业转型升级。

表 3-7 　　　　　　　　　2014 年各省份制造业转型升级能力评价

省市	生产增值能力	排名	可持续发展能力	排名	创新学习能力	排名	新一代信息技术辐射能力	排名
北京	0.10373	1	0.17909	1	0.15677	4	0.13503	3
天津	0.09319	3	0.17572	2	0.08606	9	0.05107	15
河北	0.05305	23	0.12992	19	0.05131	16	0.07928	10
山西	0.04479	27	0.02067	29	0.03404	20	0.04609	16
内蒙古	0.05311	22	0.06971	25	0.03763	19	0.03134	23
辽宁	0.06018	17	0.15610	14	0.06527	14	0.11287	6
吉林	0.08855	4	0.15350	15	0.02268	25	0.03596	22

省市	生产增值能力	排名	可持续发展能力	排名	创新学习能力	排名	新一代信息技术辐射能力	排名
黑龙江	0.04411	28	0.11291	22	0.02429	23	0.03624	21
上海	0.09406	2	0.17364	3	0.21184	3	0.11067	7
江苏	0.08220	7	0.16566	5	0.28436	1	0.18645	2
浙江	0.04949	26	0.15980	10	0.13455	6	0.13378	5
安徽	0.06821	11	0.14593	17	0.07088	12	0.03984	18
福建	0.05301	24	0.15783	11	0.08700	8	0.09796	8
江西	0.07802	9	0.15676	13	0.03887	18	0.02592	25
山东	0.08223	6	0.16380	6	0.15573	5	0.13420	4
河南	0.05499	21	0.15162	16	0.09859	7	0.06643	11
湖北	0.06141	15	0.16041	8	0.06907	13	0.06254	12
湖南	0.06454	14	0.15689	12	0.07106	11	0.05221	14
广东	0.08138	8	0.17228	4	0.26264	2	0.24438	1
广西	0.06570	13	0.13728	18	0.01995	26	0.03696	19
海南	0.06645	12	0.11799	21	0.01233	28	0.01772	28
重庆	0.08404	5	0.16107	7	0.07326	10	0.04445	17
四川	0.06080	16	0.15997	9	0.05782	15	0.08577	9
贵州	0.05784	18	0.05967	26	0.02814	22	0.01901	26
云南	0.05520	20	0.09367	24	0.01575	27	0.02711	24
陕西	0.05771	19	0.12312	20	0.04866	17	0.05408	13
甘肃	0.07555	10	0.11259	23	0.03375	21	0.01559	29
青海	0.03695	29	0.05508	27	0.00159	30	0.01792	27
宁夏	0.03615	30	0.01944	30	0.02308	24	0.01341	30
新疆	0.04991	25	0.04995	28	0.00914	29	0.03690	20

资料来源：作者整理。

3.6 本章小结

制造业转型升级能力是制造业生产增值能力、可持续发展能力、创新学习能力、信息技术辐射能力的综合体现，本章从以上四个维度构建了新工业革命背景下制造业转型升级的能力指标体系，测度并比较了 2007～2014 年中国各省份制造业转型升级的能力，通过以上分析，得出以下主要结论：

（1）通过对中国制造业转型升级能力的整体评价发现，2007～2014 年，全国制造业转型升级能力综合指数呈现一种"先下降后上升，再下降再上升，最后又下降"态势，其中，可持续发展能力与信息技术辐射能力整体呈现上升态势，造成综合指数呈现阶段性下降的原因在于生产增值能力与创新学习能力的动力不足。

（2）通过对各省份之间制造业转型升级能力纵向比较发现，全国制造业转型升级能力会受到全球金融危机的影响，其中东部地区下降较为明显，西部地区次之，而中部地区则呈现微弱上升。此外，各地区制造业转型升级综合指数保持有较大"惯性"，相对位置大体保持不变。山西省的制造业转型升级能力综合指数呈现"异样"，这主要与其前期资源过度开采致使可持续发展能力显著下降有密切关系。

（3）通过各省份之间横向比较发现，各省份的制造业转型升级能力综合指数呈明显的阶梯化分布格局，东部地区的综合指数最高，中部地区次之，西部地区最低。在生产增值能力方面，东部地区领先，西部地区次之，中部最弱；在可持续发展能力、创新学习能力、信息技术辐射能力方面，东部地区领先，中部次之，西部最弱。

综上所述，制造业转型升级能力中信息技术辐射能力呈现不断上升趋势，可持续发展能力整体也呈现上升趋势，这与"制造强国"战略中提出的绿色化和信息化不谋而合。今后，这两部分能力将继续呈现上升态势。制造业转型升级能力、要素增值能力和创新学习能力在上升中呈现出"波动"态势，主要受到宏观"大环境"影响，但是在"制造强国"战略的推动引导下一定会呈现出新一轮上升的态势。新工业革命背景下，全球范围内信息技术与制造业开始深度融合，制造业迎来新的增长点，中国制造唯有认清自身转型升级能力，才能抓住机遇，塑造制造业国际竞争新优势。中国制造业转型升级应力争摆脱高能耗、高污染、低附加值的状况，朝着智能化、精致化、绿色化和服务化方向发展。

第4章

要素价格上涨与制造业国际竞争力变动

4.1 引　　言

改革开放以来，凭借廉价原材料、劳动力、土地等资源优势，以及初级要素专业化的产业发展战略，中国经济持续高速增长，尤其是制造业发展迅速。在过去40多年的时间里从世界上最为保守的经济体之一，跃升为第一大制造业出口国，"中国制造"遍及全球，制造业国际竞争力得到不断提升。但同时，中国企业在国际分工中主要承担劳动密集型、低附加值的生产制造和组装环节，处于全球价值链的低端，廉价的劳动力和环境资源成本成为支撑制造业国际竞争力的关键因素。近些年来，生产要素特别是劳动力、土地、能源、原材料价格不断上涨引起了社会各界对制造业竞争力丧失的担忧，尤其是我国经济经历高速发展进入新常态发展阶段，制造业发展面临新问题和旧问题并存的局面。资源和环境约束不断强化，劳动力等生产要素成本不断上升，投资和出口对经济拉动力明显减弱，以前依靠资源要素投入、规模扩张的粗放型发展方式难以持续，制造业结构调整、转型升级和提质增效成为新常态条件下制造业发展的不二选择。然而，要素价格的上涨为我国实现"制造强国"带来新的挑战。要素价格上涨是否会对制造业国际竞争力造成影响？如果造成影响，对哪些行业有影响？影响有多大？影响周期又是什么？这种影响的解决办法又是什么？这一系列的问题迫切需要得到解决。而解决的切入点便是分析要素价格上涨与国际竞争力的关系问题。

关于要素价格上涨与制造业国际竞争力的关系，学术界还存在争论。一些研究表明，生产要素价格上涨不利于中国制造业竞争力提高。要素价格上涨逐步抵消了中国制造低成本优势，增大了中国制造竞争压力。尽管能源、资源等要素的价格尚未完全市场化，存在一定程度扭曲，但是生产要素价格上涨幅度较大程度地抬高了生产成本，尤其是劳动力成本上升，使中国一直以来的低劳动力成本优势不复存在。这对中国制造业的国际竞争力产生了不容忽视的负面影响，阻碍了中国制造业国际竞争力的提高，甚至会直接降低中国制造业的国际竞争力。江静等（2010）分析了生产要素的相对价格上升对我国产业竞争力的影响，研究结果表明，虽然生产要素的相对价格对我国产业竞争力的影响存在行业差异性，但是从总体上来说对我国产业国际竞争力的不利影响更大一些。另外一些研究表明，生产要素价格的上涨有利于制造业竞争力提高。虽然要素价格上涨提升了生产成本，但是要素价格市场化水平稳步提高，有利于制造业长远健康发展。长期以来，我国要素市场价格扭曲导致了生产要素价格低估，形成了我国制造业扭曲的成本竞争优势（黄薇和任若恩，2008）。生产要素价格的合理上涨，真实地反映了我国生产要素的供求状况和要素禀赋比较优势的变化，能够使我国的制造业向更合理的方向发展，有利于推进产业转型升级。当劳动力成本上升到一定程度后，生产厂商会使用资本技术等其他要素来代替劳动要素，并且技术进步具有偏向性，生产要素价格上涨会使技术进步偏向该种要素，以缓解该种要素价格上涨的压力，这样由要素价格引起的技术革新使得整个行业的技术水平实现螺旋式提高。许召元等（2014）在分解投入产出模型的基础上，将原材料价格和工资水平的上升对制造业竞争力形成的压力，和与此同时制造业劳动生产率的提高对制造业成本压力的缓解做了比较，结果显示生产效率的提高能够绝大部分地缓解要素价格上涨对竞争力的不利影响。程承坪等（2012）分析了1980~2008年工资增长对中国制造业国际竞争力的影响，结果显示工资增长对中国制造业国际竞争力有正向的影响，并且在短期内这种影响很显著，在长期则稳定在均衡的水平上。

综上所述，既有研究两分法现象明显，研究结论不确切，分析比较笼统。本章研究主要有两点创新之处。第一，综合考虑两个方面的影响，加入主要解释变量的二次项，从长期考察生产要素价格上涨对制造业国际竞争力影响的变化情况。第二，从制造业整体、劳动密集型制造业、资本技术密集型制造业三个方面量化分析生产要素价格上涨对其制造业国际竞争力的影响。这主要是由于要素密集度不同，不同生产要素价格对制造业行业的国际竞争力影响可能不同，以便为不同的行业应对生产要素价格上涨提供科学合理的政策建议。

4.2　中国生产要素价格上涨的经验观察

生产中的投入要素主要包括原材料、劳动、资本、土地等。由于我国的土地所有权具有特殊性，在此不考虑土地的价格上涨问题。本章主要考察原材料、劳动、资本三要素的价格上涨问题，分别以工业生产者购进价格指数、城镇职工实际工资价格指数和平均实际工资水平、固定资产投资价格指数和资本租赁价格表示。表 4 - 1 是 1996 ~ 2013 年制造业总体城镇职工平均实际工资价格指数、工业生产者购进价格指数和固定资产购进价格指数的具体数值。

表 4 - 1　　　　1996 ~ 2013 年中国制造业要素成本指标（1995 = 100）

项目	1996 年	1997 年	1998 年	1999 年	2000 年	2001 年
实际工资价格指数	100.3	102.5	122.8	148.7	165.5	184.1
原材料、燃料、动力购进价格指数	103.9	105.3	100.8	97.5	102.5	102.3
固定资产投资价格指数	104	105.8	105.6	105.1	106.3	106.7
项目	2002 年	2003 年	2004 年	2005 年	2006 年	2007 年
实际工资价格指数	209.6	228.3	248.6	273.5	308.2	342.1
原材料、燃料、动力购进价格指数	99.9	104.7	116.7	126.3	133.9	139.8
固定资产投资价格指数	106.9	109.3	115.4	117.2	119.0	123.6
项目	2008 年	2009 年	2010 年	2011 年	2012 年	2013 年
实际工资价格指数	373.9	414.3	462.8	521.1	576.3	626.5
原材料、燃料、动力购进价格指数	154.5	142.3	155.9	170.1	167.1	163.7
固定资产投资价格指数	134.7	131.4	136.2	145.1	146.7	147.2

资料来源：历年《中国统计年鉴》。

三类指数中上涨速度最快的是实际工资价格指数，以 1995 年为基期，1996 年的实际工资价格水平是 100.3，到 2013 年该值上涨到了 626.5，十几年时间内实际工资价格水平指数上涨了六倍之多，每年平均增长率在 10% 左右，可以看出我国制造业劳动者工资水平上涨之快。表 4 - 2 是 1990 年以来的制造业城镇职工年平均实际工资，从中可以看出，我国的劳动力成本绝对值的提高。1990 年制造业城镇职工实际年平均工资为 2073 元/人，2000 年上涨到了 8750 元/人，

2002 年突破了万元,达到了 11001 元/人,到 2013 年上涨到了 46431 元/人,从 1990 年起算,到 2013 年,制造业职工年平均工资增长了 20 多倍。我国的劳动力成本上升非常可观,这既大大提高了人们的生活水平,但是同时使用工企业的成本直线上升,企业生存压力剧增。

表 4-2　　　　　　1990~2013 年中国制造业城镇职工年平均实际工资　　　单位:元/人

项目	1990 年	1991 年	1992 年	1993 年	1994 年	1995 年
城镇职工平均实际工资	2073	2289	2635	3348	4283	5169
项目	1996 年	1997 年	1998 年	1999 年	2000 年	2001 年
城镇职工平均实际工资	5642	5933	7064	7794	8750	9774
项目	2002 年	2003 年	2004 年	2005 年	2006 年	2007 年
城镇职工平均实际工资	11001	12671	14251	15934	18225	21144
项目	2008 年	2009 年	2010 年	2011 年	2012 年	2013 年
城镇职工平均实际工资	24404	26810	30916	36665	41650	46431

资料来源:历年《中国劳动统计年鉴》。

工业生产者购进价格指数近年来虽然没有劳动力价格上涨的幅度大,但是也有了相当水平的上升。在 2003 年以前,工业生产者购进价格指数上涨比较平缓,但在 2003 年之后上涨比较迅速,一直到 2008 年达到一个高峰,由于 2008 年金融危机的影响,制造业受到很大的冲击,需求不足,工厂生产受到压制,开工不足,使得工业生产者购进价格指数也有了明显的下降,2009 年工业生产者购进价格指数从 2008 年的 154.5 下降到了 142.3。之后原材料价格开始反弹,当时我国为应对国际金融危机,实施了 4 万亿的投资计划和重点产业调整振兴计划,投资需求扩大,使得原材料、燃料、动力等需求也相应扩大,价格进一步上涨,工业生产者购进价格指数从而上升。但在国际金融危机冲击下,中国产业进行了较大幅度的调整,经历了一次"精洗"和强化过程,经济运行也不再仅仅只追求 GPD 的快速增长,还要求经济发展水平质量的提高,改变原来粗放的增长方式,对原材料等的需求放缓,进而使工业生产者的购进价格指数趋于平缓。

固定资产投资价格指数是三者之中涨幅最小的一个价格指标,从 1996 年的 104 到 2013 年的 147.2,上涨幅度不到 50%,相对于实际工资价格指数的 6 倍上涨幅度,固定资产投资价格指数上涨幅度较小,是因为我国经济 30 年的高速发展,积累了大量的财富,资本要素充裕,并且由于我国的要素禀赋优势和政策优惠，吸引了大规模的对外直接投资，大量的资本充斥在资本市场上，使我国资本价格的上涨幅度有限。在 2009 年时固定资产投资价格指数有轻微下降，从 134.7 下降到 131.4，这主要是受 2008 年国际金融危机的影响，制造业生产受到影响，固定资产投资萎缩。

4.3　要素价格上涨对制造业国际竞争力影响的理论分析

学术界研究中国制造业国际竞争力的文献有很多，但是对于用什么样的方法评价制造业国际竞争力尚没有统一的定论。有的学者研究时自己设计指标体系去综合评价制造业国际竞争力，有的学者使用由进出口数据表示的一些指标来评价制造业的国际竞争力。本章旨在研究生产要素价格上涨对中国制造业国际竞争力的影响，所以用经典的显示性比较优势指数 RCA 就能很好地满足本章对于制造业国际竞争力评价的要求。

作为对要素禀赋结构的反应，生产要素价格是决定企业产品结构和生产过程中要素配比的关键，影响着企业的生产决策活动。生产要素市场机制不够完善的时候，生产要素的价格被低估，扭曲的要素价格显然会向生产者传递错误的禀赋信号，使得企业依然根据原来的禀赋优势，在全球价值链的低端进行重复加工生产，因而"不思进取"，难以实现在全球价值链的攀升；当生产要素价格上涨，则企业被迫面临严峻的成本上升形势，在进行简单重复加工还是进行技术创新之间重新进行权衡。因此，生产要素价格的变化，改变了企业的竞争优势和策略，进而影响了企业的国际竞争力。

首先，从要素禀赋结构变化角度看，在对外开放条件下，一国的生产和出口主要集中在本国要素比较充裕的产品。我国在改革开放之初，有大量的农村剩余劳动力，劳动力可以说是无限供给，劳动力资源丰富而且价格较低，所以，我国的劳动密集型产业迅速发展起来；但是在 2002 年，沿海地区首次出现"民工荒"现象，中国初步显现出劳动力"供小于求"的状况，原因在于中国人口老龄化和农村剩余劳动力可转移数量的下降。由此，中国结束了劳动力无限供给的历史，同时由于经济增长对劳动力需求的增加，21 世纪以来，工人工资开始大幅度上涨。当资本和技术要素与劳动要素之间存在一定的可替代性时，生产同一种商品的企业也可能因要素配置差异而形成不同的生产方式。劳动力供给的减少，劳动力价格的上涨，以及资本要素数量的相对增长，会刺激企业以更多的资本和技术要素代替劳动要素的使用，促使生产结构由劳动密集型产业向资本技术密集型产业转移，这样我国制造业内部可能会出现产品结构的变化，劳动密集型产品相对下降，而资本技术密集型产品相对增加。因此，制造业工人工资上升会使劳动密集型产品的国际竞争力下降，资本技术密集型产品的国际竞争力上升。

其次，从全球分工格局变化来看，伴随着专业化分工生产程度的增强，产品从无到有被分化为各个独立的环节：如研发设计、核心部件制造、外围零部件的制造、加工组装和销售等，使得国际分工由传统的产品分工格局逐步演化为要素分工格局。当一个国家拥有某种要素比较多、价格较低时，就会对使用该种要素的生产环节形成吸引，该国的产业也就嵌入到相应位置的全球产业链中。拥有充裕的劳动力和资源要素，就会对劳动密集的加工组装环节形成吸引；而充裕的资本要素会对资本密集度较高的研发与核心部件制造等环节形成吸引。作为发展中国家的中国，与发达国家的技术前沿与创新体系存在一定的差距，导致中国企业在嵌入全球价值链的过程中只能立足于劳动力和自然资源等要素禀赋，从事低附加值、高耗能的加工组装环节。这样使得中国一直以来都是劳动力和资源密集型制造业产业的国际竞争力较强，而资本和技术密集型的制造业的国际竞争力较弱。但是，我国生产要素价格的大幅上涨，使得我国原有的比较优势不复存在，相较于劳动力和原材料等生产要素，可能使用更多的资本和技术等要素会更加经济，因此企业可能将原来集中在低技术、低附加值的生产力解放出来，向研发创新以及技术核心部件制造等高端环节延伸。因此，从要素分工的角度讲，生产要素价格上升使得我国劳动密集型产业的国际竞争力有减弱趋势，但是我国资本和技术密集型产业的国际竞争力却有提升的趋势。

最后，从加工出口方面来说，我国在劳动力和资源方面存在要素禀赋优势，因此我国主要出口具有低成本优势的技术成熟型或劳动密集型产品，这样的出口结构在全球市场上并不掌握主动权，议价能力弱，容易被主导全球价值链的国际大买家或跨国公司所俘获，被迫锁定在简单加工组装生产的低技术生产模式和技术路径上，难以形成突破。所以，当中国生产要素价格上涨，尤其是劳动力成本的上涨，使得企业的生产成本急剧上涨，压缩了企业的利润空间，我国的企业又被锁定了生产模式和技术路径，短时间内难以进行转变，大型跨国公司就将原来分布在中国的加工环节，转移到生产要素尤其是劳动力成本更低的其他发展中国家，如东南亚的一些国家，替代中国成为承接全球价值链上劳动密集型或资源密集型产品等低端生产的制造环节，使得我国劳动密集型的加工制造业国际竞争力的提升受到抑制。与此同时，由于我国生产要素价格的提高，使得我国原来的加工企业在世界市场上竞争仰赖的低劳动力成本和低材料成本优势不再明显，虽然被锁定在低端加工组装制造环节，但是迫于生存压力，我国的代工企业从原来简单的来料加工、来件装配等低标准要求，到主动学习、借鉴发达国家企业的技术、质量管理和组织能力等高标准要求，不断地消化吸收再创新，提升了自身创新能力和生存能力，从原来进行"三来一补"贸易赚取廉价加工费的出口模式，到出口科技含量更高、质量和服务更好的产品，使我国资本技术密集型产业的国际竞争力水平得到提升。

综上所述，生产要素价格上涨，对劳动密集型制造业、资本技术密集型制造业的国际竞争力影响方向是不同的，对制造业总体的竞争力的影响方向也是不确定的，其主要取决于劳动密集型和资本技术密集型的制造业各自国际竞争力对制造业总体竞争力作用力的强弱。鉴于此，本章对生产要素价格上涨对制造业国际竞争力的影响进行实证分析。

4.4　要素价格上涨对制造业国际竞争力影响的实证分析

4.4.1　指标选取与模型构建

1. 被解释变量

被解释变量选取的是 28 个制造业分行业的 RCA 指数。美国经济学家巴拉萨（Balassa）于 1965 年提出代表显示性比较优势的 RCA 指数，它是衡量一国产品或产业国际市场竞争力的最具说服力的指标。它旨在定量地描述一个国家各产业的相对出口表现。RCA 指数是指一个国家某一行业的出口额占该国出口总值的份额与世界出口总额中该行业出口额所占份额的比率，用式（4 - 1）表示：

$$RCA_{ij} = (X_{ij}/X_{tj})/(X_{iw}/X_{tw}) \qquad (4-1)$$

其中 X_{ij} 表示国家 j 产品 i 的出口值，X_{tj} 表示国家 j 的总出口值；X_{iw} 表示世界 i 产品的出口值，X_{tw} 表示世界总出口值。

2. 解释变量

本章主要考察原材料、劳动力、资本三种要素对我国制造业国际竞争力的影响。考虑到该影响可能是非线性的，所以将主要解释变量的二次项也放入了模型。原材料的价格用工业生产者的购进价格指数表示①；劳动力价格用制造业分行业的年平均实际工资表示；由于用以表示资本要素价格的固定资产投资价格指数缺失所观察年份的分行业数据，所以选用资本租赁价格替代该变量，资本租赁价格的计算参照韩国高等（2011）的公式②计算得出。

3. 控制变量

为了使解释变量的估计系数变得更为可靠，本章选用了一些能体现行业特征的控制变量，主要包括：

对外开放程度（OPEN）：对外开放程度越高，与世界市场的联系越紧密，既有利于销售商品及过剩产能转移，也有利于学习国外先进的技术和管理经验，再根据我国的实际情况加以创新优化，使得国际竞争力不断提高。本章选用行业出口值与行业总产值的比值作为变量衡量对外开放程度。

资本深化程度（KL）：罗伯津斯基定理指出，要素相对比例的变化会对不同要素密集产品的产出产生影响。资本深化会导致资本密集型产品产出的增加，劳动密集型产品的产出减少，从而对不同要素密集度的产品的出口产生影响。因此，资本深化程度应该与低技术劳动密集型制造业产品市场竞争力水平形成负相关关系，而与资本和技术密集型制造业产品的国际竞争力呈正相关关系。资本深化程度用行业总资产与行业就业人数的比值表示。

成本费用利润率（RPC）：反映企业投入的生产成本费用的经济效率，同时反映企业降低成本所取得的经济收益。成本费用利润率越高，说明企业的经济效益越好，国际竞争力越强。该指标用各行业利润总额与成本费用总额的比率来表示。

本章计量模型构建如式（4-2）所示：

$$RCA_{it} = \alpha_0 + \alpha_1 \ln PI_{it} + \alpha_2 \ln PI_{it}^2 + \alpha_3 OPEN_{it} + \alpha_4 RPC_{it} + \alpha_5 KL_{it} + \varepsilon_{it} \qquad (4-2)$$

其中，下标 i 表示行业，下标 t 表示时间，即年份。PI 代表三个主要的解释变量：工业生产者购进价格指数 $PPPI$、制造业职工实际工资价格水平 $wage$、资本租赁价格 CLP，首先将所有主要解释变量放入模型，观察回归结果，其次将主要解释变量逐一放入模型，观察回归结果，最后分析主要解释变量对制造业国际

---

① 由于工业生产者购进价格指数只是给出了七大类的价格指数，本章根据韩国高（2011）的分类方法确定了28个制造业行业的原材料价格指数。

② 具体计算公式，请参见韩国高、高铁梅、王立国、齐鹰飞、王晓姝：《中国制造业产能过剩的测度、波动及成因研究》，载于《经济研究》2011年第12期。

竞争力的影响大小和方向。

　　本章使用的数据主要来源是联合国 UN Comtrade 数据库，以及《中国统计年鉴》《中国工业统计年鉴》《中国劳动统计年鉴》。制造业的行业分类主要是根据国家标准产业分类，联合国的出口统计数据与中国的标准产业分类不尽相同，在此采用盛斌的分类方法，将联合国的 ISTC 分类方法，转换为我国国家标准产业分类。本章收集了 2003～2013 年的制造业分行业的各个变量指标作为解释和被解释变量，涉及价格指数的解释变量在计算过程中都转化为以 2003 年为基期的指数形式。对于是使用固定效应模型还是随机效应模型，则通过 Hausman 检验进行判别，Hausman 检验给出 chi^2 值和 P 值，若适合固定效应模型则给出调整后的 R^2，随机效应模型则给出 Wald 值。

4.4.2　实证结果及分析

　　表 4 - 3 表示制造业总体与生产要素价格变动之间的回归结果，可以看出，原材料为主要解释变量时，一次项在 5% 水平上显著为负，而二次项在 5% 的水平上显著为正，说明原材料价格上涨对制造业国际竞争力的影响呈 "U" 型。在原材料价格上涨的时候，企业的生产成本上升，压缩企业的利润空间，降低企业的国际竞争力，但在企业对原材料价格上涨做出反应之后，就会调整企业策略，进行技术创新，工艺革新，提高生产效率，这样就对原材料价格上涨形成的成本压力有一定的抵销作用，甚至是反超成本上升压力从而导致成本下降，对制造业竞争力有拉动作用。

表 4 - 3 　　　　　　　　　　　　制造业整体数据回归结果

解释变量	全部变量	原材料 （PPPI）	劳动力 （wage）	资本 （CLP）
lnPPPI	- 6. 0986847 *** （- 3. 05）	- 4. 5291191 ** （- 2. 52）		
$lnPPPI^2$	0. 60572793 *** （3. 01）	0. 44110772 ** （2. 42）		
lnwage	2. 8987847 *** （3. 70）		1. 381469 ** （1. 98）	
lnwage2	- 0. 14812105 *** （- 3. 74）		- 0. 07506369 ** （- 2. 12）	

解释变量	全部变量	原材料 （PPPI）	劳动力 （wage）	资本 （CLP）
lnCLP	− 0. 00636401 （ − 0. 23）			0. 0106202 （0. 38）
lnCLP^2	0. 00447979 （0. 73）			− 0. 00125513 （ − 0. 20）
$OPEN$	0. 00085271 （0. 04）	− 0. 00594859 （ − 0. 26）	− 0. 00754627 （ − 0. 32）	− 0. 0061471 （ − 0. 26）
KL	4. 074e − 06 （0. 03）	− 0. 00009515 （ − 0. 70）	9. 243e − 06 （0. 06）	− 0. 00027653 ** （ − 2. 08）
RPC	0. 00757917 * （1. 80）	0. 00775639 * （1. 90）	0. 00706813 （1. 62）	0. 00039633 （0. 10）
常数项	1. 8907145 （0. 38）	12. 332791 *** （2. 80）	− 5. 5563934 （ − 1. 62）	0. 79872536 *** （7. 65）
R^2/Wald	Wald = 35. 46	Wald = 25. 91	R^2 = 0. 14	Wald = 4. 67
N	289	308	308	289
Hausman	Chi2 = 18. 47 P = 0. 0180	Chi2 = 2. 14 P = 0. 8297	Chi2 = 13. 91 P = 0. 0162	Chi2 = 3. 54 P = 0. 6180
模型	RE	RE	FE	RE

注：*、**、*** 分别表示在 10%、5%、1% 水平上显著；括号内为系数检验的 t 值。
资料来源：作者计算整理。

从劳动力价格方面看，一次项在 5% 的显著水平上为正，而二次项在 5% 的显著水平上为负，说明工资水平上涨对制造业国际竞争力的影响表现为倒 "U"型。劳动力价格上涨对制造业国际竞争力有正向的影响，即工资成本上涨能够提升制造业的国际竞争力，这说明在制造业内部，资本技术密集型产业的国际竞争力的作用效果强过劳动密集型产业的国际竞争力。工资对制造业国际竞争力有正向的拉动作用，是因为劳动力成本具有二重性，对企业而言是成本，对劳动者而言是收入；它既是成本支出也是激励手段。从成本方面而言，工资上涨增加了企业的生产成本，压缩了企业的利润空间，降低了企业的竞争力。从激励方面而言，工资提高一方面会提高劳动者的积极性，令其努力工作而不是消极怠工，另一方面会刺激投资，如引进设备，进行技术升级等，这都将有助于保持产品低价，进而在出口市场上保持竞争力。但在长期内，劳动力成本的上升对制造业国际竞争力的正向影响作用减弱，企业因劳动力价格的上涨而进行新一轮投资，但投资对企业生产效率提高的刺激空间会越来越小，对提升竞争力的作用会逐步减弱，并且处于最新科技前沿的企业很难像普通企业那样，通过高工资的刺激获得新技术、新流程和新工艺，更高的工资水平对单位劳动成本形成永久压力，会切实增加企业的成本，并传递到企业产品价格上，从而降低企业的竞争力。这说明，工资对生产效率乃至竞争力的正向影响存在技术限制。这也符合卡尔多技术进步函数的一阶导数为正、二阶导数为负的一般性结论，即人均产出的增长率是随着人均资本量增长率的提高而增加的，但是存在边际递减的效应。因此，在一定区间内的工资水平的提高有利于提升企业的生产效率和竞争力，但是超出这个区间，过高的工资水平可能会使工资对生产率的促进作用下降甚至为负。

资本租赁价格对制造业国际竞争力的影响也呈现出倒"U"型，即一次项为正，二次项为负，但是结果不显著。资本租赁价格较高时，资本会被配置到迫切需要资本的企业，要求企业在使用资本时产生的收益较高，才能弥补使用价格较高的资本产生的利息成本，这样的企业必然是技术较高，竞争力较强的企业，即"好钢用在刀刃上"，竞争力较强的企业使用资本进行技术研发创新，改进工艺、设备，开拓销售渠道等，提高了生产效率，抵销了利息支出，提高了制造业的国际竞争力；但是当企业的劳动生产率稳定在一定的程度上，企业以前的负债依然需要支付利息，这就使企业的成本上升，因为这部分资本已经投入使用，不能再给企业带来效益的提高，所以长期会降低制造业的国际竞争力。这就需要企业进行新一轮的资本扩张和技术创新，才能不被淘汰。

表4-4是劳动密集型制造业行业与投入生产要素成本变动关系的面板回归结果。从回归结果中可以看出，原材料价格上涨对劳动密集型制造业国际竞争力的影响并不显著，而工资价格上涨对劳动密集型产业国际竞争力的影响在5%水平上显著为负，表明我国劳动密集型制造业的优势主要集中在低劳动力成本上，劳动力价格一旦上升，则对劳动密集型制造业竞争力的影响较大。劳动力二次项的系数在5%的水平上显著为正，说明工资价格上涨从长期来看会对劳动密集型制造业国际竞争力产生正向的影响，因为劳动力工资价格对劳动密集型制造业的成本影响明显，劳动力价格一旦上涨，劳动密集型制造业企业就可能"伤筋动骨"，企业要想生存下去，更需要想方设法地消化劳动力价格上升造成的成本上升压力，将压力转化为动力，那么长期来看，劳动力价格的上升有利于提升劳动密集型制造业的国际竞争力。从回归结果中可以看出，资本租赁价格的一次项系数为负，二次项系数为正，符合资本价格上升对劳动密集型制造业国际竞争力影响的预期，即资本价格上升，对本来就薄利经营的劳动密集型企业而言形成了巨

大压力，权衡成本收益，很多企业可能就不会引进资本，进行技术工艺等方面的创新，甚至直接缩小生产规模，这样必然不利于劳动密集型行业竞争力的提升；但从长期来看，顶住资本成本压力，引进资本，进行技术管理创新的企业，肯定是在竞争中胜出的企业，这些企业的劳动生产率有了质的提高，国际竞争力也必然会有极大的提高。就控制变量而言，对外开放度的系数都为正，说明对外开放程度越高，劳动密集型制造业的国际竞争力越强；资本深化程度从总体上看，也不显著；成本费用利润率对劳动密集型制造业竞争力的影响显著为正，说明利润率的提高或者成本费用的降低，可以提升企业的经济效益，有利于增强国际竞争力。

表4-4   劳动密集型制造业回归结果

解释变量	全部变量	原材料（PPPI）	劳动力（wage）	资本（CLP）
$\ln PPPI$	5. 5031657 (0. 76)	- 6. 2039107 (- 1. 31)		
$\ln PPPI^2$	- 0. 53533065 (- 0. 72)	0. 64551548 (1. 33)		
$\ln wage$	- 0. 53533065 (- 1. 52)		- 4. 0630549 ** (- 2. 51)	
$\ln wage2$	0. 18669365 (1. 49)		0. 20296728 ** (2. 47)	
$\ln CLP$	- 0. 01638785 (- 0. 33)			- 0. 02289638 (- 0. 52)
$\ln CLP^2$	0. 0062121 (0. 57)			0. 00650781 (0. 68)
OPEN	0. 46225861 ** (2. 27)	0. 19902385 (1. 10)	0. 2122126 (1. 15)	0. 5152275 *** (2. 75)
K_L	0. 00002629 (0. 04)	- 0. 0000261 (- 0. 05)	0. 00061818 (1. 31)	0. 00013803 (0. 32)
RPC	0. 0353625 * (1. 94)	0. 01057592 (0. 77)	0. 03716999 ** (2. 25)	0. 02382851 ** (2. 20)

续表

解释变量	全部变量	原材料 （PPPI）	劳动力 （wage）	资本 （CLP）
常数项	5. 3990633 （0. 42）	15. 412209 （1. 35）	20. 613719*** （2. 60）	0. 37410644*** （2. 68）
$R^2/$Wald	Wald = 10. 34	Wald = 4. 44	Wald = 9. 54	Wald = 9. 86
N	128	132	132	128
Hausman	Chi2 = 6. 86 P = 0. 3339	Chi2 = 3. 14 P = 0. 5346	Chi2 = 10. 71 P = 0. 0574	Chi2 = 8. 46 P = 0. 1327
模型	RE	RE	RE	RE

注：*、**、*** 分别表示在 10%、5%、1% 水平上显著；括号内为系数检验的 t 值。
资料来源：作者计算整理。

表 4 - 5 是资本技术密集型制造业与生产要素价格变动关系面板回归结果。可以看出，原材料价格一次项对资本技术密集型产业的国际竞争力的回归结果在 1% 的水平上显著为负，而二次项在 1% 水平上显著为正，说明原材料的价格上涨对该类型产业的国际竞争力的影响比较明显，一般情况下资本技术密集型产业的原材料也是比较稀缺或者是具有较高技术含量的材料，所以其价格变化对产品的成本影响比较大，甚至直接影响了其产品的国际竞争力。与此同时，工资对资本技术密集型产业的国际竞争力的影响呈倒 "U" 型，工资水平提高在短期内可能提升资本技术密集型产业的国际竞争力，资本技术密集型产业的工资水平波动幅度较大，高工资水平的激励作用更强，更能提高劳动者的积极性，人力资本可以发挥更大的作用，效率提升更明显，从而有利于竞争力水平的提高；但是薪酬激励也要有度，应明确薪酬激励的最大效应区间，如果超出该区间，可能会花费较高的人力成本，而且收效甚微，不利于竞争力的提升。资本租赁价格对资本技术密集型产业的国际竞争力影响不明显，可能是因为该类型的制造业本就是以资本为基础发展起来的，资本需求量是刚性的，不会因为资本价格提高就减少资本量的使用；同时该类型的产业经过多年的发展，已经积累了相当数量的资本，资本相对而言是比较充裕的要素，所以在进行生产安排时资本并非首要考虑的因素，对资本技术密集型产业国际竞争力的影响不是很明显。

表 4 - 5 资本技术密集型制造业回归结果

解释变量	全部变量	原材料（PPPI）	劳动力（wage）	资本（CLP）
ln*PPPI*	-7.6090806 *** (-3.83)	-7.0628292 *** (-3.68)		
ln*PPPI*2	0.7528868 *** (3.78)	0.68611731 *** (3.53)		
ln*wage*	2.887148 *** (3.02)		1.0919015 (1.24)	
ln*wage*2	-0.14879592 *** (-3.11)		-0.06354556 (-1.44)	
ln*CLP*	-0.00899115 (-0.27)			0.02162138 (0.59)
ln*CLP*2	0.00713749 (0.91)			-0.00501771 (-0.60)
OPEN	0.00017186 (0.01)	0.00072658 (0.03)	-0.004457 (-0.21)	-0.01118873 (-0.48)
K_L	0.0000312 (0.22)	-0.00010088 (-0.78)	0.0000323 (0.22)	-0.00036726 *** (-2.68)
RPC	0.0065417 (1.63)	0.00532293 (1.35)	0.00555991 (1.34)	-0.00230274 (-0.52)
常数项	6.0675651 (1.05)	19.00746 *** (4.02)	-3.6612971 (-0.83)	0.95448516 *** (17.63)
R^2/Wald	Wald = 63.59	Wald = 55.09	R^2 = 0.23	R^2 = 0.12
N	161	176	176	161
Hausman	Chi2 = 12.51 P = 0.1300	Chi2 = 5.73 P = 0.2203	Chi2 = 13.41 P = 0.0198	Chi2 = 12.36 P = 0.0308
模型	RE	RE	FE	FE

注： *** 表示在 1% 水平上显著；括号内为系数检验的 t 值。
资料来源：作者计算整理。

4.5　本　章　小　结

从实证研究的结果可知，生产要素价格的上涨对于我国制造业国际竞争力存在不同方向的影响。原材料价格上涨过快会促使原材料价格越来越成为制造业企业的成本负担，进而降低制造业的国际竞争力。因此，应理性看待我国原材料价格上涨过程，首先，我国这样一个大的经济体，在发展经济的过程中对原材料的需求是巨大的，但是原材料相对短缺是客观存在的，所以原材料价格的上涨是不可避免的。我国改革开放之初，由于市场经济体制不完善，要素市场存在严重的价格扭曲，原材料的价格在很长时间内是被低估的。我国应该加快健全市场经济体制，完善要素市场，让市场充分反映原材料的供求余缺，形成原材料合理真实的价格，这样虽然原材料的价格上涨了，但是企业也会想方设法化解由此形成的成本压力。同时我们也要警惕，有些生产所必须的大宗原材料严重依赖进口的情况，如铁矿石等，对于这些原材料，应构建原材料的储备和价格的预警机制，以防国际价格快速上涨给我国制造业带来的冲击。

改革开放以来，中国的劳动力成本长期处于一个较低的水平，这种状态使得我国制造业凭借着劳动力低成本的比较优势，一方面吸引了大量的外国直接投资（FDI）投资，加快了我国制造业的蓬勃发展；另一方面较低的劳动力成本降低了制造业产品的成本，使其在国际市场上更具有竞争力，为出口导向的贸易发展做出了重大贡献，实现了经济的快速增长。这是一直以来我们认为的我国劳动力低成本比较优势的作用方式，但是我国劳动力成本已经有了很大程度的上升而且还将继续提升，这是否会动摇我国制造业国际竞争力的根基呢，实证结果表明，劳动力工资水平的提升虽然对劳动密集型制造业的国际竞争力确实有负向的影响，但是对资本技术密集型制造业乃至整个制造业的国际竞争力有显著的正向影响，所以不能以提升成本降低制造业国际竞争力为借口，压抑制造业工人工资的上涨，要使工人工资收入水平与付出成正比，激发广大制造业工人的劳动热情，提高劳动生产率；提高工人工资，还有利于我国避免陷入"劳动力低成本比较优势"的陷阱，即收入分配两极分化，劳动者收入偏低将制约消费水平的提高，间接地影响了我国制造业转型升级的进程。同时也应注意到工资上涨过快对制造业国际竞争力的阻碍作用，例如在一些高福利的国家，高工资高福利水平可能就不是激发了工人的劳动积极性，而是激发了人们的惰性，不利于劳动生产率和国际竞争力水平的提高。基于这一研究结论，适当提高劳动者的工资水平，不但有利于提高中国制造业的国际竞争力，而且有利于缩小收入分配差距，增强国内消费需求，提高人力资本投资水平，促进产业结构升级，实现劳动密集型产业在区域间的梯度转移并深化区域间的产业分工。

资本租赁价格反映了资本市场尤其是固定资产投资市场的供求状况，资本租赁价格与利率水平紧密相关，但是又有其特殊性，目前我国的银行利率下降，钱放在银行等于贬值，证券市场又很不稳定，风险较高，缺乏投资渠道，实业投资热度兴起，一方面资本市场充斥着大量的资本，另一方面固定资产投资需求增加，因此资本租赁价格变化受这两方面的影响。资本要素的流向可以对产业结构的调整起到很好的作用，资本要素价格的上涨，本身就可以对产业进行优胜劣汰的选择，支持经济效益好的产业发展，并且淘汰一些落后产能；同时，通过一些利率政策的调控，可以支持国家战略性新兴产业的发展。

从长期来看贸易竞争力不可能单纯依靠低成本数量竞争优势维持，我国生产要素价格不断上涨，尤其是劳动力成本的大幅提高，既是压力也是动力，倒逼制造业从依赖低成本优势转向依赖技术创新和提升产品质量，进而从国际产业链分工的低端水平向高端水平迈进，为我国成功实现制造强国打下坚实的基础。

第5章

环境规制趋紧对制造业
国际竞争力的影响

5.1 引　　言

　　环境污染、生态破坏、资源能源日趋匮乏是世界各国共同面临的严峻挑战，解决这些全球性问题、发展绿色清洁生产、实现可持续发展已经成为国际社会的共识。2016 年耶鲁大学发布的《2016 年环境绩效指数报告》中，中国环境绩效指数（EPI）排名倒数第二，成为 PM2.5 超标的"重灾区"。长期大面积的严重雾霾影响着居民身体健康和生活质量，环境问题已经引起了社会大众和各级政府的高度重视。为了治理雾霾，国家出台了多方面应对措施，包括对制造业进行限产甚至停产。然而，以牺牲经济利益为代价的环保政策，虽有立竿见影的效果，但却不是长久之计。作为一个高速发展的新兴大国，中国不可能因环境压力而放弃制造业，在很长一段时间内制造业仍将是国民经济的重要压舱石。制造业发展不仅面临资源和环境的内部压力，还有来自国际市场的外部压力，尤其是在当前"逆全球化"趋势抬头的背景下，中国制造业发展面临的外部形势更加严峻。一方面，以美国为代表的发达国家在对外贸易方面对中国进行打压，通过结构性减税、放松环境规制等措施吸引制造业回流；另一方面，发展中国家利用成本优势积极嵌入全球价值链，与中国制造业形成直接竞争，挤压中国制造业发展空间。全球制造业正处于激烈变革时期，依托传统比较优势已不能满足新时期提升制造业国际竞争力的需要。因此，摆脱"三高一低"（高能耗、高污染、高排放、低附加值）的粗放型发展模式、加快产业转型升级已经成为提升制造业国际竞争力、实现可持续发展的重大战略举措。

世界经济增长并未使所有人均等受益，反而由于受教育程度、个体技能和劳动生产率等方面的差异，使技能型劳动逐渐从普通劳动中分离出来，出现技能劳动力与非技能劳动力的需求增长分化，从而形成技能溢价。中国制造业发展不但面临日渐趋紧的环境规制，而且面临劳动力供给减少、成本上升的压力。这两者虽然看似不相关，却有着内在深层次的联系，甚至在一定程度上可以互为解决之道。环境规制趋紧反映在治污投入和治污技术升级上都需要熟练的技能劳动力与之匹配，所以环境规制会增加对技能劳动力的需求，提升技能溢价。如果技能劳动力的工资上升，但其边际产出能够弥补工资上涨，那么制造业国际竞争力仍会提升；而且，劳动力价格变化能够产生劳动力需求结构变化的信号，激励非技能劳动力向技能劳动力转化，提升劳动者群体的整体素质，形成新的技能红利，缓解劳动力供给减少、成本上升的压力，为劳动力和高技术含量资本品的融合创造条件，塑造制造业国际竞争力的新优势，且反过来也有利于环境规制政策的贯彻实施。

在当前经济下行压力加大、经济结构深度调整的新常态下，环境规制能否通过创造制造业部门的技能工人新增就业、推动国内劳动力结构调整优化，实现环境保护、就业结构优化和产业竞争力提升的多重目标？另外，由于行业特征差异，对环境规制的反应程度也不同，因此环境规制对不同行业技能溢价和就业结构的影响也存在差异。本章的研究主要包括两部分创新性工作：一是构建双层嵌套 Dixit - Stiglitz 模型，就环境规制对技能溢价的影响机制进行理论分析，并按照不同污染程度行业进行实证检验；二是将技能溢价作为中介变量分析环境规制对制造业国际竞争力影响的传导机制，并以 2003～2014 年的制造业面板数据进行计量分析，对技能溢价的中介效应和门槛效应进行实证检验。本章研究的主要目的是，区分环境规制对不同污染程度行业的就业和工资结构的影响，识别和验证环境规制对制造业国际竞争力的传导路径，以期为政府部门针对不同行业的实际特征制定差异化环境规制政策提供借鉴和参考。

5.2 文献综述

近年来，随着对环境规制的认识和研究逐步深入，其与制造业国际竞争力的关系也成为学术界探讨的热点问题。波特（Porter，1991）、伯曼和布伊（Berman and Bui，2001）和阿姆贝克等（Ambec et al.，2013）认为，在合理的环境规制政策下，能够实现经济效率与环境保护的双赢局面，环境规制趋紧有利于提升制造业国际竞争力。不过，拉诺伊等（Lanoie et al.，2001）、鲁巴什基纳等（Ru-bashkina et al.，2015）研究发现，环境规制对企业研发活动虽有积极影响，但与企业全要素生产率的关系并不显著，强化环境规制并不能提高制造业国际竞争力。博伊德和麦克莱兰（Boyd and McClelland，1999）、特斯塔等（Testa et al.，2011）通过对部分欧洲国家重度污染行业的微观企业数据进行计量检验发现，环境规制在短期内不利于改善企业经营绩效，在长期内有一定的积极影响。李钢等（2010）、董敏杰等（2011）、张三峰和卜茂亮（2011）等学者通过研究中国案例发现，环境规制趋紧对产业国际竞争力具有积极作用；而李斌等（2013）、李玲和陶峰（2012）、余东华和胡亚男（2016）等学者的研究结果显示，环境规制与制造业国际竞争力之间的关系是不确定的。由此可见，由于在样本选择、模型设定、研究方法等方面的差异，学术界的研究结论不具有稳健性，并未形成一致的观点。

环境规制的影响表现在多个方面，除环境规制的经济效应和生态效应外，环境规制的社会效应研究也有所建树，尤其是在就业效应方面的研究逐渐增多。环境规制实施初期，人们担心环境规制会增加生产成本、削弱企业的竞争优势和生产规模，并减少企业吸纳工人的数量，对环境规制的直觉是会产生潜在的就业负效应。摩根斯坦等（Morgenstern et al.，2002）指出，在 1990 年的民意调查中，1/3 的被调查者反映他们的工作受到了环境规制的威胁。近期的很多经验研究发现，现实并没有如此糟糕，人们往往忽略了环境保护带来的新增就业机会。马克斯（Marx，2010）研究发现，一方面，环境规制引起的成本增加导致就业减少；另一方面，环境规制能够推动环保技术研发、环保行业快速发展，二者相互抵消，最终环境规制的就业效应为正值。贝兹德克等（Bezdek et al.，2008）通过实证分析发现，环境保护、经济增长和就业创造之间能够相互融合，环境保护投资具有增加和减少就业的双重效应，但净效应为正，环保产业将变成一个重要的新增就业来源；而且，制造业和信息服务产业等与环境规制联系更加密切，成为开展环境保护的主要依托平台，因此环境保护带来的就业效应还具有非均衡性。海耶斯（Heyes，2009）认为，环境规制对企业的影响程度还取决于企业本身的规模，因此对大企业和小企业的就业影响也存在差异。

国内学术界关注环境规制与就业关系的研究相对较少。陆旸（2011）运用 VAR 模型预测了若开征碳税、降低个人所得税，能否实现绿色政策和就业的"双重红利"。模拟结果显示，若征收 10 元/吨的碳税，对产出和就业影响并不显著，没有出现预期的"双重红利"。陈媛媛（2011）将劳动对污染品的相对价格作为环境规制的交叉弹性进行了理论分析，并以中国的行业面板数据进行检验，发现交叉价格弹性为正，劳动与污染品总体上表现为替代品，加强环境规制会增加就业，且在污染密集型的重化工行业表现得更加显著。王勇等（2013）在摩根斯坦等（Morgenstern et al.，2002）理论框架的基础上，引入行业特征参数，运用中国行业面板数据就环境规制和就业之间的关系进行了检验。结果表明，环境规制存在"门槛值"且与就业呈现"U"型关系，但随着劳动力成本的上升，环境规制的就业提升作用减弱。赵连阁等（2014）通过构建地区劳动力供求模型，分析了工业污染治理投资对劳动力就业效应的影响。实证结果表明，工业污染治理投资能提升就业水平，且工业污染事前治理比事后治理对就业效应的促进作用更为明显。李珊珊（2015）运用省级动态面板数据，从收入水平和受教育程度差异两方面研究了环境规制对就业的影响，结果发现加强环境规制与提升就业之间并不冲突。施美程和王勇（2016）运用倍差非线性计量模型进行实证检验，发现环境规制的地区差异使污染密集型行业的就业逐渐转移至环境规制较为宽松的地区。

就业是关系社会民生的重要方面，现有文献表明环境规制会对就业产生显著影响，但这些研究不够细化且缺乏对环境规制就业效应的理论探讨。实际上，若将劳动区分为技能劳动与非技能劳动，那么环境规制对就业的影响应该体现出一定的异质性特征，并最终反映到技能溢价上。技能溢价可理解为高技能劳动者的工资相对更高，以技能劳动与非技能劳动的平均工资之比表示。技能溢价的产生原因一直是学术界争论的热点问题之一，但鲜有研究将环境规制与技能溢价联系起来，更多的是探讨产生技能溢价的主要原因究竟是国际贸易还是技术进步，以及通过什么传导机制扩大工资差距。拜尔等（Beyer et al.，1999）研究发现，对外贸易不仅能使发达国家的熟练劳动力相对工资增加，也会让一些熟练劳动力相对稀缺的发展中国家表现出技能溢价。利默和桑伯格（Leamer and Thornberg，2000）利用美国20世纪80年代四位数行业数据中的产品价格、全要素生产率和最初的要素比例，计算了要素价格变化中由贸易模式引起的部分，发现40%的非熟练劳动力工资下降是由国际贸易引起的。相反，另外一些学者则持不同的观点，他们认为国际贸易对技能溢价的影响较小，技术进步的影响却非常明显。凯利（Kiley，1999）认为技术的技能偏向性引致技能溢价，技术创新与技能劳动力的互补性更强，所以高新技术的采用，进一步增加了对技能劳动的需求，形成新的技能溢价。阿西莫格鲁（Acemoglu，2002）也发现了技术进步偏向性会使熟练劳动和非熟练劳动工资出现两极分化。

国内学者也就技术进步偏向性与技能——非技能工资差异展开了研究。陈波和贺超群（2013）拓展"新新贸易理论"，引入两阶段生产模式并将劳动力分为技术和非技术劳动力代入模型中，研究中国出口贸易是否导致技术和非技术工人之间的技能溢价扩大。结果显示，出口密集度增加 1%，将引起技能溢价扩大约 0.3%。宋冬林等（2010）运用时间序列宏观数据检验了技能偏向型技术进步在中国的存在性，结果表明技术进步导致劳动力需求结构变化，形成技能溢价；在进一步区分中性、非中性和资本体现式技术进步后进行实证检验，发现三类技术进步均对技能溢价产生影响。董直庆等（2013）研究了中国资本和劳动、技能和非技能劳动的替代弹性，结果表明技术进步的技能偏向性效应明显，且实证结果验证了中国技能溢价现象主要源于技术进步偏向性的推论。戴翔等（2016）着重分析了劳动力数量、技能水平以及技能配置效率对产业转移和转型的影响。结果显示，人口红利减少、劳动力技能提升、技能配置效率提高都有利于低技术产业向中高端转型，但对产业转移的影响却不尽相同。

通过梳理已有文献可以发现，环境规制社会效应的研究主要集中在对就业数量和就业机会的影响方面，从分地区、分行业到异质性劳动就业均有涉及，但鲜有文献直接研究环境规制对就业结构的影响，环境规制对技能溢价影响的研究更是稀缺。技能溢价方面的国内外文献，则着重于通过理论和实证研究探讨技术进步偏向性和国际贸易对技能溢价的影响机制，以及两者谁对技能溢价的影响占主导地位。这些既有研究给作者以启发，即环境规制不仅影响就业数量和就业机会，而且直接影响到技能溢价，进而可能改变就业结构。将环境规制对就业的影响与技术进步偏向性结合起来，通过构造技术进步偏向函数，将环境规制纳入技能溢价的影响因素中，可以深入分析环境规制对技能溢价的影响。以此为基础，在分析环境规制对制造业国际竞争力直接影响的同时，作为一个新视角，将技能溢价作为中介变量，分析环境规制对制造业国际竞争力的间接影响，将使环境规制与制造业国际竞争力关系的研究更加精确和全面。

5.3　理论分析与研究假设

5.3.1　环境规制对技能溢价的影响

技术进步，尤其是物化在设备资本品内的技术进步[①]，一定程度上导致了技

---

　　① 物化于设备资本品内的技术进步，也称为物化性技术进步，是指附着于投入要素并与要素质量提高有关的技术进步。参见黄先海和刘毅群：《物化性技术进步与我国工业生产率增长》，载于《数量经济技术经济研究》2006 年第 4 期。

能型和非技能型劳动力的需求分化，产生技能溢价。技能劳动者既可以胜任高技能工作，也可以从事无需太多技能的劳动，而非技能劳动力只能从事技能要求较低的工作。于是，劳动力市场出现分化，技能劳动力和非技能劳动力的工资水平分别由各自的供求机制决定，两者之比就是技能溢价。西方发达国家最先关注环境规制与就业问题，严格的环境规制政策很可能造成"棕色失业"[①]。在发展中国家较早关注两者之间的关系是为了从就业维度验证"污染避难所假说"[②] 是否成立，即发达国家的"棕色失业"是否转化为发展中国家的"棕色就业"。不过，对这一关系的研究一直备受争议，尚未形成明确统一的研究结论。到目前为止，鲜有文献关注环境规制与技能溢价的关系。一方面，发展中国家环境规制程度越低，就会承接更多发达国家污染程度较高的产业转移，形成"棕色就业"。非技能劳动力如果能胜任这部分低端就业岗位，也就增加了对非技能劳动力的需求，形成环境规制的就业规模效应，即本国环境规制放松、技能溢价降低；另一方面，随着环境规制的不断加强，企业更加重视污染治理和绿色生产，就必须引入新的生产技术，从而增加了对技能劳动力的需求，形成"绿色就业"，产生就业替代效应、提高技能溢价。在当前中国环境规制持续加强的背景下，显然替代效应占主导，环境规制约束日渐趋紧将有利于提高技能溢价。

研究环境规制对技能溢价的影响，需要将劳动分为技能劳动和非技能劳动两种类型，并设定合适的生产函数形式。技术进步往往体现在机器设备投资过程中和劳动力技能水平上，技能劳动和非技能劳动的产出效率差异也主要是通过技术进步偏向性来体现。因此技术进步可分为资本增强型、技能劳动增强型和非技能劳动增强型等三种类型，设定生产函数需要包括三种增强型技术进步的一般形式。并且，将几种要素同时放入模型中，还需要考虑要素替代弹性问题。参考已有研究，同时考虑到要素替代弹性和技术进步偏向性，选择 CES 生产函数更为适宜。假设生产函数满足 CES 形式、不同生产要素的生产效率不同，将生产要素分为四类：技术（A）、资本（K）、技能劳动（H）与非技能劳动（L）。假设劳动力充分就业，将实际产出表示为嵌套 Dixit - Stiglitz 形式，具体模型如式（5-1）所示：

$$Y_t = \left\{ \alpha (A_{Kt} K_t)^\rho + (1 - \alpha) \left[\beta (A_{Ht} H_t)^\lambda + (1 - \beta) (A_L L_t)^\lambda \right]^{\frac{\rho}{\lambda}} \right\}^{\frac{1}{\rho}} \qquad (5 - 1)$$

① "棕色失业"是指实施严格的环境规制政策可能导致非技能劳动力周期性失去工作的现象。严格的环境规制政策迫使部分高耗能、高排放企业关停并转，导致部分低技能劳动力失业。

② "污染避难所假说"，也称为"污染天堂假说"，主要是指污染密集型产业内的企业倾向于将产能转移到环境标准相对较低的国家或地区。

上式中，A_{Kt}、A_{Ht} 与 A_{Lt} 均为随时间而变的效率参数，分别代表技术进步对资本、技能劳动与非技能劳动的偏向性。α、β 代表生产要素密集度在资本与劳动、技能与非技能劳动间的分配参数，$e = (1-\rho)^{-1}$ 为资本和劳动的替代弹性，$a = (1-\lambda)^{-1}$ 为技能劳动与非技能劳动的替代弹性，$\rho < 1$ 且 $\lambda < 1$。Dixit-Stiglitz 生产函数放松了对要素间替代弹性的严格限制，允许不同行业、不同时间段的要素替代弹性取值存在差异，具有更好的灵活性和适用性；同时，由于生产效率差异反映不同要素增强型的技术进步，进而体现在各生产要素的边际产出上，边际产出的差异会直接引起生产要素构成与相对价格的变化，因此 Dixit-Stiglitz 函数可以用来研究技术进步的非中性问题。

为简化模型推导和表达，令 $B_t = \beta(A_{Ht}H_t)^\lambda + (1-\beta)(A_{Lt}L_t)^\lambda$，则生产函数可标准化为如式（5-2）的形式：

$$Y_t = \left\{ \alpha(A_{Kt}K_t)^\rho + (1-\alpha)B_t^\rho \right\}^{\frac{1}{\rho}} \tag{5-2}$$

由式（5-2）对各生产要素分别求偏导，可以得到其边际产出，如式（5-3）、式（5-4）和式（5-5）所示：

$$\frac{\partial Y_t}{\partial K_t} = \alpha A_{Kt}^\rho \left(\frac{Y_t^{1/\rho}}{K_t} \right)^{1-\rho} \tag{5-3}$$

$$\frac{\partial Y_t}{\partial H_t} = (1-\alpha)\beta A_{Ht}^\lambda H_t^{\lambda-1} B_t^{(\rho-\lambda)/\lambda} Y_t^{(1-\rho)/\rho} \tag{5-4}$$

$$\frac{\partial Y_t}{\partial L_t} = (1-\alpha)(1-\beta) A_{Lt}^\lambda L_t^{\lambda-1} B_t^{(\rho-\lambda)/\lambda} Y_t^{(1-\rho)/\rho} \tag{5-5}$$

在完全竞争市场假设下，要素报酬与其边际产出相等；技能溢价就是技能劳动力工资 W_t^h 与非技能劳动力工资 W_t^l 的比值，用 W_t 表示。技能溢价可表示为如式（5-6）的形式：

$$W_t = \frac{W_t^h}{W_t^l} = \frac{\partial Y_t/\partial H_t}{\partial Y_t/\partial L_t} = \frac{\beta}{1-\beta} \left(\frac{A_{Ht}}{A_{Lt}} \right)^\lambda \left(\frac{H_t}{L_t} \right)^{\lambda-1} \tag{5-6}$$

对式（5-6）两侧同时取对数形式，可以得到式（5-7）：

$$\ln W_t = \ln\left(\frac{\beta}{1-\beta} \right) + \lambda \ln\left(\frac{A_{Ht}}{A_{Lt}} \right) + (\lambda-1)\ln\left(\frac{H_t}{L_t} \right) \tag{5-7}$$

从式（5-7）可看出，影响技能溢价的因素主要是技术进步的偏向性、技能劳动与非技能劳动的相对投入，这与陆雪琴和文雁兵（2013）的统计推论相一致。他们认为需求方面的技术进步和供给方面的劳动力技能结构共同影响技能溢价，最终结果反映的是两者的合力。劳动力技能结构体现在两种劳动力供给的相对数量上，因此接下来本章将着重分析技术进步偏向性的影响因素。

阿西莫格鲁（Acemoglu，2003）认为，虽然国际贸易和经济全球化会导致技能溢价现象，但其本质原因可追溯至技术进步。依靠人力资本和技术禀赋优势，经济全球化使发达国家有条件和能力集中于资本和技能密集型产品的生产；同时，伴随高技术产品的出口和技术授权转让，发达国家的偏向性技术进步逐渐扩散到欠发达国家，使其产品和产业结构随之发生渐进式的技能偏向性技术变革。前文对技能溢价的文献梳理及模型推导表明，技能溢价明显受到技术进步偏向性的影响，对外贸易则是技术进步偏向性进行国际扩散的重要载体（俞会新和薛敬孝，2002）。因此，本章将进出口贸易纳入技术进步偏向性的决定函数中，并借鉴盛斌和马涛（2008）的做法，考虑到环境规制趋紧会倒逼技术创新，将环境规制加入技术进步偏向函数中。国内学者的大量实证研究表明，外商直接投资也会通过技术溢出显著影响东道国技术进步。另外，还纳入了与技术进步关系最为密切的科研投入。综合上述因素的影响，本章将技术函数 A 设为如式（5-8）的形式：

$$A_{jt} = ER_t^{\gamma_{0j}} T_t^{\gamma_{1j}} MR_t^{\gamma_{2j}} EX_t^{\gamma_{3j}} FDI_t^{\gamma_{4j}}, \ j \in \{K, \ H, \ L\} \qquad (5-8)$$

其中，ER 代表环境规制，T 代表科研投入水平，MR 表示进口渗透率，EX 表示出口依存度，FDI 为外商直接投资。对生产技术函数两边取对数形式，可分别得到如下式（5-9）~式（5-12）：

$$\ln A_{Kt} = \gamma_{0K} \ln ER_t + \gamma_{1K} \ln T_t + \gamma_{2K} \ln MR_t + \gamma_{3K} \ln EX_t + \gamma_{4K} \ln FDI_t \qquad (5-9)$$

$$\ln A_{Ht} = \gamma_{0H} \ln ER_t + \gamma_{1H} \ln T_t + \gamma_{2H} \ln MR_t + \lambda_{3H} \ln EX_t + \gamma_{4H} \ln FDI_t \qquad (5-10)$$

$$\ln A_{Lt} = \gamma_{0L} \ln ER_t + \gamma_{1L} \ln T_t + \gamma_{2L} \ln MR_t + \gamma_{3L} \ln EX_t + \gamma_{4L} \ln FDI_t \qquad (5-11)$$

$$\ln\left(\frac{A_{Ht}}{A_{Lt}}\right) = (\gamma_{0H} - \gamma_{0L}) \ln RE_t + (\gamma_{1H} - \gamma_{1L}) \ln T_t + (\gamma_{2H} - \gamma_{2L}) \ln MR_t$$
$$+ (\gamma_{3H} - \gamma_{3L}) \ln EX_t + (\gamma_{4H} - \gamma_{4L}) \ln FDI_t \qquad (5-12)$$

将式（5-12）代入式（5-7）并化简，可以得式（5-13）：

$$\ln W_t = \varphi_0 + \varphi_1 \ln ER_t + \varphi_2 \ln T_t + \varphi_3 \ln MR_t + \varphi_4 \ln EX_t + \varphi_5 \ln FDI_t + \varphi_6 \ln\frac{H_t}{L_t}$$
$$(5-13)$$

其中，$\varphi_0 = \ln\beta/(1-\beta)$，$\varphi_n = \lambda(\gamma_{mH} - \gamma_{mL})$，$n = 1, 2, \cdots, 5$；$m = 0, 1, \cdots, 4$，$\varphi_6 = \lambda - 1$。从式（5-13）可以看出，技能溢价的影响因素主要有环境规制、科研投入、进口渗透率、出口依存度、外商直接投资以及技能和非技能劳动力的相对数量。

当前，中国制造业正处于向绿色低碳转型的关键时期，但基础创新能力薄弱使绿色发展、结构优化和转型升级严重滞后，已成为工业转型升级和经济可持续发展的软肋。对外面临发达国家重振高端智能制造和发展中国家低成本制造快速崛起的双重挑战，对内则面临成本优势逐渐削弱、环境规制趋紧等多重约束，内忧外困的严峻形势使中国制造业迫切需要在新的生产方式上形成新优势，这对顺应世界制造业发展变革、突破国际竞争力提升瓶颈具有重要意义。环境规制无疑是其中一项重要举措，通过引导企业加大对治污与清洁生产技术的研发投入影响技术进步偏向性，提高技能溢价和对技能劳动力的需求，有效解决当前非技能劳动力供给持续减少、制造业低成本优势逐渐丧失的困境。

本章关注的重点之一是环境规制对技能溢价的影响，根据上述理论模型分析提出：

假说 1：环境规制通过技术进步偏向性对技能溢价产生影响，即环境规制趋紧使企业更加重视绿色生产和治污减排技术的研发应用，从而增加对技能劳动力的需求，提升技能溢价。

5.3.2　环境规制、技能溢价与制造业国际竞争力的传导机制

近年来生态环境恶化对人民身心健康产生的影响，已经将制造业的高耗能、高污染问题推到了风口浪尖，环境规制逐步趋紧是总体趋势，其与制造业国际竞争力的关系研究再次成为政府和学界关注的焦点。环境规制能够引导企业强化清洁生产、推行绿色制造，而这正是当前中国实施制造强国战略的主要着力点之一，是兼顾社会消费需求、环境承受能力、资源利用效率和企业盈利状况等因素的现代化制造模式，也是最符合制造业可持续发展理念的生产模式。环境规制趋紧对制造业国际竞争力的直接效应表现为正反两方面的影响：一方面，传统经济理论认为环境规制打破了企业成本最小化的约束条件，环境成本内部化程度越高，企业负担的成本就越重，挤占企业进行其他更有效率投资的资源就越多，尤其是当竞争对手面临相对宽松的环境限制时，受严格环境规制约束产业的国际竞争力将受到较大冲击；另一方面，环境规制对制造业国际竞争力也有正向影响，主要有以下三种作用渠道。一是环境规制趋紧将促使企业引进污染处理设备、进行生产线与工艺水平的改进，因此在强化环境规制约束下，本国制造业出口产品能够符合发达国家更严苛的环保标准认证，突破进口国的"绿色壁垒"，从而扩大本国制造业产品的国际市场占有率，提高产品国际竞争力。二是在环境约束趋紧的背景下，必然有部分高污染、高排放企业无力承担新增污染处理设备、更新生产线的高昂成本而被激烈的产业内竞争淘汰，生产资源重新分配至生存下来的优势企业，从而提升行业的整体竞争力。三是环境规制趋紧还会迫使企业更加注

重生产流程本身的整合优化和创新,以求提高产品本身的技术附加值与议价能力,这不但有助于摆脱国际市场低端产品日趋激烈的价格竞争,而且还能够部分缓解由于引进治污设备等所造成的成本上涨压力。因此,环境规制对制造业国际竞争力直接效应的大小和方向取决于其双向影响的合力。

环境规制不仅具有以上直接的"环境—经济"效应,还会产生间接的影响技能溢价和就业结构的社会效应。环境规制趋紧将推动企业进行生产技术迭代更新,产生高技能劳动需求,提升技能溢价;技能溢价引导非技能劳动向技能劳动转化,增加技能劳动供给,最终为提升制造业国际竞争力做好准备。以铸造、锻造、热处理等为代表的基础制造工艺被认为是影响制造业国际竞争力的核心环节,但由于中国的这些基础工艺环节远落后于国际先进水平,致使基础制造工艺阶段成为制造业生产过程中高耗能、高污染和高排放的主要环节(史丹和王俊杰,2016)。铸造、锻造和热处理的吨能耗分别比国际先进水平高60%、70%和47%,可见差距之大。现有研究发现,中国高污染、高排放问题迟迟得不到解决,直接原因在于节能降耗、环境治理的核心技术水平落后于发达国家。因此环境规制的实施要想取得可观的成效,需要以突破核心技术为切入点,提升基础工艺水平。突破核心技术的途径主要有基础研究原始创新和引进外国先进技术两种方式。一直以来,中国通过技术密集型产品进口和"干中学"等方式模仿获取发达国家的先进技术,这对短期内推动中国经济起飞有重要作用,但长期内这种模仿不利于国家创新能力的培育和经济的持续增长,且技术模仿的产出贡献具有边际递减倾向,关键尖端科技和核心技术难以模仿,在后期必然陷入"越追赶越落后"的窘境。卡梅隆(Cameron,2005)在研究日本和美国的技术进步特点时,认为模仿者必须进行更多正式研发才能达到技术前沿水平,实现蛙跳式超越。王和谢(Wang and Xie,2004)将新兴工业化国家高增长和急速转型与一些落后国家低增长和转型停滞的现象做了比较,发现工业部门的发展除了需要新技术,还需要高技能劳动力;工业转型的实现要求各产业协调发展,需要大量使用高技能劳动力的现代工业部门同时启动。

是否能够满足工业部门急速增长的高技能劳动力需求就成为经济转型成败的关键因素之一。环境规制的实施通过提高技能溢价,既增加了技能劳动供给,又提升了人力资本质量,这正是中国走出上述环境和经济发展困境的可行之路。环境规制趋紧能够推动企业进行生产技术迭代更新,产生高技能劳动需求,提升技能溢价,从而引导非技能劳动向技能劳动转化,增加技能劳动供给。同时,环境规制引起的技术进步偏向性也会提升技能溢价。原因在于,环境规制增加了原生产工艺水平下单位产品的污染排放成本,企业更有动力进行减排治污技术的研发创新。凯利（Kiley，1999）认为，技术创新更偏向于技能劳动互补的技术，新技术的应用又反过来增加了对技能劳动的需求，这个螺旋式的响应过程能够更大程度地提高技能劳动的边际产出。这种技能溢价的提升，最重要的作用就是引导和推动专业技术人才的知识更新与卓越工程师的培养，从而促使技能劳动的供给增加，并通过加强整体人力资本水平对产业国际竞争力产生正向促进作用。这也是政府意向和市场机制激励相容的过程。国家需要高层次、紧缺的专业技术人才和创新型人才，技能溢价能将这种需求如实反映出来，引导专业技术人才知识更新和先进制造卓越工程师的培养，打造一支高素质的专业技术人才队伍，从而对制造业国际竞争力产生积极影响。环境规制、技能溢价对制造业国际竞争力的具体作用机制如图 5 - 1 所示。

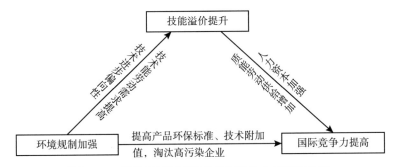

图 5 - 1 环境规制提高产业国际竞争力的传导机制

资料来源：作者绘制。

综合以上分析，提出：

假说 2：环境规制不仅通过"环境—经济"效应直接影响制造业国际竞争力，而且通过技能溢价产生中介效应影响制造业国际竞争力。

5.4 计量模型与变量界定

结合上述理论分析，根据环境规制对技能溢价影响机制和技能溢价的影响因素，本章设定如下技能溢价分析方程（5 - 14），对假说 1 进行检验：

$$\ln W_{it} = \varphi_0 + \varphi_1 \ln ER_{it-1} + \varphi_2 \ln T_{it} + \varphi_3 \ln MR_{it} + \varphi_4 \ln FDI_{it}$$
$$+ \varphi_5 \ln EX_{it} + \varphi_6 \ln \left(\frac{H}{L}\right)_{it} + \varepsilon_{it} \tag{5 - 14}$$

其中，被解释变量 W 表示技能溢价，是技能与非技能劳动力工资的比值；虽然统计数据中没有对技能与非技能劳动力工资进行直接区分，但国内学者对劳动力工资分类进行了一些探讨，为测算技能溢价提供了参考。宋冬林等（2010）根据专业技术人员行业分布的多寡情况，用制造业职工平均工资和农林牧渔业职工平均工资的比值作为技能溢价的替代指标。陆雪琴和文雁兵（2013）将技术工人占行业总就业人数最高和最低的行业进行对比研究，并剔除体制因素的影响，选择科学研究和技术服务行业的平均工资与农林牧渔业平均工资之比作为技能溢价的代理变量。由于本章重点研究制造业行业内部的技能溢价差别，不适于按技术人员分布占比情况进行划分。借鉴包群和邵敏（2008）的研究，将各行业的科技人员视为技能劳动力 H，科技活动人员总报酬用科研经费内部支出中的劳务费表示，它与科技活动人数的比值表示技能劳动力人均工资。非科学技术人员统一视为非技能劳动力 L，用全部从业人员年平均人数与科学技术人员数的差值表示，非技能劳动力平均工资用剔除科技人员工资的制造业行业工资总额与非技能劳动力人数的比值表示。

滞后一阶的环境规制 ER 是本章重点关注的解释变量。由于分行业环境规制强度的衡量比较困难，既受当前环境规制实施强度的约束，又与行业本身实施环境规制的意愿和能力等因素相关（李小平等，2012）。鉴于环境规制主要通过技术进步偏向性影响技能溢价，本章的环境规制变量重点关注环境污染治理投入，用废水废气年度运行费用和污染治理投资之和与行业总产值的比值表示环境规制强度，前者直接表明环境规制约束程度，后者表现为行业本身对环境治理的意愿，两者之和代表当前环境规制的强度和力度（董敏杰等，2011）。考虑到环境规制对技能溢价的影响具有一定的滞后性，所以本章以其一阶滞后项作为解释变量。

T 表示科技活动相关的支出经费，科研投入高、用于高技能劳动的薪酬激励比重增加，就会提升技能溢价，用分行业的科研经费内部支出、技术改造和技术获取费用之和表示。MR 表示进口商品的渗透程度，用行业进口总值与行业总产值的比值表示。已有研究表明当前中国进口中间品的技术含量普遍较高，那么相应生产过程中所需配套的技能劳动力就越多，从而提升技能溢价（盛斌和马涛，2008）。FDI 代表外商直接投资，用分行业实收资本中港澳台资本和外商资本之和表示。现有研究显示，FDI 一方面通过技术溢出提升技能溢价，另一方面由于要素禀赋优势，FDI 的流入多以利用中国低成本劳动力为目的，反而会降低技能溢价，所以 FDI 对技能溢价的影响方向不确定，有待进一步验证。出口倾向 EX 用行业出口总值与行业总产值之比表示。进出口值原始数据来自 UNcomtrade 数据库，按照中国行业分类标准进行整理得到细分行业进出口值。

在完成对技能溢价影响因素的计量模型设定后，为进一步研究环境规制对制造业国际竞争力的直接影响，以及环境规制通过技能溢价对制造业国际竞争力的间接影响，本章拟借助中介效应模型来进行检验。中介效应模型表明，如果将解释变量 X 对被解释变量 Y 的影响进行分解，不仅含有 X 对 Y 的直接影响，还包含通过中间变量 M 对 Y 产生的间接影响，那么 M 就是中介变量，即中介变量是解释变量对被解释变量发生间接作用的内部传导媒介。中介效应所体现的传导机理，恰好与前文理论假说 2 相一致，所以本章通过测算中介效应对假说 2 进行检验。中介效应的检验程序是，首先构造解释变量 X 对被解释变量 Y 的回归方程（5－15），检验 X 的系数是否显著，若不显著地表明二者之间没有稳定关系，中介效应也就无从谈起；若回归系数显著，则进行第二步检验，即构建解释变量 X 对中介变量 M 的回归方程（5－16），以及解释变量 X 和中介变量 M 对被解释变量 Y 的回归方程（5－17），检验中介效应是否存在。如果方程（5－16）和（5－17）中 X 的系数均显著，且方程（5－17）中变量 M 的系数显著，则为部分中介效应；如果方程（5－16）中 X 系数显著，方程（5－17）中 M 系数显著但 X 系数不显著，则为完全中介效应。根据上述分析，构建如方程（5－15）~方程（5－17）的计量检验模型：

$$RCA_{it} = \phi_0 + \phi_1 \ln ER_{it-1} + \phi_2 \ln CD_{it} + \phi_3 \ln PT_{it} + \phi_4 \ln MR_{it} + \phi_5 \ln PI_{it}$$
$$+ \phi_6 \ln SIZE_{it} + \delta_{it} \qquad (5-15)$$

$$\ln W_{it} = \varphi_0 + \varphi_1 \ln ER_{it-1} + \varphi_2 \ln T_{it} + \varphi_3 \ln MR_{it} + \varphi_4 \ln FDI_{it} + \varphi_5 \ln EX_{it}$$
$$+ \varphi_6 \ln\left(\frac{H}{L}\right)_{it} + \varepsilon_{it} \qquad (5-16)$$

$$RCA_{it} = \eta_0 + \eta_1 \ln ER_{it-1} + \eta_2 \ln W_{it} + \eta_3 \ln CD_{it} + \eta_4 \ln PT_{it} + \eta_5 \ln MR_{it}$$
$$+ \eta_6 \ln PI_{it} + \eta_7 \ln SIZE_{it} + \mu_{it} \qquad (5-17)$$

以上中介效应模型中，X 为环境规制，M 为技能溢价，Y 为制造业国际竞争力；ϕ_1 是 X 对 Y 的总效应，$\varphi_1 \times \eta_2$ 是通过中介变量 M 传导的中介效应，η_1 为 X 对 Y 的直接效应，当只有一个中介变量时，各系数之间的关系为：$\phi_1 = \eta_1 + \varphi_1 \times \eta_2$，即中介效应的大小可以用总效应与直接效应之差表示，具体关系如图 5－2 所示。

制造业国际竞争力水平用 RCA 指数表示，该指数以行业出口占总出口的比重与世界上该行业出口占总出口比重的相对比值表示。该指数关注的不只是绝对出口量多少，更注重出口质量，所以能较为客观地体现国际竞争力水平，也是国际竞争力相关研究最为常用的测度方法。CD 代表资本深化程度，用行业固定资产净值与行业从业人员年平均人数的比值表示。*PT* 为分行业的专利申请数,反映技术创新对国际竞争力的影响,技术含量越高,行业竞争力越强,预期 *PT* 对 *RCA* 有正向影响。*MR* 仍然表示进口渗透率,中国进口占比大的是大宗原材料和高技术产品,高技术产品的技术溢出效应,直观上有利于竞争力提升。*PI* 表示工业生产者出厂价格指数,该指数越大、生产成本越高,越不利于竞争力提升。*SIZE* 代表行业规模,以工业总产值表示,行业规模越大、规模效应就越显著,预期该指标对 *RCA* 有正向影响。

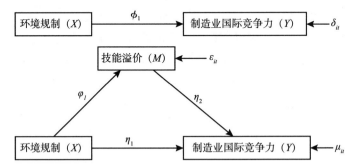

图 5 – 2　环境规制、技能溢价与制造业国际竞争力的中介效应传导路径

资料来源:作者绘制。

5.5　计量结果及分析

本章以 2003~2014 年 28 个制造业行业面板数据为样本进行计量检验。变量的下标 i 表示制造业行业,t 表示时间。δ_{it}、ε_{it} 与 μ_{it} 分别表示随机扰动项。Hausman 检验结果显示应选择固定效应模型,考虑异方差和截面相关,使用 "xtscc,fe" 命令进行回归,以减弱异方差和截面相关对回归结果的影响。分析环境规制对技能溢价的影响时,除对制造业整体进行研究外,还参考余东华和胡亚男(2016)依据环境规制强度对制造业进行分类的结果,分别对重度、中度和轻度污染的细分行业进行分类分析。所用数据主要来源于《中国统计年鉴》《中国工业统计年鉴》《中国环境统计年鉴》《中国劳动统计年鉴》《中国科技统计年鉴》以及联合国 UNcomtrade 数据库。

5.5.1　环境规制对技能溢价影响的回归分析

首先采用技能溢价分析方程，即式（5-14），分析环境规制对技能溢价的影响，具体回归分析结果如表 5-1 所示。

表 5-1　　　　　　　　环境规制对技能溢价影响的回归分析结果

方程	（1）	（2）	（3）	（4）
$L.\ln ER$	0.0544 *** (4.38)	0.1060 *** (4.50)	0.1150 * (2.26)	0.0457 ** (2.42)
$\ln T$	0.2420 *** (3.95)	0.0906 ** (3.19)	0.2830 *** (5.88)	0.2750 ** (3.10)
$\ln MR$	0.2340 *** (4.74)	0.00125 (0.03)	0.6880 *** (7.41)	0.2960 ** (2.70)
$\ln FDI$	−0.0104 (−0.32)	−0.0871 ** (−2.56)	−0.1690 ** (−2.57)	0.0142 (0.33)
$\ln EX$	−0.0450 * (−1.72)	−0.0401 ** (−2.43)	−0.2250 *** (−4.38)	−0.0239 (−0.43)
$\ln HL$	−0.2520 *** (−5.64)	−0.2160 *** (−7.33)	−0.2820 *** (−7.65)	−0.2320 *** (−3.51)
_cons	1.8460 *** (4.83)	0.9400 *** (4.01)	5.1370 *** (8.56)	2.2950 ** (2.92)
样本数	308	99	77	132
R^2	0.5500	0.5956	0.6377	0.5798
F 值	96.71	2701.94	518.10	49.46

注：***、**和*分别表示回归系数在1%、5%和10%水平上显著，括号内为系数检验的 t 值。
资料来源：作者计算整理。

表 5-1 中，方程（1）是对制造业整体行业的回归，方程（2）是对重度污染行业的回归，方程（3）是对中度污染行业的回归，方程（4）是对轻度污染行业的回归。从表 1 可以看出，整体上环境规制（$L.\ln ER$）对技能溢价有正向影响，回归系数为 0.0544 且在 1% 水平上显著，说明环境规制每提升一个百分点，技能溢价提升 0.0544 个百分点，这一结果验证了假说 1。环境规制趋紧要求企业进行绿色生产转型并加强治污减排技术的开发应用，通过技术进步偏向性确实提

升了技能溢价水平。分行业的面板估计结果也比较理想：重度污染行业回归系数为 0.106，在 1% 水平上显著；中度污染行业系数为 0.115，在 10% 水平上显著；轻度污染行业系数为 0.046，在 5% 水平上显著。这说明在当前环境规制日渐严格的政策背景下，重度和中度污染行业的反应更加强烈，而且由于其切实关系到人们的生命健康安全而备受关注。受这种外在压力的驱动，企业必须对生产过程产生的污染物进行减排处理，不论是生产工艺的升级改进还是末端污染治理，都需要掌握相应技术的技能劳动者；因此相对于非技能劳动，企业对技能劳动的需求会明显增加，从而环境规制对技能溢价表现出正向影响，且系数较大。轻度污染行业多属于技术密集型行业，行业从业人员本来就偏重于技能应用，加之受环境规制的约束较小，所以轻度污染行业的系数估计最小。

从控制变量的回归结果看，科研投入（T）对技能溢价的影响在 1% 水平上显著为正，总体系数为 0.242。研究与开发属于复杂的科技活动，只有技能劳动者才能胜任，所以科研投入显著提升技能溢价，这一结果与预期相符。重度污染行业的科技投入回归系数最小，缘于重度污染行业具有很强的技术惯性，进行技术突破的难度大、收益低，尽管当前迫切需要进行治污技术的创新研发，但相对于其他行业，总体科研投入倾斜力度并不大，对技能溢价的影响最小。中度污染行业的系数最大，为 0.283；轻度污染行业系数稍小，为 0.275。轻度污染行业多为技术密集型行业，行业劳动力的工资水平已相对偏高，科研投入也已处于较高水平，所以其对技能溢价的影响就不如中度污染行业明显。

从表 5 - 1 中可以看出，进口渗透率 MR 的系数为 0.234 且在 1% 水平上显著。进口在总体上提升了技能溢价，通过国际贸易采购的机器设备需要高技能劳动力与之相匹配，增加了对技能劳动的需求。按照不同环境规制强度进行分析，重度污染行业的进口与技能溢价呈正向关系但不显著，这与行业进口的产品类别相关，重度污染行业等进口的主要是初级产品和原材料等。这些产品进口不会增加对技能劳动力的需求，相反却增加了非技能劳动力的需求，导致 MR 回归系数不显著。中度污染行业的 MR 回归系数为 0.688，系数较大且在 1% 水平上显著。中度污染行业进口多源于发达国家将较低技术环节向中国进行的生产转移，但这些生产环节对中国而言仍属高技术范畴且技术溢出效应明显，对技能劳动的需求影响较大，因此 MR 系数估计值最高。此外，轻度污染行业的该项系数为 0.296，在 5% 水平上显著，说明其进口也有利于提高技能溢价，但作用系数小于中度污染行业，原因在于这类进口产品属于核心技术产品，甚至是尖端技术产品，需要专业人员与之匹配，价值量虽大但对技能劳动力需求的带动效应却较为有限。

外商直接投资（FDI）对技能溢价总体表现为负向影响。重度和中度污染行业在 5% 水平上显著为负。这是由于在国际分工中，中国是以低要素成本优势嵌入到全球价值链，对外资具有较强吸引力的也是中国的低廉劳动力，外资流入的主要行业普遍技术附加值较低，因此扩大了对非技能劳动力的需求，缩小了技能溢价，这与李珊珊（2015）研究结论是一致的。尽管有部分 *FDI* 进入高技术行业，能够产生一定的技术外溢效应、掌握和吸收这些技术能够提高行业的技能溢价水平，但因其占整体比重很小，并不影响总体计量估计结果，即 *FDI* 进入对技能溢价表现出负向影响。

最后，出口（*EX*）对技能溢价的回归系数为 -0.045、在 10% 水平上显著；分类面板估计结果中，重度和中度污染行业的负向影响系数更为显著，说明中国出口的比较优势仍集中于劳动密集型产品，对非技能劳动力需求增加，降低了技能溢价。*HL* 代表技能与非技能劳动力就业人数的比值，供求关系的变化将会显著影响价格水平：技能劳动力的供给增加，技能溢价水平将会相应降低，所以各回归方程中 *HL* 的系数均显著为负。

5.5.2　中介效应分析

环境规制对制造业国际竞争力的直接影响以及通过技能溢价产生的中介效应可以通过式（5 - 15）、式（5 - 16）和式（5 - 17）进行检验，具体回归分析结果如表 5 - 2 所示。环境规制从实施到产生实际作用有一定的时间滞后性，与前文相对应，将环境规制的一阶滞后项引入模型。由表 5 - 2 中的方程（1）检验滞后一期环境规制对制造业国际竞争力的总体效应，可以看出环境规制对制造业国际竞争力的影响系数为 0.0177，在 1% 水平上显著为正。传统理论认为提高环境规制强度会增加生产成本，降低企业竞争力；但"波特假说"认为，动态环境规制倒逼企业进行绿色创新和清洁生产，"创新补偿效应"和"先动优势"形成企业新的竞争优势。中国当前面临严峻的环境污染形势，各级政府将环境治理放在前所未有的突出位置，制造业首当其冲，甚至直接被限产停产，使企业经营绩效受损。所以大部分的理性生产者从收益最大化角度出发，将选择遵循环境规制要求，进行治污技术研发和应用，用节约资源、开展清洁生产。面对环境规制压力，这些具有危机感和转型意识的制造业企业，其产品不但更容易得到消费者认可，而且能够跨越发达国家的绿色壁垒、增强出口竞争力，同时还有利于树立企业良好的社会形象，提升品牌竞争力和社会美誉度。

表 5-2　　　环境规制与制造业国际竞争力的直接影响与中介效应回归结果

方程 被解释变量	(1) RCA	(2) lnW	(3) RCA	(4) RCA
L. lnER	0.0177 *** (2.82)	0.0544 *** (4.38)	0.0184 *** (2.83)	0.0190 *** (3.01)
lnW			−0.0437 ** (−2.34)	−0.0699 *** (−6.34)
lnW2				0.0325 (0.97)
lnCD	−0.0791 *** (−3.00)		−0.0897 *** (−3.50)	−0.0921 *** (−3.51)
lnPT	0.0059 ** (2.22)		0.0047 *** (3.00)	0.0057 *** (2.89)
lnPI	−0.5840 *** (−6.96)		−0.5860 *** (−6.61)	−0.5850 *** (−6.54)
lnSIZE	0.1030 *** (12.00)		0.1040 *** (12.52)	0.1040 *** (11.94)
lnMR	0.4710 *** (19.35)	0.2340 *** (4.74)	0.4850 *** (18.12)	0.4820 *** (17.08)
lnT		0.2420 *** (3.95)		
lnFDI		−0.0104 (−0.32)		
lnEX		−0.0450 * (−1.72)		
lnHL		−0.2520 *** (−5.64)		
_cons	4.930 *** (11.09)	1.8460 *** (4.83)	5.0500 *** (10.24)	5.0310 *** (9.89)
样本数	308	308	308	308
R^2	0.3955	0.5500	0.3986	0.3993
F 值	397.80	96.71	233.61	380.51

注：*** 、** 和 * 分别表示回归系数在 1% 、5% 和 10% 水平上显著，括号内为系数检验的 t 值。
资料来源：作者计算整理。

由于环境规制对制造业国际竞争力具有显著正向影响，因此中介效应检验可继续进行。表 5-2 中的方程（2）为环境规制对中介变量技能溢价的影响，回归系数在 1% 水平上显著为正，其他变量回归系数的含义在前文已详细说明，此处不再赘述。方程（3）中，环境规制和技能溢价回归系数均显著，说明存在部分中介效应，环境规制对制造业国际竞争力有直接影响，系数为 0.0184，同时通过技能溢价产生中介效应。此处，本章发现与理论部分假说 2 所提出的"技能溢价对制造业国际竞争力有正向影响"不同，方程（3）中的技能溢价对竞争力影响系数为 − 0.0437，在 5% 水平上显著，这是产生负向中介效应的主要原因，即技能溢价削弱了环境规制对制造业国际竞争力的影响。因此，为进一步检验技能溢价对制造业国际竞争力是否存在非线性影响，方程（4）在方程（3）的基础上加入了技能溢价的平方项进行检验，结果显示二次项系数大于零，虽然不显著但也说明技能溢价对制造业国际竞争力的影响确实存在非线性特征，所以在后文中通过区分不同门槛区间对此进行更深入的计量分析。

从表 5 − 2 可以看出，资本深化（CD）对国际竞争力有负向影响。不加入技能溢价时，系数为 − 0.0791，加入技能溢价之后，系数为 − 0.0897，且都在 1% 水平上显著。在经济的起步阶段，资本积累开始快速增长，此时的劳动力素质较差、边际产出较低，工资整体水平不高，资本更多地与低素质劳动力相结合，人均资本存量仍处于低水平。这与中国当时的发展阶段相适应，劳动密集型产业发展迅速。但随着经济持续高速发展，资本积累已经达到较高水平，剩余劳动力供给趋于紧张、农村可转移劳动人口减少，部分学者认为中国已达到"刘易斯拐点"或进入"刘易斯区间"[①]，资本积累增加而劳动力供给减少，最优资源配置比例被打破，反而不利于竞争力的提升。

专利技术（PT）对国际竞争力有显著的正向影响，这与多数研究的结论一致。不同于研发资金投入可能涉及研发成本大于收益的问题，技术专利是企业已取得的具体研发成果，以技术专利申请量代表技术创新能力更为准确。专利申请越多，技术推动效应就越大，技术创新是竞争力提升的根本途径，所以回归结果表现为显著正向影响。从表 5 − 2 中还可看出，进口渗透率（MR）对制造业国际竞争力有显著的正向影响。通常认为中国主要是向发达国家学习引进成熟技术以实现技术进步的目标，具体途径就是购买先进机器设备和吸引外资等。所以进口是产生技术进步的重要路径，由此可以提升产业竞争力，尤其是技术资本品的进

---

① "刘易斯拐点"是劳动力由过剩向短缺的转折点，是指在工业化进程中，随着农村富余劳动力向非农产业的逐步转移，农村富余劳动力逐渐减少，最终达到瓶颈状态。有时候这一转折时期表现为一个区间，被称为"刘易斯区间"或"刘易斯转折区间"。参见蔡昉：《刘易斯转折点与公共政策方向的转变——关于中国社会保障的若干特征性事实》，载于《中国社会科学》2010 年第 6 期。

口就更是如此。出厂价格与竞争力表现出稳定的负向关系：价格越高利润空间就越是被挤压，不利于制造业国际竞争力的提升。行业规模越大，往往规模经济效应更明显，因此对制造业国际竞争力有显著正向影响。

5.5.3 门槛效应分析

从前文理论分析中可以看出，技能溢价对国际竞争力有正向影响，但实际结果显示技能溢价对制造业国际竞争力的回归系数为负值，这与理论预期不符。技能溢价为技能劳动力对非技能劳动力工资的比值，考虑到其在不同区间内对制造业国际竞争力的影响可能有所差异，因此本章以技能溢价为门槛变量进行门槛效应分析，以检验不同区间内技能溢价对制造业国际竞争力的影响是否不同。

在估计模型之前先对面板门槛模型的形式进行检验。为确定门槛值及个数，本章运用 Bootstrap 抽样法模拟似然比统计量 2000 次，估计出门槛值及相关的统计量，具体结果如表 5 - 3 所示。根据表 5 - 3 的估计结果，单一门槛、双重门槛的 F 统计量分别在 10% 和 5% 水平上显著，而三重门槛的 F 统计量不显著，且与双重门槛的 F 值比较接近，所以应该认为技能溢价存在双门槛效应，可以将技能溢价作为门槛变量研究环境规制对国际竞争力的影响。在不同的门槛区间内，技能溢价对竞争力的影响不同，环境规制通过技能溢价对竞争力的影响也将不同，因此本章依据技能溢价的不同门槛值设定虚拟变量，生成与环境规制变量的交乘项，研究环境规制与制造业国际竞争力的非线性关系。双门槛模型的具体形式设定如式（5 - 18）和式（5 - 19）所示：

$$RCA_{it} = \alpha_0 + \alpha_1 \ln CD_{it} + \alpha_2 \ln PT_{it} + \alpha_3 \ln MR_{it} + \alpha_4 \ln PI_{it} + \alpha_5 \ln SIZE_{it}$$
$$+ \beta_1 \ln W_{it} \cdot I(\ln W_{it} \leqslant \gamma_1) + \beta_2 \ln W_{it} \cdot I(\gamma_1 < \ln W_{it} \leqslant \gamma_2)$$
$$+ \beta_3 \ln W_{it} \cdot I(\ln W_{it} > \gamma_2) + \nu_{it} \tag{5-18}$$

$$RCA_{it} = \alpha_0 + \alpha_1 \ln CD_{it} + \alpha_2 \ln PT_{it} + \alpha_3 \ln MR_{it} + \alpha_4 \ln PI_{it} + \alpha_5 \ln SIZE_{it} + \nu_{it}$$
$$+ \beta_1 \ln ER_{it-1} \cdot I(\ln W_{it} \leqslant \gamma_1) + \beta_2 \ln ER_{it-1} \cdot I(\gamma_1 < \ln W_{it} \leqslant \gamma_2)$$
$$+ \beta_3 \ln ER_{it-1} \cdot I(\ln W_{it} > \gamma_2) \tag{5-19}$$

表 5 - 3　　　　　　　　　　　　门槛效应检验

检验	门槛值	F 值	P 值	10%临界值	5%临界值	1%临界值
单门槛检验	0.4201 *	3.5500	0.0570	2.5757	3.7632	6.8179
双门槛检验	0.7115 **	4.3874	0.0390	2.0876	3.6733	7.3308

检验	门槛值	F 值	P 值	10% 临界值	5% 临界值	1% 临界值
三门槛检验	0.6803	1.6761	0.1195	2.1673	3.6303	6.7192

注：＊、＊＊分别表示回归系数在 1% 和 5% 水平上显著。P 值和临界值均为采用 Bootstrap 自助法重复抽样 2000 次得到的结果。
资料来源：作者计算整理。

应用表 5-3 的门槛效应检验结果，根据技能溢价的水平将全行业分为三个区间：区间一为（$\ln W \leq 0.4201$），区间二为（$0.4201 < \ln W \leq 0.7115$），区间三为（$\ln W > 0.7115$）。然后，重点分析在不同区间内，技能溢价以及环境规制通过技能溢价对国际竞争力的影响。表 5-4 给出了不同门槛区间内这两个变量的回归结果，控制变量系数估计结果与前文基本一致，此处不再列出。

表 5-4　　　　　　　　　　门槛回归结果

门槛区间	技能溢价	系数估计值	环境规制	系数估计值
$d1(\ln W \leq 0.4201)$	$\ln W \times d1$	0.0158＊ (1.80)	$L\ln ER \times d1$	0.0171＊＊＊ (2.89)
$d2(0.4201 < \ln W \leq 0.7115)$	$\ln W \times d2$	-0.0572＊＊ (-2.13)	$L\ln ER \times d2$	0.0209＊＊＊ (3.43)
$d3(\ln W > 0.7115)$	$\ln W \times d3$	-0.0731 (-0.64)	$L\ln ER \times d3$	0.0217 (0.39)

注：＊、＊＊和＊＊＊分别表示回归系数在 10%、5% 和 1% 水平上显著；括号内为系数检验的 t 值。
资料来源：作者计算整理。

从表 5-4 中可以看出，在 $\ln W \leq 0.4201$ 时，技能溢价对制造业国际竞争力有正向影响，在此区间内技能溢价的提升对技能劳动激励效应明显、能够显著提高技能劳动的边际产出。中国当前技能溢价水平有所逆转，多数行业正处于该区间段内，主要是因为近几年中国平均劳动力工资水平快速提高。尤其是 2003 年以来，劳动要素实际工资的年均增速已经接近 9.58%，技能劳动工资水平虽然在提升，但上升速度小于平均工资涨幅，所以表现出技能溢价逆转的现象。在此区间内，劳动力成本实际已经处于较高水平，但技能溢价提升仍然对制造业国际竞争力提升有显著影响，说明生产者已充分认识到技能人才对当前制造业转型升级的重要意义。

当 $\ln W$ 取值位于 [0.4201，0.7115] 区间内时，技能溢价对制造业国际竞争力呈现显著的负向影响。在此区间内，技能溢价提升将导致企业支付的技能劳动者工资成本增加，但其本身技能素质与制造业技能需求不匹配。由于义务教育普及和大学扩招，这部分劳动力对工资要求提高，但大学毕业生虽有较高的劳动素质和通用性的知识技能，但与实际工作紧密相关的技能积累不足。这类技能劳动的增加短期内难以提升生产效率，不利于制造业国际竞争力的提升。根据王志华和董存田（2012）对制造业结构和劳动力素质吻合度的测算，劳动力素质提升与制造业升级结构不匹配，导致人力资源的极大浪费，而且造成愈演愈烈的大学生就业难问题。在本章样本数据中，技能溢价的大部分观测值位于此区间内，所以整体上表现出技能溢价提升对制造业国际竞争力的负向影响。

在技能溢价更高的区间内（$\ln W > 0.7115$），回归结果不显著，这可能与观测样本容量有关，中国目前很少有行业的技能溢价水平位于此区间内。但根据发达国家的经验，即使位于较高水平，技能溢价的提升对制造业国际竞争力的影响仍是显著的。世界经济论坛公布的全球竞争力报告中，名列前茅的国家有一个共性就是拥有大量的科技研发应用人才，尤其是在生产一线工作的高技能工人。相对而言，中国在技能人才储备方面还有较大差距，因此技能溢价进入较高区间时对制造业国际竞争力会产生怎样的影响有待未来进一步检验。

表5-4中还给出了在技能溢价的不同门槛区间内，环境规制一阶滞后项对制造业国际竞争力影响的回归结果。三个区间系数依次增大，第一个和第二个区间内的环境规制的回归系数均在1%水平上显著为正，第三个区间内该系数虽不显著但仍大于零。这说明随着技能溢价的提升，环境规制对国际竞争力的影响逐渐增强。技能溢价提升，技能劳动供给增加，能更好契合环境规制提升所催生的新技术和新工艺的要求，绿色技术与技能劳动的匹配更为顺畅，环境规制更容易推进，使创新补偿作用能更好地得到发挥。中国当前环境规制政策的执行日渐严格，劳动力供给减少、成本上升，不能再依附于低劳动力成本的比较优势，技能溢价提高导致技能劳动供给增加，其生产效能远高于低技能劳动，既能缓解劳动力供给持续减少的困境，又能打造一支高素质技能人才队伍、为制造业转型突破提供有力支撑。

5.6　本章小结

在强化生态环境保护的大背景下，环境规制对中国的劳动就业和制造业国际竞争力将产生怎样的影响，如何协调好三者之间的关系，一直备受社会各界关注。借助双层嵌套 Dixit – Stiglitz 模型对环境规制与技能溢价关系的理论分析，本章将环境规制纳入技术进步偏向函数，即环境规制通过技术进步偏向性影响技能溢价，推导出了可用于回归估计的计量方程并进行了实证检验。研究结果表明，滞后一期的环境规制对技能溢价提升作用显著，且重度和中度污染行业的系数较大，说明这两类行业的相对工资水平受环境规制影响明显，轻度污染行业多属技术密集型行业，受环境规制影响略小，因此其回归系数较小。环境规制通过技术进步偏向性提升了技能溢价，但其传导路径并没有到此结束，还会通过人力资本积累和技能劳动供给增加发挥提升制造业国际竞争力的作用。通过区分环境规制对制造业国际竞争力的直接效应和通过技能溢价对制造业国际竞争力的中介效应，本章对环境规制与制造业国际竞争力之间的关系进行了理论分析与实证检验。结果显示，环境规制对制造业国际竞争力有显著的正向直接效应，但由于技能溢价与制造业国际竞争力之间表现出显著负向关系，使中介效应为负，与理论预期相反。这引起了本章对技能溢价是否具有门槛效应的进一步思考，并对此进行了实证检验。基于面板门槛模型的检验发现，技能溢价对制造业国际竞争力的影响存在双重门槛效应。第一个门槛区间内，技能溢价对竞争力有显著正向影响，而在第二个区间内，由于技能与需求不匹配，工资虚高，技能溢价对竞争力表现出负向影响。本章所使用的样本观察值多位于第二区间内，这就很好地解释了中介效应的整体回归结果中为什么技能溢价对制造业国际竞争力表现出显著负向影响。从门槛回归结果中可以看到，环境规制在不同技能溢价门槛区间对国际竞争力的影响也不相同。随着技能溢价水平提升，环境规制对制造业国际竞争力的影响更为明显，说明技能劳动的增加有利于环境规制的推进及效果提升。

当今时代，环境污染和生态失衡已经成为严重威胁人类生存的重要问题，环保意识日益深入人心，节约资源、保护环境、实现可持续生存与发展逐渐成为社会共识。随着中国人口红利的逐渐消失，新增劳动力供给下降，技能人才与制造业发展需求不匹配，高科技人才短缺，劳动力市场出现"两头用工荒与中间就业难并存"的现象。伴随工业化和城镇化进程加快，长期粗放型的经济增长方式使中国现阶段集中出现了诸如环境污染、人力成本快速提高等发达国家在上百年工业化过程中出现的同类问题，致使制造业转型升级面临重重困难。

第6章

环境规制趋紧与中国制造业
技术创新能力提升

6.1 引　言

改革开放以来，中国加快了工业化进程，逐步发展为世界制造业第一大国，成为名副其实的"世界工厂"。然而，中国的工业污染问题也越来越严重，生态环境濒临崩溃边缘，大气污染、水污染、土地污染、生态系统恶化等环境问题日益受到社会各界的广泛关注。为了遏制生态环境恶化趋势，政府不断加大环境规制力度，强化环境治理。另外，中国制造业因技术创新能力不强而备受诟病，特别是中国经济进入新常态以后，提升中国制造业创新能力、实现创新驱动发展，成为打造中国经济升级版的重中之重。由此可见，正处于转型发展阶段的中国经济，既需要强化环境规制，保护好生态环境，处理好环境规制与工业经济发展、企业竞争力的关系，又需要降低环境规制可能给企业带来的不利影响，提升产业创新能力。强化环境规制与提升产业技术创新能力之间存在两难选择吗？

环境规制对技术创新能力的影响一直是学术界备受争议的问题。传统学派认为，环境保护有利于增加社会整体福利，但是以厂商的利益为代价，环境规制会增加企业成本支出，降低技术创新能力。与传统学派的观点针锋相对，波特（Porter，1991）认为，合理的环境规制可以通过技术补偿效应和学习效应改进环境质量、提高产出，适度的环境规制可以刺激企业技术创新，提高生产效率，抵消环境规制可能带来的成本，在长期内可以提高行业的技术创新能力和国际竞争力。波特的这一观点被称为"波特假说"。波特和林德（Porter and Linde，1995）

进一步阐释了环境规制与技术创新能力之间内在作用机制，从理论上论证了"波特假说"。兰茹和莫迪（Lanjouw and Mody，1996）、杰菲和帕尔默（Jaffe and Palmer，1997）、伯曼和布伊（Berman and Bui，2001）、浜本（Hamamoto，2006）等学者通过实证分析，验证了"波特假说"，发现环境规制可以促进技术创新，并且对生产率有显著的正面影响。康拉德和瓦斯特（Conrad and Wast，1995）、博伊德和麦克莱兰（Boyd and McClelland，1999）、拉诺伊等（Lanoie et al.，2001）、阿尔派等（Alpay et al.，2002）学者通过对欧美国家相关产业进行实证分析后发现，环境规制与技术创新之间的关系是不确定的，环境规制对产业生产率的促进作用和抑制作用并存，"波特假说"难以得到实证支撑。

近年来，中国学术界围绕"波特假说"在中国的存在性和适用性问题展开了研究，但是由于指标、数据或是模型不同，最终的结论也存在较大差异。赵红（2008）、李强和聂锐（2010）等学者对中国制造业环境规制与生产率之间的关系进行了实证研究，结果显示，环境规制可以促进企业提高工业生产率，对技术创新具有激励作用，验证了"波特假说"。沈能和刘凤朝（2012）研究了东中西部地区环境规制对技术创新的影响，发现在经济发展水平较高的东部地区"波特假说"是成立的，在中西部地区该假说却得不到支持。张成等（2011）、李斌等（2011）、李玲和陶峰（2012）、李平和慕绣如（2013）等学者的研究结果显示，环境规制与治污技术创新之间存在着"U"型关系或倒"U"型关系，环境规制对技术创新的作用方向是随着规制强度的变化而变化的。蒋伏心等（2014）、王杰和刘斌（2014）通过实证分析发现，环境规制与生产技术进步之间的关系是折线形的，虽然环境规制对技术创新的影响保持单向性，但是在每个阶段，影响系数有很大区别；并且，以不同污染物衡量的环境规制对技术创新的影响是不同的，研究结论只能部分支持"波特假说"。解垩（2008）、黄德春和刘志彪（2006）、王兵（2008）等学者基于各省数据对环境规制与技术创新能力之间的关系进行了实证分析，结果显示，环境规制与技术创新之间的关系是不确定的，"波特假说"难以成立。

"波特假说"提出以来，学术界围绕假说的检验和假说成立条件开展了卓有成效的研究。然而，从已有文献看，还存在一些不足：一是关于环境规制与技术创新之间关系的研究，要么是从时间维度来验证"波特假说"是否成立，要么是通过含有二次项的模型从强度维度来研究环境规制对技术创新的影响，同时兼顾时间维度和强度维度的研究相对不足；二是环境规制强度的衡量指标大多是采用单一指标，不能全面地反映环境污染程度。另外，已有研究结论相互冲突、莫衷一是，降低了这一问题研究结论的现实意义。本章利用 2004 ~ 2013 年我国 28 个制造业行业的面板数据，通过构建综合指数衡量环境规制强度，并将环境规制分为不同的强度区间，采用门槛模型对不同环境规制强度与技术创新能力之间的关系进行回归分析。考虑到各行业之间差距较大，我们将制造业行业按照污染排放量分为重度污染行业、中度污染行业和轻度污染行业三类，从时间维度和强度维度上分别对以上三类行业内部环境规制对技术创新的影响进行研究。

6.2 环境规制对技术创新能力影响的理论分析

6.2.1 环境规制对技术创新的抵消效应和补偿效应

传统学派从静态角度分析了环境规制与技术创新之间的关系，认为在技术、资源配置和消费者需求不变的情况下，环境规制与企业竞争力之间存在两难的选择，其中一项的实现要以另一项为代价。波特（Porter，1991）从动态角度分析环境规制与技术创新之间的关系，认为合理的环境规制不仅可以通过技术的创新补偿效应和学习效应改进环境质量和提高产出，而且能够优化资源配置，减少浪费，促进企业技术创新并且提高生产率。赵红（2008）基于中国 30 个省份大中型企业的面板数据，研究了各省环境规制对制造业技术创新能力的影响，发现环境规制在中长期对技术创新存在一定激励作用。李强和聂锐（2010）通过对 36 个工业行业环境规制与生产率关系的实证研究，发现环境规制能够促进企业的工业生产率的提高。环境规制对企业既有正面的补偿效应，也有负面的抵消效应。面对环境规制，当企业采取治理末端污染的方式时，由于治污支出的增加，利润减少，会挤占部分研发投资支出。但是，利润的下降也可能会促使企业增加研发支出，刺激技术进步。正是因为这两种效应的相互作用使得环境规制对企业技术创新的影响具有不确定性。王国印、王动（2011）基于中国中东部地区的面板数据，对环境规制与技术创新影响进行研究，发现不同地区环境规制在即期及滞后各期的影响是不同的，各地的经济发展水平、环境规制强度及规制形式等因素对二者关系也存在一定的影响。环境规制对企业技术创新能力的抵消效应表现在：一方面，环境规制要求企业减少污染排放量，导致企业生产设备和生产工艺更加复杂，管理更加困难，使得生产效率降低，增加企业污染治理的负担；另一方面，由于治污支出的增加，利润减少，企业可能将原本应投资于研发项目的资金挪用于治污支出，从而挤占技术创新投资。技术创新作为一种新知识的生产过程，需要各种资源的投入。当企业利润降低时，企业投入到技术创新的人力物力就会减少，进而降低企业技术创新能力。

环境规制对于企业技术创新能力的补偿效应表现在：企业作为利润最大化的追求者，面对环境规制，可以通过技术创新，改进生产技术，提高生产率。在这种情况下企业的污染物排放虽然可能会增加，但是由于新的技术给企业带来更多利润，企业可以支付更多费用治理污染物；或是通过技术创新使用绿色生产技术，减少污染排放量。这也符合社会对企业提出的要求，有利于企业长远发展和竞争优势。随着经济的发展，创新会逐渐成为企业持续发展、保持竞争优势的一种重要方式，所以有远见的企业会考虑到环境对未来企业的要求，通过投资新设备、新工艺来提高企业的生产能力。环境规制导致企业生产成本增加，只有通过技术创新才能保持利润不变甚至增加，而且环境规制引致的技术创新，不仅能够提高生产效率和利润率，还可以降低污染物的排放量。

6.2.2 "波特假说"与环境规制的门槛效应

"波特假说"是由抵消效应与补偿效应相互权衡后产生的结果。在不同时期和不同的规制强度下，发挥作用的主导效应因素不同，导致环境规制对技术创新的影响存在差异。环境规制对技术创新的正负两方面影响，并不出现在同一时间，在短期内主要是抵消效应为主导，补偿效应在长期内才会逐渐显现，并成为主导效应。也就是说，在环境规制的当期，会挤占对技术创新的投资，但是在长期，企业逐渐意识到可以通过技术创新提高生产效率和利润率。张成等（2011）、李斌等（2011）、李玲和陶峰（2012）、李平和慕绣如（2013）等学者的研究结果均表明，环境规制与治污技术创新之间的关系并非简单的线性关系，而是存在着"U"型关系或倒"U"型关系，环境规制对技术创新的作用方向是随着规制强度的变化而变化的。

环境规制的门槛效应有两种含义：一是指政府环境规制对企业技术创新能力的影响存在临界门槛值。也就是说，政府环境规制强度存在最优规制区间，只有在最优规制区间内"波特假说"才能够成立。在时间维度上，环境规制与技术创新的关系呈"U"型。然而环境规制创新效应的体现又取决于环境规制强度的选择，"波特假说"的前提条件是适度的环境规制，当环境规制强度较小时，对企业的成本负担较小，此时企业可能不会采取技术创新，而是通过治理末端污染的方式来满足政府环境规制要求；随着环境规制水平的提高，企业面临的成本压力不断增大，此时企业有足够的技术创新动力，会通过技术创新减少污染排放，以提高生产效率的方式保持利润。但是，如果环境规制的强度超出了企业的承受能力，或是企业即使进行技术创新也无法达到环境规制的标准，那么此时企业会减少技术创新。另外，环境规制强度应与行业的特点相适应，要考虑到行业本身技术创新的难易程度。二是指环境规制对技术创新的影响过程存在若干关键点，与区域有关的经济变量只有跨越了关键点，环境规制才能促进技术创新。一般而言，经济发展水平越高，环境规制对技术创新的促进作用越显著。这是因为，经济发展到一定程度以后，企业通过技术创新既可以提高生产效率和利润率，补偿环境规制带来的成本上升，也可以通过技术创新降低污染排放量，降低治污成本。因此，环境规制的补偿效应逐渐取代替代效应，成为影响环境规制的主导效应，环境规制能够促进企业技术创新能力的提升。本章检验的是环境规制的第一种门槛效应，寻找政府环境规制的最优区间。

6.3　数据来源与变量界定

本章采用 28 个制造业行业 2004～2013 年的面板数据为样本，主要数据包括各制造业行业专利申请数量、工业废水排放量、工业固体废物产生量、工业二氧化硫排放量、研发人员的全时当量、研发经费内部支出。数据来源于历年《中国统计年鉴》《中国环境统计年鉴》《中国科技统计年鉴》《中国工业经济统计年鉴》。实证研究中涉及的变量包括：

被解释变量：技术创新能力（I）。本章选用专利申请数量衡量技术创新能力，相比于专利批准数量、生产率或者研发投资支出，专利申请数量能够更加直接反映一个行业技术创新能力的大小。虽然也有大量文献采用生产率来衡量技术创新能力，但是本章认为影响生产率的因素有很多，生产率的提升并不一定是环境规制的创新效应带来的。

解释变量：环境规制（ER）。目前由于环境规制强度没有确定的衡量指标，一般是采用代理变量的方法。在已有的文献中对环境规制代理变量的选取主要分为四类：一是污染排放量，如李平和慕绣如（2013）采用单位产值的碳排放量衡量环境规制，傅京燕和李丽莎（2010）、李玲和陶峰（2012）利用各污染物排放量构建综合指数法来衡量环境规制；二是污染治理投资支出，如张成等（2011）采用治理工业污染总投资作为衡量指标；三是经济发展水平，如陆旸（2009）采用人均收入水平作为环境规制变量；四是采用环境规制法规政策数量作为环境规制衡量指标。学术界多采用污染物排放量或者治理污染投资额来衡量环境规制的强度，而较少采用经济发展水平和法规政策数量。这是因为，环境规制相关法律法规在执行的过程中遇到诸多问题，不能直接表示环境规制的效果；而经济发展水平虽然会在一定程度上决定环境规制水平的大小，但并非完全决定因素，所以这两种方法作为代理变量都存在一定弊端。又由于治理污染投资额的大小受到行业规模等因素的影响，规模大资金充足的行业对污染的投资会高于规模小的行业，但这并不能说明该行业的环境规制强度就高。因此，本章采用污染物排放量这一指标，充分考虑废水、废气和废物三种不同类型的污染物，通过单位产值化和标准化等处理，综合反映环境规制强度。本章参照朱平芳等（2011）提出的综合指标构建方法，并且鉴于数据的可得性，选取各行业工业废水排放量、工业固体废物产生量、工业二氧化硫排放量三个单项指标，构建环境规制强度的综合衡量指标。具体处理过程如下：

（1）将各行业每年工业废水排放量、工业固体废物排放量和工业二氧化硫排放量除以各行业工业总产值，以解决各行业间污染物排放量差异的问题。

（2）将单位产值的排放量标准化，将各指标的取值换算成 [0，1] 的取值范围内，如式（6－1）所示：

$$px_{it} = \frac{p_{it}}{(1/n) \cdot \sum_{j=1}^{n} p_{it}}, \quad i = 1, 2, 3 \qquad (6-1)$$

其中，p 为各行业单位产值的某一污染物排放量，px_{it} 为无量纲的某一污染物排放量。

（3）由于经过标准化处理的各污染物指标具有横向可比性，所以将其加总是有意义的。环境规制强度可以用经标准化处理的各单位产值污染物排放量总和来测度。需要注意的是，由于环境规制是以污染物排放量来衡量的，该指标值越大，则说明环境规制强度越小；相反，指标值越小，则环境规制强度越大。各行业 2004～2013 年环境规制强度测量结果如表 6－1 所示：

表 6－1　　　　　　　　　各行业 2004～2013 年环境规制强度

行业	2004 年	2005 年	2006 年	2007 年	2008 年	2009 年	2010 年	2011 年	2012 年	2013 年
农副加工	0.0968	0.0928	0.0856	0.1001	0.0956	0.0844	0.0816	0.0767	0.0785	0.0540
食品制造	0.1001	0.1066	0.0996	0.1026	0.1096	0.0988	0.1058	0.0986	0.1022	0.0792
饮料制造	0.1469	0.1524	0.1720	0.1704	0.1788	0.1593	0.1640	0.1502	0.1449	0.1102
烟草加工	0.0138	0.0182	0.0147	0.0154	0.0176	0.0149	0.0131	0.0130	0.0140	0.0201

续表

行业	2004 年	2005 年	2006 年	2007 年	2008 年	2009 年	2010 年	2011 年	2012 年	2013 年
纺织业	0.0991	0.0950	0.1061	0.1095	0.1215	0.1241	0.1241	0.1273	0.1430	0.0961
纺织服装	0.0152	0.0122	0.0190	0.0164	0.0172	0.0160	0.0145	0.0242	0.0174	0.0131
皮革毛羽	0.0347	0.0348	0.0348	0.0370	0.0432	0.0427	0.0447	0.0481	0.0432	0.0275
木材加工	0.0763	0.0541	0.0544	0.0458	0.0389	0.0350	0.0333	0.0396	0.0327	0.0286
家具制造	0.0063	0.0104	0.0095	0.0100	0.0084	0.0081	0.0081	0.0048	0.0046	0.0038
造纸业	0.5268	0.5283	0.5839	0.6312	0.6021	0.6127	0.6244	0.6295	0.5988	0.5316
印刷媒介	0.0077	0.0060	0.0065	0.0091	0.0095	0.0092	0.0087	0.0103	0.0103	0.0064
文教加工	0.0067	0.0056	0.0040	0.0040	0.0051	0.0053	0.0050	0.0106	0.0037	0.0022
石油加工	0.1420	0.1542	0.1198	0.1378	0.1662	0.1562	0.1468	0.1484	0.1527	0.1451
化学工业	0.3071	0.3165	0.2963	0.2927	0.2737	0.2654	0.2614	0.3237	0.3195	0.3138
医药工业	0.0913	0.0801	0.0783	0.0789	0.0846	0.0802	0.0808	0.0725	0.0772	0.0521
化学纤维	0.1807	0.1889	0.1702	0.1536	0.1926	0.2093	0.1948	0.1618	0.1505	0.1264
橡胶制品	0.0426	0.0441	0.0455	0.0461	0.0439	0.0441	0.0441	0.0226	0.0257	0.0227
塑料制品	0.0074	0.0059	0.0093	0.0118	0.0128	0.0113	0.0129	0.0225	0.0253	0.0220
非金制造	0.3465	0.2791	0.3526	0.3270	0.2860	0.2562	0.2580	0.2443	0.2527	0.2444
黑金加工	0.3411	0.4063	0.4254	0.4060	0.3780	0.4350	0.4441	0.4513	0.4496	0.7400
有金加工	0.2903	0.3008	0.2074	0.1964	0.2197	0.2307	0.2380	0.2478	0.2497	0.2774
金属制品	0.0212	0.0207	0.0273	0.0370	0.0285	0.0337	0.0280	0.0331	0.0339	0.0408
通用设备	0.0207	0.0212	0.0144	0.0118	0.0150	0.0153	0.0153	0.0081	0.0083	0.0059
专用设备	0.0191	0.0193	0.0162	0.0137	0.0120	0.0157	0.0146	0.0077	0.0098	0.0072
交通设备	0.0195	0.0142	0.0167	0.0123	0.0151	0.0122	0.0109	0.0058	0.0294	0.0163
电气机械	0.0046	0.0057	0.0037	0.0039	0.0043	0.0039	0.0044	0.0035	0.0037	0.0029
通信设备	0.0038	0.0048	0.0054	0.0062	0.0072	0.0080	0.0080	0.0097	0.0120	0.0077
仪器仪表	0.0302	0.0219	0.0213	0.0130	0.0122	0.0116	0.0103	0.0043	0.0063	0.0028

资料来源：作者计算整理。

另外，模型中控制变量包含科技创新的人力投入（L）和资金投入（K），分别选用研发人员的全时当量和研发经费内部支出来衡量。

由于各行业之间的污染排放差距较大，本章借鉴李玲和陶峰（2012）的方法，根据总的污染物排放量强度将制造业各行业进行分类，污染物排放强度较大的行业为重度污染、污染物排放强度较小的为轻度污染行业，其余的行业为中度污染行业。本章将28个制造业行业大体平均划分为污染程度不同的三类，与李玲、陶峰（2012）分类结果略有不同的是，根据文中计算结果，由于文教体育、塑料制品和纺织服装行业的污染物排放强度与一般轻度污染行业的排放强度相差不大，我们认为将其归入轻度污染行业更为合理。具体分类标准为：污染排放量强度大于0.1为重度污染，污染排放量强度在0.02~0.1之间为中度污染，污染排放量强度小于0.02为轻度污染。具体分类如表6-2所示。

表6-2 　　　　　　　　　　　　　　行业污染程度划分

污染排放值	分类	行业
$ER > 0.1$	重度污染行业	造纸业、石油加工、非金制造、化学工业、化学纤维、黑金加工、饮料制造、纺织业、有金加工
$0.1 > ER > 0.02$	中度污染行业	食品制造、医药制造、农副加工、皮革毛羽、橡胶制品、金属制品、木材加工
$ER < 0.02$	轻度污染行业	烟草加工、专用设备、仪器仪表、交通设备、通用设备、家具制造、印刷媒介、通信设备、电器设备、文教体育、塑料制品、纺织服装

资料来源：作者计算整理。

6.4 "波特假说"的再验证

6.4.1 模型设定

根据内生增长理论，技术创新作为一种新知识的产出，需要的投入包括劳动、资金和其他因素。可以用生产函数表示为式（6-2）：

$$I = f(K, L, A) \qquad (6-2)$$

其中，I 表示技术创新产出，L 表示技术创新过程中的劳动力投入，K 表示技术创新过程中的资金投入，A 表示影响技术创新的其他因素。由于本章主要研究环境规制对技术创新的影响，故将环境规制强度纳入生产函数模型中。因此，技术创新的生产函数如式（6-3）所示：

$$I = (K, L, ER) \qquad (6-3)$$

其中 ER 表示环境规制强度。本章假设技术创新与传统的物质生产领域的产出函数具有相似的形式，技术创新的 C – D 函数形式如式（6 – 4）所示：

$$I = \lambda K^\alpha L^\beta ER^\eta \qquad (6-4)$$

为便于比较，消除异常项和异方差对数据的影响，各个变量采用去对数的形式进行估计，其中因为环境规制强度 ER 已经是百分比数，不再采用对数形式。方程如式（6 – 5）所示：

$$\ln I_{it} = \lambda + \alpha \ln K_{it} + \beta \ln L_{it} + \eta ER_{it-j} + \varepsilon_{it}, \ j=0,\ 1,\ 2,\ 3 \qquad (6-5)$$

其中，下标 i 表示各个行业，t 表示各个时期，j 为滞后期数，α、β、η、λ 为待估系数，ε 表示其他没有考虑在模型中的变量对技术创新的影响因素。

6.4.2　实证结果分析

本章利用 Stata12.0，分别对不同污染程度行业进行实证分析。经过 Hausman 检验，采用固定效应模型进行回归。并且为考察环境规制在时间维度上对技术创新的影响，验证波特假说是否成立，分别对环境规制强度即期、滞后 1、2、3 期进行回归，实证结果如表 6 – 3 所示。

表 6 – 3　　　　　　　　　环境规制对技术创新影响的回归分析结果

分类	ER 系数估计值			
	$J=0$	$J=1$	$J=2$	$J=3$
重度污染行业	1.793 *** (2.94)	2.917 ** (2.61)	2.294 ** (2.23)	2.235 (1.076)
中度污染行业	-9.880 ** (-1.88)	-9.061 ** (-2.04)	-4.920 (-1.13)	-7.448 * (-1.82)
轻度污染行业	7.745 (1.21)	-10.432 (-1.48)	-20.244 ** (-2.61)	-20.061 ** (-2.34)

注：*** 、** 和 * 分别表示在 1%、5% 和 10% 的水平上变量显著；括号内为系数检验的 t 值。
资料来源：作者计算整理。

从表 6 – 3 可以看出，对于重度污染行业，在即期和滞后各期环境规制的系数都是显著为正的。由于本章以污染物排放量为代理变量衡量环境规制强度，这意味着环境规制对重度污染行业的技术创新有抑制作用，而且这种负面影响不仅在短期，而且在滞后的三期中一直都会生产负面影响。这说明在现阶段"波特假说"不适合于我国重度污染行业。由于重度污染行业生产时将产生大量排放污染物的行业特点，环境规制必然会对这些行业的发展起到严重的限制作用，从而大幅度降低行业利润，挤占行业技术创新的投资。出现这一结果，还有一种可能是，由于滞后三期对重度污染行业来说期限不够长，需要更长的时间才能体现出环境规制对重度污染行业技术创新的正向作用。

与重度污染行业不同，环境规制对中度污染行业的技术创新影响在不同时期均是正面的。这说明目前中度污染行业的环境规制强度是适度的，不仅可以限制行业污染物排放，而且可以对企业产生激励作用，促使企业进行技术创新。

环境规制对轻度污染行业的影响随着时间推移经过了从负面到正面的转变，在环境规制当期会抑制行业技术创新，但是在滞后 1、2、3 期中环境规制却能够促进行业技术创新，环境规制的"创新补偿"存在滞后性，在一定程度上验证了"波特假说"。对于以高技术行业为主的轻度污染行业来说，当期的环境规制可能会降低行业利润，挤占技术创新投资；但是从长久来看，企业会渐渐意识到被动地治理末端污染效果并不理想，并非长久之计，于是企业就会通过绿色技术降低污染排放量，维持企业利润，或者通过技术创新改善企业生产率，提高利润。

6.5　环境规制的门槛效应分析

以上在时间维度上分析了环境规制对不同污染程度的制造业行业的技术创新能力的影响，而在强度维度上环境规制是不是越高越好，最优的环境规制强度是多少，政府应该将环境规制强度定在一个什么水平呢？下面，本章通过门槛模型对环境规制最优区间进行研究。

6.5.1　模型设定

本章采用汉森（Hansen，2000）提出的门槛回归方法，即在不同的门槛变量区间上，将关注变量的系数设为不同的值，如式（6-6）所示：

$$y_{it} = u_i + \beta_1' x_{it} \cdot 1(q_{it} \leqslant \gamma) + \beta_2' x_{it} \cdot 1(q_{it} > \gamma) + \varepsilon_{it} \qquad (6-6)$$

其中，q_{it} 为门槛变量，γ 为待估门槛值，x_{it} 为解释变量。门槛效应的检验主要是在两个方面：一方面是检验门槛效应是否存在，模型原假设为 $\beta_1 = \beta_2$，即门槛效应是不存在的，当原假设被显著拒绝时，就是存在门槛效应；另一方面是对门槛值的估计是否准确。对于门槛效应的检验，Hansen 提出了似然比检验 *LR* 统计量，如式（6-7）所示：

$$LR \equiv \left[SSR^* - SSR(\hat{\gamma}) \right] / \hat{\sigma}^2 \qquad (6-7)$$

其中，$\sigma^2 \equiv \dfrac{SSR(\hat{\lambda})}{n(T-1)}$ 为扰动项方差的一致估计。利用自抽样法 Bootstrap 模拟出似然比统计量的渐近分布以及 P 值，判断是否拒绝原假设。如果拒绝原假设，则认为存在门槛效应，然后进一步对门槛值进行检验，定义对应似然比检验统计量为式（6-8）：

$$LR(\gamma) \equiv \left[SSR(\gamma) - SSR(\hat{\gamma}) \right] / \hat{\sigma}^2 \qquad (6-8)$$

LR 的渐进分布虽然是非标准的，但其累积分布函数为 $(1 - e^{-x/2})^2$，可以计算出 γ 的置信区间。

当存在多门槛值时，如两个门槛值，门槛模型设定为式（6-9）：

$$
\begin{aligned}
y_{it} = u_i + \beta_1' x_{it} \cdot 1(q_{it} \leq \gamma_1) + \beta_2' x_{it} \cdot 1(\gamma_1 < q_{it} \leq \gamma_2) \\
+ \beta_3' x_{it} \cdot 1(q_{it} > \gamma_2) + \varepsilon_{it}
\end{aligned}
\qquad (6-9)
$$

其中，$\gamma_1 < \gamma_2$。多重门槛值模型也是同样的原理。

6.5.2 实证结果分析

基于环境规制对技术创新影响的模型，建立门槛模型如式（6-10）所示：

$$
\begin{aligned}
\mathrm{Ln}I_{it} = \delta + \alpha_1 ER_{it} \cdot (ER \leq \gamma_1) + \alpha_2 ER \cdot 1(ER > \gamma_1) + \cdots \\
+ \alpha_{n+1} ER \cdot 1(ER < \gamma_n) + \beta K_{it} + \eta L_{it} + \varepsilon_{it}
\end{aligned}
\qquad (6-10)
$$

其中，相应的变量含义不变，γ 表示门槛值，以环境规制强度为门槛变量。α_1、α_2、$\cdots$、α_{n+1} 表示不同环境规制强度下，其对技术创新的影响系数。本章利用 Stata12.0 统计软件，分别对不同污染程度的行业进行门槛分析，得出回归结果如表 6-4 所示。

表 6-4　　　　　　　　　不同污染程度行业的门槛效应回归分析结果

门槛数	重度污染行业			中度污染行业			轻度污染行业		
	P	F	门槛值	P	F	门槛值	P	F	门槛值
单一门槛	0.0010	8.8335	0.1640 ***	0.0090	7.5204	0.0231 ***	0.0180	6.2931	0.0100 **
双重门槛	0.0335	4.4658	0.5848 **	0.0550	3.8848	0.0447 *	0.0370	4.3546	0.0132 **
三重门槛	0.0050	7.7386	0.4536 ***	0.0280	5.2196	0.0391 **	0.0255	4.4689	0.0109 **

注：***、** 和 * 分别表示在 1%、5% 和 10% 的水平上变量显著。
资料来源：作者计算整理。

从表6-4中的回归结果可以看出，不同污染程度的行业的单一门槛、双重门槛、三重门槛效应均是显著的，即在不同的强度区间上，环境规制对各类行业的技术创新的影响是有显著差异的。重度污染行业的三个门槛值分别为：0.1640、0.4536、0.5278，将环境规制强度划分为4个区间，在其中在3个区间内，环境规制的系数显著为正，而只有在1个区间内环境规制的系数为负，且是不显著的，所以可以看作环境规制对重度污染行业在不同环境规制强度区间上的系数基本上都是正的。中度污染行业的三个门槛值分别为0.0259、0.0391、0.0447，但是其中只有在第一个区间，环境规制的系数通过了显著性检验，说明对于中度污染行业，不同强度的环境规制对企业技术创新的影响是不明确的；轻度污染行业的三个门槛值分别为0.0100、0.0109、0.0118，将环境规制分为四个区间，在不同区间上，环境规制的系数基本显著为正。表6-5中列出不同环境规制强度区间对技术创新影响变化的详细情况。

表6-5　　　　　　　不同环境规制强度区间对技术创新影响的变化

重度污染行业		中度污染行业		轻度污染行业	
区间	估计值	区间	估计值	区间	估计值
$ER \leqslant 0.1640$	5.4938 ***	$ER \leqslant 0.0259$	23.3038 *	$ER \leqslant 0.0100$	59.2106 ***
$0.1640 < ER \leqslant 0.4536$	2.6791 ***	$0.0259 < ER \leqslant 0.0391$	-8.1616	$0.0100 < ER \leqslant 0.0109$	10.4926
$0.4536 < ER \leqslant 0.5278$	-1.2340	$0.0391 < ER \leqslant 0.0447$	3.1217	$0.0109 < ER \leqslant 0.0118$	75.1389 ***
$ER > 0.5278$	2.1590 ***	$ER > 0.0447$	-7.3109	$ER > 0.0118$	20.8585 ***

注：* 和 *** 分别表示在10%和1%的水平上变量显著。
资料来源：作者计算整理。

由于本章以污染排放量衡量环境规制强度，其值越大，则环境规制强度越小，故在四个区间中环境规制强度是越来越小的，而且正的系数表示环境规制对技术创新的抑制作用。从表6-5可以看出，重度污染行业在不同环境规制强度区间上系数都是正值，表明在不同规制强度区间上环境规制对重度污染行业的影响始终是负面的，且环境规制对技术的影响呈折线形，环境规制越强，对技术创新的抑制作用就越大。这可能是由于重度污染行业的特性决定的，由于重度污染行业是以技术密集程度较低的行业为主，如石油加工业、黑色金属加工业、有色金属加工业等，行业本身就不易进行技术创新，或者技术创新的投资非常高，环境规制只会增加企业生产成本，并不会促使企业通过技术创新改变现状，对其技术创新的驱动作用很小。

中度污染行业在不同环境规制强度区间上经历了较大的转变，但是没有通过显著性检验，说明环境规制在不同强度区间上对技术创新的影响是不确定的。总体来看，环境规制存在一个最优区间，即当环境规制强度较小时，环境规制对技术创新产生负面影响，随着规制强度逐渐增大，环境规制逐渐促进企业的技术创新，但是当规制的强度超越一定门槛值后，对企业的负担过重，反而阻碍了技术创新。

环境规制对轻度污染行业的技术创新的影响并非简单的线性关系，也不是"U"型，而是呈折线形，但是与重度污染不同的是，随着环境规制的增强，其对技术创新的负面影响先变大，跨过一定门槛值后抑制作用减弱。其原因可能在于轻度污染行业的特点是以高技术行业为主体，例如仪器仪表制造业、通信设备制造业等。在环境规制的初期，由于环境规制强度较小，企业并没有足够的动力进行治污技术的创新，反而由于污染治理成本的增加挤占了技术创新投资；当进一步加大环境规制强度后，企业的治污成本占生产总成本比重上升，由此形成倒逼机制，企业会寻求通过技术创新的方式来提高污染治理技术或是生产工艺，节能减排，保持利润率。

6.6 本章小结

本章将 28 个制造业行业分为重度污染、中度污染、轻度污染三类行业，分别在时间维度和强度维度上研究了环境规制与其技术创新能力的关系。本章的研究结论如下：（1）对于重度污染行业，环境规制在当期和滞后各期内对行业的技术创新均产生负面影响，并且随着环境规制强度的增加，其对重度污染行业的技术创新能力的负面影响越严重；（2）对于中度污染行业，环境规制在各期对其影响均是正面的，环境规制能够促进企业技术创新，但是在门槛效应检验中不同环境规制强度对企业技术创新能力的影响是不显著的，存在一个最优规制区间；（3）对于以高技术行业为主的轻度污染行业，环境规制对其影响在即期和滞后各期经历了从负面到正面的转变，总的来说在时间维度上是符合"波特假说"的"U"型，但在强度维度上，环境规制与行业的技术创新的关系是呈折线形的，虽然环境规制对技术创新一直是负面的影响，但是随着环境规制强度的增加，负面影响会先增大后减弱，进而产生显著的补偿效应，促进企业技术创新能力的提升。因此，从总体上说，环境规制趋紧不会明显阻碍中国制造业技术创新能力的提升，尤其是在长期内，环境规制强度上升能够推动企业加大研发投入，使用先进的绿色制造技术，从而提升企业技术创新能力和国际竞争力。

　　本章研究结论的政策含义包括：（1）由于重度污染行业整体的技术密集程度比较低，行业本身的技术创新能力有限，即使在环境规制使得企业成本大量增加的情形下，短期内企业也难以通过技术创新来提高生产率或减少污染排放。所以，针对重度污染行业，要么环境规制强度不宜过重，避免对企业造成难以承受的负担，制约其发展；要么政府为达到保护环境的目的，在制定较高强度环境规制的同时，给予企业一定的治污补偿，以弥补企业的利益损失，达到既能维持重度污染行业正常发展，又能降低污染的双赢结果。在长期内，政府可以通过财政补贴、低息贷款等方式引导重度污染行业增加治污研发投入，提高绿色制造能力。（2）对于中度污染行业，目前的环境规制强度是适宜的，不论在当期还是在长期都可以对企业的技术创新能力产生正面促进作用。而且从门槛效应模型的实证分析结果看，适度增强环境规制可能更有利于企业技术创新能力提升。（3）对于以高技术为主体的轻度污染行业，目前的环境规制水平可以在中长期对其技术创新起到促进作用，而且门槛效应显著表明更强的环境规制可以加大技术创新的驱动力，同时减少污染产出。所以，政府应当加强对轻度污染行业的环境规制强度。总而言之，不同污染程度的行业对环境规制的反应是有差异的，有的甚至相反，政府应当针对不同行业的特点，制定相应的环境规制政策和规制水平，有些行业需要进一步加强规制强度，有些行业在规制的同时应予以补偿，最终实现环境规制与经济发展双赢的结局。另外，环境规制对制造业创新能力的影响不仅取决于环境规制强度本身，还取决于环境规制工具的选择，以及经济发展水平、吸引外资能力、出口竞争力等因素，这些问题还有待进一步研究。

第7章

中国制造业产能过剩的测度
及影响因素分析

7.1 引　　言

改革开放以来，中国迅速告别了"短缺"经济时代，进入快速增长的经济长周期，尤其是 1992 年确立了建设有中国特色社会主义市场经济制度的目标以后，中国经济更是迎来了一个"黄金发展期"，年均增长速度达到了 10% 左右。2010年中国的经济总量超越日本，跃居世界第二位，已经成为公认的制造业大国[①]。然而，随着经济的强劲发展，制造业产能过剩问题也开始逐渐显现，甚至开始影响经济的持续健康稳定发展，成为中国政府与国内学者关注的焦点问题之一。

适度的产能过剩本是经济发展过程中存在的一种正常经济现象，有利于市场竞争，能够促进资源的合理配置。但是，中国的产能过剩已经超出了正常范围，不仅过剩程度较为严重而且持续时间很长，对资源配置产生了较为明显的负面影响。改革开放以来，中国大致经历了四次产能过剩高峰期：第一次是在 20 世纪90 年代初期，与社会主义市场经济制度的确立相伴而生；第二次是在 20 世纪 90年代末到 21 世纪初，与亚洲金融危机如影随形；第三次是在 2003 年到 2005 年前后，与"非典"有紧密联系；第四次产能过剩发生于 2008 年，一直持续到现在，这主要与 2008 年发生的全球金融危机和我国政府采取的大规模刺激政策有关。前三次产能过剩，或是因为市场因素，或是因为政府干预，或是由于不可抗

---

① 周立群和杜德瑞：《宏观调控的现实情势与下一步》，载于《改革》2012 年第 9 期。

力所导致。与前三轮产能过剩相比较,新一轮的产能过剩具有一些不同之处:第一,从范围看,更具全面性的特点,不仅大规模地出现于传统制造业行业,而且存在于光伏产业等战略性新兴产业;第二,从周期看,更具有长期性、非暂时性的特点,不仅现有产能出现大量过剩,新增产能还在不断形成;第三,从影响看,中国制造业现阶段的产能过剩不仅造成了资源的极大浪费,公司业绩大幅下滑,部分传统行业如钢铁、水泥等甚至出现了严重亏损,而且有可能造成严重的系统风险进而导致我国的投资效率明显下降,给宏观经济带来严重持久的损害。

目前关于产能过剩形成机制大体上仍局限在理论分析上,理论结合实证进行分析的研究成果相对来说比较缺乏,而且有关产能过剩形成机理的理论在不完善的同时相互之间还存在着较大的分歧,甚至不同的理论之间还存在根本冲突,这种冲突在理论上难以得到有效的解决,只能通过实证去检验各个理论对现实解释的有效程度,找出产能过剩的主要影响因素。此外,对产能过剩的度量虽然理论丰富,但是缺乏精确有效的定量测度,不能准确地反映真实的行业状况,因此测算产能过剩并且实证检验评价产能过剩的影响因素就显得十分重要。

7.2　文献综述

7.2.1　产能过剩及其内涵

何谓产能过剩(Excess Capacity),在经济学界还存在争论,没有形成一个被广泛认可的统一定义。从字面上来理解,产能过剩就是某类产品的生产能力大于其实际产出而产生剩余。产能过剩的出现往往伴随着过度投资、重复建设和资源配置不当等问题,其后果往往表现为企业产品库存上升、价格下降、行业利润下滑、金融风险增大等。李江涛(2006)把产能过剩定义为经济运行各个阶段中所出现的产品的实际生产能力大于产品的实际需求能力的一种经济状态。刘保全(2006)认为产能过剩是由于实际生产能力超过社会总需求,从而导致的竞争加剧、产品库存积压和产品价格下降的经济社会现象。卢锋(2010)则认为所谓的产能过剩主要指发生在工业部门的闲置产能超过一定的合理限度的社会现象,而且通常伴随着产品价格下降和利润减少甚至持续亏损等经济现象。可以看出,虽然学者们关于产能过剩的表述存在差异,但是基本内涵有相同之处。

此外,关于产能过剩的内涵也可以从宏观、微观以及行业等三个层面上进行理解。在微观层面上，产能过剩是指企业的实际产出低于该企业的生产能力达到一定程度时而形成的生产能力过剩；在行业层面上，产能过剩是指在一定时期内，某行业的实际产出低于该行业生产能力达到一定程度的经济现象（窦彬和汤国生，2009）；在宏观层面上，产能过剩主要是指由于受到社会总需求不足的限制，因而经济活动没有达到正常限度的产出水平，从而使资源未得到充分有效利用，一部分生产能力处于闲置状态。可见，不论基于何种基准进行定义，产能过剩都表现为实际产出与产能产出之间的关系，因而对产能过剩程度进行衡量的关键就在于如何定义测算产能产出。

截至目前对于产能产出（也被称为最优产能）的核算，从不同角度进行测算至少有三种方法：第一，从管理学的概念出发，产能产出是指企业正常运营情况下没有考虑延长工作时间但考虑了正常休假和正常维修时间时，企业有可能达到的产出水平；第二，基于会计财务的角度，是指企业产品的价格低于其边际成本达到一定程度时企业的产出水平；第三，从经济学的理论出发，产能产出被定义为在最小平均成本处即平均成本曲线最低点所对应的产出水平（Bourneuf，1964），以及总生产函数的最高点所对应的产出水平（Klein et al.，1973）。与此同时，虽然产能过剩的定义大致相同，但是不同类型的产能过剩对经济社会产生的影响却有重大差异，因此学者从不同的角度对产能过剩的类型进行了划分。根据产能过剩是否已经存在，可以将产能过剩划分为现存的产能过剩和潜在的产能过剩；根据产能过剩的严重程度，可以将其划分为合理的产能过剩和有害的产能过剩；根据产能过剩的形成原因，则可以将其大致分为短暂的产能过剩和长期的产能过剩（陈明森，2006）。学者所要关注和研究的通常是长期的、对经济发展有消极影响的产能过剩。

7.2.2 产能过剩的成因

有关产能过剩成因的理论研究大致可以分为四类，即经济周期论、企业策略行为论、"市场失灵论"和体制缺陷论。

（1）经济周期论。关于产能过剩成因的最简单原始的理论就是经济周期论。该理论将产能过剩视为经济周期进入低谷时出现的现象：当经济跌入波谷，总需求下降，存货增加，生产能力闲置，进而引发行业的产能过剩。因此，产能过剩是经济的自然现象，政府无须过多关注，而且这部分产能过剩也为企业之间加大竞争、提高效率提供了一个契机。因此，西方学者极少关注产能过剩的成因，他们关于产能过剩的研究大部分都集中于产能过剩及产能利用率对宏观经济指标

（如消费价格指数 CPI、失业率等）的预测能力；还有一些学者研究产能过剩与技术进步等的关联性。布尔纳夫（Bourneuf，1964）利用美国 1950 ~ 1963 年的数据研究了产能过剩对投资的影响；塞切蒂（Cecchetti，1995）通过研究发现产能利用率相较于其他指标对通货膨胀率有更好的预测能力；科拉多和马蒂（Corrado and Mattey，1997）实证检验了产能利用率、通货膨胀率和失业率的关系，发现产能利用率具有反映产品市场情况和劳动力市场供求情况的双重作用。此外，还有少量研究关注于西方国家产能利用率不断下降的原因，班萨克等（Bansak et al.，2003）通过建模和实证分析研究了技术变化对产能利用率的影响。

（2）企业策略行为论。该理论的解释具体可以分为两类，一类是企业出于外部考虑而采取的策略行为导致了产能过剩。布兰德和斯宾塞（Brander and Spencer，1983）通过建立一个两阶段古诺竞争模型，论证了如果企业在第一阶段增加投资那么在第二阶段将获得更多的市场份额。艾斯波西托（Esposito，1974）提出需求增长理论，假定在需求增长的条件下，企业在第一阶段加大投资将使其第二阶段获得更多的市场份额。这两种理论在本质上都可以称之为"产能先发优势论"。企业采取"合谋"的策略行为也可能导致产能过剩，这是由贝努瓦和克里希纳（Benoit and Krishna，1987）提出的。他们认为，如果企业进行价格合谋，过剩的产能是促使合谋企业遵守合约的惩罚性保证。此外，迪克西特（Dixit，1980），巴勒姆和威尔（Barham and Ware，1993）等提出了著名的"新进入者进入阻止论"。同样地，该理论通过建立古诺竞争模型，论证了存在这样一种均衡，即在位企业拥有过剩的产能，潜在进入者由于在位企业的过剩产能的威慑而不敢进入。国内学者唐吉洪、张秀骑（2013）也对此开展了深入的研究，研究结论表明，在位企业利用过剩产能阻止潜在企业进入的动机并不一定会形成产能过剩；通过采用双寡头序贯博弈进行分析发现，如果市场需求函数的表现形式为策略替代，就不会形成行业的产能过剩，但是如果需求函数形式为策略互补，则会形成行业的产能过剩。

另一类是企业出于内部企业本身考虑而采取的企业策略行为——即"窖藏行为"。生产要素的窖藏行为是指，由于未来经济发展具有不确定性，企业采取的提前将一些生产要素闲置储存而不投入生产的行为；因为企业生产要素的存储成本远低于短期内根据经济波动调整生产要素投入所需要的成本，因此大部分企业都会选择将生产要素"窖藏"以降低成本，而这些窖藏的生产要素则会导致一定程度的产能过剩。克拉克（Clark，1973）指出企业在进行跨期决策时，由于投入与产出之间存在的滞后性，如果企业对未来市场环境存在更好预期，就会提前窖藏一定的生产要素。侯明（Homing，1994）对劳动力窖藏水平与经济周期的相关性进行研究，结果表明，企业的劳动力窖藏行为与经济学的基本规律并不一致，相反地企业会对多余的劳动力继续进行窖藏，尤其是那些经过职业技能培训的熟练工人，如果企业的投资规模增大，企业的窖藏动机也会增强，而这些窖藏的生产要素最终将转化为过剩产能。国内学者孙巍和尚祥（2006）根据我国的实际情况研究了我国企业存在的窖藏行为，并且利用1996～2003年我国各省区的工业总产值和投入要素数据进行分析，结论表明我国各地区的经济波动存在异质性，因而各地区的产能过剩也有着各自不同特点。

（3）"市场失灵论"。该理论从市场机制的角度探究目前产能过剩的形成原因。林毅夫等（2007、2010）通过建构一个先建立产能、再进行市场竞争的动态模型，提出了"潮涌现象"的微观理论基础，即企业看似盲目的结果其实是在对其他企业和总量信息了解不足的前提下进行产能决策所导致的理性结果，他们的研究结论表明，现阶段中国的产能过剩源于企业的"潮涌现象"。张红松（2008）通过建立不完全信息模型论证了企业由于存在不完全信息而引发的羊群效应和协作失灵将导致产能过剩。王立国和高越青（2012）则通过分析技术水平落后对企业投资决策和二次创新的影响，认为中国技术水平落后是出现产能过剩的原因。

（4）体制缺陷论。这类观点认为，我国出现产能过剩现象有着自身独特的成因，目前中国制造业的产能过剩是由政府不当干预以及体制不健全造成的，因而反对政府直接干预，建议政府通过改革提供更加完善的制度体系和商业环境来解决产能过剩问题（余东华和吕逸楠，2015）。皮建材（2009）构建了一个"两地区—双部门"模型研究政治晋升激励和重复建设的关系，结论表明横向和纵向的晋升激励会不同程度地影响重复建设。耿强等（2011）通过引入一个产能利用率的RBC模型，实证论证了政策性补贴和随机冲击都是产能利用率和宏观经济波动的重要因素，在投资增长中，政策性补贴更是构成了最主要的因素。韩国高等（2011）利用28个行业1999～2008年的数据实证验证了固定资产投资是中国产能过剩的直接原因。江飞涛等（2012）运用博弈论的方法论证了对于产能的补贴将加剧经济周期波动中产能利用率的波动，在市场不确定下还会加大产能过剩的概率，因而认为地区对于投资的补贴性竞争是现阶段中国出现的产能过剩的主要成因。刘航（2014）利用2001～2012年中国省级面板数据论证了脱离产业规律而过快推进的城镇化迫使政府加大对企业的干预，并最终导致了产能过剩。范林凯等（2015）发现在渐进式改革过程中，随着中国经济市场化进程不断深入，受到原有不完善市场经济体制过度限制的民营企业逐渐显现出其成本优势和竞争力，并不断扩张产能挤占成本劣势的国有企业的市场份额，继而导致相对低效率的国有企业产生大范围的产能过剩。徐朝阳和周念利（2015）通过构建一个在市场需求不确定性情况下的企业动态模型，发现如果行业发展前景相对确定但是市场需求存在较大不确定性，行业内的高效率企业为规避风险会选择谨慎投资，从而会为大量低效率企业留下大量的市场空间，进而导致该行业产能利用率较低。但是这一类的有关产能过剩的研究虽然不乏实证研究，但是通常只涉及某一方面的影响因素，所涉及的因素和变量不够全面。

以上四类理论中，前三类理论虽然都从不同的角度解释了中国制造业产能过剩的形成原因，但是论证手段几乎都是借助博弈论和定性分析方法，缺乏现实基础，理论上很有说服力，但是并未形成经济理论界的共识，究其原因就是缺乏实证分析，无法从定量的角度给予这三类理论强有力的证明。以上四类观点从四个大的方面分析讨论了中国现阶段产能过剩的形成原因，论证方法也比较丰富，有定性分析方法、博弈论以及实证分析等定量分析方法，但是所涉及的产能过剩影响因素只停留在某一方面，不够全面；而对产能过剩影响因素的定量分析更是较少。

7.3　中国制造业产能过剩的测度

7.3.1　产能过剩的测度方法

学术界测度产能过剩往往是从测度产能利用率入手，获得了产能利用率数据就能掌握产能过剩情况。总体而言，可以将产能利用率和产能过剩的测度方法分为三类：

第一类是直接对微观企业进行调查询问进而整理汇总的测度方法，产能利用率数据由被调查企业的管理人员通过调查问卷的方式传递给调查机构，然后调查机构通过对所有企业的调查数据进行处理后得到行业和整个工业的产能利用率。通过此种方法得到的产能利用率更像是企业的实际开工率，这种方法的优点是能够消除因测算方法选取不当带来的测算结果偏差，但是结果的准确性取决于企业汇报数据的真实性，而企业为了获取政策支持和产业扶持政策可能会故意夸大产能过剩程度，从而使产能利用率偏低。此外，这类方法采用的国家也比较少，只有美国和加拿大等少数国家较长时间开展了类似的调查。最后，根据研究情况来看，根据这种方法测度的产能利用率的解释力会随着时间推移变弱，因而这种方法在研究中很少被学者采用。

第二类是仅利用统计技术和经验进行测算的测度方法，具体包括各种滤波方法，如 HP 滤波、BP 滤波等，美国定期公布的 Wharton 指数所依据的峰值法，以及基于 VAR 模型的测度方法和协整方法。这类方法的优点在于仅仅利用统计技术对数据进行分析，对理论要求较少，实际操作也相对简便，但是缺乏经济理论基础，而且通常不合理的假设最大产出点的产能利用率是 100%，因此所得到的产能利用率可能会高估产能利用率。其中，比较简单易行的方法是 HP 滤波法和 BP 滤波法，这类方法都是利用统计技术，将经济时间序列进行分解成趋势成分和波动成分，把其中的趋势成分当作宏观经济的长期路径，而波动成分是对该路径的偏离。在估计潜在产出时把长期趋势当作 GDP 的潜在产出，缺口为波动成分。上述方法都是通过建立模型来对现实经济进行分析，模型是建立在一定假设的基础上，往往与现实之间有很大差距，因此根据模型得到的结果不一定能准确地反映实际经济现象，但是在没有更好的技术和方法的情况下，这仍然是一种比较有效的方法。当然最具代表性的方法还是峰值法（trend through peak）。

峰值法首先需要假定一个投入水平和产出水平之间的关系。一个单位投入的产出系数应该由数据中得出。还有一个假设是峰值的单位投入的产出水平相当于产能完全利用，假设峰值所代表的是当年的行业产出在短期的意义下达到最大。因此，低的产出率被假设代表了产能的利用水平。

这种方法考虑了技术发生变化的情况。两个峰值年之间的普通的产出率被假定为由技术的变化而引起的。两个峰值之间各年"产能"的产出率的估计为峰值之间技术变化的函数，这种变化的函数被假定为线性趋势的。产能利用率被估计为观测到的产出和"产能"产出的比率。这种方法的优势是只需要有单投入和单产出的数据就可以。因而在用数学手段估计产能和产能利用率的方法中，它是最广泛适用且对数据要求最低的。这种方法的不利因素是不允许测算同一年度内资本部分的变化，且不允许其他一些结构变化影响投入和产出之间的关系。这种产出率的变化被假设为仅仅是由技术变化带来的。两个峰值年之间的资本量的变化也被理解为因产能利用变化导致的。

峰值法假设了投入与产出水平的一个直接关系。所谓的峰值是指在给定的技术水平和资产水平的基础上，短期的一个时间段内的最大产出。我们假设在峰值处的每单位投入对应着完全的（100%）产能利用率水平，则相应的低比率值代表着低的产能利用率。在相邻的两个峰值时间段之间，峰值法认为不同的产能利用率是技术变化所导致的后果。峰值之间的产能利用率，被假定是按照两点之间估计的技术变化的线性函数趋势而变化的。因此，产能利用率就是观察到的值与计算得出的值的比率，估计的产能产出为既定投入水平乘以产能利用率。这种方法的优点在于，我们只需要知道单一投入和单一产出的数据信息。正因为如此，当需要通过仅有的最少的数据，运用数学方法来估计产能和产能利用率时，峰值法就变得最为适用（Kirkley and Squires，1999）。此法的缺陷是，比率的变化只被看作是技术改变的函数。有时两点峰值之间的变化可能是由于资产规模的改变而导致的，却只能被解释为产能利用率的变化。然而，如果主要的峰值被当作序列的最后一个峰值（其他的所有年份都呈稳态递减），这时技术水平很可能会把产出量估计过高，从而低估了产能利用率。

最后一类就是基于经济理论提出的各种经济产能的测算方法，包括 DEA 方法、生产函数法、利润函数法和成本函数法。其中，DEA 方法通过把技术效率作为产能利用率的代理指标测度出相对的产能利用率；生产函数法与 DEA 方法类似也是通过某个企业单元与"生产最有效"单元的差距来衡量；利润函数法和成本函数法通过设定合适的函数形式计算出衡量产能利用率的各个参数进而计算出产能利用率。总的来说，这类符合经济理论的方法所得结果对经济现象的解释力更强，因此逐渐被学者广泛采用。其中最具代表性的就是 DEA 方法、生产函数法和成本函数法。

（1）数据包络分析（DEA）。数据包络分析（DEA）方法的原理主要是通过保持决策单元（DMU）的输入或者输入不变，借助数学规划和统计数据确定相对有效的生产前沿面，将各个决策单元投影到 DEA 的生产前沿面上，并通过比较决策单元偏离 DEA 前沿面的程度来评价它们的相对有效性。这是一种用来估计生产函数的非参数方法并且被广泛应用于部分工业行业的技术效率的度量估计，同样地也可以被用于对产能利用率的估计（Johanson，1968）。此后，费尔等（Fare et al.，1989）在测算产能利用率时区分出了"有偏产能利用率"（也称"技术效率产能利用率"，有时也直接称为产能利用率）和"无偏产能利用率"（也称设备利用率），使得 DEA 方法测度产能利用率更具优势，被以后的学者广泛采用。

（2）生产函数法。这种方法的主要原理是利用生产函数估算最佳产出或者潜在产出，然后用实际产出与之相比较，可以判断产能利用程度的高低。生产函数是描述生产过程中投入的生产要素的某种组合同它可能的最大产出量之间的依存关系的数学表达式，它是经验的产物，对于最佳产出的估计，目前出现的方法主要有上述的生产函数法，这种方法以要素价值理论和在此基础上产生的分配理论为基础，是一种比较有效的并被广泛应用的方法。主要特点有：首先，生产函数模型的参数具有特定的经济含义，可以对生产活动的特点进行分析；其次，揭示了投入要素与产出量之间的技术关系，可以对未来的生产进行预测，同时可以分析资本、劳动力以及技术进步对产出的贡献率，刻画经济结构的变化，为未来经济发展提供有效的信息；最后，具有广泛的适用性，虽然目前利用的是西方的生产函数，但是这些并不是单纯的理论推导的结果，而是在对样本数据进行反复的拟合检验修正的基础上得到的，并不是经验的产物，使用我国的经济数据同样也能得到相似的函数模型。另外，为了提高准确性，缩小假设与现实之间的差距，一般都采用资本产出率 Y/K 不随时间变化的哈罗德中性技术进步 C – D 生产函数。

（3）成本函数法。以成本函数法来界定生产能力进而测度产能利用率，是一种比较常见的做法。但是，不同学者对生产能力与成本函数之间的关系的看法不尽相同。早期的佩因（Paine，1936）、卡塞尔（Cassell，1937）及后来的希克曼（Hickman，1964）、莫里森（Morrison，1985），将生产能力界定为长期平均成本曲线的最低点时对应的产出水平。克莱因（Klein，1960）认为，这种界定为经验研究带来了较大限制，这是因为长期平均成本曲线大多呈现"L"型，因而难以找到最低点，并主张生产能力应该在短期平均成本曲线和长期平均成本曲线的切点上，这种观点被后来的学者沿用。然而伯恩特和莫里森（Berndt and Morrison，1981）则认为生产能力应该是短期平均成本曲线最低点对应的产出水平，这种观点被后来的学者广泛采用。莫里森（Morrison，1985）则认为，均衡条件根据长期规模报酬是否可变分为两种情形：长期规模报酬不变时为短期成本函数的最低点；长期规模报酬可变时为短期成本函数与长期成本函数的切点。但是，不论是该方法还是生产函数法都依赖于正确地设定函数形式，但是这在实践中往往是最困难的，几乎不能实现，而这两种方法因为设定不同的函数形式经常得到完全不同的结果，因而根据这两种方法得到的结果具有主观随意性的问题。

相较于其他方法，DEA 方法具有以下优点：一是适用于多输出—多输入的有效性综合评价问题，在处理多输出—多输入的有效性评价方面具有绝对优势，DEA 方法假定每个输入都关联到一个或者多个输出，且输入输出之间确实存在某种联系，但不必确定这种关系的显示表达式；二是 DEA 方法并不直接对数据进行综合，因此决策单元的最优效率指标与投入指标值及产出指标值的量纲选取无关，应用 DEA 方法建立模型前无须对数据进行无量纲化处理；三是无须任何权重假设，而以决策单元输入输出的实际数据求得最优权重，排除了很多主观因素，具有很强的客观性。基于以上优点，本章采用 DEA 方法测度产能利用率，避免模糊设定函数形式和模型的困难，解决测度结果的主观随意性问题，以得到稳健可靠的测度结果。

7.3.2　中国制造业产能过剩的测度

1. 数据包络分析（DEA）方法的原理

用数据包络分析（DEA）测算产能利用率分为三个步骤，首先必须根据产出、固定投入以及可变投入测算出各行业的技术效率水平，由该点的实际产出水平与该点所有要素投入所能达到的最优产出表示，即图 7 - 1 中的 TE；其次再根据产出和固定投入测算出产能利用率，由该点的实际产出水平与固定投入所能达到的最大产出的比值表示，即图 7 - 1 中的 $TECU$；最后再计算出设备利用率，即 $TECU$ 与 TE 的比值，也即图中的 PCU。

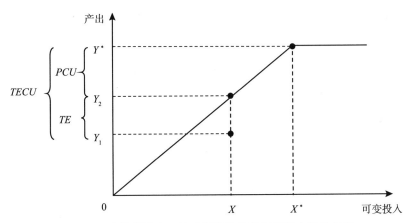

图 7 - 1　产能利用率、技术效率和设备利用率之间的关系

具体模型如下：

假设共有 J 个生产单位，对于每个生产个体 j，用 u 表示其实际产出；不变要素投入共有 M 种，分别用 x_j，m 表示该单位第 m 种不变生产要素的投入；可变要素投入共有 N 种，分别用 x_j，n 表示该单位第 n 种可变生产要素的投入，各个生产单位的规模报酬可变。通常一个基于产出的模型更加适合度量潜在产出和产能过剩，则一个给定投入的基于产出的产能产出线性规划模型为：

$$\max \varphi_1$$

$$\text{s. t} \quad \varphi_1 u_j \leqslant \sum_j z_j u_j \quad \forall j$$

$$\sum_j z_j x_{j,n} \leqslant x_{j,n}; \quad \sum_j z_j x_{j,m} \leqslant x_{j,m}$$

$$\sum_j z_j = 1; \quad z_{j,n} \geqslant 0 \quad m = 1, 2, \cdots, M; \; n = 1, 2, \cdots, N$$

其中，z_j 为各个生产单位的权重，据此，技术效率（technically efficient）则为式（7-1）：

$$TE = \frac{1}{\varphi_1} \tag{7-1}$$

测得的 TE 的值介于 0 和 1 之间，若值为 1 则说明该生产单位的技术效率为100%，在 1 以下则说明该单位在给定的不变投入下的产出距离生产前沿面还有一定距离。

产出的设备利用水平还需要对每个厂商的产能利用率进行估计，这时只需要考虑所有的不变投入。基于产出的产能利用率度量 DEA 模型为：

$$\max \varphi_2$$

$$\text{s. t} \quad \varphi_2 u_j \leqslant \sum_j z_j u_j \quad \forall j$$

$$\sum_j z_j x_{j,m} \leqslant x_{j,m} \quad m = 1, 2, \cdots, M$$

$$\sum_j z_j = 1$$

这样通过观测到的多种产出 u 就可以计算出潜在产出 u^*，则产能利用率（technically efficient capacity utility）的估计为式（7-2）：

$$TECU = \frac{u}{u^*} = \frac{u}{\varphi_2 u} = \frac{1}{\varphi_2} \tag{7-2}$$

测得的 $TECU$ 的值介于 0 和 1 之间，若值为 1 则说明该生产单位的产能得到全部利用，在 1 以下则说明该单位在给定的不变投入下产能未得到完全利用。

根据产能利用率、技术效率和设备利用率三者之间的关系（如图 7-1），可以计算出相应的设备利用率（plant capacity utilization）即为式（7-3）：

$$PCU = \frac{TECU}{TE} = \frac{\varphi_2}{\varphi_1} \tag{7-3}$$

进一步地，设备闲置率（plant idle rate）即为式（7-4）：

$$PI = 1 - PCU \tag{7-4}$$

同理，产能过剩程度指数为式（7 - 5）：

$$EC = 1 - TECU \qquad (7-5)$$

同样地，EC 介于 0 到 1 之间，数值越大说明产能利用程度越低，产能过剩越严重。

2. 指标选取与数据说明

本章选取了制造业 28 个行业 2000 ~ 2013 年的相关数据，根据上述方法测度产能利用率，相关变量的具体处理如下：

（1）产出（工业总产值）。产出由平减后的各行业的工业总产值表示，使用我国制造业 28 个行业的以 2000 年为基期的工业生产者出厂价格指数作为平减指标（2000 ~ 2002 年期间少数行业的工业生产者出厂价格指数存在缺失，本章用全国工业生产者出厂价格指数填补）。由于《中国统计年鉴》未公布 2013 年各行业的工业总产值，假设 2013 年各行业总产值增速与增值税增速相同，进而间接计算得到 2013 年各行业总产值数据。

（2）不变投入要素（资本存量）。行业的资本存量由用固定资产投资价格指数平减后的该行业全国规模以上工业企业的固定资产净值表示，固定资产净值由固定资产原价减去累计折旧后得到。同样地，由于《中国统计年鉴》未公布 2013 年各行业的固定资产原价与固定资产净值，假设 2013 年各行业固定资产净值增速与 2012 年增速相同，进而间接计算得到 2013 年各行业固定资产净值数据。

（3）可变要素投入 1（劳动力投入）。行业的劳动力投入由该行业全国规模以上工业企业的从业人员数表示，由于中经网统计数据库的数据只更新到 2013 年二月份，我们假设 2013 年各行业的年均从业人员数与二月份期末从业人员数之比与 2012 年相同，用 2012 年的从业人员数间接计算得到。

（4）可变投入要素 2（能源消耗）。能源消耗用制造业各行业每年消耗的万吨标准煤表示，由于缺乏 2013 年数据，同样假设 2013 年能源消耗增速与 2012 年持平，进而取得 2013 年各行业能源消耗量。此外，由于《中国工业经济统计年鉴》和《中国统计年鉴》从 2012 年开始把橡胶制品业和塑料制品业合并为一个行业，并且将汽车制造业从交通运输制造业中拆分成为一个单独行业大类，为了保证前后数据的一致性，本章将数据做了还原处理，基本保证了数据前后的可比性。以上数据主要来自《中国工业经济统计年鉴》《中国统计年鉴》和中经网统计数据库等。

3. 制造业 28 个行业产能过剩指数的计算结果

产能过剩指数是衡量产能过剩和产能利用水平最直接的指标，因此将上述处理后的制造业各行业数据代入 DEA 程序，运行程序后得到各行业的技术效率和技术效率产能利用率，再通过式（7-3）和式（7-4）计算得到设备空置率，具体结果见表 7-1。目前国内外学者对于产能过剩还未形成一个固定一致的标准，而根据经验和大多数研究通常认为产能利用率的适当范围在 79% ~ 83%，也就是说，产能过剩指数超过 17% 就会被认定为存在产能过剩。除此之外，若是产能利用率超过 90%，即产能过剩指数低于 10%，则认为存在产能不足，生产设备超负荷工作。由于设备闲置是产能过剩的主要表现形式，这里也以此标准为参考进行分析。

表 7-1　　　　　　　　制造业各行业 2000 ~ 2013 年设备闲置率

PI	2000 年	2001 年	2002 年	2003 年	2004 年	2005 年	2006 年	2007 年	2008 年	2009 年	2010 年	2011 年	2012 年	2013 年
1	0.0	9.6	8.8	8.8	6.3	8.9	4.6	3.6	3.5	2.6	2.6	2.1	12.9	38.8
2	5.1	7.2	7.3	4.9	10.9	4.0	3.8	3.9	0.8	5.6	10.3	0.0	0.0	0.0
3	2.6	1.0	0.6	0.8	0.7	0.4	0.2	0.2	0.0	0.2	0.3	3.6	13.9	21.3
4	0.6	1.5	2.4	3.2	6.3	12.2	18.7	23.3	26.1	31.3	27.2	25.7	22.2	19.4
5	1.1	1.0	1.3	0.9	0.7	0.9	0.5	1.0	3.9	8.8	14.1	24.5	33.4
6	0.0	0.5	0.9	0.4	0.3	0.3	0.3	0.2	0.0	4.1	13.1	14.3	12.7	10.8
7	1.6	1.2	1.3	1.4	1.1	0.8	0.7	0.7	0.5	0.5	1.1	3.2	21.2	37.6
8	8.6	8.3	11.2	14.4	25.1	28.9	36.1	40.9	45.6	53.5	59.5	60.5	65.0	67.9
9	33.6	37.7	40.0	43.8	50.1	54.2	58.7	57.8	56.7	55.4	52.7	53.4	52.7	50.8
10	0.0	0.0	0.8	0.0	1.9	5.5	11.5	14.9	19.3	29.1	29.7	31.7	29.6	27.5
11	2.0	1.9	1.8	1.6	3.1	1.1	1.0	0.8	0.8	0.8	1.4	2.2	2.2
12	4.6	5.6	6.2	7.0	9.0	5.7	6.7	7.7	6.8	8.1	8.4	10.3	13.9	18.8
13	16.0	16.3	17.1	17.7	16.7	21.0	24.7	26.5	21.5	24.7	24.5	30.5	34.6	40.4
14	2.6	4.5	6.4	6.5	7.5	9.9	11.4	12.1	12.0	18.7	20.3	20.6	23.3	30.5
15	11.5	21.1	26.0	28.6	31.1	35.4	44.2	45.2	42.3	41.1	37.0	39.3	37.3	35.8
16	53.4	57.2	58.2	54.7	57.6	57.6	62.9	64.5	64.1	73.7	76.4	75.3	76.6	78.5
17	5.2	6.3	8.1	8.6	8.0	6.6	5.7	5.0	4.0	4.0	3.6	4.4	4.0	3.4
18	9.1	11.8	11.2	9.2	9.3	8.5	8.5	8.4	7.2	8.3	8.3	9.3	10.1	10.2

PI	2000 年	2001 年	2002 年	2003 年	2004 年	2005 年	2006 年	2007 年	2008 年	2009 年	2010 年	2011 年	2012 年	2013 年
19	5.8	7.3	7.9	8.9	14.3	21.9	25.1	28.7	28.7	33.8	37.9	42.1	45.1	47.6
20	0.0	7.8	27.7	9.7	24.8	17.4	20.8	25.9	14.1	17.4	15.9	19.3	30.7	46.7
21	6.9	7.3	7.3	5.2	4.4	3.7	3.1	2.5	1.8	1.7	1.6	3.2	4.3	6.1
22	6.4	5.5	4.6	3.5	2.6	1.6	1.3	0.9	0.8	0.9	0.8	0.8	0.8	0.7
23	1.7	1.4	0.7	0.7	0.2	0.2	0.0	0.0	0.0	0.0	0.0	0.1	0.0	0.6
24	0.0	0.0	0.0	0.0	0.0	0.0	0.0	0.0	0.0	0.0	0.0	0.0	9.6	12.9
25	19.7	20.3	20.6	23.8	31.6	35.8	44.8	48.3	36.6	32.3	25.3	24.3	20.6	25.1
26	7.3	8.2	9.6	10.3	9.6	10.2	10.0	11.8	12.9	20.6	23.1	24.1	25.5	31.0
27	2.8	3.9	4.3	3.2	4.7	3.7	4.6	5.0	4.6	5.9	7.6	8.9	14.5	22.5
28	1.3	1.1	1.0	0.9	2.3	1.0	2.4	2.8	3.4	13.7	18.2	21.9	27.8	35.7

注：表中数据由作者根据 DEA 方法得到的结果进一步整理得出。另外，行业代码 1~28 分别代表农副食品加工业；食品制造业酒；饮料和精制茶制造业；烟草制品业；纺织业；纺织服装、服饰业；皮革、毛皮、羽毛及其制品和制鞋业；木材加工和木竹、藤、棕、草制品业；家具制造业；造纸和纸制品业；印刷和记录媒介复制业；文教、体育用品制造业；石油加工、炼焦和核燃料加工业；化学原料和化学制品制造业；医药制造业；化学纤维制造业；橡胶制品业；塑料制品业；非金属矿物制品业；黑色金属冶炼和压延加工业；有色金属冶炼和压延加工业；金属制品业；通用设备制造业；专用设备制造业；运输设备制造业；电气机械和器材制造业；计算机、通信和其他电子设备制造业；仪器仪表制造业。

资料来源：作者计算整理。

（1）制造业的设备闲置率随着时间的推移呈现出普遍性和严重性的特点。从表 7－1 可以看出，在 2000 年设备闲置率过高问题还只是一个显得特殊的经济现象，只出现在家具制造业、化学纤维制造业和运输设备制造业三个行业，而且设备闲置程度也很轻微，其中运输设备制造业的设备闲置程度只超出正常水平不到 3 个百分点。可是随着时间的推移各个行业的设备闲置情况都开始逐步显现，而且达到了非常严重的程度，可以看到截至 2013 年，只有食品制造业、纺织服装业、印刷制品业，橡胶制品业、有色金属制品业、金属制品业和通用设备制造业几个行业不存在严重的设备闲置。除此之外，即使没有出现设备闲置的行业也有产生设备闲置问题的趋势和隐患，从表中可以看出，所有的制造业行业都被设备利用率不足问题所困扰。

（2）八大行业存在显著的设备闲置，并且大部分集中在重工业领域。从表 7－1 中可以看出，设备闲置率长期在 17% 以上的行业有木材加工制品业、家具制造业、石化炼焦加工业、医药制造业、化学纤维制造业、矿物制品业、黑色金属加工业和交通设备制造业，其中大多数行业也正是国家发展改革委等部门

《关于抑制部分行业产能过剩引导产业健康发展指导意见》中多次提到的行业。尤其是矿物制品业、黑色金属加工业和石化炼焦加工业，更是出现了政府反复治理、产能过剩反复出现的情况，广受国内学者诟病。

本章还根据各个行业总产值占制造业总产值的比重加权计算出了整个制造业行业的设备利用率情况，具体情况可见表7-2和图7-2。

表7-2　　　　　　　　中国制造业各行业历年设备利用率

PCU	2000年	2001年	2002年	2003年	2004年	2005年	2006年	2007年	2008年	2009年	2010年	2011年	2012年	2013年
1	100	90.4	91.2	91.2	93.7	91.0	95.4	96.3	96.4	97.3	97.3	97.8	87.1	61.2
2	94.9	92.8	92.7	95.1	89.0	96.0	96.1	96.0	99.2	94.3	89.7	100	100	100
3	97.4	98.9	99.4	99.2	99.3	99.5	99.0	99.8	100	99.8	99.6	96.3	86.1	78.7
4	99.4	98.5	97.6	96.8	93.6	87.7	81.3	76.7	73.9	68.7	72.8	74.2	77.8	80.6
5	98.9	99.0	98.7	99.1	99.3	99.3	99.1	99.4	99.0	96.1	91.2	85.8	75.5	66.6
6	100	99.5	99.1	99.6	99.7	99.7	99.7	99.7	100	95.9	86.8	85.6	87.3	89.9
7	98.4	98.8	98.7	98.5	98.8	99.2	99.2	99.3	99.5	99.5	98.8	96.7	78.8	62.4
8	91.4	91.7	88.8	85.6	74.9	71.1	63.9	59.1	54.4	46.4	40.4	39.4	34.9	32.1
9	66.4	62.3	60.0	56.1	49.8	45.7	41.2	42.2	43.3	44.5	47.3	46.5	47.2	49.2
10	100	100	99.1	100	98.0	94.4	88.4	85.1	80.7	70.8	70.3	68.3	70.3	72.5
11	98.0	98.1	98.2	98.4	96.8	98.9	99.0	99.1	99.2	99.2	99.5	98.5	97.8	97.8
12	95.4	94.4	93.8	92.9	91.0	94.3	93.3	92.3	93.1	91.9	91.5	89.6	86.1	81.2
13	84.0	83.7	82.8	82.2	83.3	78.9	75.3	73.4	78.4	75.3	75.4	69.4	65.3	59.6
14	97.5	95.5	93.5	93.5	92.5	90.1	88.0	87.9	87.9	81.3	79.6	79.4	76.7	69.5
15	88.5	78.9	74.0	71.4	68.8	64.2	55.7	54.8	57.6	58.8	63.0	60.6	62.6	64.2
16	46.6	42.8	41.7	45.3	42.4	42.3	37.0	35.5	35.9	26.3	23.5	24.7	23.3	21.5
17	94.8	93.7	91.8	91.4	92.0	93.4	94.2	95.0	96.0	96.0	96.3	95.6	96.1	96.6
18	90.9	88.8	88.4	90.8	90.6	91.5	91.6	91.6	92.8	91.6	91.7	90.7	89.8	89.7
19	94.2	92.7	92.0	91.0	85.7	78.1	74.9	71.3	71.1	66.1	62.1	57.9	54.8	52.4
20	100	92.2	72.3	90.3	75.1	82.5	79.1	74.1	85.9	82.6	84.1	80.7	69.2	53.3
21	93.1	92.7	92.6	94.8	95.6	96.3	96.8	97.5	98.1	98.3	98.3	96.8	95.7	93.8
22	93.6	94.5	95.4	96.5	97.4	98.3	98.7	99.0	99.2	99.0	99.2	99.1	99.2	99.3
23	98.3	98.6	99.3	99.3	99.7	99.8	100	100	100	100	100	99.8	100	99.4

续表

PCU	2000 年	2001 年	2002 年	2003 年	2004 年	2005 年	2006 年	2007 年	2008 年	2009 年	2010 年	2011 年	2012 年	2013 年
24	100	100	100	100	100	100	100	100	100	100	100	100	90.4	87.1
25	80.3	79.7	79.4	76.2	68.4	64.1	55.1	51.7	63.4	67.7	74.7	75.7	79.4	74.9
26	92.8	91.8	90.4	89.6	90.4	89.7	90.0	88.2	87.0	79.3	76.9	75.9	74.4	68.9
27	97.2	96.1	95.7	96.7	95.3	96.3	95.3	94.9	95.3	94.0	92.4	91.1	85.4	77.4
28	98.7	98.9	99.0	99.1	97.7	98.9	97.5	97.1	96.6	86.3	81.7	78.1	72.2	64.2

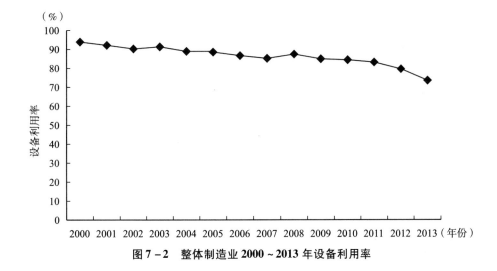

图 7 - 2　整体制造业 2000 ~ 2013 年设备利用率

从图 7 - 2 可以看出，中国制造业整体的设备利用率呈不断下降趋势，而且下滑速度不断加快，截至 2013 年中国制造业的设备利用率只有大约 70%。考虑到其具体原因，大致可以分为两个方面：一方面随着技术进步，维持过剩产能的平均成本会大幅度地下降，企业为了应对需求变化和实施企业策略行为因而需要保留一些过剩生产能力，由于维持成本下降企业会倾向于保留更多的过剩产能，所以导致中国制造业设备利用率降低；另一方面随着中国经济的快速发展，中国制造业大部分行业或是因为市场因素，或是因为中国转型期存在的体制弊端，导致投资过度，引发了大范围的产能过剩，最终降低了中国制造业的设备利用率。

同样地，本章也根据各行业产值所占比重计算出了整体制造业行业历年的产能利用率水平，具体结果见表 7 - 3 和图 7 - 3。

表 7 - 3 中国制造业各行业历年产能利用率

TECU	2000 年	2001 年	2002 年	2003 年	2004 年	2005 年	2006 年	2007 年	2008 年	2009 年	2010 年	2011 年	2012 年	2013 年
1	100	39.7	41.3	50	56.4	61.1	71.2	77	93.3	82.1	84.8	91.6	76.8	52.6
2	33.4	33.5	38.2	48.8	54.6	60.7	67.6	71.2	75.3	73.9	76	100	100	76.5
3	26.2	28.5	31.3	38.5	45.2	47.6	50.7	56.6	57.5	55.1	56.5	61	55.9	51.3
4	16.6	19.5	24.2	30.4	34	33.7	37.9	43.5	44	47.7	58.7	66.7	70.2	80.6
5	18.2	19.9	23.3	24.5	29.4	31.5	34.5	39.2	40	39.5	42.6	48.7	44.8	41
6	16.5	18.7	21.9	27	33.3	36.4	40.3	45	43.9	42.3	43	52.1	48.3	51
7	24.2	25.2	29.2	34.2	35.7	38.5	42.1	46.1	44.3	41.3	44	48.3	43.9	34.7
8	13.8	14.3	15.1	17.9	20.3	20.7	23.2	23.6	22.7	23.6	22.5	24.7	24.4	21.6
9	8.5	9.9	11.4	14.1	17.5	17.9	19.4	23.8	26.4	30	33.9	38.2	45.4	42.6
10	9.7	11.1	12.2	13.9	15.3	17.1	19.2	22.9	24.3	24.1	27.7	32.4	36.1	41.2
11	19.8	20.3	22.2	24.9	24.8	27.1	30.4	36	37.9	39.1	42.8	48	49.1	54.4
12	18.8	18.7	21.3	23.8	25.4	26.7	27.9	27.7	29.9	29.7	32.6	33.8	32.3	36.7
13	11	10.8	12.6	15.8	17	18.8	21.4	25.2	26.6	28.1	31.1	32.8	33.4	34.5
14	19.1	19.1	18.9	20.2	19.8	21.8	24.1	28.4	31.5	32.7	36.1	43.6	43.2	42.9
15	11.5	12	13.1	15.5	18.6	18.5	18.8	22.1	23.7	29.2	35.1	40.6	46.2	50.5
16	15.9	16	17.5	20.7	24	24.4	22.4	23.3	23.8	18.3	17.9	20	18.9	15.3
17	67.3	65.8	55.3	58.7	54.1	56.6	59.3	60.8	60.3	57.9	63.7	71.8	68.1	66.2
18	14	14.2	15.8	17.8	18.5	20.6	22.6	26.3	29.7	29.8	33.3	42.9	42.6	40.4
19	11.3	11.5	12.8	14.3	16.2	16.4	18.2	20.9	22.9	23.1	25.4	28.2	28.1	28.9
20	100	87.4	66.7	54.1	53	50.7	47.1	47.5	54.9	55.1	58.4	63.7	54.8	45.5
21	20.2	20.4	22.8	25.8	28.5	33.8	37.3	43.7	43	46.4	48.1	58.4	56.2	53.7
22	51.3	55.3	58.3	63.6	64	66.7	69.9	75.4	75.2	74.9	78.9	82.6	77.6	60.2
23	39.9	41.5	43.3	45.8	48.1	52.4	54.5	57.8	59	62.2	65.1	72.9	65.6	49.9
24	16.5	17.6	19.8	20.9	24.2	27.3	29.2	32.8	35	36	38.2	40.6	39.7	41.3
25	19.6	23.2	27	30.1	35.5	38.7	44.8	51.7	63.4	60.6	66.3	75.7	79.4	74.9
26	12.8	13.4	14.2	15.6	17.9	21.1	24.3	27.8	29.6	30	32.3	37.9	37.6	34.7
27	17.4	19.5	20.3	23.9	24.6	28.6	30.8	34.1	35	35	36.5	41.1	38.8	35.8
28	23.5	26.5	29.8	33.9	34.5	38.8	40.4	41.3	39.8	38.6	39.5	43.5	42.1	35.8

资料来源：作者计算整理。

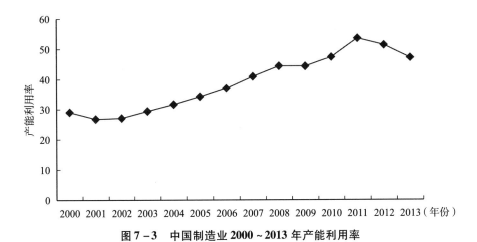

图 7 - 3　中国制造业 2000 ~ 2013 年产能利用率

资料来源：作者计算整理。

从图 7 - 3 可以看出，制造业整体的产能利用率呈现出随时间先缓慢上升后快速下降的趋势，产能利用率总体上在 2008 年之前都呈上升势态，特别是在 2003 ~ 2008 年期间产能利用率更是快速提高，主要原因就是在此期间中国经济环境较好，经济增速较快，平均增速在 10% 以上，企业的投资能够被迅速扩大的市场消化吸收，虽然投资规模不断上升，但与此同时需求能力也得到了不断提升，因此该时期不但没有形成大量的过剩产能而且产能利用率还在提升。

除此之外，制造业整体的产能利用率虽然总体上呈现上升态势，但是具体来看，其中还是出现了三次产能利用率的下滑，分别出现在 2000 年、2008 年和 2011 年，而产能利用率的低谷相应地出现在 2003 年、2009 年以及数据末期的 2013 年。2011 年之后一直持续到现在的产能过剩虽然并不是中国制造业遭受的第一次产能过剩，但是与之前的产能过剩有明显的差别，其一就是产能过剩程度更加严重，从图 7 - 3 可以看出，2003 年发生的产能过剩程度较小，并未阻碍产能利用率上升的势头，之后产能利用率很快就进入了快速上升阶段，而此一轮的产能过剩使得产能利用率大幅下滑并未有企稳回升的迹象；其二就是持续时间更长，可以看到 2003 年出现的产能过剩只持续了两年多的时间，而此次产能过剩到 2019 年为止已经持续了 5 年之久，对国家经济造成了严重损害。另外还可以看出，2008 年发生的产能利用率下滑和此轮的产能过剩都属于同一个范畴，都应该被纳入本轮的产能过剩周期，因为在此期间产能利用率只上升了两年之后就迅速下降甚至跌破了 2009 年的产能利用水平，而这两年的产能利用率回升很大程度上是中央政府为刺激经济出台的 "4 万亿" 经济刺激计划导致的，2008 年中央出台大规模的投资计划，提升了国内需求使得产能利用率迅速恢复甚至提升，但是与此同时新的投资又形成了新的产能，由于投资的滞后性产能往往需要两到三年才能形成实际产能，可以看到，在出现了两年的产能利用率上升期之后一直到2019年，产能利用率都在不断下滑而且下滑速度很快，这主要是由于2008年的大规模投资在两年之后形成了大量的产能，而经济一直处于萎靡状态需求疲软，因此出现了产能过剩比2008年更为严重的情况。

7.4　中国制造业产能过剩影响因素的理论分析

经济社会中的许多现象和指标都会影响到企业的投资决策和产能利用水平，因而影响制造业产能过剩的因素相应地也十分繁杂。但是其中大多数影响因素都是通过几个主要因素间接地影响企业投资行为，从而影响企业的产能利用水平，而且大多数因素的影响也较为微弱，因此只需要着重考虑一些重要的本质影响因素。本章根据第二部分的阐述以及对现实的分析观察将制造业产能过剩的影响因素分为以下几类：

7.4.1　宏观经济环境

宏观经济环境的变化与产能过剩有着密切的关系，经济景气繁荣时期企业往往容易形成良好发展预期，此阶段企业的盈利能力也会不断提升，也会强化企业加大投资、扩张产能的动机和能力，因此会导致行业的产能利用率上升；反过来，若经济陷入低谷，企业对经济容易产生悲观情绪，通常会停止扩张甚至关闭原有生产线以保证企业的现金流，增强企业抗风险的能力，也就没有加大投资扩张产能的动机与能力，因而此时的行业产能利用率通常偏低。

宏观经济环境可以划分为国内宏观经济环境与国际经济环境。国内宏观经济环境相对于国内企业的影响更显著也更普遍。首先，不利的国内经济形势会使得国内的购买能力和购买意愿下降，造成企业最主要的需求——国内需求下降，结果会降低企业扩张产能的动机；其次，国内经济的不景气会导致企业盈利下滑甚至亏损，削弱了企业进行投资与扩张的能力；最后，国内经济不景气，银行等金融机构通常会谨慎放贷，各种投资机构也倾向于谨慎投资，企业的融资环境趋紧会进一步阻碍企业的产能扩张行为。

不仅国内经济形势会直接影响到企业的产能利用情况，国际经济环境对国内企业产能利用水平的影响也不容忽视。一方面，国际经济环境的相对景气与萧条会直接影响境外投资者在中国的投资决策，如果全球其他地区的经济形势不明朗而中国的经济状况较好，国际资本就会流入中国，也会带来大量的投资机会，从而影响国内各行业的竞争和产能投资，进而对国内制造业产能利用率产生巨大影响；另一方面，中国的部分制造业行业对国际市场依赖度非常高，少数行业的依赖度甚至超过了国内市场，而对国际环境的变化更为敏感，如纺织服装业和运输设备制造业等出口型行业；而且随着"一带一路"的落实以及开放程度的不断加大，国内企业与全球经济环境的联系将会更加密切，因此国际经济环境的变化也是影响中国制造业产能利用水平的重要因素。

7.4.2　政府干预力度

改革开放以后，地方政府在经济发展中发挥了积极作用，通过实施招商引资和引智等综合措施促进地方经济增长，对转型期的中国经济增长产生了深远影响，同时也造成了部分产业的产能过剩。

一方面，传统的财政分权体制和地方官员晋升机制，使得地方政府有充分的动机去干预经济增长。财政分权使地方政府财政的自主性和自由度得到提高，使得地方政府利益与当地经济发展的关系更加紧密。只有地方经济增长、就业水平提高，税收才能得以扩大，政府才能更大程度地支配财政。传统的官员晋升机制提高了各级地方政府官员促进经济增长的热情，同时以地方 GDP 增长为考核的重要指标也会使得政府官员加大政策干预的力度，各级政府为了招商引资对投资企业进行政策性补贴（江飞涛，2011），如加快行政审批速度、延长免税期限、降低土地征用成本和方便银行贷款等，大幅度地拉低了企业的投资成本，使得许多原本无法上马的低效益、高污染的项目得以投入运行，造成了产能的低端重复建设。

另一方面，土地和环境的"模糊产权"以及现有金融体制的"预算软约束"问题，使得地方政府拥有很强的能力去干预经济增长。所谓的"模糊产权"是指市场环境发生了变化，新出现的资本产权无法得到及时明确的最终控制权的确定，因而处于开放状态，成为人人可以攫取的"公地"。土地所有权的模糊使得地方政府可以为企业提供大量低价的土地，这部分土地成本并不构成"沉没成本"，企业停产后可以通过出让手段重新获得土地资产收益，因而对投资者具有很大吸引力，而环境规制的形同虚设使得政府可以零成本地纵容企业的污染排放，极大地放松了企业对低效率产能的控制，这种现象在高污染高耗能行业尤为显著。总之，这种模糊产权极大地降低了企业的投资成本，而且产生了大量的土地补贴收益，使得投资的私人成本远远小于社会成本，而私人收益却高于社会收益，从而导致了过度的投资和行业产能过剩。

现有金融体制的"预算软约束"也助长了企业的过度投资。自 1994 年国有银行改制以后，中央对银行放松了一部分管制，而地方政府却承接了其中一部分权力，因此银行也成为地方政府鼓励企业投资产能的一个理想途径。然而真正让这种理想途径转化为现实的是银行的预算软约束，虽然银行为其贷款要为风险负责，但是其预算约束并没有硬起来，相反实际上银行并未对其贷款风险负责。这种预算软约束降低了银行对企业投资贷款的谨慎程度，也使得地方政府更加肆意地通过银行帮助企业扩大产能，极大地强化了企业的投资扩大产能的能力。

7.4.3　行业的本身属性

除了外界因素的影响外，各个行业本身的一些条件和特征也决定了该行业的产能利用水平。按照行业特征及其影响的显著程度可以将其划分为三个方面：一是国有企业参与程度；二是资本密集程度；三是出口依赖程度。

首先，行业的国有企业参与程度会直接地影响该行业的产能利用水平。市场经济制度建立以后，政府对各个行业都展开了市场化的探索，经过近 40 多年的尝试与努力，绝大多数行业都呈现出了不同程度的市场化，但是仍有少数行业的市场化程度非常低，比如石油加工炼焦业和专用设备制造业。通常国有企业由于体制弊端更容易存在"委托—代理"问题，管理者往往追求自身的经济利益而采取与所有者利益相抵触的行为，比如所有者往往希望企业盈利水平较高，竞争力较强，而管理者更倾向于企业规模更大从而提升自己的待遇和资源控制能力，因此国有企业的投资决策往往倾向于"大手大脚"，对成本收益的重视不足。此外，国有企业在以盈利为目标的同时还必须兼顾社会利益，如解决就业、主导市场等，当经济环境发生变化时，国有企业上项目容易，破产清算几乎不可能。这也意味着国有企业的产能决策有"刚性"的特点，很难做出减产的决策。因此行业的国有企业参与程度会对行业产能利用水平产生明显的影响。

其次，行业的资本密集程度也会影响该行业的产能利用水平。一般地，学者和现有研究通常将所有行业大致划分为劳动密集型、资本密集型和技术密集型三种类型的行业，这三种不同类型的行业的产能利用水平存在显著差异。如果行业属于资本密集型行业，该行业投入要素中不变投入的比重就会越大，而不变要素的比重直接关系到该行业根据需求情况调整投入的能力，通常不变要素比重越大越难减少整体要素投入，产能就越难向下调整。因此，行业越是趋向于资本密集型行业，其资本密集程度越高，该行业的产能过剩就会越严重。相反地，若是企业劳动密集度和技术密集度高而资本密集度较低，企业即使在遭遇严重需求疲软时也可以快速减少不变投入要素从而降低供给，产能过剩的程度并不严重。因此，行业的资本密集程度越低，产能利用水平通常越高。

最后，出口依赖程度也会对不同行业产能过剩造成不同程度的影响。自 2001 年中国加入 WTO 以来，中国的出口额快速增长，已经成为全球第一贸易大国，出口也成为中国制造业各行业需求的重要组成部分，甚至成为少数出口型行业产品需求的主要组成部分。总体来看，中国不同行业对出口的依赖程度差别很大，其中部分行业对出口的依赖程度非常高，如纺织服装业，这种依赖程度的差别在国内市场环境以及国际市场环境发生变化时会直接导致产能过剩程度的不同。当国内环境不利时，出口依赖程度较大的行业往往受到的影响较小，产能利用程度也较高，而出口依赖程度较低的行业由于主要依赖于国内市场需求，当国内需求发生变化时这类行业会受到较大影响，产能利用水平的变化幅度更大。此外，相对于其他行业，依赖出口的行业在国际市场萧条时更容易出现产能利用率降低，而出口依赖程度较小的行业由于受出口需求的影响较小，所以产能利用水平通常会仍然处于较高水平。

7.4.4   市场竞争激烈程度

除了以上三类会对行业的产能利用水平造成显著影响的因素以外，行业的竞争格局和垄断程度也会对产能过剩产生影响。一方面，在完全垄断和垄断竞争市场结构中，厂商往往会通过合谋来控制价格，从而获得垄断利润。但是如果其他厂商不改变现有产量，而某个厂商单独增加产量，则该厂商的收益就会增加，也就是说各厂商都有进一步扩大市场份额获取更多利润的动机，合谋并不稳定。合谋各方为了保证合谋的可信和可靠，都会保留一部分过剩产能，这部分产能足以保证当某个厂商单独违背合谋时该厂商也能迅速提高自身的产量，从而阻止其他厂商单方面背弃合谋。因此垄断程度较高的行业可能存在的合谋行为会降低该行业的产能利用水平。

另一方面，垄断厂商为了有效地阻止潜在竞争企业进入该行业，往往也会保留一部分过剩的产能。这部分多余的产能用于警告潜在进入者若是进入的话，现有厂商会迅速提高产量降低价格，让新进入企业无利可图，从而打消潜在进入者的进入意愿，而这部分产能无疑也降低了垄断行业的产能利用水平。相比之下，在完全竞争市场中，各个企业都不能影响到市场价格，只能被动接受市场价格，企业不会保存过剩的生产能力，否则因保留过剩产能的成本会将该企业淘汰出该行业。总之，市场格局越接近寡头垄断（因为通常情况下几乎不存在真正意义上的完全垄断），这部分过剩产能就会越大，相应地产能利用水平越低；相反，如果市场格局接近完全竞争市场，这部分产能过剩程度就基本不存在，产能利用率也较高。因此，竞争的激烈程度和市场格局也会对行业的产能利用水平产生显著的影响。

7.5 中国制造业产能过剩影响因素的实证分析

7.5.1 模型构建与数据选取

（1）计量模型。根据理论分析，制造业各行业的产能过剩程度取决于宏观经济环境、政府干预力度和行业本身属性。本章利用中国制造业的行业面板数据，以技术效率、产能利用率和设备利用率为被解释变量，以三大类影响因素为解释变量，研究中国制造业产能过剩的影响因素。具体计量模型如式（7-6）~式（7-8）所示：

$$TE_{i,t} = \alpha_0 + \alpha_1 foreign_{i,t} + \alpha_2 domestic_{i,t} + \alpha_3 environment_{i,t} + \alpha_4 budget_{i,t}$$
$$+ \beta_1 fixed_{i,t} + \beta_2 stateowned_{i,t} + \beta_1 export_{i,t} + \gamma_0 number_{i,t} + \varepsilon_{i,t} \quad (7-6)$$
$$TECU_{i,t} = \alpha_0 + \alpha_1 foreign_{i,t} + \alpha_2 domestic_{i,t} + \alpha_3 environment_{i,t} + \alpha_4 budget_{i,t}$$
$$+ \beta_1 fixed_{i,t} + \beta_2 stateowned_{i,t} + \beta_1 export_{i,t} + \gamma_0 number_{i,t} + \varepsilon_{i,t} \quad (7-7)$$
$$PCU_{i,t} = \alpha_0 + \alpha_1 foreign_{i,t} + \alpha_2 domestic_{i,t} + \alpha_3 environment_{i,t} + \alpha_4 budget_{i,t}$$
$$+ \beta_1 fixed_{i,t} + \beta_2 stateowned_{i,t} + \beta_1 export_{i,t} + \gamma_0 number_{i,t} + \varepsilon_{i,t} \quad (7-8)$$

其中，$TE_{i,t}$、$TECU_{i,t}$ 和 $PCU_{i,t}$ 分别表示行业 i 在第 t 年份的技术效率、产能利用率和设备利用率，是该模型的被解释变量；$foreign_{i,t}$ 和 $domestic_{i,t}$ 为经济环境解释变量，表示第 t 年度的国际和国内的经济发展状况；$environment_{i,t}$ 和 $budget_{i,t}$ 表示政府干预力度解释变量，分别表示政府对该行业的环境污染纵容程度以及政府财政预算支持；$fixed_{i,t}$、$stateowned_{i,t}$ 和 $export_{i,t}$ 表示该模型的行业特征属性解释变量，其分别代表该行业的固定资产比重、国有资本比重以及出口比重；$number_{i,t}$ 为竞争程度解释变量，由该行业的企业单位数表示；$\varepsilon_{i,t}$ 为该模型的随机扰动项。

（2）变量处理与说明。模型中的相关被解释变量和解释变量的处理方法如下：

①被解释变量。计量模型中共涉及三个被解释变量，分别为技术效率、产能利用率和设备利用率，是本章衡量中国制造业产能过剩的主要代理指标，它们与产能过剩成反比关系，若某个影响因素对产能利用率有正向影响，则其对产能过剩有抑制作用；反之，若其对产能利用率存在负向影响，则该影响因素会加重制造业的产能过剩程度。它们的具体计算方法可见本章第三节。

②经济环境解释变量。设定了两个变量分别衡量了国际宏观经济环境和国内宏观经济环境。国际经济环境（$foreign_{i,t}$），本章用 OECD 成员国的历年经济增长率作为国际宏观经济环境变量的代理指标；国内经济环境（$domestic_{i,t}$），同样地，本章用中国的历年经济增长率作为国内宏观经济环境变量的代理指标。

③政府干预解释变量。除了宏观经济环境会对产能利用率造成影响，政府的干预力度也会对该行业的产能利用率造成显著影响，相关的各个变量的处理如下：一是环境污染纵容（$environment_{i,t}$）。用各行业每年的工业废水、二氧化硫以及烟（粉）尘排放量的总和与工业总产值的比重表示。其中，一方面 2008 年的环境统计年鉴中缺乏二氧化硫和粉尘的排放量数据，假设其在废气排放总量中所占比重与 2007 年和 2009 年的平均值相等，间接推算出 2008 年二氧化硫和粉尘的排放量；另一方面由于环境统计年鉴的口径变化并未有 2000～2002 年以及 2010 年、2011 年和 2013 年相应的数据，本章假设各行业每年的工业废水、二氧化硫以及烟（粉）尘排放量变化率与全国工业每年的工业废水、二氧化硫以及烟（粉）尘排放总量变化率相同，进而测算出缺失年份的各种污染物排放量。二是政府财政预算支持（$budget_{i,t}$）。用各行业每年固定资产投资中国家预算内资金来源的比重表示，对于个别的缺失数据本章利用插值法进行处理。

④行业特征解释变量。除了宏观经济环境会对产能利用率造成影响，该行业的一些特征属性对该行业的产能利用率也具有决定性影响，各个变量的处理如下：一是固定资产比重（$fixed_{i,t}$）。用固定资产合计与资产合计之比表示，该值越高说明该行业的资本密集度越高，通常在需求不足时投入要素更难转移或退出该行业而导致更严重的产能过剩。二是国有经济比重（$stateowned_{i,t}$）。用规模以上工业企业的行业实收资本中的国家资本比重表示，国有经济比重高的行业往往包括更多的国有企业，它们在贷款以及政府支持中更有优势，因而往往投资过度程度也更高，产能过剩程度更严重。三是出口能力（$export_{i,t}$）。用货物出口交货值与规模以上工业企业总产值之比表示，该值越高一般滞销风险越低，产能过剩越不易发生。

⑤行业竞争程度（$number_{i,t}$）。行业竞争程度的代理指标有多种，包括HHI、CR_n以及企业单位数等，考虑到本章数据的可获得性以及结果的准确性，本章选取企业单位数进行衡量。通常该行业内的企业数量越多，该行业越接近完全竞争市场，该行业的竞争程度就会越激烈。

（3）数据描述与数据来源。本章采用2000~2013年28个制造业行业的年度数据来估计本章提出的计量模型，经过处理后相关变量和数据的统计描述可见表7-4。

从表7-4可以看出，首先，本章的样本数较大，用此数据所得的估计结果比较稳健也比较可信；其次，还可以看到技术效率、产能利用率和设备利用率的平均值分别为45.8%、37.8%和84.8%，设备利用率的整体水平要明显高于产能利用率，说明用设备利用率间接衡量产能过剩会低估产能过剩程度，相比之下产能利用率更适合衡量中国制造业的产能过剩程度；最后，政府预算支持的标准差非常小，还不到1%，从统计角度上来看，该变量的信息量较小，有可能得到的回归结果统计上显示不显著。

表7-4 数据统计描述

变量名	样本数	平均值	标准差	最小值	最大值
te	392	0.458	0.220	0.097	1.0
tecu	392	0.378	0.192	0.085	1.0
pcu	392	0.848	0.177	0.215	1.0
foreign	392	1.744	1.72	-3.46	4.08
domestic	392	9.855	1.78	7.65	14.16
environment	392	8.677	18.78	0.12	183.14
budget	392	0.0061	0.0079	0.00	0.059
fixed	392	0.359	0.086	0.168	0.706
Stateowned	392	0.149	0.156	0.002	0.952
export	392	0.184	0.170	0.004	0.683
number	392	9.670	8.032	0.135	39.699

资料来源：作者根据文中数据整理得出。

以上各变量数据的来源为：固定资产比重、国有资本比重、出口比重和企业单位数来自《中国统计年鉴》和《中国工业经济统计年鉴》；环境污染纵容数据来自《中国环境统计年鉴》；政府财政预算支持数据来自国家统计局网站数据库和《中国固定资产投资统计年鉴》；OECD 成员国总体经济增长率和国内经济增长率来自中经网统计数据库。

7.5.2　计量结果与分析

我们分别采用固定效应面板模型以及固定效应面板模型 GMM 方法对本章的式（7-6）、式（7-7）和式（7-8）式进行回归分析。为了分析结果的稳健性和一致性，本章分别使用面板模型和面板模型工具变量法进行估计，而根据 hausman 检验结果强烈拒绝随机效应模型，因此本章采用固定效应模型和固定效应面板模型 GMM 方法对式（7-6）、式（7-7）和式（7-8）进行估计，以解决可能由行业异质性和内生性带来的估计偏差。相比之下，GMM 的估计结果更为显著也更为可信，因为该方法考虑了政府干预力度以及企业单位数变量存在的内生性可能对回归结果带来的偏差。具体估计结果可见表 7-5。

表 7-5　　　　　　　　　　计量回归结果

变量	(1) (FE) TE	(2) (FE) TECU	(3) (FE) PCU	(4) (GMM) TE	(5) (GMM) TECU	(6) (GMM) PCU
foreign	0.0113 *** (0.00209)	0.00470 * (0.00185)	-0.00298 (0.00197)	0.0103 *** (0.00274)	0.00707 * (0.00277)	-0.00434 (0.00266)
domestic	-0.0207 *** (0.00411)	-0.00480 (0.00324)	0.00636 (0.00364)	-0.0185 *** (0.00266)	-0.00785 ** (0.00269)	0.00713 ** (0.00258)
environment	-0.000648 (0.000348)	0.000246 (0.000863)	0.00186 *** (0.000286)	-0.000810 (0.000591)	0.000130 (0.000598)	0.00275 *** (0.000572)
budget	-0.388 (1.221)	-0.656 (1.001)	0.263 (0.752)	0.149 (1.477)	-0.644 (1.494)	-0.697 (1.431)
fixed	-1.629 *** (0.269)	-0.804 * (0.328)	0.364 (0.197)	-1.870 *** (0.179)	-0.814 *** (0.181)	0.260 (0.173)
Stateowned	-0.708 *** (0.0532)	-0.280 (0.167)	0.221 *** (0.0588)	-0.662 *** (0.0581)	-0.345 *** (0.0588)	0.212 *** (0.0563)
export	-0.0555 (0.195)	-0.372 * (0.151)	0.320 * (0.127)	-0.0763 (0.0865)	-0.257 ** (0.0875)	0.351 *** (0.0838)

续表

变量	(1)（FE） TE	(2)（FE） TECU	(3)（FE） PCU	(4)（GMM） TE	(5)（GMM） TECU	(6)（GMM） PCU
number	0.00800 ** （0.00280）	0.00695 ** （0.00194）	− 0.000547 （0.00232）	0.0104 *** （0.00174）	0.00953 *** （0.00176）	− 0.000617 （0.00169）
cons	1.275 *** （0.108）	0.751 *** （0.135）	0.556 *** （0.0885）			
N	392	392	392	336	336	336
R^2	0.762	0.447	0.376	0.765	0.517	0.359
Sargan				3.082 （0.2142）	0.947 （0.6227）	1.139 （0.5658）

注：表中 GMM 估计中 Sargan 统计量的 p 值分别为 0.214、0.623 和 0.566，显著不为 0，说明文中估计方法选择的工具变量是有效的。此外，Sargan – Hansen 统计量的值为 24.752，p-value = 0.0017，该 p 值大小高度拒绝应该使用随机效应模型的原假设。最后，* 表示 $p < 0.05$，** 表示 $p < 0.01$，*** 表示 $p < 0.001$。

资料来源：作者计算整理。

从表 7 - 5 可以看出，不论是固定效应模型估计（FE）还是固定效应面板模型工具变量法估计（GMM）的估计结果都是比较显著的，说明估计结果比较可信。进而对六组估计结果进行分析，可以得到以下三方面的结论：

首先，从技术效率角度来看，无论结果（1）还是结果（4）都得出了相当一致的结论。国际经济环境对中国制造业技术效率存在一定的正向影响而且影响显著，说明国际经济的增长繁荣会给中国制造业带来一定的有利因素，有利于引进外资和外来技术，提升我国的技术水平，但是也可以看到国际经济环境对中国制造业技术效率的影响较为微弱，说明中国的技术水平提升受国际环境的影响但是中国制造业的技术效率提升并不能依赖于国外的投资和技术；而国内经济环境对技术效率却产生显著的负面效应，同样地，影响也较为微弱，可见中国制造业技术效率的变化并不直接取决于中国的经济增长，甚至经济的快速增长会引发企业大规模低效率的重复建设，总体上对技术效率产生了负面的影响，而随着中国经济进入"新常态"，经济增速的降低反而会倒逼企业加大创新力度，推动行业技术进步。

从表 7 - 5 还可以看出，政府的环境污染纵容会对技术进步产生显著的负面影响，主要是政府对企业环保的纵容会使企业忽视低技术水平生产方式对环境的影响，长期投入低效率高污染的设备进行生产，降低了企业进行创新提高技术效率的动机；除此之外，还可以看到政府的财政支持并未对技术效率产生显著的影响，原因之一是数据的信息量太小（见表 7 - 5），而且政府的预算支持并不能对技术效率产生直接影响。

与理论预期一致，行业的固定资产比重、国有资本比重以及出口比重对技术效率产生负向影响。固定资产比重越高该行业更倾向于重工业资本密集度高的特点，企业调整投入的能力更小，因而往往这些行业的技术效率较低；而国有资本比重较高的行业包含较多的公有制企业，它们因为体制弊端等原因技术效率水平低下；而出口水平较高的行业通常是服装纺织业等外贸依存度较高的轻工业，这些行业的劳动密集度较高，生产环节中"委托组装"和"委托加工"等低附加值的生产环节的比重也较高，缺乏提升技术效率的动机与能力。

行业的竞争程度对技术效率具有显著的促进作用，这个结论与经济理论完全相符，也是现有反垄断与竞争政策存在的理论基础。通常企业数量越多行业竞争程度越激烈，企业为了生存必须降低成本提高技术效率，因而竞争越激烈的行业最易产生技术进步。同样地，行业内其他的企业也会相应地进行技术创新，因此该行业的技术效率就会得到快速的提升。反之，若竞争程度较弱，技术效率水平往往较低。

其次，以产能利用率为分析对象可以发现，产能利用率作为被解释变量的估计结果（2）和估计结果（5）中的回归参数符号基本一致，相比之下考虑不了内生性的估计结果（5）更为显著。与技术效率为被解释变量的回归结果类似，国际和国内的经济发展状况分别对产能利用率产生了正向的和负向的影响。原因却稍有不同，国际经济快速增长不仅会提升国内的技术水平，更会直接增加出口需求，提高我国制造业的产能利用率，而国内经济快速增长并没有对产能利用率产生促进作用，主要是投资计入经济增长，而投资又是行业生产能力的直接来源，因而若经济增长中投资比重很大，经济的快速发展不但不会提高产能利用率还会降低产能利用率，考虑到我国的实际情况，经济增速与产能利用率的负相关关系就不难解释了。

政府的干预总体上对中国制造业产能利用率产生了负面的影响。其中环境污染纵容对产能利用率的影响非常小而且不显著，本章不再做讨论；政府财政预算支持对产能利用率起到明显的负面作用，可以看到系数高达 0.656，这个大小程度在所有的影响因素系数中都是比较大的。可见政府出于各种考虑对于固定投资的直接支持是产能利用水平偏低的罪魁祸首，但是也可以看到该系数看起来并不显著，这主要是因为统计不显著（原因见表 7 - 5），但在经济学上已经是很显著的了，不影响我们的分析。

行业的产能利用水平还取决于行业的特征属性，从表 7-5 的估计结果（5）中可以看到，行业的固定资产比重、国有比重以及出口比重三个影响因素的系数都非常显著，符号也都为负号，而且其中固定资产比重的系数非常大。这主要是由于行业的固定资产占比越高，企业通过调整可变投入控制产量从而降低成本的能力和空间越小，因而被认为潜在产出很难向下调节，在市场需求和实际产出下降时，产能利用率就会随之下降；而国有比重的影响主要是由国有企业的体制导致的。一方面国有企业更易得到预算支持，往往不论是否产能过剩都会进行产能投资，以提高管理层的福利和利益；另一方面经营不善的国有企业无法自由地退出市场，因此国有企业生产效率的低下造成了国有企业产能利用率明显偏低，而出口比重的负面影响主要是技术效率较低导致的。

竞争的激烈程度会对行业的产能利用水平造成显著的影响，从表 7-5 的估计结果（5）中可以看到，企业单位数变量前的系数符号为正，而且数值也比较大。可见，与我们的理论预期完全一致，越有利于竞争的市场格局越倾向于较高的行业产能利用水平。因此，为了提高产能利用率，应该创造一个更有利于竞争的市场结构，鼓励充分竞争。

最后，通过观察表 7-5 中的估计结果（4）和估计结果（6）可以看到，总体的估计结果不如另外四列的估计结果显著，而且符号与其他四列的估计结果完全相反。这主要是由于设备利用率相较于产能利用率不适合衡量我国的产能过剩程度，因为设备利用率假设技术效率的损失是自然环境等其他无法消除的因素所引起的，而产能利用率认为技术效率差异普遍存在，而且技术效率损失是可以得到消除的。考虑到我国的国情，这部分生产效率损失所占比重非常大，而且通常是不完善的制度和体制所导致的，因此产能利用率衡量我国产能过剩程度更为适合，而设备利用率只能作为一个简单分析的代理指标，无法作为被解释变量进行深入细致的回归分析。

总之，可以看到，一方面，技术效率的影响因素和所受影响方式与产能利用率大致相同。另一方面，就产能利用率的影响因素而言，国际经济环境和市场竞争的激烈程度会对产能利用水平产生正向的促进作用；国内经济环境、政府干预力度以及行业的固定资产比重、国有资产比重和出口比重会对行业产能利用水平造成负向的抑制作用。

7.6　本章小结

　　本章采用数据包络分析（DEA）方法对我国 2000～2013 年的制造业产能利用率进行了测算分析，得出了以下结论：一是设备利用率低的行业主要集中在重工业领域；二是我国制造业总体的设备利用率呈现不断下降的趋势；三是我国制造业总体的产能利用率则经历了先缓慢上升后快速下降的变化路径。本章进而采用固定效应面板模型和固定效应面板模型广义矩估计方法（GMM）分析证明了技术效率和产能利用率的影响因素和所受影响方式大致相同；国际经济环境和市场竞争的激烈程度会对产能利用水平产生正向的促进作用；国内经济环境、政府干预力度以及行业的固定资产比重、国有资产比重和出口比重会对行业产能利用水平造成负向的抑制作用。为了有效地治理中国制造业所遭受的产能过剩顽疾，首先就要加快经济增长方式的转变，由粗放型经济向集约型经济转变，由主要依靠资源转变为主要依靠高技术效率来实现经济的快速发展。其次要控制政府对经济的干预力度，减少政府对各行业的直接干预和各种"变相补贴"，使企业承受企业决策的应有成本。最后由市场来决定企业的投资决策和生产决策，进而实现资源的合理配置。

第8章

信息技术扩散、全要素生产率与制造业转型升级

8.1 引　　言

当前中国制造业正受到双重挤压，具体而言，一是成本增加造成的一些劳动密集型制造业向劳动成本、商务成本更低的发展中国家转移；二是部分高端制造业向发达国家回流。对于第二点，伴随着第三次工业革命而来的是以互联网为代表的信息技术的迅猛发展，欧美各国顺势推出再工业化战略，意图继续保持高端制造领域的优势。这两个方面的挤压不仅造成中国高端制造业未来将面临更大的挑战，而且还将对中国制造业已经形成的优势构成新威胁。因此，推动中国制造业转型升级来应对威胁、实现更大发展，是一项紧迫而艰巨的任务。

实现"制造强国"战略提出的目标，推动中国制造业的转型升级，关键在于探析清楚中国制造业转型升级的动力机制及其转换。时代不断发展，新事物不断涌现，这对于转型时期的中国和中国制造业来说，既是机遇，也是挑战。如何把握利用好对于自身发展有利的新事物，实现自身转型升级动力机制的优化和转换，是中国制造业实现乘势而起的关键。信息技术在制造业领域有广阔的应用前景，能够促使资源、信息、物品、设备和人的互联互通，因此，中国要实现制造业强国梦，不可忽视信息技术在制造业转型升级动力机制转换中的重要作用。不过，有关考察信息技术在制造业转型升级动力机制的转换中起何种作用以及如何影响动力机制转换的研究还比较少。2015 年 11 月以来，中央高层在多个场合对供给侧改革频频表态，研究如何从供给、生产端着手，通过优化经济结构来提升经济增长的质和量。因此，本章也从供给侧方面着手，研究信息技术如何影响全要素生产率，进而如何影响中国制造业转型升级动力机制的转换。对于中国来说，政府在经济中所起的作用至关重要，因此本章不考虑家庭因素，而是将政府纳入模型中去，通过官员这个政府背后实质性个体的晋升考核机制来刻画政府在制造业发展所扮演的角色。

本章整理了 2003～2014 年除港澳台、西藏以外中国 30 个省区市的相关数据，研究信息技术、全要素生产率与制造业转型升级动力机制转换之间的关系。本章剩余部分的结构为：第二部分是文献综述；第三部分是信息技术影响制造业转型升级动力机制的模型构建；第四部分是指标设定与参数校准；第五部分是数据来源与实证分析；第六部分是结论及政策建议。

8.2　文献综述

本章研究的信息技术指的是伴随第三次工业革命浪潮而来的信息网络技术。关于第三次工业革命和信息技术的内涵，里夫金（2012）认为第三次工业革命的本质是能源互联网，基础是智能化、数字化和信息化。贾根良（2013）将第三次工业革命分为两部分，前半部分是以信息和远程通信为代表的时代，后半部分是正在到来的以新能源、3D 打印机等新技术为代表的时代。黄群慧和贺俊（2013）认为第三次工业革命的核心特征是制造的"数字化""智能化"和"个性化"。随即，贾根良（2013）、黄群慧和贺俊（2013）、戚聿东和刘健（2014）进一步研究第三次工业革命对产业、制造业的影响，如"微笑曲线"可能变为"沉默曲线"，甚至"悲伤曲线"，产业和制造业的组织模式也会发生变化。

对于转型升级的研究，格里芬等（Gereffi et al.，1999）、潘恩（Poon，2004）、孔伟杰（2012）、周长富和杜宇玮（2012）、王志华等（2012）、张亚斌（2012）、周剑（2013）李廉水等（2015）提出了转型升级的内涵。伦纳德 - 巴顿（Leonard-Barton，2012）、刘志彪等（2008，2009）、金碚等（2011）、芮明杰（2012）等研究了转型升级过程和路径。关于产业、制造业转型升级动力机制方面的研究，国外学者认为产业结构变化即产业转型升级的动力机制可以分为两类，一类是从需求侧进行解释，另一类是从供给侧进行解释。从需求侧来说，墨菲等（Murphy et al.，1989）认为某部门工业化水平提高会增加对各产品的需求，因此各部门的工业化进程会相互促进。埃切瓦里亚（Echevarria，1997）从各部门收入弹性差异性的角度，莱特纳（Laitner，2000）从各消费商品偏好差异性的角度，霍里等（Hori et al.，2015）从消费外部性的角度分别提出产业结构变化的机制。在供给侧方面，恩佳和皮萨里德斯（Ngai and Pissarides，2007）、阿西莫格鲁和桂列里（Acemoglu and Guerrieri，2008）、阿尔瓦雷斯－卡德拉多等（Alvarez-Cuadrado et al.，2016）分别从各行业间全要素生产率差异、各行业间要素密集程度差异、各行业间不同生产要素替代弹性的差异等，研究产业结构变动的机制。杨智峰和汪伟（2016）认为轻重工业全要素生产率的相对变化是中国工业产出结构变化的动因。

关于信息技术和转型升级动力机制的研究取得了丰硕的成果，但是将中国制造业转型升级动力机制转换与信息技术放入一个框架的研究，或是定量与定性相结合的研究比较少，本章首先将丰富这一方面的研究。此外，很多探讨转型升级的文献并未在模型中纳入政府，若讨论中国的情况，忽视手握大量资源的政府的作用是与实际不相符合的，从周黎安（2004、2007）到杨继东和杨其静（2016），诸多学者都强调了经济表现在官员晋升考核机制中的重要地位，此外制造业产出的高低直接关系到 GDP 的高低，故认为制造业产出是官员晋升考核标准之一的假设也是合理的，将其纳入本章的模型也是合理的、新颖的，这可称之为本章创新点之二。下文中，本章采用"非均衡增长"理论构建模型，即两类厂商之间的生产要素的边际生产率是不同的。

8.3 制造业转型升级动力机制转换的理论分析

21 世纪以来，中国制造业不但面临着能源危机、生态危机、气候危机和金融危机带来的挑战，而且面临着欧美国家再工业化策略、本国要素价格上升带来的双重挤压，因此转型升级是紧迫而必要的。伴随第三次工业革命而来的是一系列影响深远的新技术，尤其以智能化、数字化为特征的信息技术为代表。信息技术的发展，对中国制造业的转型升级产生了深远的影响。对于转型升级的概念有多种，比如潘恩（Poon，2004）认为产业升级是指从生产劳动密集型产品转向生产资本、技术密集型产品的过程。本章借鉴其观点，认为制造业转型升级的含义是指制造业中技术、资本密集型厂商的产出占制造业总产出的比例上升，劳动密集型厂商的产出占制造业总产出的比例下降。关于劳动、技术、资本密集型产业的划分，本章参考王志华等（2012）的观点。

本章研究的内容是信息技术的发展如何影响全要素生产率，进而影响制造业的转型升级，是从供给侧的角度进行研究，因此排除了信息技术对消费者需求的影响。通常，全要素增长率的增长因素有知识进展、资源配置和规模经济。本章认为信息技术通过上述三个因素影响全要素生产率的变化。其一，知识进展中的知识包含诸多含义，比如技术知识和管理知识。信息技术、互联网的兴起与发展增强了企业获取先进知识的效率和广度，拓展了企业的视野。由于互联网的存在，企业在辨析未来技术进步的方向时可以更容易地获取更多参考信息，在改进自身架构、丰富管理知识时可以有更多的参考样本。此外，信息技术的发展提高了企业内部的沟通效率，比如互联网的应用与建设，有助于企业内各部门信息实现低成本的快速沟通，提高各部门的合作效率，并促使产品生产模式由线性创新过程向并行创新过程转变，提高知识进步的速度。再者，信息技术的发展提高了企业与消费者的沟通效率，比如互联网、人机智能交互在生产过程中被日益广泛的应用，智能化的产品通过加强使用过程中的人机互动采集用户反馈信息，随后利用互联网整合反馈信息以发现优点并弘扬之、找出不足以改进之，即信息技术降低了企业与消费者的沟通成本，帮助企业更高效地找准待改进点，进而帮助企业提高知识进展的效率。其二，信息技术的发展对资源配置高效的贡献也不可忽视，其发展降低了企业与求职者的信息交流成本，借助以互联网为代表的信息技术产物，企业可以更高效地雇用能力与薪酬相匹配的职工，求职者可以更高效地找到薪酬与能力匹配的工作，从而使得产量增长。而且信息技术的进步会提高居民的生活水平，促进人才的聚集，这样引起的劳动力流动也会导致生产要素的重新配置。其三，规模经济指的是随着企业规模的扩大，每单位投入带来的产量增加，信息技术对规模经济的促进作用主要体现在信息传输成本降低带来的扭曲成本下降。随着企业规模的扩大，有效管理企业的成本逐步增加，比如获取决策所需信息变得更加困难。信息技术的发展能够帮助企业克服这一问题，一方面信息技术的发展提高了信息交流的效率，从而增加了企业部门间的沟通合作效率，上级决策时所依据的反馈信息更真实，下级部门执行时对上级指示的领悟会更明晰。另一方面如前文所言，信息技术的发展提高了企业与消费者的沟通效率，消费者诉求能够及时、准确地传递给企业决策者，在一定程度上也缓解了大企业病带来的企业反应迟钝问题。综上所述，信息技术的进步对于全要素生产率的增长具有重要作用。

信息技术有一个特点，不存在排他性，即劳动密集型厂商和技术、资本密集型厂商都可以利用之，某厂商对信息技术的应用不会妨碍其他厂商对信息技术的应用。但是两类厂商对于信息技术的把握程度存在差异，这一差异会影响全要素生产率，并最终影响到两类厂商的产出之比，制造业转型升级的脚步会在这一过程中或前进或后退或不变。两类厂商在生产环节对信息技术把握程度的差异性与两类厂商在流通环节对信息技术把握程度的差异性密切相关。近年来，互联网的迅速发展正处于风口上，很多依托信息技术和互联网的企业发展壮大，代表性的企业有阿里巴巴和京东，这两家企业构建的电商平台拉近了制造企业与消费者的距离，为很多制造企业的发展壮大提供了土壤。制造企业倚靠电商平台不断丰富、创新营销渠道，不断提升售后服务的便利性和有效性，从而更有效地实现了品牌构建与维护，实现了流通环节的价值链提升。张辉（2006）、谭力文等（2008）发现低技术制造业更倾向于流通环节的创新，高技术制造业更倾向于生产环节的创新。结合本章的考察对象，即相对于技术、资本密集型厂商，劳动密集型厂商更倾向于流通环节的创新，因此该类厂商对信息技术和互联网的重视程度和熟悉程度相对更高。此外，再考虑到在产品研发等环节上，劳动密集型厂商在研发资本和技术人员素质上都弱于技术、资本密集型厂商，因此会更加依靠自身熟悉的信息技术来提升全要素生产率。简而言之，厂商在流通环节对信息技术的把握程度会影响厂商在生产环节对信息技术的把握程度，从而影响全要素生产率的变化，并进一步影响厂商的产出，因此信息技术在两类厂商全要素生产率变化过程中所起作用之比与两类厂商产出之比呈正相关关系。并且根据前文分析，信息技术在劳动密集型厂商全要素生产率的提高过程中所起的作用更大。

在之前研究产业转型升级的文献中，很多文献均提到了代表性家庭，但是没有提到政府。在中国制造业持续快速增长的过程中，政府扮演着极为重要的角色。虽然改革开放以来市场的作用显著增强，但政府仍是主导中国制造业发展的重要力量。这也和江飞涛等（2014）的观点相似，2003年以来政府通过对强化干预型产业政策的运用、对制造业投资的招商引资扶持力度的增加，进一步加强了这种主导作用，因此在模型中忽视政府是不恰当的。由于政府对制造业的干预能力较强，因此可以引导代表性家庭在两类厂商之间分配劳动、消费或投资。在转型时期的中国，唯有政府有实力引导制造业转型升级的方向，低价供地、压低资源价格、使用财政补贴等方法会影响要素供给，因此代表性家庭效用最大化的背后离不开政府的支持，本章也就隐去代表性家庭，假设经济中包含两个部门：厂商和政府。厂商分为劳动密集型厂商和技术、资本密集型厂商，其目标是为了实现利润最大化，政府的目标是实现制造业产值的最大化。下文将分部门来构建中国制造业转型升级的模型。

8.3.1 厂商

厂商分为劳动密集型厂商和技术、资本密集型厂商，两类厂商分别使用劳动、资本两种投入品，生产相应的产品，追求最大利润，厂商的生产函数采用 CD 模型如式（8-1）和式（8-2）所示：

$$Y_Q(t) = A_Q(t) K_Q(t)^{\beta_Q} L_Q(t)^{1-\beta_Q} \tag{8-1}$$

$$Y_Z(t) = A_Z(t) K_Z(t)^{\beta_Z} L_Z(t)^{1-\beta_Z} \tag{8-2}$$

其中，下标 Q 代表劳动密集型厂商，Z 代表技术、资本密集型厂商，Y 代表厂商产出，A 代表全要素生产率 TFP，K 代表投入生产的资本，L 代表投入生产的劳动，$\beta_Q \in (0, 1)$，$\beta_Z \in (0, 1)$。假设投入生产的劳动 L、β_Q 和 β_Z 不受信息技术 X 的影响；当期全要素生产率 A 会受到当期信息技术 X 的影响，而不会受到后期信息技术 X 的影响，并且信息技术在劳动密集型厂商和技术、资本密集型厂商之间不存在排他性，即一类厂商对信息技术的使用不影响另一类厂商对信息技术的使用。但是，劳动密集型厂商和技术、资本密集型厂商对信息技术的利用程度有所不同，利用程度分别由 θ_Q 和 θ_Z 表示。由此，得到式（8-3）和式（8-4），其中 μ 代表其他影响因素。

$$A_Q(t) = X(t)^{\theta_Q} \mu_Q(t) \tag{8-3}$$

$$A_Z(t) = X(t)^{\theta_Z} \mu_Z(t) \tag{8-4}$$

8.3.2　政府

本章在模型中引入政府，原因是政府在中国经济运行、制造业发展过程中仍然会起到重要的作用，政府会通过政策引导等手段干预劳动、资本的流向，进而影响制造业未来发展的态势。由于官员是政府背后实质性的个体，因此通过研究官员的行为来折射政府的行为。进一步来说，尽管官员的晋升考核机制日趋多样化，但是在保增长的压力下、在建设制造业强国的动力下，制造业产值在官员的晋升考核机制中仍然占有重要地位。因此若某地区的制造业产值更高，那么该地区官员预期的正效用越大，反之亦然。因为官员可以通过干预劳动和资本的流向来影响制造业的产值，所以官员会通过干预劳动和资本的流向来最大化自身效用。由此构建出官员的效用函数如式（8-5）~式（8-7）所示：

$$\max U = \ln Y_Z(t) + \ln Y_Q(t) \tag{8-5}$$

$$\text{s. t.}\quad L_Q(t) + L_Z(t) = L(t) \tag{8-6}$$

$$K_Q(t) + K_Z(t) = K(t) \tag{8-7}$$

8.3.3 均衡

本章假设制造业中劳动密集型厂商和技术、资本密集型厂商的生产率是不同的，但是劳动密集型厂商和技术、资本密集型厂商的边际技术替代率是相同的，即 $MRTS_Q(t) = MRTS_Z(t)$，这与杨智峰等（2016）的观点和结论一致。由式（8-1）和式（8-2）分别对 $L_Q(t)$、$K_Q(t)$、$L_Z(t)$ 和 $K_Z(t)$ 一阶求导，可得式（8-8）：

$$\frac{(1-\beta_Q)K_Q(t)}{\beta_Q L_Q(t)} = \frac{(1-\beta_Z)K_Z(t)}{\beta_Z L_Z(t)} \qquad (8-8)$$

通过定义 $k_Q(t) = \frac{K_Q(t)}{L_Q(t)}$、$k_Z(t) = \frac{K_Z(t)}{L_Z(t)}$、$k(t) = \frac{K(t)}{L(t)}$、$\lambda(t) = \frac{L_Z(t)}{L_Q(t)} =$

$\frac{L_Z(t)}{L(t)-L_Z(t)}$ 和 $\kappa(t) = \frac{K_Z(t)}{K_Q(t)} = \frac{K_Z(t)}{K(t)-K_Z(t)}$，可得式（8-9）和式（8-10）：

$$\frac{1-\beta_Q}{\beta_Q}k_Q(t) = \frac{1-\beta_Z}{\beta_Z}k_Z(t) \qquad (8-9)$$

$$\frac{1-\beta_Q}{\beta_Q}\lambda(t) = \frac{1-\beta_Z}{\beta_Z}\kappa(t) \qquad (8-10)$$

式（8-6）~ 式（8-10）表明，$L_Q(t)$、$K_Q(t)$、$L_Z(t)$ 和 $K_Z(t)$ 之间呈现固定的比例关系，即同一期内投入生产的劳动 L 和投入生产的资本 K 在劳动密集型厂商和技术、资本密集型厂商之间的分配关系不受当期信息技术的影响，因此式（8-5）仅需对 $L_Q(t)$ 进行一阶求导即可，从而得到式（8-11）和式（8-12）：

$$\frac{\partial U}{\partial L_Q(t)} = \frac{1}{Y_Q(t)}(1-\beta_Q)X(t)^{\theta_Q}\mu_Q(t)k_Q(t)^{\beta_Q}$$

$$-\frac{1}{Y_Z(t)}(1-\beta_Z)X(t)^{\theta_Q}\mu_Z(t)k_Z(t)^{\beta_Z} = 0 \qquad (8-11)$$

$$\frac{Y_Z(t)}{Y_Q(t)} = \frac{1-\beta_Z}{1-\beta_Q}X(t)^{\theta_Z-\theta_Q}\frac{\mu_Z(t)}{\mu_Q(t)}k_Z(t)^{\beta_Z-\beta_Q}E_{\beta ZQ}^{-\beta_Q} \qquad (8-12)$$

其中，记 $E_{\beta ZQ} = \frac{1-\beta_Z}{\beta_Z}\frac{\beta_Q}{1-\beta_Q}$，结合式（8-1）和式（8-2），可以得到式（8-13），具体算法见附录：

$$k_Z(t) = \frac{K_Z(t)}{L_Z(t)} = \frac{\beta_Z(2-\beta_Z-\beta_Q)}{(\beta_Z+\beta_Q)(1-\beta_Z)}k(t) = \Omega_{\beta ZQ}k(t) \qquad (8-13)$$

其中，记 $\Omega_{\beta ZQ} = \dfrac{\beta_Z(2 - \beta_Z - \beta_Q)}{(\beta_Z + \beta_Q)(1 - \beta_Z)}$，这表明劳动和资本在劳动密集型厂商和技术、资本密集型厂商之间的分配不受信息技术的影响。将式（8 – 13）代入式（8 – 12）中，可以得到式（8 – 14）。

$$\frac{Y_Z(t)}{Y_Q(t)} = \frac{1 - \beta_Z}{1 - \beta_Q} X(t)^{\theta_Z - \theta_Q} \frac{\mu_Z(t)}{\mu_Q(t)} k(t)^{\beta_Z - \beta_Q} \Omega_{\beta ZQ}^{\beta_Z - \beta_Q} E_{\beta ZQ}^{-\beta_Q} \qquad (8 - 14)$$

$$C_Z(t) + C_Q(t) + I(t) \leqslant Y_Z(t) + Y_Q(t) \qquad (8 - 15)$$

$$K(t + 1) = (1 - \delta)K(t) + I(t) \qquad (8 - 16)$$

通过式（8 – 1）、式（8 – 2）、式（8 – 3）、式（8 – 4）、式（8 – 15）、式（8 – 16）可以看出，$K(t)$ 不受 $X(t)$ 的影响，从而 $k(t)$ 不受 $X(t)$ 的影响。式（8 – 14）对 $X(t)^{\theta_Z - \theta_Q}$ 进行一阶求导可以得到式（8 – 17）：

$$\frac{\partial \left(\dfrac{Y_Z(t)}{Y_Q(t)} \right)}{\partial (X(t)^{\theta_Z - \theta_Q})} = \frac{1 - \beta_Z}{1 - \beta_Q} \frac{\mu_Z(t)}{\mu_Q(t)} k(t)^{\beta_Z - \beta_Q} \Omega_{\beta ZQ}^{\beta_Z - \beta_Q} E_{\beta ZQ}^{-\beta_Q} > 0 \qquad (8 - 17)$$

从式（8 – 17）可以看出，技术、资本密集型厂商与劳动密集型厂商的产出之比与两类厂商自身对信息技术的利用程度之比呈正相关关系。

8.4　信息技术、全要素生产率与制造业转型升级动力机制转换

8.4.1　信息技术发展程度的评价方法

探究信息技术对制造业转型升级动力机制的驱动作用，首先要构建衡量信息技术水平的评价体系。信息技术以智能化、数字化为特征，其应用包含计算机软硬件、网络通信技术等诸多工具。计算机和互联网在信息应用方面的优势和高速发展，使人们越来越依靠计算机和网络采集、传输、存储、加工、表达各类信息。因此本章从互联网应用建设水平和信息产业发展水平两个方面探讨信息技术发展水平。

互联网应用建设指标衡量的是智能基础建设水平，即信息技术发展所依赖的硬件水平，这与信息技术发展潜力具有密切的正相关关系。具体包括四个二级指标：光缆建设水平（衡量地区间宽带网络密度和覆盖水平）、移动电话交换机容

量（衡量无线通信设备的建设水平与使用水平）、互联网宽带接入端口（衡量互联网用户使用宽带的基本情况）、互联网用户比重（衡量公众对信息设施的使用水平、需求水平和依赖水平）。

信息产业发展指标衡量的是信息产业的现状和发展潜力，现状指的是信息产业的国际竞争力和信息技术在制造业中的应用程度，发展潜力指的是人才储备。具体包括三个二级指标：电子信息制造业的国际竞争力（考虑到数据的可获得性，以此代为衡量信息产业的国际竞争力）、信息化在制造业商贸中的应用程度（衡量信息技术在制造业中的应用程度）、IT 人才储备和规模（衡量信息产业发展的人才储备和规模）。该指标体系的具体情况如表 8 – 1 所示：

表 8 – 1　　　　　　　　　　信息技术水平评价指标体系

一级指标	二级指标	指标解释	指标单位	指标属性
互联网应用建设	光缆建设水平	长途光缆皮长/国土面积	km/km^2	正向
	移动电话交换机容量	移动电话交换机根据一定话务模型和交换机处理能力计算出来的最大同时服务用户的数量	万户	正向
	互联网宽带接入端口	指用于接入互联网用户的各类实际安装运行的接入端口的数量，包含 xDSL 用户接入端口、LAN 接入端口、其他类型接入端口等，不含窄带拨号接入端口	万个	正向
	互联网用户比重	互联网上网人数/总数	%	正向
信息产业发展	电子信息制造业的国际竞争力	电子信息制造业的出口交货值/出口总额	%	正向
	信息化在制造业商贸中的应用程度	制造业企业电子商务销售额/制造业总产值	%	正向
	IT 人才储备和规模	信息传输、计算机服务和软件从业人员数/制造业从业人员数	%	正向

资料来源：作者整理。

信息技术发展水平的测度，所含指标数量较多，因此选取熵权法来确定各指标的权重。熵权法是一种客观赋权法，其优势在于可以避免权重赋予时候的主观性，符合数学规律且具有较为严格的数学意义。熵权法的基本运算过程见附录。

8.4.2　全要素生产率的衡量

关于全要素生产率的计算方法，本章借鉴杨智峰和汪伟（2016）的方法，但略有不同。利用式（8-18）和式（8-19）计算劳动密集型厂商和技术、资本密集型厂商的全要素生产率，即：

$$A_Q(t) = \ln Y_Q(t) - \beta_Q \ln K_Q(t) - (1 - \beta_Q) \ln L_Q(t) \qquad (8-18)$$

$$A_Z(t) = \ln Y_Z(t) - \beta_Z \ln K_Z(t) - (1 - \beta_Z) \ln L_Z(t) \qquad (8-19)$$

其中，计算 2002 年、2005 年、2007 年、2010 年、2012 年投入产出表中要素密集型厂商和技术、资本密集型厂商的劳动报酬占制造业增加值的比重，将其平均值作为两类厂商劳动投入的收入份额，算得的要素密集型厂商和技术、资本密集型厂商劳动的产出弹性分别为 0.3483 和 0.4186，即 $\beta_Q = 0.6517$，$\beta_Z = 0.2359$。

关于全要素生产率的影响因素，除了所假设的信息技术外，还受到环境规制与创新知识潜力的影响。对于环境规制因素而言，沈能和刘凤朝（2012）发现环境规制强度与技术创新之间呈现的"U"型关系需要满足一定条件，即波特假说在中国的实现需要环境规制强度跨越特定的门槛值，当经济发展水平达到一定规模的时候，环境规制政策方为有效。蒋伏心等（2013）认为环境规制会对企业的技术创新产生直接或间接的影响，总体上看，环境规制与技术创新之间呈现出"U"型关系。尽管全要素生产率的提升并不能等同于技术创新，但是技术创新正向影响全要素生产率的提高，因此本章认为环境规制强度会影响全要素生产率，这也与王杰和刘斌（2014）的观点相同，他们运用中国工业企业的数据，发现环境规制强度与企业全要素生产率呈现倒"N"型关系，细分到工业中的各行业，除了非金属矿物制造业、电力生产和造纸业位于第一和第二个拐点之间，其余的工业行业皆位于第一个拐点左侧。考虑到本章研究的是制造业企业，仅有非金属矿物制造业厂商和造纸业厂商分别包含于要素密集型厂商和技术、资本密集型厂商之中，所以本章假设当前环境规制强度对两类厂商全要素生产率的影响为消极的。对于创新知识潜力而言，本章所指的潜力为人均技术市场成交额，该成交额越高，表明技术市场越活跃，技术交流越频繁，越来越活跃、越来越频繁的互动无疑会促进全要素生产率的提高。由此，要素密集型厂商和技术、资本密集型厂商的全要素生产率的函数可以定义为式（8-20）和式（8-21）：

$$A_{Qi}(t) = \alpha X_i(t)^{\theta_Q} H_{Qi}(t)^{\alpha_Q} S_{Qi}(t)^{\gamma_Q} \tag{8-20}$$

$$A_{Zi}(t) = \alpha X_i(t)^{\theta_Z} H_{Zi}(t)^{\alpha_Z} S_{Zi}(t)^{\gamma_Z} \tag{8-21}$$

其中，下标 i 代表第 i 个省份。对式（8-20）和式（8-21）两边同时取对数可得式（8-22）和式（8-23），为了进一步检验信息技术与全要素生产率的关系，还设定了式（8-24）和式（8-25），分别与式（8-22）和式（8-23）相比较：

$$\ln A_{Qi}(t) = \ln\alpha + \theta_Q \ln X_i(t) + \alpha_Q \ln H_{Qi}(t) + \gamma_Q \ln S_{Qi}(t) \tag{8-22}$$

$$\ln A_{Zi}(t) = \ln\alpha + \theta_Z \ln X_i(t) + \alpha_Z \ln H_{Zi}(t) + \gamma_Z \ln S_{Zi}(t) \tag{8-23}$$

$$\ln A_{Qi}(t) = \ln\alpha + \theta_Q \ln X_i(t) \tag{8-24}$$

$$\ln A_{Zi}(t) = \ln\alpha + \theta_Z \ln X_i(t) \tag{8-25}$$

$H(t)$ 是指环境规制强度，用要素密集型厂商和技术、资本密集型厂商的废水和废气治理运行费用与相应厂商的产出之比来表示。$S(t)$ 指创新知识潜力，即人均技术市场成交额，用要素密集型厂商和技术、资本密集型厂商的技术市场成交额占相应厂商的从业人口的比例来表示，单位是元/人。

为了印证式（8-17），设定了式（8-26）：

$$\frac{Y_{Zi}(t)}{Y_{Qi}(t)} = \Psi_0 + \Psi_1 X_i(t)^{\theta_Q - \theta_Z} + CONTROL \tag{8-26}$$

可知 $\Psi_1 < 0$。$CONTROL$ 为控制变量，分别为 k、h、s、$lssr$、$dwkf$。根据式（8-17），添加了 k、h、s 三个控制变量。其中，k 指人均资本存量，单位是万元/人；h 指政府对技术、资本密集型厂商和要素密集型厂商的环境规制强度之比，依据上述假说，环境规制强度对全要素生产率具有负效应，因此 h 值越大，则技术、资本密集型厂商和要素密集型厂商产出之比越小的可能性越高，其系数为负值的可能性越高；s 指技术、资本密集型厂商和要素密集型厂商面临的创新知识潜力之比，依据上述假说，创新知识潜力对全要素生产率具有正效应，因此 s 值越大，则技术、资本密集型厂商和要素密集型厂商产出之比越大的可能性越高，其系数为正值的可能性越高；$lssr$ 指零售收入，为人均消费品零售额与人均名义收入之比，零售收入程度越高，则对经济发展的推动作用越强，有利于制造业转型升级，故假设其系数为正值；$dwkf$ 指对外开放程度，为进出口总额与GDP之比，对外开放有利于制造业的进步，故假设其系数为正值。

8.5　影响路径的实证分析

8.5.1　数据来源与实证分析

本章的数据来源于《中国统计年鉴》《中国固定资产投资统计年鉴》《中国环境统计年鉴》《中国工业统计年鉴》《中国电子信息产业统计年鉴》和中国互联网信息中心（CNNIC），起止时间为 2003～2013 年，涵盖地区为除港澳台、西藏以外中国 30 个省市自治区。选用固定效应模型，首先对式（8 - 22）~式（8 - 25）进行实证分析，结果见表 8 - 2。

表 8 - 2　　　　　　　　　　　全要素生产率的影响因素

变量	式（8 - 22）	式（8 - 23）	式（8 - 24）	式（8 - 25）
X	0.5866 *** (0.0748)	0.1669 *** (0.0199)	0.7321 *** (0.0800)	0.2318 *** (0.0216)
H	- 0.2359 *** (0.0416)	- 0.1286 *** (0.0144)		
S	0.1879 *** (0.0279)	0.0418 *** (0.0081)		
截距项	- 0.7271 *** (0.2628)	0.0840 (0.1027)	1.7125 *** (0.1361)	1.1498 *** (0.0367)
N	357	359	357	359
R^2	0.1047	0.5043	0.0486	0.3260
F - statistics	80.76	92.17	83.70	114.75

注：*** 表示在 1% 水平上显著；括号内为聚类稳健标准差。
资料来源：作者计算整理。

由表 8 - 2 可知式（8 - 22）、式（8 - 24）对应的 θ_Q 分别为 0.5866 和 0.7321，式（8 - 23）、式（8 - 25）对应的 θ_Z 分别为 0.1669 和 0.2318。那么考虑全要素生产率包含除信息技术以外的其他影响因素时，$\theta_Q - \theta_Z$ 的值是

0.4197；若仅考虑信息技术这一个影响因素，则 $\theta_Q - \theta_Z$ 的值是 0.5003。可见，在全要素生产率提高的过程中，要素密集型厂商对信息技术的利用程度要高于技术、资本密集型厂商。对式（8-26）进行回归，结果见表 8-3 和表 8-4。因为根据式（8-17），仅可判断 $X(t)^{\theta_Z-\theta_Q}$、k、h、s 会影响技术、资本密集型厂商和要素密集型厂商的产出之比，所以在表 8-3 列（2）、列（3）中，将控制变量分为 k、h、s 和 $lssr$、$dwkf$ 分别进行回归分析。表 8-4 可以看作是稳健性检验，尽管表 8-4 中 θ_Q 和 θ_Z 的求解并没有考虑到环境规制和创新知识潜力两个因素，但是为了检验结果的稳健性，表 8-4 中列（1）、列（2）中仍然添加了 h 和 s 两个变量。

表 8-3　　　　　全要素生产率的影响因素（$\theta_Q - \theta_Z = 0.4197$）

变量	列（1）	列（2）	列（3）	列（4）
$X^{\theta_Q-\theta_Z}$	-11.1590 ** (4.4185)	-6.3100 (4.0107)	-9.9890 ** (4.3015)	-7.1532 * (3.7632)
k	-0.0009 (0.0157)	-0.0006 (0.0155)		
h	-0.4948 * (0.0416)	-0.4659 * (0.2669)		
s	0.7827 *** (0.2729)	0.8130 *** (0.2648)		
$lssr$	10.0695 ** (4.3182)		6.7840 (4.2963)	
$dwkf$	2.9820 ** (1.3903)		4.2070 *** (1.3641)	
截距项	3.9717 (2.4498)	5.4064 (2.4316)	4.7042 ** (0.1361)	6.7285 *** (1.9878)
N	360	360	360	360
R^2	0.2135	0.0766	0.1339	0.0133
F - statistics	5.59	5.90	4.84	3.61

注：*、**、*** 分别表示在 10%、5%、1% 水平上显著；括号内为聚类稳健标准差。
资料来源：作者计算整理。

表 8 - 4　　　　　全要素生产率的影响因素（$\theta_Q - \theta_z = 0.5003$）

变量	列（1）	列（2）	列（3）	列（4）
$X^{\theta_Q - \theta_Z}$	-11.0825*** (4.2733)	-6.1765 (3.8562)	-10.3662** (4.1982)	-7.3096** (3.6490)
k	-0.0013 (0.0157)	-0.0008 (0.0155)		
h	-0.4777* (0.2623)	-0.4556* (0.2652)		
s	0.7837*** (0.2726)	0.8125*** (0.2646)		
$lssr$	10.3525** (4.3428)		7.2427* (4.3219)	
$dwkf$	2.9952** (1.3898)		4.2223*** (1.3628)	
截距项	3.2091 (2.2033)	4.9840** (2.1517)	4.1875** (1.8301)	6.4090*** (1.7275)
N	360	360	360	360
R^2	0.2099	0.0731	0.1289	0.0134
F - statistics	5.65	5.93	5.08	4.01

注：*、**、*** 分别表示在 10%、5%、1% 水平上显著；括号内为聚类稳健标准差。
资料来源：作者计算整理。

由表 8 - 3 和表 8 - 4 可以看出，对于 $X^{\theta_Q - \theta_Z}$ 的系数值，除了列（2）以外，其余的系数值皆符合上文的假定，并显著。对于列（2）中 $X^{\theta_Q - \theta_Z}$ 的系数值，表 8 - 3 和表 8 - 4 对应的 p 值分别是 0.117 和 0.110，因此其结果可以看作是较为显著的。因此可以得出如下结论：信息技术在技术、资本密集型厂商和要素密集型厂商全要素生产率变化过程中所起作用之比与两类厂商产出之比呈正相关关系。由图 8 - 1 可以看出，近年来中国的技术、资本密集型厂商和要素密集型厂商产出之比是下降的，这似乎与信息技术的迅速发展相矛盾，但是根据本章结论便可以得到解释，即技术、资本密集型厂商对信息技术的利用程度低于要素密集型厂商，因此信息技术的发展引起两类厂商产出之比呈现出该情况。对于控制变量的系数值，除了 k 的系数值不显著之外，其余控制变量的系数值皆符合之前的假定，并显著。

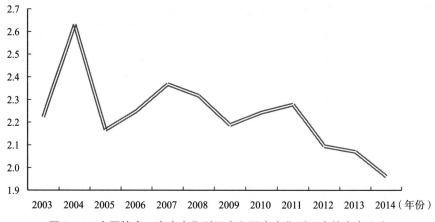

图 8 – 1　中国技术、资本密集型厂商和要素密集型厂商的产出之比

资料来源：作者绘制。

8.6　本 章 小 结

本章运用 2003～2014 年除港澳台、西藏以外中国 30 个省区市的相关数据，研究全要素生产率、信息技术与制造业转型升级动力机制转换之间的关系。得出如下结论：信息技术在两类厂商全要素生产率变化过程中所起作用之比与两类厂商产出之比呈正相关关系。换言之，技术、资本密集型厂商和要素密集型厂商对信息技术利用程度的差距会驱动制造业的转型升级，两类厂商提升全要素生产率时对信息技术利用程度的差异可称之为制造业转型升级动力机制转换的新原因。近年来，中国信息技术水平是提升的，但是技术、资本密集型厂商和要素密集型厂商产出之比是下降的，原因即是技术、资本密集型厂商对信息技术的利用程度低于要素密集型厂商。根据以上结论，提出的政策建议有：

（1）适当丰富官员晋升考核机制，提高政府干预经济的效益。在转型时期的中国，政府和官员在社会经济活动中的地位非常重要，故先阐述。一方面，以 GDP 为核心的官员晋升机制促进了中国过去 40 多年里经济的高速发展，但是在一定程度上造成过度重复建设。所以可以丰富晋升考核机制的考核范围和标准，比如看重质量、看重科技、看重未来。另一方面，社会迅速发展以及新事物、新情况的出现，对政府干预经济的能力提出新要求，在中央高层简政放权的要求下，各地方政府应当切实依据自身情况，转变之前干预经济的方式，比如重新审视各种补贴形式的成效，提高干预经济的效益。

（2）重视技术创新在制造业转型升级中的地位。技术创新在制造业转型升级中的地位越来越重要，政府应通过正式与非正式的制度来保障技术创新。一方面，提升国有企业的创新积极性，就国有企业而言，政府应进一步推进国有企业的改革，激发国有企业管理者的企业家才能。在国有企业中建立和完善职业经理人制度，以便更好地发挥企业家才能的作用，即通过改革，让国有企业管理者去行政化，激发国有企业管理者的创新积极性。另一方面，挖掘民营企业的创新积极性。民营企业规模较小，科技创新实力较弱，受市场行情变动的影响较高，若是政府不加以引导，很容易走向"山寨化"和"跟风化"的路子，因此如何合理把握民营企业的市场热情，引导其走创新立身之路值得政府进一步研究。

（3）重视信息技术在制造业转型升级中的重要地位。信息技术的发展和应用，对制造业旧有的创新理念、发展模式、营销策略等方面产生了较大影响，这种影响不会消亡，而是会持续、会加大。信息技术一方面拉近了厂商和消费者的距离，有助于营销创新；另一方面提高了信息的互通效率和查阅资料的成本，有助于研发创新。如何平衡好营销创新和研发创新的节点，有利于中国制造业实现长期较快发展，尤其有利于提高中国制造业企业在市场不景气时的存活可能性，这不仅是企业应当考虑的问题，也是政府应当考虑的、适度引导的问题。

8.7 本章附录

附录 1：式（8-13）的推导

式（8-2）与式（8-1）相除，可以得到式（L1）：

$$\frac{Y_Z(t)}{Y_Q(t)} = X(t)^{\theta_Z-\theta_Q}\frac{\mu_Z(t)}{\mu_Q(t)}k_Z(t)^{\beta_Z-\beta_Q}E_{\beta ZQ}^{-\beta_Q}\lambda(t) \tag{L1}$$

对比式（8-12）与式（8-13），可以得到式（L2）到式（L5）和式（8-13）：

$$\lambda(t) = \frac{L_z(t)}{L(t)-L_z(t)} = \frac{1-\beta_Z}{1-\beta_Q} \tag{L2}$$

$$L_z(t) = \frac{1-\beta_Z}{2-\beta_Z-\beta_Q}L(t) \tag{L3}$$

$$\kappa(t) = \frac{K_Z(t)}{K(t)-K_Z(t)} = \frac{\beta_Z}{\beta_Q} \tag{L4}$$

$$K_Z(t) = \frac{\beta_Z}{\beta_Z + \beta_Q} K(t) \tag{L5}$$

$$k_Z(t) = \frac{K_Z(t)}{L_Z(t)} = \frac{\beta_Z(2 - \beta_Z - \beta_Q)}{(\beta_Z + \beta_Q)(1 - \beta_Z)} k(t) = \Omega_{\beta ZQ} k(t) \tag{8-13}$$

附录2：熵权法的计算过程

1. 建立指标矩阵

假设系统中包括 n 个评价对象，m 个评价指标，由此可以构建 $n \times m$ 的指标矩阵：

$$X = (x_{ij})_{n \times m} = \begin{pmatrix} x_{11} & x_{12} & \cdots & x_{1m} \\ x_{21} & x_{22} & \cdots & x_{2m} \\ \vdots & \vdots & \ddots & \vdots \\ x_{n1} & x_{n2} & \cdots & x_{nm} \end{pmatrix}, \quad i = 1, 2, \cdots, n, \ j = 1, 2, \cdots, m$$

其中，x_{ij} 指第 i 个评价对象的第 j 个评价指标的值。

2. 指标矩阵标准化

指标矩阵中的指标需要进行规范化处理，以消除量纲对最终结果的影响，计算过程如下：

$$r_{ij} = \begin{cases} \dfrac{x_{ij} - x_{j\min}}{x_{j\max} - x_{j\min}}, & \text{当 } x_{ij} \text{是越大越好的正向指标} \\[3mm] \dfrac{x_{j\max} - x_{ij}}{x_{j\max} - x_{j\min}}, & \text{当 } x_{ij} \text{是越小越好的逆向指标} \end{cases}$$

其中，r_{ij} 指第 i 个评价对象的第 j 个评价指标的规范化值，$x_{j\min}$ 指全部评价对象第 j 个评价指标的最小值，$x_{j\max}$ 指全部评价对象第 j 个评价指标的最大值。由此可以构建规范化后的指标矩阵：

$$R = (r_{ij})_{n \times m} = \begin{pmatrix} r_{11} & r_{12} & \cdots & r_{1m} \\ r_{21} & r_{22} & \cdots & r_{2m} \\ \vdots & \vdots & \ddots & \vdots \\ r_{n1} & r_{n2} & \cdots & r_{nm} \end{pmatrix}, \quad i = 1, 2, \cdots, n, \ j = 1, 2, \cdots, m$$

3. 各评价指标熵值的确定

首先将指标矩阵进行归一化处理：

$$p_{ij} = \frac{r_{ij} + 10^{-4}}{\sum\limits_{i=1}^{n} (r_{ij} + 10^{-4})} \ , \ i = 1, 2, \cdots, n, j = 1, 2, \cdots, m$$

之后确定各指标的熵值：

$$H_j = -k \sum\limits_{i=1}^{n} (p_{ij} \times \ln p_{ij}) \ , \ i = 1, 2, \cdots, n, j = 1, 2, \cdots, m$$

其中，H_j 指第 j 个评价指标的熵值；$k = 1/\ln n$。

4. 各评价指标权重的确定

$$w_j = \frac{1 - H_j + \frac{1}{10}\sum\limits_{j=1}^{m} (1 - H_j)}{\sum\limits_{j=1}^{m} \left(1 - H_j + \frac{1}{10}\sum\limits_{j=1}^{m} (1 - H_j)\right)} \ , \ j = 1, 2, \cdots, m$$

其中，w_j 指第 j 个评价指标的权重。

5. 综合指数的确定

$$Z_i = \sum\limits_{j=1}^{m} r_{ij} \times w_j \ , \ i = 1, 2, \cdots, n, j = 1, 2, \cdots, m$$

其中，Z_i 指第 i 个评价对象的综合指数。

第9章

人力资本积累、有效劳动供给
与制造业转型升级

9.1 引　言

　　爆发于 2008 年的金融危机让世界各国重新审视制造业在国民经济体系中的重要作用，欧美等发达国家在反思"去工业化"战略失误的同时，先后出台振兴制造业的国家战略。一方面，发达国家实施"再工业化战略"不仅给中国高端装备制造业带来更大的竞争压力，而且还将挤压中国制造业优势产品的市场空间；另一方面，伴随要素成本显著上涨和人口红利逐步消退，中国制造的低成本优势逐渐减弱，东南亚等发展中国家凭借相对低廉的劳动力成本和不断增强的基础设施建设吸引了越来越多的外资企业投资设厂。因此，中国制造业面临着发达国家高端制造业"回流"和发展中国家中低端制造业"分流"的双向挤压。应对双向挤压的关键在于，加快推进制造业转型升级和提质增效，推动制造业高端化、新型化和智能化发展。然而，关于新工业革命时代如何加快推进制造业转型升级步伐，现有文献大多是从加快技术创新的角度进行研究，鲜有成果从信息网络技术扩散和人力资本积累的视角研究如何形成制造业转型升级的动力机制。

　　中国是人口大国，人力资本仍然比较丰富。近年来，部分学者从人口红利消失的视角唱衰"中国制造"。这些学者夸大了劳动力数量对产业发展的影响，没有考虑劳动力质量提升带来的人才红利。劳动力数量红利的消失可以由劳动质量红利来弥补，也就是说，人才红利在一定程度上可以替代人口红利，因而加快提升劳动力质量是加快制造业转型升级的关键。衡量劳动力质量的重要指标是人力资本，推动人力资本积累的方式主要有两个：正规学校教育和校外学习。校外学习对人力资本积累具有重要作用，相比正规学校教育，校外学习几乎贯穿劳动者生命周期的始终，能够不断提升劳动者自身技能。新工业革命是以智能化、数字化和信息化技术为基础，以信息和远程通信、新能源、3D 打印、新材料等领域的变革为代表，对劳动者素质提出了新要求。伴随着新工业革命而来的是以互联网为代表的信息产业的迅猛发展，信息网络技术可以降低获取信息的成本、扩大获取信息的范围、显著提高校外学习的效率，并最终推动劳动者人力资本积累，形成劳动力质量红利。本章以有效劳动供给代替劳动力数量，将其作为衡量劳动力投入的指标，引入劳动者择业偏好非线性和有效劳动供给的概念，从信息网络技术扩散和人力资本积累的视角，研究如何形成制造业转型升级的动力机制，并提出加快制造业转型升级的政策建议。

9.2　文　献　综　述

一般而言，制造业转型升级是指从生产劳动密集型产品转向生产技术资本密集型产品的过程，涉及产业结构变化以及劳动、资本等要素在行业间分配的变化。霍里等（Hori et al. ，2015）认为，制造业转型升级动力机制的研究角度有两个：基于消费者非线性偏好的需求侧和基于各行业间生产函数的供给侧。需求侧研究强调的是消费者需求变化在产业结构变化中的作用。墨菲等（Murphy et al. ，1989）认为，某部门工业化水平提升会带来该部门员工工资的上涨，员工对其他部门产品的需求增加，总体工业化进程加快。卡塞利和科尔曼（Caselli and Coleman，2001）、孔萨穆特等（Kongsamut et al. ，2001）、弗尔米和茨威米勒（Foellmi and Zweimüller，2008）、科明等（Comin et al. ，2015）研究的共同出发点是，通过引入消费品的非线性恩格尔曲线，即农业、制造业和服务业的收入弹性差异，来讨论产业转型升级问题。从供给角度研究制造业转型升级的代表性文献是恩佳和皮萨里德斯（Ngai and Pissarides，2007）、阿西莫格鲁和桂列里（Acemoglu and Guerrieri，2008）、阿尔瓦雷斯－卡德拉多等（Alvarez-Cuadrado et al. ，2016）等，他们分别从各行业间的全要素生产率差异、要素密集程度差异和不同生产要素替代弹性的差异等视角，研究产业结构变动的动力机制。

探讨信息网络技术对产业、制造业转型升级直接影响的文献不多。陈国亮和唐根年（2016）研究发现，互联网能够推动第二、第三产业空间非一体化发展；李捷等（2017）认为，技术、资本密集型厂商和劳动密集型厂商在提升全要素生产率时对信息网络技术利用程度的差距会驱动制造业转型升级。余东华和水冰（2017）从新一代信息技术扩散的视角，检验了价值链嵌入程度对制造业转型升级的影响，认为全球价值链的重新整合为中国制造业嵌入全球价值链高端提供了机会。李捷和余东华（2018）基于城镇化和信息网络技术的视角，研究了第一产业生产率变化与制造业转型升级的关系。

　　研究人力资本积累对经济增长的文献较多，但是研究人力资本积累对产业、制造业转型升级的文献较少。崔凌云（2018）探讨了员工教育在大企业中对生产率的促进作用；王春晖（2019）则反向研究了产业聚集对人力资本积累的影响。因为人力资本是有效劳动的组成部分，故本章参考衡量人力资本外部性的方法来衡量有效劳动的外部性。莫雷蒂（Moretti，2004a）认为高技能劳动力带来了人力资本外部性，莫雷蒂（Moretti，2004b）发现了城市劳动者（除本企业）大学生比例增加会促进本企业产出增加；梁文泉和陆铭（2016）改进了前人衡量人力资本的方法，考察了服务业内人力资本的外部性与作用机制。总体来说，已有研究无论是从需求侧出发还是从供给侧出发，在厂商生产函数的设定中都是用劳动力数量衡量劳动力投入，忽略了对劳动力质量的考虑。本章用有效劳动衡量劳动力投入，从供给侧思考制造业转型升级动力机制的形成。同时在分析信息网络技术与人力资本积累联系的基础上，从有效劳动供给的角度，研究信息网络技术推动制造转型升级的动力机制，并进行实证检验。

9.3　理论分析与研究假说的提出

9.3.1　信息网络技术推动制造业转型升级的可行性分析

　　新工业革命的本质特征是信息化和智能化，以新一代信息网络技术为核心驱动力，推动经济领域进行最激进的变革。20世纪末，信息网络技术的代表——互联网粉墨登场；二十年后，PC互联网升级为移动互联网，互联网公司超越电脑软件等传统IT公司成为科技公司的代表，并改变了媒体、娱乐、零售、旅行等与消费者直接相关的众多行业，为制造业转型升级提供了外部需求。2010年以来，以德国提出"工业4.0"概念为标志，互联网技术开始逐步深入工业企业的发展全过程。随着物联网、大数据、云计算等新一代信息通信技术的广泛应用，"互联网＋"催生了更多新思维、新模式，影响了制造业企业，为制造业转型升级提供了内在驱动力。互联网在生产要素配置中具有优化和集成作用，使更多传统产业利用互联网技术和思维方式实现转型升级。电子商务减少了传统意义上的产销等中间环节，提高了货物的周转速度、卖家的盈利水平。发展电子商务等新兴服务业是"互联网＋"行动的重要内容，需要推动电子商务与贸易流通、工业生产、金融服务等相关领域联动发展，推进网络购物、网络化制造和经营管理、跨境电商等新业态成长，建设促进居民消费的电子商务平台，支持实体店与电商、线上与线下协同发展，为制造业转型升级提供了平台和载体。信息网络技术发展带来的溢出效应有目共睹，并将推动制造业转型升级。[①]

9.3.2　劳动者择业偏好的非线性特征

科明等（Comin et al.，2015）认为在收入弹性较大的部门，随着消费者收入的提高，其需求增长会更快一些。与之类似，我们认为劳动者择业偏好是非线性的。人们挑选职业时会青睐具有前景更好、薪资更高等特点的优质职位，而前景一般、薪资一般的职位对人们的吸引力相对较低；当人们具备的技能提高时，就会出现劳动者向优质职位流动的情况。以制造业为例，优质职位指的是技术资本密集型制造业提供的职位，普通职位指的是劳动密集型制造业提供的职位。劳动密集型制造业的工资较低，其职业前景不如技术资本密集型制造业。从收入、前景、心理等方面而言，与劳动密集型制造业相比，人们从心理上更愿意从事技术资本密集型制造业。人们这种非线性择业偏好在一定程度上有助于推动制造业转型升级。劳动者对技术资本密集型制造业的偏爱，可以为该行业提供劳动力后备军。之所以认为人们对优质职位偏好的心理仅能增加技术密集型制造业的后备军而非主力军，其原因在于职位和劳动力之间合理有效匹配的条件除了劳动者想不想从事该职位之外，还有一个关键条件就是劳动者能不能从事该职位。因此解决劳动者"有心无力"的情况对于制造业转型升级来说至关重要。让劳动者从"有心无力"变成"得心应手"，关键在于提高劳动者的人力资本积累，使其具备从事相关行业的技能。

---

① 作者实证检验了信息网络技术与制造业转型升级的关系，结果显示信息网络技术可以推动制造业转型升级，限于篇幅不在文中展示，有因研究需要者可向作者索取。

9.3.3　有效劳动供给的界定

本章采用有效劳动 HL 来衡量劳动力投入，这意味着劳动力不再是同质的，H 指的是人力资本存量，L 指的是劳动力数量，即从业人数。用劳动力数量衡量劳动力投入，不能同时反映劳动力的数量和质量，难以针对人口结构红利消失提出合理建议。提升人力资本的方式主要有两种，即正规的学校教育和校外学习。本章借鉴巴罗和李（Barro and Lee，2001）、王和姚（Wang and Yao，2003）的方法，用劳动者受教育年限衡量正规学校教育。校外学习的方式有多种，信息网络技术发展带来信息传输成本下降和效率提高，有助于劳动者降低获取知识的成本、提高课外学习的效率，最终推动人力资本积累。由此得出衡量有效劳动的方式，用 h 代表劳动者人均受教育的年数，用 X 代表信息网络技术水平，用劳动者受教育年限代替部分人力资本，同时考虑到信息网络技术在提高劳动力课外学习效率中的作用，用 hX 代替人力资本，假设 $H=hX$，有效劳动为 HL。

结合劳动者择业偏好非线性的假定，当信息网络技术通过提高校外学习的效果，推动人力资本积累后，会产生两个方面的影响：直观影响是加快劳动力从劳动密集型制造业流向技术资本密集型制造业的速度；隐含影响是产生人力资本外部性，劳动密集型制造业的劳动者人力资本提高后，可能会另谋高就，即劳动密集型制造业容易为技术资本密集型制造业在有效劳动供给方面"作嫁衣裳"。这两个方面的影响，后面的基本理论模型中都会考虑。此外，政府在中国经济运行中具有重要地位，因此模型假定经济中存在三个部门：厂商、政府和代表性家庭。

9.3.4　市场主体行为分析

基本模型中将探讨劳动密集型、技术资本密集型制造业之间的有效劳动流动，因而事先明确了有效劳动的含义。

1. 厂商行为

借鉴莫雷蒂（Moretti，2004a，2004b）、梁文泉和陆铭（2016）的做法，用 CD 函数来衡量人力资本外部性的大小，如式（9-1）所示：

$$Y_i(t) = A_i(t)K_i(t)^{\beta_{iK}}(H_Q(t)(t))^{\beta_{iL}} \qquad (9-1)$$

其中，下标 i 代表 i 行业厂商，Y 代表厂商产出，A 代表全要素生产率 TFP，

K 代表投入生产的资本，$\beta_{iK} \in (0，1)$，$\beta_{iL} \in (0，1)$。假定 i 行业的技术水平即全要素生产率 A 受到其他行业人力资本的影响，如式（9 – 2）所示：

$$\ln A_i(t) = \gamma_{ixL}(H(t)L(t) - H_i(t)L_i(t)) \qquad (9 - 2)$$

其中，γ_{ixL} 代表 i 行业受到的人力资本外部性的影响。

式（9 – 3）描述了资本的变化。

$$K_i(t) = vY_i(t) + (1 - \delta)K_i(t - 1) \qquad (9 - 3)$$

其中，vY 代表投资，v 代表投资率，δ 代表折旧率。

2. 代表性家庭行为

根据上述理论分析，人们对不同职业具有不同的偏好，为描绘这种偏好，本章提出有效劳动供给弹性的概念。i 行业有效劳动供给弹性指当有效供给总数变动 1% 时，i 行业有效劳动变动百分之几。人们对不同职业具有不同的偏好意味着各行业的有效劳动供给弹性存在差异，也意味着当有效劳动供给总和发生变化时，各行业的有效供给的变化是非线性的。各行业有效劳动之间的关系如式（9 – 4）所示：

$$\sum_{i=1}^{n} \Psi_i^{\frac{1}{\sigma}}(H(t)L(t))^{\frac{\varepsilon_i - \sigma}{\sigma}}(H_i(t)L_i(t))^{\frac{\sigma - 1}{\sigma}} = 1 \qquad (9 - 4)$$

其中，ε_i 代表有效劳动的供给弹性，当 $\varepsilon_i = 1$ 时，即可转换为更常见的 CES 函数，σ 代表替代弹性，$\sigma > 0$，Ψ_i 代表权重。

3. 政府行为

政府背后的实质性个体是官员，官员晋升考核的重要标准包含经济增长。制造业则是经济社会的重要组成部分，其他条件相同的情况下，若某地区制造业产值更高，那么该地区官员预期的正效用更大，反之亦然。据此，构建出如式（9 – 5）所示的官员效用函数：

$$\max U = \sum_{i=1}^{n} Y_i(t) \qquad (9 - 5)$$

式（9 – 5）假设 $Y_i(t)$ 的系数值是相同的，即 i 行业产值增加一单位与 j 行业产值增加一单位，官员增加了相同的效用。如此假定的原因是，在本章模型中，$Y_i(t)$ 系数取值的异同并不影响最终结果，为了简化模型、突出重点，所以将 $Y_i(t)$ 的系数值假设成相同的。接下来分别探讨这两个方面的动力机制，在探讨某个动力机制时，会将与另一个动力机制有关的函数形式转变为一般形式。

9.3.5 基本理论模型分析

1. 信息网络技术、人力资本外部性与制造业转型升级

为简化分析，假定存在劳动密集型与资本技术密集型两类制造业厂商，因而式（9-1）可转变为式（9-6）和式（9-7）：

$$Y_Q(t) = A_Q(t)K_Q(t)^{\beta_{Qk}}(H_Q(t)L_Q(t))^{\beta_{QL}} \tag{9-6}$$

$$Y_Z(t) = A_Z(t)K_Z(t)^{\beta_{Zk}}(H_Z(t)L_Z(t))^{\beta_{ZL}} \tag{9-7}$$

其中，下标 Q 代表劳动密集型厂商，Z 代表技术资本密集型厂商，Y 代表厂商产出，A 代表全要素生产率 TFP，K 代表投入生产的资本，$\beta_{Qk} \in (0, 1)$，$\beta_{Zk} \in (0, 1)$。假定劳动力密集型制造业厂商的技术水平即全要素生产率 A 受到技术资本密集型制造业人力资本的影响，技术资本密集型制造业厂商的技术水平受到劳动力密集型制造业人力资本的影响，如式（9-8）和式（9-9）所示：

$$\ln A_Q(t) = \gamma_{QXL}H_Z(t)L_Z(t) \tag{9-8}$$

$$\ln A_Z(t) = \gamma_{ZXL}H_Q(t)L_Q(t) \tag{9-9}$$

其中，γ_{QXL} 和 γ_{ZXL} 分别代表技术资本密集型和劳动密集型制造业内部的人力资本外部性。结合上文分析，相比劳动密集型制造业，劳动者更偏好技术资本密集型制造业，因此劳动密集型制造业的从业者之所以继续从事该行业，缘于其并不具备从事技术资本密集型制造业的技能。若信息网络技术可以推动劳动密集型制造业人力资本积累，提升劳动密集型制造业劳动者技能，那么就会有一部分劳动力从劳动密集型制造业流向技术资本密集型制造业，提高技术资本密集型制造业产值。若信息网络技术推动技术资本密集型制造业人力资本积累，会引起技术资本密集型制造业产出增加，技术资本密集型人力资本较高的地区往往是经济发展水平较先进的地区，这对劳动密集型制造业来说生产成本相对较高，获得的政策扶持力度也较小，因此对劳动密集型制造业产出会产生不利影响。因此，$\gamma_{QXL} < 0$，$\gamma_{ZXL} > 0$。结合上述公式，可以得到式（9-10）和式（9-11）：

$$\ln Y_Q(t) = \gamma_{QXL}H_Z(t)L_Z(t) + \beta_{QL}\ln(H_Q(t)L_Q(t)) + \beta_{QK}\ln K_Q(t) \tag{9-10}$$

$$\ln Y_Z(t) = \gamma_{ZXL}H_Q(t)L_Q(t) + \beta_{ZL}\ln(H_Z(t)L_Z(t)) + \beta_{Zk}\ln K_Z(t) \tag{9-11}$$

为了更清楚地分析信息网络技术如何通过行业间人力资本外部性的差异影响制造业转型升级，在本节中假定代表性家庭对各职业的偏好是相同的，即式（9-12）：

$$H_Q(t)L_Q(t)L_Z(t) = H(t)L(t) \tag{9-12}$$

这样，式（9-5）和式（9-4）可以转化为式（9-13）和式（9-14）：

$$\max U = Y_Z(t) + Y_Q(t) \tag{9-13}$$

$$\text{s. t.} \quad H_Q(t)L_Q(t) + H_Z(t)L_Z(t) = H(t)L(t) \tag{9-14}$$

由此构建拉格朗日函数，并分别对 $H_Q(t)L_Q(t)$ 和 $H_Z(t)L_Z(t)$ 进行求导可得式（9-15）：

$$\frac{Y_Q(t)}{Y_Z(t)} = \frac{h_Q(t)L_Q(t)}{h_Z(t)L_Z(t)} \frac{\beta_{ZL} - \gamma_{ZXL}h_Z(t)L_Z(t)X(t)}{\beta_{QL} - \gamma_{QXL}h_Q(t)L_Q(t)X(t)} \tag{9-15}$$

因为 $\gamma_{QXL} < 0$，$\gamma_{ZXL} > 0$，可知 $\dfrac{\partial \dfrac{Y_Q(t)}{Y_Z(t)}}{\partial X(t)} < 0$。本章提出假说1。

假说1：由于劳动密集型和技术资本密集型制造业内部的人力资本外部性分别为正值和负值，所以信息网络技术可以通过引导有效劳动的合理流动和提高人力资本价值推动制造业转型升级。

2. 信息网络技术、有效劳动供给弹性与制造业转型升级

本节中的生产函数不考虑人力资本外部性。因为劳动密集型、技术资本密集型制造业可以从第一产业中吸纳从业者，因此把第一产业纳入模型中。式（9-1）可以转变为式（9-16）：

$$Y_i(t) = A_i(t)K_i(t)^{\beta_i}(H_i(t)L_i(t))^{1-\beta_i} \tag{9-16}$$

其中，下标 i 代表 i 行业中的厂商，假定有三个行业的厂商，N 代表第一产业厂商，$\beta_i \in (0, 1)$。假设全要素生产率 A_i 和 β_i 不受信息网络技术 X 的影响。[①] 此外，模型设定信息网络技术对人力资本提升的影响在三个行业中是相同的，这似乎与现实情况有些出入，但不会对结果产生实质性影响，原因会在随后的模型求解过程中做进一步的说明。为了简化模型，本章认为各行业劳动者对信息网络技术的运用能力是无差异的。这样，式（9-4）可以转变为式（9-17）：

$$\sum_{i=1}^{3} \Psi_i^{\frac{1}{\sigma}}(H(t)L(t))^{\frac{\varepsilon_i-\sigma}{\sigma}}(H_i(t)L_i(t))^{\frac{\sigma-1}{\sigma}} = 1 \tag{9-17}$$

其中，$\varepsilon_Z > \varepsilon_Q > \varepsilon_N$。政府的效用函数没有变化，如式（9-18）所示：

$$U = \sum_{i=1}^{3} Y_i(t) \tag{9-18}$$

由上述公式可求解出模型的均衡解。首先，再次分析厂商的行为，各厂商的

---

① 这是因为信息网络技术在各行业劳动者之间不存在排他性，即某行业劳动者对信息网络技术的使用不影响另一行业劳动者对信息网络技术的使用。

目标是实现利润最大化，这意味着产出中有（$1-\beta_i$）部分要支付给员工当作劳动报酬，结合式（9-19）可得：

$$w_i(t) = (1-\beta_i)Y_i(t)(H_i(t)L_i(t))^{-1} \qquad (9-19)$$

由式（9-19）可得式（9-20）：

$$\frac{H_i(t)L_i(t)}{H_j(t)L_j(t)} = \frac{(1-\beta_i)Y_i(t)w_j(t)}{(1-\beta_j)Y_j(t)w_i(t)} \qquad (9-20)$$

其中，下标 j 代表 j 行业厂商，式（9-20）表明 i 行业与 j 行业的有效劳动之比与两个行业的产出之比呈正相关关系，与两个行业的劳动报酬之比呈负相关关系。从厂商的角度直观来看，某行业产出越多，则对有效劳动的需求越多；若有效劳动的劳动报酬越高，厂商就会减少对有效劳动的需求。

随之，再次分析官员的行为，构建拉格朗日函数式（9-21）所示：

$$\sum_{i=1}^{3} Y_i(t) + \lambda \sum_{i=1}^{3} \Psi_i(H(t)L(t))^{\frac{\varepsilon_i-\sigma}{\sigma}}(H_i(t)L_i(t))^{\frac{\sigma-1}{\sigma}} - 1) \qquad (9-21)$$

式（9-21）对 $H_i(t)L(t)$ 进行一阶求导得式（9-22）：

$$\frac{Y_i(t)}{Y_j(t)} = \frac{1-\beta_j\Psi_i^{\frac{1}{\sigma}}}{1-\beta_i\Psi_j^{\frac{1}{\sigma}}}\left(\frac{H_i(t)L_i(t)}{H_j(t)L_j(t)}\right)^{\frac{\sigma-1}{\sigma}}(H(t)L(t))^{\frac{\varepsilon_i-\varepsilon_j}{\sigma}} \qquad (9-22)$$

结合式（9-20）和式（9-22）即可得到式（9-23）、式（9-24）、式（9-25）：

$$\frac{\partial\ln\left(\frac{H_i(t)L_i(t)}{H_j(t)L_j(t)}\right)}{\partial\ln(H(t)L(t))} = \varepsilon_i - \varepsilon_j \qquad (9-23)$$

$$\frac{\partial\ln\left(\frac{H_i(t)L_i(t)}{H_j(t)L_j(t)}\right)}{\partial\ln\left(\frac{w_j(t)}{w_i(t)}\right)} = \sigma \qquad (9-24)$$

$$\ln\left(\frac{Y_i(t)}{Y_j(t)}\right) = \ln\left(\frac{(1-\beta_j)\Psi_i}{(1-\beta_i)\Psi_j}\right) + (1-\sigma)\ln\left(\frac{w_i(t)}{w_j(t)}\right) + (\varepsilon_i-\varepsilon_j)\ln(H(t)L(t))$$

$$(9-25)$$

式（9-25）表明，当有效劳动供给总和增加时，各行业吸纳的新增有效劳动的速度不同，但是行业 i 和行业 j 之间新增有效劳动的速度之差，即有效劳动供给弹性之差是固定的，为 $\varepsilon_i - \varepsilon_j$。由式（9-25）可知，两个行业有效劳动的替代弹性是固定的，为 σ。为了将信息网络技术的作用表达得更直观，可以把式（9-25）写成式（9-26）：

$$\ln\left(\frac{Y_i(t)}{Y_j(t)}\right) = \ln\left(\frac{(1-\beta_j)\,\Psi_i}{(1-\beta_i)\,\Psi_j}\right) + (1-\sigma)\ln\left(\frac{w_i(t)}{w_j(t)}\right) + (\varepsilon_i - \varepsilon_j)\ln(h(t)X(t)L(t))$$

$$(9-26)$$

式（9-26）等号右边两项展示了劳动报酬效应和有效劳动供给效应，第一项 $(\varepsilon_i - \varepsilon_j)\ln(h(t)X(t)L(t))$ 表明，如果两个行业有效劳动供给弹性之差 $\varepsilon_i - \varepsilon_j > 0$，那么随着行业有效劳动供给总和的增加，行业 i 的产出增量高于行业 j 的产出增量。因为信息网络技术对有效劳动具有正向影响，所以随着信息网络技术水平提高，行业 i 的优势愈加明显，行业 i 的产出增量高于行业 j 的产出增量。由于人们对第一产业、劳动密集型、技术资本密集型制造业的偏爱程度依次升高，从而提出假说2。

假说2：由于劳动密集型制造业有效劳动供给弹性小于技术资本密集型制造业有效劳动供给弹性，所以信息网络技术可以通过推动人力资本积累、提高有效劳动供给总量，从而推动制造业转型升级。

9.4   指标体系与计量模型的设定

9.4.1   衡量信息网络技术的指标体系

信息网络技术以智能化和数字化为特征，因此可以从互联网应用建设水平和信息产业发展水平两个方面构建信息网络技术发展水平的衡量指标。互联网应用建设指标衡量的是智能基础建设水平，包括四个二级指标：光缆建设水平、移动电话交换机容量、互联网宽带接入端口、互联网用户比重。信息产业发展指标衡量的是信息产业的现状和发展潜力，包括三个二级指标：电子信息制造业的国际竞争力、信息化在制造业商贸中的应用程度、IT 人才储备和规模。[①]

9.4.2   假说1的计量检验模型

为了检验假说1，先要求出式（9-10）和式（9-11）中的系数值。设置控制变量，具体表达形式见式（9-27）和式（9-28）：

[①]   因篇幅原因，具体指标体系和计算方法不再单独列出，可参见李捷和余东华（2017）。

$$\ln Y_{Qi}(t) = \gamma_{QXL} X_i(t) L_{Zi}(t) + \beta_{QL} \ln(X_i(t) L_{Qi}(t)) + \beta_{Qk} \ln K_{Qi}(t)$$
$$+ \sum CONTROL + \varepsilon \qquad (9-27)$$

$$\ln Y_{Zi}(t) = \gamma_{ZXL} X_i(t) L_{Qi}(t) + \beta_{ZL} \ln(X_i(t) L_{Zi}(t)) + \beta_{Zk} \ln K_{Zi}(t)$$
$$+ \sum CONTROL + \varepsilon \qquad (9-28)$$

回归中控制的人力资本特征变量分别是 $brbc$、$cxql$、$\ln fy$、$gxxs$。其中，$brbc$ 指每百人拥有的病床数，衡量人造舒适物对人才流动的影响；$cqlx$ 指技术创新潜力，衡量人均技术市场成交额，用技术市场成交额占总人口的比例来表示，反映劳动力学习知识的兴趣；$\ln fy$ 指老年抚养比，反映劳动力结构；$gxxs$ 指高校在校生占总人口的比例，反映人才后备军的多寡。求出 $\beta_{QL} L_Z(t)$、γ_{ZXL}、$\beta_{ZL} L_Q(t)$、γ_{qXL} 值后，即可观察出 $\dfrac{\partial \dfrac{Y_Q(t)}{Y_Z(t)}}{\partial X(t)}$ 值的正负性。

h 指劳动者人均受教育年数，根据中国现阶段的教育体系，不识字、小学教育、初中教育、高中教育的总受教育年限分别为 0 年、6 年、9 年、12 年。大专教育学制为 3~5 年，本章统一设置为 3 年，总受教育年限为 15 年；大学本科教育学制为 4~5 年，本章统一设置为 4 年，总受教育年限为 16 年；研究生教育分为硕士生教育（包括专业硕士和学术型硕士）和博士生教育，专业硕士学制一般为 2 年，学术型硕士学制一般为 3 年，2010 年专业硕士招生人数占硕士招生人数的 23.31%，随后比例逐年上升，至 2013 年上升至 40.26%，考虑到 2013 年入学的专业硕士一般是 2015 年毕业，因此在 2003~2015 年，专业硕士学历的劳动者总数远低于学术硕士学历的劳动者总数，本章把硕士生教育学制设置为 3 年。博士学制一般为 3 年以上，2010~2013 年博士招生人数与硕士招生人数之比稳定在 0.13:1 左右，博士生比硕士生少很多，因此用 3 年硕士生教育学制代替研究生教育学制，总受教育年限为 19 年，则劳动者人均接受正规学校教育年数的公式是式（9-29）：

$$h(t) = 6h^x(t) + 9h^c(t) + 12h^g(t) + 15h^z(t) + 16h^b(t) + 19h^y(t) \qquad (9-29)$$

$h^x(t)$、$h^c(t)$、$h^g(t)$、$h^z(t)$、$h^b(t)$、$h^y(t)$ 分别指劳动者中具备小学学历、初中学历、高中学历、大专学历、大学本科学历、研究生学历人数的比例。通过式（9-29），分别算出本地区制造业劳动者人均受教育年数近似代替劳动密集型、技术资本密集型制造业劳动者人均受教育年数。

9.4.3　假说 2 的计量检验模型

为了检验假说 2，将式（9-26）设置成如下方程组，如式（9-30）和式（9-31）所示：

$$\ln\left(\frac{Y_Q(t)}{Y_N(t)}\right) = \alpha + (\sigma-1)\ln\left(\frac{w_N(t)}{w_Q(t)}\right) + (\varepsilon_Q - \varepsilon_N)\ln(h(t)X(t)L(t)) + \mu_t + \varepsilon_t \tag{9-30}$$

$$\ln\left(\frac{Y_N(t)}{Y_Z(t)}\right) = \alpha + (1-\sigma)\ln\left(\frac{w_N(t)}{w_z(t)}\right) + (\varepsilon_N - \varepsilon_Z)\ln(h(t)X(t)L(t)) + \mu_t + \varepsilon_t \tag{9-31}$$

上式中，w 代表劳动者人均劳动报酬，hXL 代表三个行业有效劳动的总和，L 代表劳动力数量即从业人数，h 代表劳动者人均受教育的年数，用 X 代表信息网络技术水平，α 代表常数项。式（9-30）和式（9-31）中的 σ 是相同的，μ_t 表示行业个体效应，ε_t 代表随机扰动项。通过跨方程参数约束的似不相关回归求出各系数值后，即可分别得到第一产业与劳动密集型制造业产业之比、劳动密集型制造业与技术资本密集型制造业产出之比。w 指劳动者人均劳动报酬，《中国劳动统计年鉴》没有分地区各行业就业人员劳动报酬，却有分地区各行业城镇单位就业人员劳动报酬，本章用各行业城镇单位就业人员劳动报酬之比近似代替各行业就业人员劳动报酬之比。

L 指从业人数，参考徐建国和张勋（2016）的方法，找出 2003~2012 年第一产业从业人数，并按东、中西部地区①进行汇总，尽管《中国第三产业统计年鉴》中没有 2013~2016 年分地区第一产业从业人数，但有全国第一产业劳动者总数。假设 2013~2016 年分地区第一产业从业人数年增长率等于全国第一产业劳动者总数年增长率，模拟出 2013~2016 年分地区第一产业从业人数。对比模拟的 2003~2012 年第一产业从业人数与真实的第一产业从业人数，平均偏差在 3% 左右，因此模拟结果是较为可信的。

---

① 东部地区包括北京、天津、河北、上海、江苏、浙江、福建、山东、广东、海南、辽宁、吉林、黑龙江 13 个省份，中西部地区包括山西、安徽、江西、河南、湖北、湖南、内蒙古、广西、重庆、四川、贵州、云南、陕西、甘肃、青海、宁夏、新疆 17 个省份。30 个省区市不包括港澳台和西藏。

9.5　实证检验与结果分析

本章数据来源于《中国统计年鉴》《中国固定资产投资统计年鉴》《中国环境统计年鉴》《中国工业统计年鉴》《中国第三产业统计年鉴》《中国电子信息产业统计年鉴》《中国农村统计年鉴》《中国劳动统计年鉴》、中国互联网信息中心（CNNIC）、国泰安 CSMAR 数据库、中华人民共和国国家统计局网站中的国家数据资料库。因为信息网络技术在中国发展的时间不长，信息网络技术的早期相关数据难以获得，因此选用 2003~2016 年的样本数据。

9.5.1　假说 1 的计量方法选择与实证检验结果

先检验模型中是否存在内生性问题，传统的豪斯曼检验和异方差稳健的 DWH 检验显示有内生性变量，因受篇幅限制，结果不在文中显示。[①] 参考余东华等（2018）的做法，选用系统 GMM 模型，应用式（9-27）和式（9-28）对假说 1 进行检验，检验结果如表 9-1 所示。

表 9-1　　　　　　　　　　　假说 1 的检验结果

变量	列（1）	列（2）
$\ln Y_Q(t-1)$	0.9483 *** （0.0185）	
XL_Z	-0.000002 *** （0.000001）	
$\ln XL_Q$	0.0265 * （0.0147）	
$\ln Y_s(t-1)$		0.7092 *** （0.0238）
XL_Q		0.000001 *** （0.0000003）

---

① 有因研究需要者可向作者索要。

续表

变量	列（1）	列（2）
$\ln XL_z$		0. 0043 （0. 0137）
$\ln K$	0. 1017 *** （0. 0253）	0. 0916 ** （0. 0374）
$brbc$	0. 1807 *** （0. 0201）	0. 0357 *** （0. 0053）
$cqlx$	− 0. 00000003 （0. 00001）	0. 000003 （0. 00001）
$\ln fy$	5. 5837 *** （0. 3667）	1. 1730 *** （0. 3016）
$gxxs$	− 56. 5251 *** （5. 1326）	17. 7083 *** （5. 1307）
截距项	− 0. 7578 *** （0. 1691）	1. 1990 *** （0. 1543）
N	390	390
AR（2）	0. 8459	0. 1283
Sargan	0. 1686	0. 1582

注：括号内为聚类稳健标准差；＊、＊＊、＊＊＊分别表示在 10%、5%、1% 水平上显著；AR（2）p 值为进行二阶序列相关检验得到的 p 值；Sargan p 值表示对工具变量进行过度识别检验得到的 Sargan 统计量对应的 p 值。

资料来源：作者计算整理。

表 9 − 1 中的 AR（2）和 Sargan 值都满足使用系统 GMM 方法的前提条件。列（1）和列（2）显示 $\gamma_{QXL}=-0.000002$，$\gamma_{ZXL}=0.000001$，均在 1% 的水平上显著。因为 γ_{QXL} 是负值，故 $\dfrac{\partial \dfrac{Y_Q(t)}{Y_Z(t)}}{\partial X(t)}<0$，从而验证了假说 1。关于控制变量系数值的经济学含义，不再赘述。

9.5.2　假说 2 的计量方法选择与实证检验结果

因为式（9 − 30）和式（9 − 31）中的 σ 是相同的，扰动项 ε_1 和 ε_2 之间存在相关性，所以选取跨方程参数约束的似不相关回归方法求解式（9 − 30）和式

（9 - 31），结果如表 9 - 2 所示。

表 9 - 2 假说 2 的检验结果

变量	列（1） $\ln\left(\dfrac{Y_Q(t)}{Y_N(t)}\right)$	列（2） $\ln\left(\dfrac{Y_N(t)}{Y_Z(t)}\right)$	列（3） $\ln\left(\dfrac{Y_Q(t)}{Y_N(t)}\right)$	列（4） $\ln\left(\dfrac{Y_N(t)}{Y_Z(t)}\right)$
$\ln\left(\dfrac{w_N(t)}{w_Q(t)}\right)$	0.8477 ** （0.4207）		0.9648 ** （0.3804）	
$\ln\left(\dfrac{w_n(t)}{w_z(t)}\right)$		0.8477 ** （0.4207）		0.9648 ** （0.3804）
$\ln(h(t)X(t)L(t))$	- 1.5555 *** （0.4067）	- 1.9137 *** （0.3336）	- 0.3861 *** （0.0533）	- 0.4788 *** （0.0367）
常数项	23.3628 *** （6.3027）	28.4417 *** （5.2517）	5.0037 *** （0.7227）	6.0394 *** （0.6424）

注：*、**、*** 分别表示在 10%、5%、1% 水平上显著；括号内为系数检验的 p 值。

表 9 - 2 中的列（1）和列（2）展示了对东部地区的检验结果，列（3）和列（4）展示对中西部地区的检验结果。求解之前先检验式（9 - 30）和式（9 - 31）中的 σ 值是否相等，检验结果显示东中西部地区的 p 值分别是 0.0929、0.6509、0.0929，接近 0.1，所以可以接受这两个系数相等的原假设，随后添加跨方程约束条件，进行 SUR 估计。列（1）和列（2）显示 $\varepsilon_N - \varepsilon_Q = -1.5555$，$\varepsilon_N - \varepsilon_Z = -1.9137$，$\varepsilon_N - \varepsilon_Q$ 和 $\varepsilon_N - \varepsilon_Z$ 在 1% 的水平上显著，进而得出 $\varepsilon_Z - \varepsilon_Q = 0.3582$。列（3）和列（4）显示 $\varepsilon_N - \varepsilon_Q = -0.3861$，$\varepsilon_N - \varepsilon_Z = -0.4788$，$\varepsilon_N - \varepsilon_Q$ 和 $\varepsilon_N - \varepsilon_Z$ 在 1% 的水平上显著，得出 $\varepsilon_Z - \varepsilon_Q = 0.0927$。无论是东部地区还是西部地区，$\varepsilon_Z > \varepsilon_Q > \varepsilon_N$，从而验证了假说 2。

9.5.3 假说 1 的稳健性检验

表 9 - 3 中的列（1）和列（2）分别是对式（9 - 27）和式（9 - 28）的稳健性检验结果。用本地区劳动者人均受教育年数衡量制造业分行业的劳动者受正规学校教育程度，表 3 中的 AR（2）和 Sargan 值都满足使用系统 GMM 方法的前提条件。表 3 显示 $\gamma_{QXL} = -0.000002$，$\gamma_{ZXL} = 0.000001$，并在 1% 的水平上显著，通过了假说 1 的稳健性检验。

表 9 - 3		假说 1 的稳健性检验结果
变量	列（1）	列（2）
$\ln Y_Q(t-1)$	0. 9522 *** (0. 0181)	
XL_Z	- 0. 000002 *** (0. 000001)	
$\ln XL_Q$	0. 0152 (0. 0130)	
$\ln Y_z(t-1)$		0. 7522 *** (0. 0244)
XL_Q		0. 000001 *** (0. 0000002)
$\ln XL_Z$		0. 0475 *** (0. 0073)
$\ln K$	0. 1039 *** (0. 0251)	0. 0102 (0. 0252)
$brbc$	0. 1771 *** (0. 0199)	0. 0447 *** (0. 0072)
$cqlx$	0. 000003 (0. 00001)	0. 00001 (0. 00001)
$\ln fy$	5. 5353 *** (0. 3595)	2. 1199 *** (0. 3321)
$gxxs$	- 55. 6229 *** (5. 2046)	17. 7083 *** (5. 1307)
截距项	- 0. 7049 *** (0. 1659)	1. 0623 ** (0. 1332)
N	390	390
AR（2）	0. 9375	0. 1173
Sargan	0. 1683	0. 1608

注：* 、 ** 、 *** 分别表示在 10% 、5% 、1% 水平上显著；括号内为系数检验的 p 值。

9.5.4　假说 2 的稳健性检验

为了检验假说 2 计量分析的稳健性，进行了稳健性检验，结果如表 9 - 4 所示。

表 9 – 4   假说 2 的稳健性检验结果

变量	列 (1) $\ln\left(\frac{Y_Q(t)}{Y_N(t)}\right)$	列 (2) $\ln\left(\frac{Y_N(t)}{Y_Z(t)}\right)$	列 (3) $\ln\left(\frac{Y_Q(t)}{Y_N(t)}\right)$	列 (4) $\ln\left(\frac{Y_N(t)}{Y_Z(t)}\right)$
$\ln\left(\frac{w_N(t)}{w_Q(t)}\right)$	0. 8477 ** (0. 4207)		0. 9648 ** (0. 3804)	
$\ln\left(\frac{w_N(t)}{w_Z(t)}\right)$		0. 8477 ** (0. 4207)		0. 9648 ** (0. 3804)
$\ln(h(t)X(t)L(t))$	– 1. 5555 *** (0. 4067)	– 1. 9137 *** (0. 3336)	– 0. 3861 *** (0. 0533)	– 0. 4788 *** (0. 0367)
常数项	23. 3628 *** (6. 3027)	28. 4417 *** (5. 2517)	5. 0037 *** (0. 7046)	6. 0394 *** (0. 6257)

注: * 、 ** 、 *** 分别表示在10% 、5% 、1% 水平上显著；括号内为系数检验的 p 值。

表 9 – 4 中的列 (1) 和列 (2) 显示了对东部地区的检验结果，列 (3) 和列 (4) 显示了对中西部地区的检验结果。稳健性检验的关注点是衡量信息网络技术的指标，选择的替代指标为生产智能化指标，共有七个下级指标，分别是企业网站建设程度、光缆建设水平、互联网用户比重、IT 人才储备及规模、信息化在商业贸易中的应用程度、制造业企业机床的应用程度和电子信息制造业的国际竞争力。表 9 – 4 的结果验证了前文提出的假说 2。

9.6 本章小结

本章从供给角度研究了信息网络技术通过影响有效劳动供给和人力资本积累，从而推动制造业转型升级的动力机制。主要研究结论表明：劳动者具有偏好优质职位的心理，这种非线性择业偏好会产生两种现象：一是劳动密集型、技术资本密集型制造业的人力资本外部性分别为正值和负值；二是劳动密集型制造业有效劳动供给弹性小于技术资本密集型制造业有效劳动供给弹性。此外信息网络技术能够提高校外学习的效率和效果，推动劳动力人力资本积累，让越来越多的劳动者具备从事优质职位的技能；这些高技能劳动者会不断从劳动密集型制造业流向技术资本密集型制造业，最终导致技术资本密集型制造业的产出增速高于劳动密集型制造业的产出增速，推动制造业转型升级。根据以上研究结论，提出以下政策建议：

（1）建立合理的人才培养体系，以人才红利推动制造业转型升级。从根源上提高本地区人力资本的方略不是人才争夺，而是建立合理的人才培养体系。政府要加大基础教育投入，提高其高等教育入学比率，进一步扩大研究生的招生人数、丰富研究生入学学习的形式、严抓研究生教学质量和毕业要求。鼓励民间力量从事教育事业，加强与互联网企业、教育培训机构的合作，为困难家庭提供免费或低价的网络学习课程。

（2）推动信息网络技术发展，发挥信息网络技术在人才培养中的重要作用。在硬件方面，政府要加快电信等基础设施的建设，实现全国各地区尤其是偏远地区能够通过手机等移动终端迅速、稳定地获取网络资源；在软件方面，政府要注重知识产权的保护，严惩网络侵权事件，努力降低网络侵权的发生率。

（3）实现劳动密集型、技术资本密集型制造业的联动发展。一是通过加强技术交流与人才培养，优化制造业各行业的产出占比，实现制造业各行业内的价值链攀升，打破行业内的低端锁定；二是技术资本密集型制造业为劳动密集型制造业提供技术和资金上的支持，促进其更新设备，提高生产效率，劳动密集型制造业存在的剩余劳动力可以合理引导至技术资本密集型制造业，为其提供适量的劳动力储备。

第10章

要素市场扭曲、资本深化与制造业转型升级

10.1 引　　言

党的十九大报告指出，我国经济已由高速增长阶段转向高质量发展阶段，正处在转变发展方式、优化经济结构、转换增长动力的攻关期，建设现代化经济体系是跨越关口的迫切要求和我国发展的战略目标。建设现代化经济体系，必须把发展经济的着力点放在实体经济上，加快建设制造强国，加快发展先进制造业，推动互联网、大数据、人工智能和实体经济深度融合，增强制造业国际竞争力。制造业是实体经济的主体，是国民经济的支撑，实现国民经济高质量发展，首先要求转变制造业发展方式。改革开放以来，我国制造业凭借着充裕的要素供给、低廉的生产成本、广阔的消费市场和引进的先进技术得以迅速发展，成为世界制造业第一大国和制成品出口大国，"中国制造"成为我国在世界舞台上的重要标签。然而，我们也要清醒地认识到，我国制造业总体上仍然是大而不强、多而不精，并且面临着国内外多重因素的制约。从国内看，近年来我国经济发展进入"新常态"，实体经济下行压力加大，要素价格不断攀升，环境规制日趋严格。从国际看，发达国家为了应对新工业革命挑战，纷纷实施"再工业化"战略，吸引制造业中高端环节回流；发展中国家以要素低成本优势和"环境污染天堂"吸引中低端制造业落地，"中国制造"面临双重挤压。我国制造业急需通过转型升级走出粗放型发展模式，进入高端、高效、绿色、创新的发展新阶段。

转型升级是我国制造业保持活力、变革动力、激发潜力的重要途径，然而我

国制造业转型升级还面临着一些制约因素。改革开放以来，我国在产品市场改革方面取得了巨大成就，产品价格全部放开，价格机制较为成熟，市场化程度较高。与此形成鲜明对比的是，要素市场改革相对滞后，要素配给的市场化程度仍然偏低，要素价格出现了较为严重的扭曲，企业在要素获取方面的"寻租"行为较为普遍，极大地影响了要素配给效率。同时，我国长期以来一直将投资作为经济增长重要驱动力，导致投资增长速度过快，这种过度投资行为是造成产能过剩的重要原因之一。在长期高强度的投资过程中，资本深化推动了经济粗放式发展，但是由于要素市场扭曲导致资本错配，资本深化并不能推动制造业转型升级。转型时期，要素市场扭曲和特定条件下资本深化可能成为我国制造业转型升级的制约因素。基于此，本章对要素市场扭曲、资本深化与制造业转型升级之间的作用机制进行分析和研究，使用可行性广义非线性最小二乘法（FGNLS）估计生产函数并测度要素市场扭曲程度，然后通过构建实证模型验证三者之间的作用关系，在对实证结果进行分析的基础上提出相应的政策建议，为推动我国制造业转型升级、提质增效、增强国际竞争力提供决策参考。

10.2　文　献　综　述

要素市场扭曲的相关研究主要集中在扭曲的影响和扭曲的原因两个方面。在要素市场扭曲可能产生的影响方面，学术界主要关注了要素市场扭曲对全要素生产率、创新投入与绩效、企业出口和技术溢出等产生的影响。谢长廷和克莱诺（Hsieh and Klenow，2009）认为要素市场的扭曲给中国企业的生产造成了较高的效率损失，如果中国按照边际收益对劳动及资本进行配置，则可以将 TFP 提升25% ~40%。勃兰特等（Brandt et al.，2013）对中国省内和省间的要素市场扭曲进行了研究，发现要素错配将非农业 TFP 降低了20%。道拉和魏（Dollar and Wei，2014）则认为通过对资本进行重新配置，降低价格扭曲程度，可以在投入不变的前提下使 GDP 上升5%。赫瓦哈和米安（Khwaja and Mian，2005）研究发现，除了造成效率损失，要素市场扭曲还会抑制 R&D 的增长和创新支出的经济增长效应，最终对产业结构调整和经济发展造成不利影响。踪家峰和周亮（2013）通过实证分析发现，要素扭曲对产业升级具有抑制作用并具有地区差异，政府补贴短期内可以促进行业发展，但最终会导致产业结构失衡。在要素市场扭曲形成原因方面，克莱森等（Claessens et al.，2008）、张杰（2011）等从土地、劳动和资本三个方面对要素市场扭曲进行了研究，认为由于地方政府的"寻租"

行为和对 GDP 的追求导致了扭曲。林伯强和杜克锐（2013）、吴迪（Wu，2018）等学者认为，政策扭曲导致了要素市场扭曲，政府为了得到更多的税收和推行相关产业政策对某些企业和产业进行扶植，对经济发展产生了锁定效应。

学术界关于资本深化的研究主要集中在资本深化对就业、农业生产、劳动生产率、产业结构和收入分配的影响等问题上。傅晓霞和吴利学（2006）利用随机前沿模型探讨了 1978～2004 年间影响中国不同地区劳均产出的因素，发现资本深化仍然是造成地区差距的主要原因。张军（2002）认为，过度的资本深化所引起的投资收益率下降最终对中国 20 世纪 90 年代中期的经济发展产生了不利影响。库马尔和拉塞尔（Kumar and Russell，2002）研究发现，非中性的技术进步更有利于发达国家的经济发展，资本深化在国际经济的发展和两极分化中都起着非常重要的作用。王丹枫（2011）认为，中国在过去几年的发展过程中，资本长期处于强势地位，极大地挤压了其他要素的收入份额，导致了收入不平等现象。阿西莫格鲁和桂列里（Acemoglu and Guerrieri，2008）构建了一个两部门模型，证明了具有不同要素比例的部门在资本深化的作用下会导致经济不平衡增长，这种要素比例的改变会对产业结构产生重要影响。黄健柏和刘维臻（2008）等研究发现，20 世纪 90 年代以来金融发展对工业部门资本深化具有明显促进作用，有助于我国新型工业化发展。

中外学者对制造业转型升级的研究较为丰富，佩内德（Peneder，2003）、德克尔和范登布鲁克（Dekle and Vandenbroucke，2012）、弗里斯等（Vries et al.，2012）等学者认为，制造业转型升级可以给经济增长带来"结构红利"促进经济增长。恩格和斯皮克特－琼斯（Eng and Spickett－Jones，2009）从营销能力视角探究了制造业升级的影响因素，认为产品开发与市场宣传是影响转型升级非常重要的因素。不同研究对转型升级的评估体系也不尽相同。金碚（2011）认为，工业的转型升级要从工业的结构、体系以及企业战略走势上体现出来，从而提升国际竞争力和创新发展能力。王昀和孙晓华（2017）构建绿色生产率指标研究了政府补贴对工业转型升级的影响，结果发现政府补贴在一定程度上激励了企业的研发行为，但对转型升级并没有明显的推动作用。史丹和张成（2017）主要从产业结构优化、要素配置和产能利用率这三个角度分析制造业结构的优化状况，研究发现通过转型升级可以降低碳强度，提升环境质量实现节能减排的目标。刘伟和张辉（2008）发现，产业结构调整对经济发展有着极高的促进作用，但 1998 年之后促进作用一直呈衰减趋势。

综上所述，已有文献对要素市场扭曲、资本深化和制造业转型升级这三方面都有着较为深入的研究，但较少有人将资本深化和制造业转型升级放在要素市场扭曲的背景下进行研究，也较少有学者将这三方面结合起来探究其相互之间的作用机制，进而研究我国制造业转型升级的影响因素。因此，本章将以要素市场扭曲为背景研究三者之间的作用机制，并通过实证分析对它们之间的作用关系进行检验。

10.3　作用机制与理论分析

10.3.1　要素市场扭曲与制造业转型升级

改革开放初期，为了推动工业化进程，扶植工业企业快速发展，提高制造业产品在国际市场上的竞争力，国家在对产品市场进行市场化改革的同时并未完全放开要素市场上的定价权，而是通过行政干预方式为工业企业提供低价生产要素，造成了要素价格的长期负向扭曲。大量剩余农村劳动力的涌入、低价供应土地和资金借贷成本的负向扭曲，极大地降低了制造业生产成本。在国际市场上，我国制造业产品可以依靠低成本优势以低于市场平均价格出售，扩大了国际市场占有率，提升了制造业产品的市场占有率。在低要素成本的支撑下，我国制造业从起步阶段迅速进入快速发展期，并很快发展成为世界第一制造业大国。然而，这种通过政府干预人为压低要素成本的发展模式是难以为继的，尤其是我国经济进入高质量发展阶段以后，制造业需要率先转变发展方式。要素市场扭曲的确降低了企业的生产成本，但也破坏了市场中价格机制的调节作用，价格信号失灵导致要素错配现象越来越严重，要素配置效率越来越低，最终将导致生产率下降。企业进行自主研发需要在前期进行大量投入，沉没成本较高，具有高风险性；再加上专利保护制度不健全，即使研发成功，研发成果未必都能被企业独占利用，"搭便车"行为的存在使企业无法享有创新带来的超额利润。因此，企业在发展过程中可能会通过盲目扩张而不是技术创新寻求更多利润，从而导致重复建设、产能过剩和创新惰性，制约了制造业的转型升级。

我国制造业中仍有大量企业处于全球价值链中低端环节，依靠廉价的土地、资本、劳动力成本和宽松的环保政策维持国际竞争力。制造业企业创新能力不强，在核心技术和尖端技术上仍然缺乏竞争优势。虽然近些年来我国贸易地位得到提升，我国也被称为世界工厂，但我国制造业向价值链高端环节迈进的步伐缓慢，在国际分工中多处在加工组装环节，缺乏品牌效应和创新效应。在要素定价普遍偏低的情况下，资本大量累积成为制造业发展的主要推动力。大规模资本的投入在挤压劳动力生存空间的同时，导致投资体制恶化和投资回报率下降，使各要素无法按最优配置进行生产，最终造成配置效率损失，从而抑制了制造业的转型升级。基于以上分析，本章提出以下假说。

假说1：要素价格负向扭曲虽然会在一定程度上带动制造业规模扩张，但长期内会对制造业转型升级产生抑制作用。

10.3.2　要素市场扭曲与资本深化

要素市场扭曲往往会影响企业对投入要素的选择，要素结构变化会改变企业的技术进步偏向，进而改变企业的产出水平。一般来说，要素市场的扭曲状况主要是由政府对市场的不当干预造成的，政府介入市场掌控要素的定价权，用"看得见的手"改变了自由市场的运行轨迹，使资源配置方向发生改变，这种改变会诱使企业选择一种在要素约束下的最优技术路径，而这种诱致型的技术进步会改变企业边际产出，进而引发新一轮的要素投入比例变化。具体而言，假设一个市场中只存在两种要素，即资本和劳动，在完全竞争的市场中，要素价格和要素边际产出相等时，厂商实现生产成本最小化。然而，政府的介入导致两种要素的相对价格发生变化，如果资本的负向扭曲相对较高，则厂商更愿意使用廉价的资本来进行生产，进而达到新的平衡。这种由于要素价格扭曲而导致的要素配置失衡会引发企业技术进步偏向资本。根据阿西莫格鲁（Acemoglu，2002）的研究，当由于一种要素价格的降低导致该种要素的投入增加时，企业更加倾向于发展偏向该种要素的技术，即技术进步偏向于更多地使用充裕要素节约稀缺要素。在要素价格扭曲和技术进步偏向的共同作用下，企业的资本劳动比和资本产出比的变化方向和速度也会出现不同变化。在资本要素价格被负向扭曲的情况下，各厂商对资本投入的增加会加速资本深化的进程。虽然一国在工业化的进程中往往伴随着资本深化，快速的工业化也往往带动持续的资本积累，但是过度的资本深化会引起资本的要价能力持续上升，从而提升资本的收入份额，挤压劳动报酬。劳动报酬的降低一方面会降低居民消费能力，导致产品需求端动力不足，产品销路受阻；另一方面可支配收入的降低也不利于创新人才的培养。同时，这种资本的加速累积可能还会带来制造业结构的固化以及产能过剩，给制造业转型升级带来不利影响。

政府对要素市场的不当干预导致价格机制调控作用失常，扭曲的价格信号将引发要素非正常流动，造成资源错配，最终对全要素生产率、生产效率和福利产生不利影响。由价格信号失真导致的要素错配也会影响制造业的资本深化进程。为探究要素市场扭曲对资本深化的作用机制，本章将生产要素限定在资本和劳动上，市场机制失灵导致资本和劳动均出现了不同程度的扭曲。如果要素市场上只存在资本的负向扭曲，即资本价格低于其相应的边际产出，那么企业在成本最小化的约束下会更多地投入资本，从而导致行业资本密集度上升。在资本和劳动可以部分替代的情况下，投入要素中资本比例上升的幅度将会更大，进而产生资本深化；否则，则会引起资本退化。当要素市场上只存在劳动的负向扭曲时，企业则会更多地使用劳动力来进行生产，产生资本的挤出效应，造成资本退化；但当劳动价格发生正向扭曲时，过高的劳动力价格会使企业引入更多的资本，要素价格的提升导致了生产成本的上升，追求利润最大化的企业在价格倒逼机制作用下会进行创新或引进先进生产技术，寻求生产效率上的突破，否则成本不断上升对利润的蚕食于企业而言无异于"慢性自杀"，因此企业将不得不引资创新，从而推动资本深化。当要素市场上资本和劳动同时存在价格扭曲时，则需要比较两种要素扭曲的方向以及扭曲程度的相对大小。当资本和劳动均存在负向扭曲时，如果资本的扭曲程度更高，则厂商对资本要素的投入会更多，最终导致资本深化；否则，则是对劳动要素投入更多，造成资本浅化。当资本和劳动均存在正向扭曲时，所导致结果正好与上述结论相反。当资本市场存在负向扭曲，劳动市场存在正向扭曲时，会导致厂商加速地资本深化；当资本市场存在正向扭曲，劳动市场存在负向扭曲时，则会引发资本浅化。

10.3.3　资本深化对制造业转型升级的影响

从整体上看，由要素市场扭曲所引发的资本深化有两种不同的路径：一种是由于资本价格较低所致，另一种则是由于劳动力价格过高所产生的倒逼机制引起的。虽然通过这两种途径都会导致资本深化，但二者在本质上有所差别，最终所导致的结果也不同。在资本市场出现负向扭曲时，会引发资本要素的大量投入以及对劳动要素的替换，这种由低价资本所引发的资本深化往往是粗放型的、低效率的。纵观我国制造业近四十年的发展，其发展速度不可谓不快，大量资本的涌入导致制造业产业规模迅速扩大，产出不断增加。然而，我国制造业在全球价值链中长期被低端锁定，重复建造现象较为严重，产品附加值低，同时由于低端环节商品同质化情况严重，企业为了保有市场份额进行价格战，挤压了企业的利润空间，不仅不会从本质上提升企业的竞争力，更不会有利于制造业转型升级。基于以上分析，本章提出假说 2。

假说2：如果资本和劳动市场同时存在负向扭曲并且资本的相对扭曲程度更高，则要素市场扭曲会抑制制造业转型升级。

当劳动力价格相对较高时，企业所面临的成本危机会促使它们去寻求更好的获利方法，从而不得不去进行创新和技术引进。在这一过程中企业将会"被动地"引入资本，推动资本深化进程。在替代劳动的资本深化过程中，企业会走上一条引资创新之路，将资本与技术相结合，提高企业的创新能力和生产效率，从而带动整个产业"质效"提升，从根本上增强制造业的竞争力，突破全球价值链的低端锁定，促进制造业转型升级。但是，通过现有研究发现，我国要素市场上资本和劳动均存在负向扭曲并且资本的扭曲程度更加严重。企业可以通过获得大量低价生产要素走粗放型外延式扩张之路，产生创新惰性，失去推动产业转型升级的动机和能力。基于此，本章提出假说3。

假说3：转轨时期我国要素市场上存在要素价格扭曲现象，由于资本的负向扭曲程度更为严重，由此所引起的资本深化并不利于制造业转型升级。

10.4 研究设计和模型构建

10.4.1 制造业转型升级的测度与评价

本章拟从制造业结构合理化和高级化两个角度来对制造业转型升级状况进行测度和评价。首先，借鉴产业结构偏离度指标来计算制造业结构偏离度，测算公式为式（10 – 1）：

$$indrs_i = \left| (Y_i/L_i)/(Y/L) - 1 \right| \qquad (10-1)$$

其中，$indrs$ 即为制造业结构偏离度，Y 为制造业增加值，L 为制造业平均就业人数。在完全竞争市场中，各要素自由流动，因此，经济在达到均衡状态时，各行业的生产率应保持一致。所以，制造业行业结构越合理，制造业结构偏离指标度越小，即行业结构合理度与结构偏离指标成反比。在借鉴泰尔指数及相关研究的基础上，本章构建了第二种衡量制造业结构合理化指标新泰尔指数，具体表示如式（10 – 2）所示：

$$indrt_i = n\left(\frac{Y_i}{Y}\right)\log\left(\frac{Y_i}{L_i} \middle/ \frac{Y}{L}\right) \qquad (10-2)$$

其中，$indrt$ 为新泰尔指数，用来衡量制造业的行业结构；n 为制造业行业数，本章选取 27 个制造业行业作为样本，因此 $n = 27$。在完全竞争情况下达到均衡状态时，新泰尔指数为 0。同时，为不同行业的偏离程度增加一个权重来区别不同行业在制造业中的相对重要程度，这一权重由行业增加值比重来衡量。

在对制造业结构高级化程度进行测度的过程中，需要对制造业行业进行分类。目前，学者最常用的是 OECD 制造业分类法，本章沿用上述方法将我国制造业分为高端、中端和低端三类，采用各类行业的增加值比重作为衡量制造业高级化的指标。

10.4.2　生产函数估计

已有研究在测算要素价格扭曲时通常采用科布—道格拉斯（CD）生产函数，但是由于不同行业的要素禀赋不同，不同行业间差异较为明显。因此本章选用适用范围更广的固定替代弹性（CES）生产函数。这样做放松了生产函数中替代弹性总是 1 的强制性假定，更加符合经济现实，也有利于替代弹性的测算。利用"标准化系统法"对生产函数进行估计，即将要素增强型 CES 生产函数进行标准化，进而导出标准化的供给面方程组，然后利用数据对整个方程系统进行回归，得到参数估计值。假设附加要素效率水平的 CES 生产函数为式（10 - 3）：

$$Y_{it} = \left[\alpha \left(A_{it} \times K_{it} \right)^{\frac{\sigma-1}{\sigma}} + (1-\alpha) \left(B_{it} \times L_{it} \right)^{\frac{\sigma-1}{\sigma}} \right]^{\frac{\sigma}{\sigma-1}} \tag{10 - 3}$$

其中，Y_{it}，K_{it}，L_{it} 分别表示工业增加值、资本存量和劳动力，下标 i 表示行业，t 表示时间，α 表示资本的密集度，A_{it}、B_{it} 分别表示资本效率和劳动效率。

假定生产函数的技术进步呈指数型增长，$\gamma_{K_{it}}$、$\gamma_{L_{it}}$ 分别为 A_{it}、B_{it} 的增长率，则有式（10 - 4）和式（10 - 5）：

$$A_{it} = \frac{Y_{it}}{K_{it}} \left(\frac{r_{it} K_{it}/Y_{it}}{\alpha} \right)^{\frac{\sigma}{\sigma-1}} = A_{io} \times e^{(t-t_0)\gamma_{K_{it}}} = Y_{io}/K_{io} \times e^{(t-t_0)\gamma_{K_{it}}} \tag{10 - 4}$$

$$B_{it} = \frac{Y_{it}}{L_{it}} \left(\frac{1 - r_{it} K_{it}/Y_{it}}{1-\alpha} \right)^{\frac{\sigma}{\sigma-1}} = B_{io} \times e^{(t-t_0)\gamma_{L_{it}}} = Y_{io}/L_{io} \times e^{(t-t_0)\gamma_{L_{it}}} \tag{10 - 5}$$

假设要素报酬与其边际产出相等，则有式（10 - 6）和式（10 - 7）：

$$r_{it} = MP_{K_{it}} = \alpha \left(\frac{Y_{it}}{K_{it}} \right)^{\frac{1}{\sigma}} A_{it}^{\frac{\sigma-1}{\sigma}} \tag{10 - 6}$$

$$w_{it} = MP_{L_{it}} = (1-\alpha) \left(\frac{Y_{it}}{L_{it}} \right)^{\frac{1}{\sigma}} B_{it}^{\frac{\sigma-1}{\sigma}} \tag{10 - 7}$$

结合式（10 - 4）、式（10 - 5）、式（10 - 6）、式（10 - 7）式及生产函数式（10 - 3），可以得到一个由三个方程构成的标准化供给面系统如式（10 - 8）~

式（10－10）所示：

$$\log\frac{Y}{\bar{Y}} = \log\xi + \frac{\sigma}{\sigma-1}\log\left\{(1-\alpha)\left(\frac{L}{\bar{L}}e^{(t-t_0)\gamma_{L_{it}}}\right)^{\frac{\sigma-1}{\sigma}} + \alpha\left(\frac{K}{\bar{K}}e^{(t-t_0)\gamma_{K_{it}}}\right)^{\frac{\sigma-1}{\sigma}}\right\}$$

$$(10-8)$$

$$\log\left(\frac{wL}{Y}\right) = \log(1-\alpha) + \frac{\sigma-1}{\sigma}\log\xi - \frac{\sigma-1}{\sigma}\log\left(\frac{Y/\bar{Y}}{L/\bar{L}}\right) + \frac{\sigma-1}{\sigma}\gamma_L(t-t_0)$$

$$(10-9)$$

$$\log\left(\frac{rK}{Y}\right) = \log(\alpha) + \frac{\sigma-1}{\sigma}\log\xi - \frac{\sigma-1}{\sigma}\log\left(\frac{Y/\bar{Y}}{k/\bar{k}}\right) + \frac{\sigma-1}{\sigma}\gamma_k(t-t_0)$$

$$(10-10)$$

其中，$\bar{Y}$、$\bar{K}$、$\bar{L}$ 与 $\bar{t}$ 分别为工业增加值、资本、劳动力和年份的样本均值，ξ 是为将方程进行标准化而引进的规模因子，利用各年数据估计该系统，即可得到要素替代弹性和其他参数估计值。

10.4.3 实证模型构建

制造业转型升级、要素市场扭曲和资本深化三者是相互联系、相互作用的。资本深化与我国长期以来鼓励工业优先发展的战略有关，地方政府在"GDP竞赛"中更是给予本地工业企业大量优惠政策，低价工业用地、廉价劳动力和低成本的资金供给推动了工业快速发展。同时，也使得我国制造业的许多行业甚至是战略性新兴产业中都出现了产能过剩状况严重、资源消耗过快、环境污染严重的问题。因此，为了使制造业行业实现可持续、绿色环保、高质量发展，需要对影响制造业发展的背后深层次因素进行分析，从而更好地掌控制造业的发展路径与方向。根据前文的理论分析，本章构建以下模型对要素市场扭曲、资本深化与制造业转型升级之间的作用机制进行实证检验，如式（10－11）和式（10－12）所示。

$$indrs_{it} = \beta_0 + \beta_1 DistK_{it} + \beta_2 DistL_{it} + \beta_3 Dist_{it} + \beta_4 Capd1_{it} + \beta_5 Capd2_{it} + \beta_6 X_{it} + \varepsilon_{it}$$

$$(10-11)$$

$$indrt_{it} = \beta_0 + \beta_1 DistK_{it} + \beta_2 DistL_{it} + \beta_3 Dist_{it} + \beta_4 Capd1_{it} + \beta_5 Capd2_{it} + \beta_6 X_{it} + \varepsilon_{it}$$

$$(10-12)$$

式（10－11）和式（10－12）中，被解释变量分别为制造业结构偏离度指数 $indrs_{it}$ 和新泰尔指数 $indrt_{it}$，解释变量为资本扭曲程度 $DistK_{it}$、劳动扭曲程度 $DistL_{it}$、相对扭曲程度 $Dist_{it}$ 和两种资本深化测度指标 $Capd1_{it}$ 和 $Capd2_{it}$。$Capd1_{it}$ 表示资本劳动比，$Capd2_{it}$ 表示资本产出比，是衡量资本深化状况的常用指标。X_{it} 为控制变量，包括外商直接投资 FDI_{it}、劳动力平均工资 $Wage_{it}$、技术创新 $R\&D_{it}$ 和行业利润水平 Pro_{it}。外商直接投资用制造业分行业实收资本中港澳台资本金和外商资本金之和表示，劳动力平均工资由分行业就业人员平均报酬表示，技术创新由分行业科技活动经费内部支出表示，行业利润水平用分行业利润总额表示。

10.4.4　变量界定与数据来源

1. 要素价格扭曲程度测算

首先，通过生产函数推导出资本和劳动的边际产出表达式，如式（10 – 13）和式（10 – 14）所示：

$$MP_{K_{it}} = \alpha \left(\frac{Y_{it}}{K_{it}}\right)^{\frac{1}{\sigma}} A_{it}^{\frac{\sigma-1}{\sigma}} \tag{10 – 13}$$

$$MP_{L_{it}} = (1-\alpha) \left(\frac{Y_{it}}{L_{it}}\right)^{\frac{1}{\sigma}} B_{it}^{\frac{\sigma-1}{\sigma}} \tag{10 – 14}$$

通过比较要素边际产出和要素报酬的相对大小得到要素价格扭曲估计值，然后再计算要素价格的相对扭曲程度，具体计算公式如式（10 – 15）~ 式（10 – 17）所示：

$$DistK = r/MP_k \tag{10 – 15}$$
$$DistL = w/MP_L \tag{10 – 16}$$
$$Dist = DistK/DistL \tag{10 – 17}$$

式（10 – 15）和式（10 – 16）中的 $DistK$ 和 $DistL$ 分别表示资本和劳动的价格扭曲指数，其值小于 1 表明该要素价格负向扭曲；否则，为正向扭曲。$Dist$ 则用来测度资本和劳动价格的相对扭曲程度，$Dist$ 小于 1 表明资本的负向扭曲较为严重。通过回归标准化供给面系统方程估计出生产函数后，将所得回归结果代入式（10 – 12）和式（10 – 13），计算出要素边际产出，然后可以进一步计算得到要素价格的相对扭曲程度。

2. 数据来源与整理

工业增加值数据从《中国统计年鉴》和《中国工业统计年鉴》收集整理得到。2008 年以后，统计年鉴中不再提供工业增加值数据，本章根据国家统计局公布的历年年末工业增加值增长率进行计算得出。1991 年之前的行业增加值数据根据以下公式得出：工业增加值＝工业净产值＋提取的折旧基金。本章所使用的产出价格平减指数为《中国价格统计年鉴 2016》提供的 1988～2016 年工业分行业的工业品出厂价格指数（上年＝100），以此构建了 1990 年＝100 的 1988～2016 年工业产出的价格平减指数，并对工业增加值数据进行平减。

使用永续盘存法对行业资本存量进行估算，估算公式为：资本存量＝可比价全部口径投资额＋(1 − 折旧率)×上期资本存量。上式中，折旧率＝本年折旧÷上期固定资产原值，可比价投资额＝(本期固定资产原值 − 上期固定资产原值)/固定资产投资价格指数。劳动力数据根据历年《中国统计年鉴》和《中国工业统计年鉴》中提供的全部从业人员平均人数计算得到。《中国工业统计年鉴》提供了 1988～2002 年的工业分行业劳动力数据，其中缺失的两年数据利用线性插值补充。劳动力报酬来源于《中国劳动统计年鉴》并将其按消费价格指数进行平减（1990 年＝100）；进一步将各年的劳动力投入与城镇单位就业人员平均劳动报酬相乘得到历年劳动者报酬数据。资本报酬份额＝1 − 劳动者报酬份额。资本报酬采用世界银行公布的各年度内一年期中国金融机构贷款利率的平均值进行测算。分行业科技活动经费内部支出数据来源于《中国科技统计年鉴》，分行业利润总额、港澳台资本金和外商资本金来自中华人民共和国统计局网站中的国家数据资料库，部分缺失数据采用线性插值法补齐。

10.5 实证回归与结果分析

10.5.1 制造业行业结构变化与高度化

本章利用不同行业的工业增加值比重来刻画制造业高度化进程，参考 OECD 产业分类法，将制造业分为三类并分别计算各行业工业增加值比重，结果如表 10 − 1 所示。

表 10 - 1　　　　　　　**制造业各行业增加值占比变化趋势**　　　　　　单位：%

类别	制造业分行业	1990 年	1995 年	2000 年	2005 年	2010 年	2015 年
低端制造业	农副食品加工业	3.5	3.3	3.4	3.2	2.8	2.3
	食品制造业	1.3	1.4	1.7	1.6	1.4	1.2
	饮料制造业	2.7	3.3	3.2	2.0	2.0	1.8
	烟草制品业	6.4	6.6	4.7	3.2	2.7	2.2
	纺织业	11.7	7.4	6.2	5.3	4.3	3.5
	纺织服装、鞋、帽制造业	2.3	2.8	2.4	2.0	1.9	1.5
	皮革、毛皮及其制品业	1.1	1.5	1.2	1.1	1.1	0.8
	木材加工制品业	0.6	0.8	0.9	1.0	1.4	1.4
	家具制造业	0.5	0.5	0.5	0.6	0.6	0.6
	造纸及纸制品业	2.2	1.9	1.9	1.8	1.6	1.4
	印刷业和记录媒介的复制	1.2	1.1	1.1	0.9	0.8	0.8
	小计	33.6	30.6	27.1	22.8	20.6	17.4
中端制造业	石油加工、炼焦及核燃料加工业	3.4	2.3	1.3	0.7	0.4	0.4
	橡胶制品业	1.8	1.3	1.3	1.1	1.0	0.9
	塑料制品业	2.0	2.0	2.5	2.2	2.3	2.2
	非金属矿物制品业	6.8	6.8	4.8	4.0	4.3	4.2
	黑色金属冶炼及压延加工业	7.7	6.3	4.8	5.4	4.4	5.2
	有色金属冶炼及压延加工业	2.4	2.2	2.3	2.4	2.6	3.2
	金属制品业	3.3	3.2	3.1	2.7	2.9	3.0
	小计	27.3	24.1	20.1	18.4	17.9	19.1
高端制造业	化学原料及化学制品制造业	9.6	7.7	6.8	5.9	5.8	6.1
	医药制造业	2.2	2.7	4.4	3.8	3.5	3.7
	化学纤维制造业	1.9	1.9	2.2	1.2	1.0	1.2
	通用设备制造业	6.8	5.9	4.2	4.9	5.6	5.0
	专用设备制造业	4.8	4.0	2.9	2.8	3.5	3.1
	交通运输设备制造业	4.5	7.2	6.5	7.1	9.3	8.9
	电气机械及器材制造业	4.9	6.8	8.0	7.9	8.4	8.2
	通信及其他电子设备制造业	3.4	7.7	16.6	23.5	22.7	25.6
	仪器仪表等机械制造业	0.9	1.4	1.3	1.7	1.7	1.7
	小计	39.1	45.3	52.8	58.8	61.5	63.5
合计		100	100	100	100	100	100

资料来源：根据历年《中国工业经济统计年鉴》《中国统计年鉴》及中华人民共和国统计局公开数据计算得出。

从表 10 - 1 可以看出，1990～2015 年我国高端制造业比重一直呈上升趋势，从 1990 年的 39.1% 上升到了 2015 年的 63.5%，提高了 24.4 个百分点。中低端制造业比重整体一直呈现下降趋势，其中低端制造业的下降趋势最为明显，下降了 16.2 个百分点；中端制造业在 1990～2010 年一直下降，但在 2010～2015 年缓慢上升了 1.2 个百分点。以上数据说明我国制造业在近 25 年间一直在向高度化方向发展。在高端制造业中，各行业比重的变化趋势也不尽相同。其中，1990年化学原料及化学制品制造业在高端制造业中所占比重最大，达到 9.6%，但随后便下降至 6% 左右；通信设备、计算机及其他电子设备制造业比重则从 1990 年的 3.4% 上升至 2015 年的 25.6%，超过制造业全行业四分之一，行业占比在各行业居首，如此高的增长速度与中国电信业的快速发展和全球信息化浪潮有关。在中端制造业中，黑色金属冶炼及压延加工业所占比重虽然出现缓慢下降，但其占比在同类行业中却一直最大。有色金属冶炼及压延加工业的比重稳中有升，从最初的 2.4% 上升到了 3.2%，这也反映出我国制造业的重工业化趋势。石油加工、炼焦及核燃料加工业比重迅速下降，2015 年只占 0.4%，这或许与节能减排和新能源广泛使用有关。低端制造业中，占比最大的是纺织业，在 1990 年达到 11.7；占比最小的则是家具制造业，25 年中一直位于 0.5% 和 0.6% 之间，各行业比重几乎均呈现下降趋势，反映出我国制造业逐渐由低端转向中高端的发展趋势。

10.5.2 要素市场扭曲和资本深化对制造业转型升级作用机制的实证检验

首先使用可行性广义非线性最小二乘法（FGNLS）对供给面方程系统，即式（10 - 8）～式（10 - 10）进行估计，得到制造业总生产函数和分行业生产函数，进而利用生产函数的相关参数计算出分行业的要素扭曲程度①。然后再利用 2000～2015 年间的面板数据和以上测算结果分别对式（10 - 11）、式（10 - 12）进行回归，最后根据得到的结果分析各变量之间的作用关系。

式（10 - 11）是采用制造业结构偏离度指数代表转型升级，检验要素价格扭曲、资本深化对制造业转型升级的影响，实证检验的结果如表 10 - 2 所示。表 10 - 2 中的模型（1）是对资本市场扭曲、劳动市场扭曲和资本深化与制造业转型升级的关系进行检验。实证结果显示，资本市场扭曲、劳动市场扭曲和资本

---

① 受篇幅所限，未列出所有计算结果，因研究需要可向作者索要。

深化与制造业转型升级在 1% 的显著性水平上高度相关，资本市场扭曲系数为
-3.706，表明资本市场扭曲程度变化对制造业转型的影响较大，资本扭曲系数
对制造业结构合理化指标的影响为负，这说明资本负向扭曲制约了制造业转型升
级。劳动力市场扭曲对产业结构影响程度相对较小，系数为 -0.206，同样在 1%
的水平上显著。这说明劳动市场的负向扭曲同样会抑制制造业转型升级。前文提
出的假说 1 得到验证。资本深化的系数为 0.083，说明资本深化速度的加快对制
造业结构合理化产生了负向作用，抑制了制造业转型升级。前文提出的假说 3 得
到验证。

表 10 - 2　　　　　　　　　　　实证结果（一）

变量	模型（1）	模型（2）	模型（3）	模型（4）	模型（5）	模型（6）
DistK	-3.706 *** (0.000)	—	—	—	—	—
DistL	-0.206 *** (0.007)	—	—	—	—	—
Dist	—	-3.655 *** (0.000)	-1.75 *** (0.000)	—	—	—
Capd1	0.083 *** (0.000)	0.089 *** (0.000)	—	0.015 (0.166)	—	0.11 *** (0.000)
Capd2	—	—	—	—	-0.209 *** (0.000)	-0.498 *** (0.000)
FDI	0.035 *** (0.002)	0.038 *** (0.001)	0.025 ** (0.034)	0.033 *** (0.006)	0.022 * (0.062)	0.034 *** (0.002)
Wage	0.140 *** (0.000)	0.128 *** (0.000)	0.200 *** (0.000)	0.176 *** (0.000)	0.193 *** (0.000)	0.105 *** (0.000)
R&D	-0.155 *** (0.004)	-0.172 *** (0.001)	-0.143 ** (0.011)	-0.17 *** (0.003)	-0.139 ** (0.013)	-0.168 *** (0.001)
Pro	-0.055 *** (0.000)	-0.057 *** (0.000)	-0.057 *** (0.000)	-0.049 *** (0.000)	-0.054 *** (0.000)	-0.051 *** (0.000)

注：*** 、** 和 * 分别表示在 1% 、5% 和 10% 水平下显著；括号中为 p 值。
资料来源：作者计算整理。

　　表 10 - 2 中的模型（2）是对要素市场相对扭曲和资本深化对制造业结构变动
作用机制的检验。二者系数均在 1% 水平上显著，其中相对扭曲系数为 -3.655，

资本深化系数为 0.089，说明资本的相对负向扭曲程度越严重，越不利于制造业转型升级，这一点在模型（3）中也可以得到印证。前文提出的假说 2 得到验证。与模型（1）相似，模型（2）中资本深化对制造业结构合理化变动具有负向作用，再次验证了假说 3。模型（4）、模型（5）、模型（6）则是对资本深化的作用机制进行分析。从实证结果可以发现，以资本劳动比所表示的资本深化对制造业结构合理化具有抑制作用，但资本产出比的上升对行业结构合理化却有促进作用。究其原因，可能是在大量资本涌入之后，由于我国处于转型时期，相当一部分行业仍然是劳动密集型，这些行业平均产出水平一般较为低下，资本流入制造业时，一般均会先流向重工业和一些与大型基础设施建造相关的行业。因此，这些行业庞大的资本吸纳能力将大量资本囊括其中，挤压了其他行业的发展空间。当资本涌入量超过某一临界点时，资本便会迅速向其他行业分流，进入那些低端的劳动密集型行业。从而产生两种效应：一方面，会提高资本对劳动力的替代效应，资本的进入会使厂商不必再投入大量劳动力，导致这些行业劳动力比重的下降，提升劳动力的平均产出；另一方面，会带来资本的产出扩大效应，资本的进入往往伴随着技术的引进，技术进步会促进生产效率的提升，使产出大幅提高，进而提升劳动力平均产出。当然，这并不是说资本比例越高越好，根据已有文献的研究，我国资本的过量涌入导致了产能过剩等一系列问题，因此不论是劳动密集型行业还是资本密集型行业，都需要适度引入资本。通过以上分析可知，前文提出的三个假说均已得到验证。

在式（10-11）的基础上，本章构建了新泰尔指数来衡量制造业转型升级，采用式（10-12）来检验要素市场扭曲和资本深化对制造业转型升级的作用机制。这样一方面可以让我们从另外一个角度去验证变量之间的关系；另一方面也可以提升模型的稳健性。对式（10-12）进行实证检验的结果如表 10-3 所示。

表 10-3　　　　　　　　　　　　实证结果（二）

变量	模型（7）	模型（8）	模型（9）	模型（10）	模型（11）	模型（12）
DistK	-1.61*** (0.000)	—	—	—	—	—
DistL	-0.146*** (0.010)	—	—	—	—	—
Dist	—	-1.677*** (0.000)	-0.784*** (0.002)	—	—	—

变量	模型 (7)	模型 (8)	模型 (9)	模型 (10)	模型 (11)	模型 (12)
*Capd*1	0.036 *** (0.000)	0.041 *** (0.000)	—	0.008 (0.309)	—	0.052 *** (0.000)
*Capd*2	—	—	—	—	− 0.094 *** (0.001)	− 0.231 *** (0.000)
FDI	0.107 *** (0.000)	0.109 *** (0.000)	0.103 *** (0.000)	0.107 *** (0.000)	0.102 *** (0.000)	0.108 *** (0.000)
Wage	0.04 *** (0.000)	0.032 *** (0.004)	0.064 *** (0.000)	0.054 *** (0.000)	0.062 *** (0.000)	0.021 * (0.067)
R&D	0.144 *** (0.000)	0.131 *** (0.001)	0.145 *** (0.000)	0.132 *** (0.001)	0.147 *** (0.000)	0.133 *** (0.001)
Pro	− 0.086 *** (0.000)	− 0.085 *** (0.000)	− 0.086 *** (0.000)	− 0.083 *** (0.000)	− 0.085 *** (0.000)	− 0.084 *** (0.000)

注：*** 和 * 分别表示在 1% 和 10% 的水平下显著；括号中为 p 值。
资料来源：作者计算整理。

从表 10 - 3 中的模型（7）~模型（9）的实证结果可以看出，不论是资本和劳动力的负向扭曲还是资本的相对负向扭曲，都对制造业结构合理化具有抑制作用，且各系数均在 1% 的水平上显著；同样，资本深化也不利于制造业结构合理化。表 3 中的模型（10）~模型（12）的实证结果同样验证了前文所述观点，即资本深化速度超过一定临界值会给产业结构平衡带来一定的促进作用。

10.6　本 章 小 结

本章分析了要素市场扭曲、资本深化与制造业转型升级之间的作用机理，使用可行性广义非线性最小二乘法（FGNLS）估计了生产函数并测算了要素市场扭曲程度，采用重新定义的制造业结构偏离指数和泰尔指数衡量了制造业转型升级状况，实证检验了要素市场扭曲、资本深化与制造业转型升级之间的作用机制。实证分析结果表明，我国制造业内部结构高级化进程一直在稳步推进，产业高级化发展整体向好；要素市场扭曲现象在我国制造业行业中普遍存在；资本与劳动的扭曲程度不尽相同，资本价格的负向扭曲更为严重，从而导致制造业资本深化程度不断加深；要素市场扭曲和资本深化对制造业转型升级的作用机制不同，要素价格负向扭曲会对制造业转型升级产生不利影响，资本深化在一定范围内也会产生抑制作用，但超过一定临界值后反而能够促进制造业结构合理化。基于上述研究，本章提出以下政策建议：

第一，逐步深化要素市场改革，放松要素定价权。生产要素的合理配置是市场经济体制的重要功能，要素配置不当不但会改变行业的产出效率还会影响行业的技术进步方向，影响制造业转型升级路径。只有当要素配置和技术发展方向相契合，才能真正提高产出效率，实现提质增效。同时，政府应加强监管，严惩企业"寻租"行为，建立健全专利保护机制，保障企业创新投入的经济效益，使企业敢于创新并乐于创新，提升行业创新产出水平。

第二，合理引导资本流向，推动劳动力市场由"人口红利"走向"人才红利"。以市场化为导向进一步加快金融体系改革，在防范和化解金融风险的同时引导资本"脱虚入实"和"由低走高"，提高资本使用效率。中国仍然是一个发展中国家，劳动力在许多行业中依然占有较大比重。对这些行业来说，一方面，需要进行合理的资本引入，通过引进高端机器设备和生产技术，对企业的生产效率进行提升。另一方面，需要对劳动力进行投资，通过对劳动力进行专业化培训，提高劳动力质量，进而更好地发挥劳动力在生产中的作用，最终通过劳动力升级推动产业升级。

第三，对"资本过剩"行业进行合理调控，避免资本的"羊群性"涌入。我国长期以来都由投资驱动经济增长，部分行业由于得到政策扶持而吸引了大量投资。资本的非合理利用和过度引入造成这些行业重复建设和产能过剩现象严重，从而生产效率低下，盈利能力也普遍较低。因此，一方面，要对部分行业的资本流入进行限制，避免无效率投资；另一方面，要对资本进行"再升级"，引入符合行业需求的、能提升产能利用率的高端制造技术，将资本与技术相结合，实现制造业转型升级。

第11章

土地价格扭曲、生产性服务业集聚与制造业转型升级

11.1 引　言

2008 年金融危机的爆发，使得美国等发达国家的虚拟经济遭受重创，高端制造业重新成为发达国家抢占的经济发展制高点，世界刮起了一股"再工业化"风潮。以美国为代表的制造业强国纷纷出台了"重振制造业"规划和政策，旨在巩固其在全球制造业领域的领先地位。多年来经济的高速发展在提高我国人民生活水平的同时也带来了劳动力成本的急剧攀升，要素成本的低价优势逐渐减弱。同时，由于要素价格形成机制改革滞后，要素价格的制度性扭曲和政策性扭曲造成了中国经济增长的结构性减速。地方官员激励考核机制改革相对滞后，原有机制鼓励政府官员追求眼前利益，在招商引资中以低于市场价格提供土地尤其是工业用地，造成企业过于依靠低价要素获取利润，不愿增加创新投入提高生产技术或转型发展为生产性服务业，进而阻碍了制造业的转型升级。生产性服务业是从制造业中分离出来并融入制造业各个生产环节中的高附加值环节。生产性服务业的发展可以提高产品的附加值、增强制造业国际竞争力，是中国经济增长的新引擎，也是全球产业竞争的战略制高点。

土地是影响产业集聚发展的重要因素，而地方政府是土地价格的制定者。阿萨贝雷（Asabere，2001）认为，地方政府的政策可能导致土地市场的价格扭曲。吴（Wu，2014）展示了工业用地转移中的价格战区间，认为地方政府以低价土地吸引外资的竞争行为导致工业用地价格负向扭曲，这种扭曲最终会导致竞争机制与地价收入双输的局面。商晓晔（2016）利用省级面板数据测度了要素市场扭曲指数，并研究了其对产业结构升级的影响，研究结果表明土地价格扭曲抑制了产业转型升级。新古典经济学对于生产性服务业集聚的研究主要集中于以工业为代表的第二产业，将集聚的优势归功于外部规模经济。以马歇尔（Marshall，1920）的外部经济理论为开端，学术界逐步将影响因素由要素市场转移至空间因素，构建出在新经济地理经济学视角下研究产业集聚的框架，研究的产业也扩展至服务业。国内也有许多文献对生产性服务业集聚的成因和优势进行了研究。盛龙等（2013）从市场需求、运输费用、知识外溢等角度研究了生产性服务业集聚产生的必要性；顾乃华（2011）从产业互动角度对生产性服务业集聚的动因进行了分析，界定了集聚外溢效应的区域边界，从生产性服务业的产业特性和地方保护两方面研究了生产性服务业集聚的外部性。吕政等（2006）认为生产性服务业的发展伴随着生产环节外部化，促进了生产性服务业与制造业的融合，制造业和服务业之间的界限更加模糊。

在制造业转型升级方面，张其仔等（2017）使用模糊C均值聚类法对制造业转型升级的内涵做了新的界定，认为制造业应注重地区间的联动升级。秦月等（2014）提出制造业转型升级遵循"微笑曲线"，遵循竞争优势，"去粗取精"实现制造业转型升级。由于产业集聚日益成为地区提升竞争力的重要方式，生产性服务业又是从制造业中分离出来并引领制造业技术创新的产业。杜威剑等（2015）研究发现地方化经济和城市化经济集聚均会促进产品创新；詹浩勇等（2014）认为生产性服务业集聚将通过中介效应推动制造业转型升级；宣烨（2012）提出生产性服务业的集聚不仅能够提升本地区制造业的效率，而且能够通过外溢效应提升周边地区制造业的生产效率。关于生产性服务业集聚如何推动制造业转型升级的研究已比较丰富，但是将土地价格扭曲纳入研究框架，研究土地价格扭曲通过影响生产性服务业集聚进而阻碍生产性服务业集聚对制造业转型升级推动作用的研究还比较少，本章将丰富这一方面的研究。本章整理了2003～2014年34个全国大中型城市的工业、生产性服务业的相关数据，从土地价格扭曲、生产性服务业集聚与制造业转型升级三者的关系入手，研究制造业转型升级的障碍和动力，为推动制造业转型升级提出政策建议。

11.2　作用机理分析

11.2.1　土地价格负向扭曲与生产性服务业集聚发展

土地是一种生产投入要素，土地价格高低直接影响生产成本。随着工业化的发展，工业用地的竞争愈加激烈，其中不乏恶性竞争，这些竞争不仅导致土地利用效率低下，还会引起过分占用耕地等一系列环境问题。在区域经济发展中，地方政府官员为了追求政绩，刻意压低工业土地价格招商引资，在获取增值税等长期收益的同时带动其他创收，拉动地区经济增长。政府的这种行为动机造成了土地价格的负向扭曲，将对产业发展和集聚产生深远影响。

生产性服务业集聚是指相互关联的生产性服务业集中在某一区域内形成较强竞争力的经济现象。通过 34 个城市 2003～2014 年生产性服务业集聚程度的测度比较可以看出，北京、上海和广州是生产性服务业集聚最集中的地区，这些地区的土地价格也是最高的；而一些欠发达地区的城市土地价格较低，生产性服务业的集聚程度也相应较低。由此可见，土地价格的负向扭曲并不能吸引生产性服务业集聚。通过对生产性服务业集中的城市土地政策的研究发现，地方政府吸引生产性服务业集聚的主要手段是保障服务业发展用地，优先支持国家鼓励类的生产性服务业而并非是人为压低土地价格。相反土地价格负向扭曲程度高的地区，只能吸引低端制造业集聚，抑制了生产性服务业的集聚。颜燕等（2014）研究发现在集聚经济较弱的中西部欠发达地区，土地价格是企业区位选择的核心因素，负向价格扭曲会使企业陷入"触底竞争"，对生产性服务业集聚发展产生不利影响。

11.2.2　生产性服务业集聚与制造业转型升级

生产性服务业与制造业密切相关，通过融入制造业的各个环节增强制造业竞争力，推动制造业转型升级。生产性服务业集聚对制造业转型升级的作用表现为以下几种效应：

（1）竞争效应。生产性服务业集聚产生的竞争效应在横向集聚中效果尤为明显。一个城市内的基础设施是有限的，熟练掌握某种技能的劳动力也是有限的，生产的产品面对的市场需求也是一定的。同类产业在一个区域内集聚，共用基础设施，面临相同的买方市场和卖方市场，必然会面临着竞争的压力。集聚的企业数量越多、集聚的程度越高，集聚企业面临的竞争压力也就越大。企业为了扩大市场份额，获取更多经济效益，一方面会努力进行技术创新降低生产成本，例如由于熟练劳动力有限，企业间竞争会使劳动力价格提高，企业为降低成本会进行技术创新使用机器代替劳动力；另一方面企业会增加研发投入，以求扩大产品差别来吸引消费者。生产技术处于领先地位的企业将继续从事该类产品的生产，而未进行创新难以继续维持经营的企业将退出该市场，将资本转移至更具优势更加有利可图的产业。这种优胜劣汰加快投资转移，有利于社会资源的合理有效配置。

（2）专业化效应。生产性服务业的集聚可以促进企业的专业化分工，能够吸引专业型人才汇聚到该地区，从而减少企业寻找人才的成本；当地方政府想要发展经济，鼓励生产性服务业的发展时通常会采取一系列的优惠政策，包括给予企业税收优惠、对从事生产性服务业的企业加大投入补贴以及建设发展生产性服务业必要的基础设施，专业化企业集聚可以共用基础设施，共享政府的地方投入，避免重复投入重复建设造成的资源浪费。

（3）知识溢出效应。知识溢出有空间限制性，会在传播过程中逐渐衰退，因而某一区域内生产性服务业的集聚有利于新知识新技术的扩散，知识的积累也有利于进一步的推动创新。关于产业集聚的知识溢出效应主流观点有两种：一种观点认为同类产业的集聚会产生专业化分工，有助于知识溢出推动创新；另一种观点则主张产业的不同集聚有利于不同个体之间的交流和思想碰撞，这类知识溢出有利于推动制造业转型升级。彭向等（2011）结合中国国情，研究了产业集聚、知识溢出与地区创新的关系，发现不论是同类产业的集聚，还是不同产业的临近都通过知识溢出效应促进产业转型升级。生产性服务业的集聚扩展了企业间的沟通渠道，增强了企业间的横向交流和纵向交流，为企业研发新产品提供了更好的平台，也降低了创新的复杂性和不确定性，有利于推动制造业转型升级。

（4）规模经济效应。在空间上集聚经济也可以看作外部规模经济，集聚企业间距离的缩短可以节约通信成本和交通成本，产生规模经济节约生产成本，使企业获得更多经济利润可以投入创新。

（5）拥挤效应。生产性服务业集聚是一个逐渐扩大的过程，在集聚初期，集聚在一起的企业数量较少，集聚有利于形成规模效应，企业生产规模报酬递增，生产成本降低，生产效率提高，这些优势会吸引更多企业集聚。随着集聚规模的不断扩大，生产性服务业集聚将达到最优水平，在这一水平下产业集聚会使集聚企业达到成本最低、利润最高的最优生产组合。但集聚规模继续扩张会导致集聚地区企业数量过多，造成拥挤效应，不利于制造业转型升级。

11.2.3　土地价格负向扭曲与制造业转型升级

市场对资源的配置是最有效率的，土地在市场自由流动形成的价格是最能反映其真实价值的价格，我国的土地可以根据所有权分为两类，分别是国家拥有所有权的土地和集体拥有所有权的土地。《中华人民共和国土地管理法》明确规定城市市区土地、农村和城市郊区中已经依法没收征收征购为国有的土地、国家依法征用的土地等均属于全民所有的土地，即国有土地，这类土地的使用权由国家委托给地方政府管理；集体土地主要包括宅基地、自留土地等农村土地，这类土地由村委会集中管理。在这里我们研究的是城市中生产性服务业的集聚，选取的是城市里的工业用地，政府是土地价格的主导者，政府不但决定着土地的出让方式，还很大程度上直接影响着土地价格水平。政府干预会使交易价格偏离市场价格，造成土地的利用效率偏低。尚晓晔（2016）认为要素市场的扭曲对制造业转型升级存在负向的抑制作用。土地价格扭曲程度越大，企业的用地成本越低。一方面，从事价值链低端产业生产的企业单纯依靠扩大生产规模就可获得利润，产业结构始终在低水平徘徊，不利于制造业转型升级；另一方面，土地价格的负向扭曲可视为政府对企业投资的补贴，企业可以以高于土地购置成本的价格将土地抵押给银行，获得额外利润，这类土地一般为工业用地，使用工业用地生产的企业分布于制造业价值链的各个阶段。处于制造业价值链低端的产业往往创新投资少，土地价格扭曲带来的投资补贴对低端产业更具吸引力，因而其寻租行为的动机更强。高端制造业主要依靠产品异质性获得利润，相比于投资补贴寻租耗费的成本过高，寻租的结果使得土地分配无效率，因而土地价格扭曲不利于地区制造业转型升级。

11.3　模型推导与理论分析

根据要素投入类型可以将厂商分为技术资本密集型厂商和劳动密集型厂商。厂商投入生产要素进行生产活动，力求获得最大化的利润，使用柯布—道格拉斯生产函数分别表示两类厂商的生产活动。由于我们想要考察的是多个厂商集聚对其产量的影响而非单个厂商规模的变化对产量的影响，因此采用规模报酬不变的生产函数，如式（11-1）和式（11-2）所示：

$$Y_W(t) = A_W(t)K_W(t)^{\alpha_W}L_W(t)^{1-\alpha_W} \qquad (11-1)$$

$$Y_C(t) = A_C(t)K_C(t)^{\alpha_C}L_C(t)^{1-\alpha_C} \qquad (11-2)$$

其中，Y 表示厂商的产出，A 表示厂商的技术水平，K 表示厂商的资本投入，L 表示厂商的劳动投入，下标 W 表示劳动密集型厂商，下表 C 表示资本技术密集型厂商。$\alpha_W \in (0,1)$，$\alpha_C \in (0,1)$，本章考虑的是土地价格扭曲对资本投入的影响，我们假设当期生产的劳动 L、∂_C、∂_W 不受土地价格扭曲的影响，而当期资本投入 K 会受当期土地价格扭曲的影响，得到式（11-3）和式（11-4）：

$$K_W(t) = D(t)^{\varnothing_W}\delta_W(t) \qquad (11-3)$$

$$K_C(t) = D(t)^{\varnothing_C}\delta_C(t) \qquad (11-4)$$

其中，$D(t)^{\varnothing_W}$ 表示劳动密集型厂商的土地价格扭曲对劳动密集型厂商资本投入的影响系数，$K_C(t) = D(t)^{\varnothing_C}\delta_C(t)$ 表示资本密集型厂商的土地价格扭曲对资本密集型厂商资本投入的影响系数。由于土地是稀缺资源且具有排他性，劳动密集型厂商占用生产的土地资本密集，技术密集型厂商将无法使用生产，因而 $\varnothing_W + \varnothing_C = 0$。

基于当前研究的是城市生产性服务业的集聚，考虑中国的现实国情，政府是城市土地供给的完全垄断者，政府通常通过调整土地政策来干预资本的流向发展地区经济，政府官员考核制度会激励官员为追求眼前经济的高增长率以过低的价格提供工业用地造成土地价格的负向扭曲。官员作为一个理性人追求的最终目的仍是自身效用的最大化，因而构建效用函数，如式（11-5）~式（11-7）所示：

$$\max U = \ln Y_W(t) + \ln Y_C(t) \qquad (11-5)$$

$$\text{s. t.} \quad L_W(t) + L_C(t) = L(t) \qquad (11-6)$$

$$K_W(t) + K_C(t) = K(t) \qquad (11-7)$$

为追求效用最大化，劳动密集型厂商的边际替代率必然是等于资本和技术密集型厂商的，对式（11-1）求导可得 $MRTS_W = \dfrac{(1-\alpha_W)K_W(t)}{\alpha_W L_W(t)}$，对式（11-2）求导得 $MRTS_C = \dfrac{(1-\alpha_C)K_C(t)}{\alpha_C L_C(t)}$，

由 $MRTS_W = MRTS_C$，得到式（11-8）：

$$\frac{(1-\alpha_W)K_W(t)}{\alpha_W L_W(t)} = \frac{(1-\alpha_C)K_C(t)}{\alpha_C L_C(t)} \qquad (11-8)$$

将式 (11-8) 代入式 (11-3)、式 (11-4) 可得式 (11-9)：

$$\frac{L_W(t)}{L_C(t)} = \frac{(1-\alpha_w)\alpha_c}{(1-\alpha_c)\alpha_w} \cdot \frac{\delta_W}{\delta_C} \cdot D(t)^{\emptyset_W - \emptyset_C} \qquad (11-9)$$

由于 $\delta_W + \delta_C = 0$，$D(t)^{\emptyset_W - \emptyset_C} > 0$，所以 $\dfrac{\partial\left[\dfrac{L_W(t)}{L_C(t)}\right]}{\partial\left[D(t)^{\emptyset_W - \emptyset_C}\right]} < 0$。

由于下文实证模型中我们使用某产业单位从业人数比重衡量的空间基尼系数作为衡量生产性服务业产业集聚程度的指标，因此这里我们使用资本密集型和劳动密集型产业劳动力要素投入比表示制造业转型升级。根据推理结果我们可以判断生产性服务业集聚程度与土地价格扭曲程度负相关。官员追求利益最大化的行为可以表示为式 (11-10) 和式 (11-11)：

$$\frac{\partial U}{\partial L_W} = \frac{1-\alpha_W}{Y_W(t)}\left(\frac{K_W(t)}{L_W(t)}\right)^{\alpha_W} \cdot A_W(t) - \frac{1-\alpha_C}{Y_C(t)}\left(\frac{K_C(t)}{L_C(t)}\right)^{\alpha_C} \cdot A_C = 0 \qquad (11-10)$$

$$\begin{aligned}
\frac{\partial^2 U}{\partial L_W^2(t)} = & -\frac{(1-\alpha_W)^2}{Y_W^2(t)}\left(\frac{K_W(t)}{L_W(t)}\right)^{2\alpha_W}A_W(t)^2 - \frac{\alpha_W(1-\alpha_W)}{Y_W(t)}\left(\frac{K_W(t)}{L_W(t)}\right)^{\alpha_W}L_W(t)^{-1} \\
& + \frac{(1-\alpha_C)^2}{Y_C^2(t)}\left(\frac{K_C(t)}{L_C(t)}\right)^{2\alpha_C}A_C(t)^2 + \frac{\alpha_C(1-\alpha_C)}{Y_C(t)}\left(\frac{K_C(t)}{L_C(t)}\right)^{\alpha_C}L_C(t)^{-1} < 0
\end{aligned}$$

$$(11-11)$$

本章综合考虑借鉴盛丰 (2014) 采用工业利润率衡量制造业转型升级水平，使用规模以上工业企业与主营业务收入比来衡量，可与此处产出比衡量的制造业转型升级指标相呼应。

由式 (11-1)、式 (11-2)、式 (11-3)、式 (11-4) 可推得式 (11-12)：

$$\frac{Y_W(t)}{Y_C(t)} = \frac{A_W(t)}{A_C(t)}\left[D(t)^{(\emptyset_W - \emptyset_C)}\frac{\delta_W}{\delta_C}\right]^{\alpha_W - \alpha_C}\left[\frac{L_W(t)}{L_C(t)}\right]^{\alpha_C - \alpha_W} < 0 \qquad (11-12)$$

进一步可推出 (11-13)：

$$\frac{\partial\dfrac{Y_W(t)}{Y_C(t)}}{\partial\left[D(t)^{(\emptyset_W - \emptyset_C)}\dfrac{\delta_W}{\delta_C}\right]} < 0 \qquad (11-13)$$

式 (11-13) 表明，劳动密集型与资本密集型产业产出与土地价格扭曲程度呈反比，即土地价格扭曲将抑制制造业转型升级。

11.4　计量模型构建与变量界定

11.4.1　计量模型

外商投资作为一种重要的资本形式对于加快资本集中于生产性服务业，吸引生产性服务业的集聚起着不容忽视的作用；一个地区的经济发展水平和工资水平是该地区居民消费水平和消费潜力的重要衡量指标，对于经济发展水平高、发展潜力大的地区，生产性服务业集聚在此地的动力更强。城市的过程是产业结构和社会经济结构发生变化的过程，商品经济大发展导致与之相配套的生产性服务业更加繁荣，推动了生产性服务业的集聚。根据前面的分析，生产性服务业集聚可通过竞争效应、专业化效应、知识溢出效应、规模经济效应和拥挤效应影响制造业转型升级，因而建立以下两个回归方程，如式（11－14）和式（11－15）所示：

$$\ddot{jj}_{i,k} = \alpha_0 + \alpha_1 \, Distort_{i,k} + \alpha_2 \ln FDI_{i,k} + \alpha_3 \ln GDP_{i,k} + \alpha_4 \ln PL_{i,k}$$
$$+ \alpha_5 \ln UR_{i,k} + \vartheta_{i,t} \tag{11－14}$$

$$MIU_{i,k} = \beta_0 + \beta_1 \, \ddot{jj}_{i,k} + \beta_2 \, FDI_{i,k} + \beta_3 \, GDP_{i,k} + \beta_4 WA + \beta_5 \, UR_{i,k} + \beta_6 \, PL_{i,k} + \vartheta_{i,t}$$
$$\tag{11－15}$$

考虑到土地价格扭曲、生产性服务业集聚与制造业转型升级之间可能存在内在的相互作用关系，因此将土地价格扭曲和生产性服务业集聚整合纳入制造业转型升级的回归模型中，通过该回归模型研究三者之间是否存在因果关系，如式（11－16）所示

$$MIU_{i,k} = \gamma_0 + \gamma_1 \, \ddot{jj}_{i,k} + \gamma_2 \ln Distort_{i,k} + \gamma_3 WA + \gamma_4 \, UR_{i,k} + \gamma_5 \, GDP_{i,k}$$
$$+ \gamma_6 \, CJ_{i,k} + \gamma_8 \, PL_{i,k} + \gamma_7 \, FDI_{i,k} + \varphi_{i,k} \tag{11－16}$$

11.4.2　变量界定

我们首先界定模型中的内生变量：

（1）土地价格扭曲，用 $Distort_{k,t}$ 表示。生产性服务业一般是指介于第二产业与第三产业之间，主要为满足中间需求向外部企业和其他组织的生产提供中间投入服务，而非主要用于最终直接消费和投资的个人需要行业。生产性服务业的种类繁多、空间分布广泛，其土地类型既有产业类用地又有商业类用地还涉及农业

类生产性用地。本章主要研究都市中的生产性服务业，所以土地类型的探究主要选取工业用地。我国的土地类型大致可分为国家拥有所有权的土地和地方政府拥有所有权的土地，这两类土地的实际支配权均归地方政府所有，地方政府为获得长期经济利益可能会对土地价格进行干预。由于政府对地价的过度干预导致土地价格严重扭曲。总体来说，中国土地价格扭曲程度明显，测度土地价格扭曲的方法借鉴黄健柏等（2015）构建的测度工业用地价格扭曲程度的指标，以 2007 年出台的《全国工业用地出让最低标准》为基准价格，将 2003～2014 年城市土地价格转换成 2007 年可比价，用二者之间的差与基准价格的比值测度土地价格的扭曲程度。表示为式（11－17）：

$$Distort_{i,k} = \frac{RLP_{i,k} - ALP_k}{ALP_k} \qquad (11-17)$$

其中，i，k 分别表示年份和地区，$Distort_{i,k}$ 表示 i 年 k 地区工业用地价格的扭曲程度，$RLP_{i,k}$ 表示 i 年 k 地区实时监测的土地价格，ALP_k 表示《全国工业用地出让最低标准》中规定的 k 地区最低土地出让价格。

（2）生产性服务业集聚，用 $jj_{i,k}$ 表示。将产业集聚分为功能型服务业集聚（交通运输、仓储和邮政业，批发零售业）与知识密集型服务业集聚（金融业，租赁和商务服务业，信息传输、计算机服务和软件业，科学研究、技术服务和地质勘查业）。对产业集聚程度进行测度，测算方法主要有区位熵、空间基尼系数、D－O 指数等方法。本章借鉴克鲁格曼（Krugman，1991）构建的空间基尼系数来测度产业的空间集聚。$jj_i = \sum_j (w_j - v_{ij})^2$，$w_j = K_j/K$，$K_j$ 为地区 j 的总就业人数，K 表示全国的总就业人数，v_{ij} 表示 i 地区 j 行业就业人数占全国 j 行业总就业人数的比重，如表 11－1 所示。

表 11－1　　　　　　　2003 年和 2014 年生产性服务业空间基尼系数

生产性服务业	2003（年）	生产性服务业	2014（年）
交通运输、仓储和邮政业	0.004008988	交通运输、仓储和邮政业	0.005042435
批发零售业	0.008113854	批发零售业	0.008730703
金融业	0.000258274	金融业	0.001127781
租赁和商务服务业	0.00112971	租赁和商务服务业	0.004451162
信息传输、计算机服务和软件业	9.17901E－05	信息传输、计算机服务和软件业	0.002055742
科学研究、技术服务和地质勘查业	0.000981538	科学研究、技术服务和地质勘查业	0.001976158

资料来源：作者计算整理。

为了更直观地展示生产性服务业集聚的总体趋势，首先对 2003～2014 年生产性服务业的空间基尼系数进行了测度，通过对比不同产业 2003 年和 2014 年两个年份的数据可知无论是功能性服务业还是知识密集型服务业，空间基尼系数都在增加，说明生产性服务业集聚程度普遍提高。根据前面的分析，生产性服务业的集聚有利于制造业转型升级，集聚程度提高说明我国正在向推动制造业转型升级的方向发展。

（3）制造业转型升级，用 $MIU_{i,k}$ 表示。测度制造业转型升级的指标有很多种，既有采用劳动生产率通过衡量人均产出判断产业层次的，也有采用资本利用率通过生产效率判断制造业发展水平的，还有构建衡量制造业转型升级指标，反映新兴市场需求的，本章综合考虑借鉴盛丰（2014）采用工业利润率衡量制造业转型升级水平，因为工业利润率可以较好地反映制造业在价值链上的阶段。

除了生产性服务业的集聚程度和土地价格扭曲程度，还会有其他的变量会影响制造业转型升级，在这里选取了以下变量作为外生变量：

（1）城市基础设施的建设，用 CJ 表示。使用人均城市道路面积衡量。基础设施的建设是一个地区生产性服务业发展的重要保障，尤其是公路作为流通的重要途径，在一定程度上决定了生产性服务业发展的水平。

（2）国内生产总值，用 GDP 表示。一个地区的国民生产水平可以衡量该地区的经济发展水平，经济发展水平高的地区消费层次更高，对制造业转型升级的愿望也会越迫切。

（3）城镇化水平，用 UR 表示。使用城镇人口数量/总人口数量来衡量。

（4）工资水平 WA：使用该地区职工的平均工资来衡量。

（5）外资水平 FDI：外商的直接投资能够促进生产性服务业领域的资本集聚，扩大集聚规模。技术水平高的外商直接投资会通过技术溢出带动地方企业进行技术创新。

（6）价格水平 PL：使用商品零售价格指数（以上一年为 100）来衡量。

11.5 实证分析与结果解读

11.5.1 数据来源

土地价格来自中国城市地价动态监测网站，其他数据来自《中国城市统计年鉴》《中国统计年鉴》以及万德数据库，起止时间为 2003～2014 年，涵盖北京、上海、天津 3 个省级城市，石家庄、太原等 28 个省会及计划单列市，以及大同、无锡、开封 3 个地级市。

11.5.2　实证结果分析

利用 Stata12.0 分别对三个实证模型进行豪斯曼检验，以确定面板模型中是否存在个体固定效应，原假设为"H_0：个体效应与回归变量相关"，无论 H_0 是否成立，固定效应都是一致的。如果原假设成立，则选择随机效应会更有效；如果原假设不成立则随机效应估计不一致，应该选择固定效应估计。具体检验结果如表 11-2、表 11-3、表 11-4 所示。

表 11-2　　　　　　　　生产性服务业集聚的豪斯曼检验

变量	FE	RE	SE
$Distort_{i,k}$	-0.1390112	-0.1747428	0.0386823
$\ln CJ_{i,k}$	0.0252645	0.0185889	0.0021464
$\ln FDI_{i,k}$	0.0000812	0.0001818	0.0006097
$\ln GDP_{i,k}$	-0.0057593	-0.0008467	0.0029324
$\ln PL$	-0.0028483	-0.0032963	0.0008782
$\ln UR_{i,k}$	0.0007502	0.0015738	0.0005811
Prob > chi2	0.0847		

资料来源：作者计算整理。

从表 11-2 中可以看出，在 1% 的有效性水平上，由于 p 值为 0.0847 > 0.05 故接受原假设"H_0"，所以土地价格扭曲与生产性服务业集聚的回归模型应该使用随机效应模型而非固定效应模型。

表 11-3　　　生产性服务业集聚与制造业转型升级的豪斯曼检验

变量	FE	RE	SE
$\ddot{J}_{i,k}$	53.86093	-3.932426	18.02331
$CJ_{i,k}$	0.0079023	0.0026919	0.002594

续表

变量	FE	RE	SE
$FDI_{i,k}$	− 0. 0000212	− 0. 0000211	3. 34e − 06
$GDP_{i,k}$	3. 12e − 07	2. 47e − 07	4. 75e − 08
$PL_{i,k}$	− 0. 01876	− 0. 0393546	0. 037238
$UR_{i,k}$	0. 0005492	0. 0003179	0. 0006189
_cons	3. 288978	8. 604263	3. 977749
Prob > chi2		0. 0133	

资料来源：作者计算整理。

从表 11 - 3 可以看出，在 1% 的有效性水平上，由于 p 值为 0. 0133 < 0. 05 故拒绝原假设 "H_0"，所以生产性服务业集聚与制造业转型升级的回归模型应该使用固定效应模型。

表 11 - 4　　　　　　　　　　**制造业转型升级的豪斯曼检验**

变量	FE	RE	SE
$JJ_{i,k}$	54. 08709	− 0. 0080359	18. 00459
$\ln Distort_{i,k}$	− 34. 81684	− 26. 12457	14. 22908
$CJ_{i,k}$	0. 0088813	0. 0018145	0. 0026841
$FDI_{i,k}$	− 0. 0000183	− 0. 000019	3. 61e − 06
$GDP_{i,k}$	3. 16e − 0	2. 84e − 07	4. 53e − 08
$PL_{i,k}$	− 0. 0341866	− 0. 0460304	0. 0389674
$UR_{i,k}$	0. 000328	0. 0001969	0. 0006426
$WA_{i,k}$	− 0. 0002136	− 0. 0001734	0. 000064
_cons	− 1. 202762	4. 776095	4. 370605
Prob > chi2		0. 0196	

资料来源：作者计算整理。

从表 11 - 4 可以看出，由于 p 值为 0. 0196，故强烈拒绝原假设 H_0，所以土地价格扭曲、生产性服务业集聚与制造业转型升级的回归模型应该使用固定效应模型进行估计。

1. 土地价格扭曲对生产性服务业集聚的影响

为了检验土地价格扭曲对生产性服务业集聚的影响，本章以土地价格扭曲程度、城市基础设施建设水平的对数、GDP 的对数、价格水平的对数以及城市化水平的对数为自变量，生产性服务业集聚水平为因变量设定了以下回归模型，如式（11 - 18）所示：

$$jj_{i,k} = \beta_0 + \beta_1 \, Distort_{i,k} + \beta_2 \ln CJ_{i,k} + \beta_3 \ln FDI_{i,k} + \beta_4 \ln GDP_{i,k}$$
$$+ \beta_5 \ln PL + \beta_6 \ln UR_{i,k} + \vartheta_{i,t} \qquad (11 - 18)$$

由表 11 - 2 的豪斯曼检验结果可知，应利用随机效应模型对回归方程进行分析，结果如表 11 - 5 所示：

表 11 - 5　　　　　　生产性服务业集聚的随机效应模型估计

$jj_{i,k}$	Coef.	p 值
$Distort_{i,k}$	- 0. 1747428	0. 003 (- 2. 97 **)
$\ln CJ_{i,k}$	0. 0185889	0. 019 (2. 35 **)
$\ln FDI_{i,k}$	0. 0001818	0. 951 (0. 06)
$\ln GDP_{i,k}$	- 0. 0008467	0. 888 (- 0. 14)
$\ln PL$	- 0. 0032963	0. 851 (- 0. 19)
$\ln UR_{i,k}$	0. 0015738	0. 711 (0. 37)
$\_cons$	- 0. 1380444	0. 332 (- 0. 97)
Prob > chi2	0. 0106	

注：** 表示在 5% 水平上显著；括号内数值为对应估计值的 z 统计量。
资料来源：作者计算整理。

表 11 - 5 中的个体随机效应模型的检验结果表明，土地价格扭曲、城市基础设施建设影响生产性服务业的集聚，二者均在 5% 的显著性水平上影响生产性服务业集聚，且土地价格扭曲对生产性服务业集聚的影响是负向的，说明政府通过

政策手段对某些地区的地价进行干预不利于土地市场交易的市场化发展，土地价格无法正确反映土地价值，从而造成土地分配的无效率，不利于生产性服务业的集聚。城市基础设施建设与生产性服务业的集聚是正相关的，城市基础设施建设越完善，企业需要的额外投入就越少，完善的基础设施可以在一定程度上缓解企业生产的要素约束，促进生产性服务业集聚。这里的城市基础设施水平是用人均城市道路面积衡量的，可以在一定程度上反映城市交通便利程度。城市基础设施建设越完善，城市的交通越发达，要素的流动水平就越高，可以在降低流通成本的同时促进技术的外溢效应，吸引生产性服务业在该地区集聚。

2. 生产性服务业集聚对制造业转型升级的影响

为了检验生产性服务业集聚对制造业转型升级的影响，本章以土地价格扭曲程度、FDI、GDP、平均工资、城市化水平、价格水平以及城市基础设施建设水平为自变量，制造业转型升级水平为因变量，设定了以下回归模型，如式（11-19）所示：

$$MIU_{i,k} = \beta_0 + \beta_1 \ddot{j}j_{i,k} + \beta_2 FDI_{i,k} + \beta_3 GDP_{i,k} + \beta_4 WA + \beta_5 UR_{i,k}$$
$$+ \beta_6 PL_{i,k} + \beta_7 CJ_{i,k} + \vartheta_{i,t} \tag{11-19}$$

由表11-3的豪斯曼检验结果可知，应利用固定效应模型对回归方程进行分析，结果如表11-6所示：

表11-6　　　生产性服务业集聚与制造业转型升级的固定效应模型估计

$MIU_{i,k}$	Coef.	p 值
$\ddot{j}j_{i,k}$	53. 86093	0. 018 (2. 39 **)
$CJ_{i,k}$	0. 0079023	0. 313 (1. 01)
$FDI_{i,k}$	-0. 0000212	0. 001 (-3. 33 ***)
$GDP_{i,k}$	3. 12e-07	0. 000 (4. 23 ***)
$PL_{i,k}$	-0. 01876	0. 891 (-0. 14)
$UR_{i,k}$	0. 0005492	0. 737 (0. 34)

续表

$MIU_{i,k}$	Coef.	p 值
$WA_{i,k}$	− 0.0000817	0.393 (− 0.86)
_cons	3.288978	0.747 (0.32)
	Prob > chi2 = 0.0000	

注：**、***分别表示在5%、1%水平上显著；括号内数值为对应估计值的 t 统计量。
资料来源：作者计算整理。

表 11−6 的个体固定效应模型的检验结果显示生产性服务业集聚、外商直接投资与 GDP 均影响制造业转型升级。生产性服务业集聚对制造业转型升级的影响效果在5%的水平上显著且系数为正，说明生产性服务业的集聚有利于推动制造业转型升级。FDI 在1%显著性水平上影响制造业转型升级且影响系数为负，表明外商直接投资并未通过技术溢出推动制造业转型升级。出现这一结果的原因可能是：第一，使用工业利润率衡量制造业转型升级本身存在不足；第二，FDI通常看重地方成本优势，所以受投资处于制造业价值链低端的劳动密集型产业影响，而技术含量高的高新产业或环节多留在本国，技术溢出效应不明显，反而消磨了企业的创新积极性，不利于推动制造业转型升级。GDP 对制造业转型升级的影响在5%的水平上显著，且系数为正，说明一个地区的经济发展水平越高，制造业转型升级的水平也就越高，推动制造业转型升级与大力发展地方经济是相辅相成的。

3. 土地价格扭曲与生产性服务业集聚对制造业转型升级的影响

为了检验土地价格扭曲与生产性服务业集聚对制造业转型升级的影响，本章以生产性服务业集聚水平、土地价格扭曲程度绝对值的对数、平均工资、城市化水平、GDP、城市基础设施建设水平、价格水平以及 FDI 为自变量，制造业转型升级水平为因变量，设定了以下回归模型，如式（11−20）所示：

$$MIU_{i,k} = \gamma_0 + \gamma_1 \ddot{jj}_{i,k} + \gamma_2 \ln Distort_{i,k} + \gamma_3 WA + \gamma_4 UR_{i,k} + \gamma_5 GDP_{i,k}$$
$$+ \gamma_6 CJ_{i,k} + \gamma_8 PL_{i,k} + \gamma_7 FDI_{i,k} + \varphi_{i,k} \qquad (11-20)$$

由表 11−3 的豪斯曼检验结果可知，应利用固定效应模型对回归方程进行分析，结果如表 11−7 所示：

表 11 - 7 制造业转型升级的固定效应模型估计

$MIU_{i,k}$	Coef.	p 值
$\ddot{JJ}_{i,k}$	54.08709	0.017 (2.41**)
$\ln Distort_{i,k}$	-34.81684	0.054 (-1.93*)
$CJ_{i,k}$	0.0088813	0.256 (1.14)
$FDI_{i,k}$	-0.0000183	0.005 (-2.81**)
$GDP_{i,k}$	3.16e-07	0.000 (4.31***)
$PL_{i,k}$	-0.0341866	0.802 (-0.25)
$UR_{i,k}$	0.000328	0.841 (0.20)
$WA_{i,k}$	-0.0002136	0.069 (-1.83*)
$\_cons$	-1.202762	0.934 (-0.08)

$$F(33, 298) = 3.90 \quad Prob > chi2 = 0.0000$$

注：*、**、***分别表示在 10%、5%、1% 水平上显著；括号内数值为对应估计值的 t 统计量。
资料来源：作者计算整理。

表 11 - 7 的个体固定效应模型的检验结果表明，生产性服务业集聚、土地价格扭曲、FDI、GDP 以及城镇职工平均工资均影响制造业转型升级，其中 GDP 对制造业转型升级的影响在 1% 水平上显著，生产性服务业集聚、FDI 对制造业转型升级的影响在 5% 水平上显著，土地价格扭曲和人均工资水平对制造业转型升级的影响在 10% 水平上显著。土地价格扭曲对制造业转型升级的影响为负，说明土地价格扭曲抑制制造业转型升级，土地价格扭曲对生产性服务业集聚的影响在 5% 的水平上显著，生产性服务业集聚对制造业转型升级的影响在 5% 的水平上显著，土地价格扭曲和生产性服务业集聚共同作用于制造业转型升级时，分别在 10% 和 5% 的水平上显著，这说明土地价格扭曲既能直接影响制造业转型升级也会通过影响生产性服务业集聚推动制造业转型升级。在二者的共同作用下生产

性服务业集聚程度越高越利于推动制造业转型升级，土地价格扭曲程度越低越利于制造业转型升级。城镇居民平均工资对制造业转型升级的影响为负，说明城镇居民收入水平越低越有利于推动制造业转型升级。城镇居民的工资反映了一个地区的用工成本，一个地区的用工成本越低，其生产成本就越低，可用于技术创新的科研经费就越多，有利于推动该地区制造业的转型升级。

11.6　本 章 小 结

基于对我国地级以上城市面板数据的研究分析，本章针对制造业转型升级的影响因素进行了实证研究。本章的研究对象包括三个：一是土地价格扭曲对生产性服务业的集聚是否有作用，作用的方向是正向的还是负向的；二是生产性服务业集聚对制造业转型升级是否有影响作用，该作用的方向是正向的还是负向的；三是土地价格扭曲是否会直接影响制造业转型升级，如何影响。研究结果显示，土地价格扭曲，生产性服务业集聚与制造业转型升级三者之间存在相互作用关系。具体而言，土地价格扭曲与制造业转型升级呈负相关关系，生产性服务业集聚与制造业转型升级呈正相关关系。土地价格扭曲程度越低越有利于制造业转型升级，生产性服务业集聚水平越高越有利于制造业转型升级。同时土地价格扭曲还会通过推动生产性服务业集聚来促进制造业转型升级。

根据研究的结论，本章提出以下政策建议：

（1）改革和完善地方政府官员的考核与激励机制，理顺土地价格形成机制。近年来土地价格扭曲主要是由中央与地方的财税分权制度和官员考核机制的激励造成的。一方面这种扭曲是滋生官员贪污腐败的温床，由于官员对土地价格有一定的控制力，企业有通过寻租获得低价工业用地的可能，官员的贪污腐败难以从根源上遏制；另一方面土地价格扭曲也掩盖了土地价格的真实性。政府的土地政策引导了该地区产业发展的方向，市场这只"看不见的手"未能完全发挥作用，过低的土地价格使得企业获得超额利润，抑制了企业的创新动力。政府应加快土地交易的市场化改革，推动土地产权明晰，建立合理的土地价格评估体系，让市场在资源配置中发挥主导作用。同时坚定落实中央提倡的反腐倡廉建设，在土地政策落实执行之前要进行多层级的审批，尽量避免官员打着发展的幌子为自身谋取福利的机会。

（2）生产性服务业集聚对制造业转型升级有一定的促进作用。政府应该因地制宜，发挥比较优势，有选择性地引导生产性服务业在本地区集聚。一方面可以将经济发展的持续性、产业发展的层次性纳入官员政绩考核中来，发挥"看不见的手"的作用，激励政策制定者制定出更有利于吸引高端价值链产业在本地区集聚的土地政策，制定一系列类似于"熟地出让"的政策，激励企业代替政府对产业相关周边进行开发配套，吸引生产性服务业集聚。另一方面政府应对相关产业实行税收优惠减免政策，完善社会保障制度，吸引高素质劳动力在本地区集聚，为生产性服务业集聚准备条件。

（3）健全城市基础设施建设，完善的基础设施使得城市交通更加发达，降低了企业的运输成本，提高了资源产品流通效率，为生产性服务业集聚提供良好的外部环境。经济发展水平落后的欠发达地区制造业发展水平低，低层次制造业转型的成本高效益低，人才流出率高于流入率，制造业转型升级困难，单靠税收优惠难以吸引高水平生产性服务业集聚。完善基础设施有利于人口在中心区域集中，也将降低企业的行业进入门槛，使某些原本在发达地区发展的低端制造业企业转移至经济发展水平低、基础设施完善的地区发展生产性服务业，从而推动生产性服务业集聚，达到促进制造业转型升级的目的。

第12章

环境规制、技术创新
与制造业转型升级

12.1　引　　言

改革开放以来，我国经济一直保持高速发展态势，仅用40年的时间就取得了西方发达国家近百年的经济成就，创造了举世瞩目的"中国奇迹"。经济的迅速发展使得我国综合国力和国际地位迅速提升，人民生活水平不断提高，但也带来了日益严重的环境污染问题。2007年6月福建厦门PX项目引发的"集体散步"事件、2011年9月浙江海宁丽晶能源公司污染环境引发的群众抗议事件和2012年的"什邡事件""启东事件"等，都体现了居民环保意识的提升以及环境保护和治理的紧迫性。1987年第六届全国人大常务委员会通过了《中华人民共和国大气污染防治法》①、1998年实施两控区政策、2006年强化省级政府减排目标约束、2009年和2013年面向国际社会宣布减排目标，显示了国家加大环境保护和治理的决心。习近平总书记指出"我们既要绿水青山，也要金山银山；宁要绿水青山，不要金山银山，而且绿水青山就是金山银山"②，中央政府也将政绩考核从经济发展至上的"唯GDP政绩观"转向包含环境指标考核的多元政绩观。

---

① 《大气污染防治法》，由第六届全国人民代表大会常务委员会第二十二次会议于1987年9月5日通过，自1988年6月1日起施行；该法于2000年4月29日第九届全国人民代表大会常务委员会第十五次会议第一次修订；2015年8月29日第十二届全国人民代表大会常务委员会第十六次会议第二次修订。

② 习近平：《习近平谈治国理政》（第一卷），外文出版社2018年版。

这些都反映了政府对于环境问题的高度重视，决心转变经济发展方式，强化环境治理和环境规制，实现高质量发展。

加入 WTO 以来，中国制造业通过承接发达国家的产业转移迅速崛起，成为制造业大国。然而，制造业大而不强的问题比较突出，仍然存在着技术水平不高、产品附加值低、居于全球价值链中低端环节等问题，大多数制造业企业仍是为国际市场提供低附加值、高资源消耗、低环境效率的产品。全球金融危机爆发以来，中国制造业面临着发达国家高端制造业回流与发展中国家低端制造业兴起的双重挤压，急需寻找有效路径转型升级，实现由大到强的转变。推动制造业转型升级的首要动力机制是技术创新。在环境规制趋紧的背景下，强化环境规制能否促进技术创新、能否推动制造业转型升级，成为社会公众和学术界共同关注的话题。

格雷（Gray，1987）、克罗珀和奥茨（Cropper and Oates，1992）等传统学派的学者从静态视角分析认为，环境规制只会增加企业的成本，降低企业竞争力，不利于技术创新。瓦格尔（Wagger，2007）发现环境规制水平与企业专利申请数负相关；格林斯通（Greenstone，2001）以美国制造业为例研究发现，严格的环境规制会抑制污染密集型企业的创新发展。波特（Porter，1991）、波特和林达（Porter and Linda，1995）的观点与之相反，他们从动态视角分析后提出"波特假说"，认为适宜的环境规制会激励企业技术创新。基于对"波特假说"的验证，兰茹和莫迪（Lanjouw and Mody，1996）、布伦纳和科恩（Brunner and Cohen，2003）等学者研究发现，环境规制与环保专利申请数量显著正相关；杰菲和帕尔默（Jaffe and Palmer，1997）、阿里木拉和苏吉诺（Arimura and Sugino，2007）等发现，环境规制会显著增加 R&D 投入。李强和聂锐（2010）通过研究环境规制与生产率之间的关系发现，环境规制会显著提高工业企业生产率，激励企业技术创新。另外还有学者研究发现环境规制对技术创新的影响是不确定的。李斌等（2013）、沈能（2012）、蒋伏心等（2013）、余东华和胡亚男（2016）、刘伟等（2017）认为，环境规制与技术创新之间存在"U"型关系。张成等（2011）应用中国 1998～2007 年省级面板数据研究发现，环境规制与技术进步率之间的"U"型关系在东、中部地区成立，但在西部则不显著。李玲和陶峰（2012）发现在重度、中度、轻度污染行业中环境规制与技术进步之间分别呈倒"U"型、"U"型、"U"型关系。王杰和刘斌（2014）认为环境规制与技术进步之间是折线关系。

近年来，国内学者对环境规制与产业结构调整的研究较多，但大多集中在宏观层面。钟茂初等（2015）、阮陆宁等（2017）等学者认为，环境规制与产业转

型升级之间存在门槛效应，只有跨过特定的门槛才能发挥促进作用。李强
（2013）、肖兴志等（2013）、原毅君和谢荣辉（2014）、郑加梅（2018）等研究
发现，环境规制与产业结构调整之间存在地区差异，在东部地区产业结构调整受
环境规制的影响较大，而中西部地区则无显著影响；但郑金铃（2016）发现环境
规制对中西部地区产业调整作用较大。目前针对环境规制与制造业转型升级的研
究相对较少，在不多的研究中，主要关注的是环境规制对制造业转型升级的直接
影响，例如卫平和余奕杉（2017）等。

　　从以上综述可以看出，有关环境规制与产业结构之间的研究大多集中于宏观
层面，鲜有研究着眼于中观层面；研究环境规制与制造业之间关系的文献大多着
眼于制造业生产率、污染减排与国际竞争力等方面，少有文献涉及环境规制与制
造业转型升级方面，尤其是环境规制对制造业转型升级的间接影响方面的研究较
为罕见。多数研究只关注了正式环境规制，很少考虑非正式环境规制的作用。基
于此，本章构建双重环境规制分析框架，从正式环境规制与非正式环境规制两个
维度入手，研究环境规制对技术创新以及制造业转型升级的影响机制。在此基础
上，采用 2005～2015 年中国省级面板数据，分别验证正式环境规制和非正式环
境规制对技术创新的差异化影响，然后从产业层面研究双重环境规制对制造业转
型升级的影响。

12.2　理论分析与作用机制

12.2.1　双重环境规制与技术创新

　　环境规制是指以实现污染减排、保护环境为目的的社会性规制，根据实施主
体的不同可以分为正式环境规制与非正式环境规制。其中，正式环境规制是由政
府部门实施的、通过制定相关法律法规设置一定的排污标准或征收排污费等手段
来进行环境治理的社会性规制；非正式环境规制是指当政府实施的正式环境规制
作用较弱或失灵时，社会公众自发行动而形成的环保组织或其他自发式力量，与
污染企业进行协商或谈判，或通过群众上访、媒体曝光等手段向当地政府和污染
企业施加压力，从而达到改善自身生活环境，提高生活质量的目的。关于环境规
制与技术创新的关系，传统学派认为，在企业的技术、资源配置和消费需求给定

不变的情况下，环境规制只会导致企业的成本增加，损害企业竞争力，产生"遵循成本效应"。"波特假说"则认为，适当的环境规制将激励企业技术创新，提高生产率，不但能弥补环境成本，还能提高其国际竞争力，产生"创新补偿效应"。因此，环境规制对技术创新的影响具有不确定性。

（1）正式环境规制对技术创新的作用机制。正式环境规制对于技术创新的作用机制表现为两个方面：一方面，在企业技术调整成本较高的情况下，环境规制强度的提升要求企业减少污染排放量，企业在短期内可能缺乏足够的财力与物力更换生产设备，因此会选择减少生产量或改变要素投入组合来减少污染排放量，这就会造成生产率下降，损害企业竞争力；或者由于环境规制成本的不断上升，导致企业利润率下降，企业会选择挪用创新研发投入来进行污染治理，导致企业进行技术创新的财力物力不足，从而降低企业技术创新效率与创新能力。另一方面，在环境规制强度适宜的情况下，企业选择增加研发投入进行生产流程升级或生产技术创新，来提高企业生产率，虽然可能会导致污染排放量增加，但由于生产技术的改进将显著提高企业的利润率，因而可以弥补治污成本的增加；或者企业选择增加研发投入进行绿色技术创新或引进先进清洁设备以减少污染排放（见图 12 - 1）。

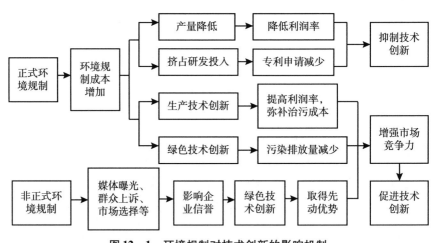

图 12 - 1　环境规制对技术创新的影响机制

资料来源：作者绘制。

（2）非正式环境规制对技术创新的作用机制。在可持续发展的政策背景下，公众对环境质量的需求不断增加，使得居民对环境污染问题更为关注，形成环境治理的非正式环境规制。当污染事件发生时，公众会通过谈判、媒体曝光或上访、上诉等手段向当地污染企业施加压力，迫使企业减少污染排放量。并且当非正式环境规制的强度足够大时，考虑到自身形象与社会信誉，污染企业将增加资金投入来引进或研发绿色技术，从"末端污染治理"转向"源头治理"，从而取得先动优势，占据市场有利地位，因此非正式环境规制将刺激企业开展技术创新。

12.2.2　双重环境规制对制造业转型升级的影响机制

双重环境规制既能直接影响制造业转型升级，也能通过影响技术创新路径间接影响制造业转型升级，影响机制如图 12 - 2 所示。具体分析如下：

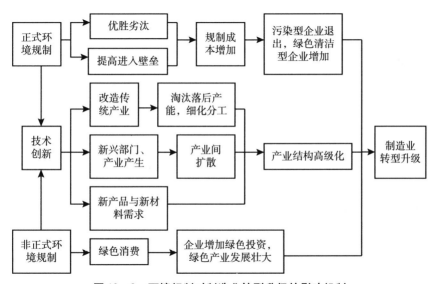

图 12 - 2　环境规制对制造业转型升级的影响机制

资料来源：作者绘制。

（1）直接影响机制。环境规制对制造业转型升级的直接影响表现为：一方面，正式环境规制趋紧通过优胜劣汰作用淘汰污染产业。企业为满足污染排放要求，需要减少产量、改变要素投入组合或购买先进的污染处理设备，这不但降低了企业生产率，还会增加企业的治污成本，导致其丧失价格优势，进而影响企业竞争力。在环境规制趋紧的情况下，大型企业有充足的资金来更换生产设备、排污设备或引进先进绿色技术，以达到环保要求；但对于中小企业来说，环境规制成本的上升必然会导致其产品竞争力下降，被迫退出市场。另一方面，正式环境规制强度的增大，将会提高本地区的绿色进入壁垒。通过设置更高的环保标准，使得新进入企业必须具备更先进的绿色技术或更为清洁的生产方式，从而增加企业进入的沉没成本，使新进入企业丧失成本优势。因此，制造业行业中原有的污染型企业面临被淘汰的风险，新进入企业面临更高的环保进入门槛，在这两方面作用下，污染型企业将逐步退出本地市场，绿色清洁型生产企业的比例将不断上升，从而促进该地区制造业转型升级。

非正式环境规制使得消费者调整消费偏好，促进制造业向绿色化转型升级。具体来说，公众对环保问题重视程度的提升也伴随着环保意识和消费理念的传递与升级，导致消费者需求结构发生变动。消费者对"清洁型"产品的偏好增加，迫使企业为了迎合消费者需求、得到市场的认可而改变投资决策，增加对绿色产品的投入与研发。其他企业为了增加生存优势，战胜竞争对手，会驱动企业增加绿色投资规模，这就会增加该产业绿色化比例，进而有利于制造业转型升级。

（2）间接影响机制。技术创新作为产品附加值的重要影响因素，是制造业转型升级的重要动力机制。首先，新技术的产生会对传统产业进行改造和升级，在淘汰落后产能的同时，使得产业内部分工更为细化。其次，当新的技术被研发并应用时，便会带动以新技术为基础的产品与工艺创新，加快新兴产业与部门的出现；产业间紧密的前后向联系会促进技术创新在各产业间的扩散与应用，从而促进更多产业发展。最后，新技术的产生会派生出对于新材料和新产品的需求，只有产业结构向高级化发展才能与新需求相匹配。

环境规制会对制造业转型升级产生直接影响，同时也会与技术创新形成良性互动来间接影响制造业转型升级。在环境规制强度适宜的情况下，一方面，会促进技术创新，提高企业竞争力；另一方面，环境规制的存在会提高科技成果转化率，使得更多的生产技术与绿色技术投入使用，而不是变为"沉睡专利"。其他企业为了增加竞争优势，也将不断进行创新，从而促进制造业结构优化升级。

根据上述理论分析可知环境规制对技术创新的影响是非线性的，由此可以提出本章的假说。

假说1：环境规制与技术创新之间的关系是非线性的，二者之间存在"门槛效应"，规制者能够寻找一个推动技术创新的最优环境规制区间。

假说2：正式环境规制与非正式环境规制对制造业转型升级产生差异化影响，二者都能通过技术创新路径间接影响制造业转型升级。

12.3　双重环境规制与技术创新的门槛效应

12.3.1　面板门槛模型的构建

根据前文理论分析可知，环境规制对技术创新的影响是非线性的。为了验证假说 1 是否成立，本章构建环境规制与技术创新的门槛效应模型来进行验证。"门槛效应"是指解释变量对被解释变量的影响会随门槛变量的变化而发生突变，即验证不同的门槛区间内，解释变量是否会对被解释变量的作用方向和作用程度产生显著性变化。基于此，选择汉森（Hansen，1999）提出的面板门槛回归模型，分别构建正式环境规制、非正式环境规制与技术创新的面板门槛模型，如式（12 − 1）和式（12 − 2）所示：

$$
\begin{aligned}
\ln T_{it} = {} & \alpha_0 + \alpha_1 ER_{it} \cdot I(ER_{it} \leq \gamma_1) + \alpha_2 ER_{it} \cdot I(\gamma_1 \leq ER_{it} \leq \gamma_2) + \cdots \\
& + \alpha_n ER_{it} \cdot I(\gamma_{n-1} \leq ER_{it} \leq \gamma_n) + \alpha_{n+1} ER_{it} \cdot I(ER_{it} \geq \gamma_n) \\
& + \alpha_{n+2} \ln RD_{it} + \alpha_{n+3} HUM_{it} + \varepsilon_{it}
\end{aligned} \tag{12 − 1}
$$

$$
\begin{aligned}
\ln T_{it} = {} & \beta_0 + \beta_1 INER_{it} \cdot I(INER_{it} \leq \theta_1) + \beta_2 INER_{it} \cdot I(\theta_1 \leq INER_{it} \leq \theta_2) + \cdots \\
& + \beta_n INER_{it} \cdot I(\theta_{n-1} \leq INER_{it} \leq \theta_n) + \beta_{n+1} INER_{it} \cdot I(INER_{it} \geq \theta_n) \\
& + \beta_{n+2} \ln RD_{it} + \beta_{n+3} HUM_{it} + \delta_{it}
\end{aligned} \tag{12 − 2}
$$

其中，i 表示省份，$i = 1$，$\cdots$，30；t 表示时间，$t = 2005$，$\cdots$，2015；γ、θ 为待估计的门槛值；α、β 为解释变量的影响系数；$I(\cdot)$ 为示性函数；ε_{it}、δ_{it} 为随机扰动项。正式环境规制强度与非正式环境规制强度为门槛变量。

12.3.2　变量界定与数据来源

（1）被解释变量：技术创新（T）。对于技术创新的衡量，主要采用专利申请数量与研发投入强度两种方法，专利申请数量代表创新结果，研发投入强度表示创新过程。因此，为了表示企业的技术创新能力，本章选用地区专利申请数量来度量。

（2）解释变量：正式环境规制（ER）与非正式环境规制（$INER$）。学术界对于正式环境规制的度量方法主要为以下几种：污染排放量、污染物去除率、环境污染治理投入与地区经济发展水平等。鉴于数据可得性与指标合理性，本章借鉴沈能（2012）的方法，选取各地区废水、废气处理设施年度运行费用与环境污染治理投资三个单项指标衡量正式环境规制。

非正式环境规制（INER）最早由帕加尔和惠勒（Pargal and Wheeler，1995）提出的，用以描述当正式环境规制缺失或较弱时所出现的来自社会团体的规制力量。本章借鉴帕加尔和惠勒（Pargal and Wheeler，1995）的方法，选取人均收入、受教育水平、人口密度和年龄结构等指标来代表非正式环境规制。各指标具体解释如下：①人均收入。通常来说，在收入水平越高的地区，公民会更注重生活质量，因而对环境污染越为敏感。选取各地区城镇平均工资水平表示人均收入。②受教育水平。一般来说，公民受教育水平越高，受到的环保宣传教育越多，越会重视环境问题，并且会采取相应的手段来抵制环境污染，因而有利于环境治理。选取各省份大专以上学历人数所占比重来表示受教育水平。③人口密度。在人口密度越高的地区，环境污染影响的人数就越多，进而抵制环境污染的人数就会越多。利用各省份年末总人数与各省份面积的比重来表示人口密度。④年龄结构。相比于中老年人口，年轻人更加注重环保问题，则在年轻人口比重较高的地区，加入环保组织的人数也越多。选取各省份 15 岁以下人口所占比重来表示年龄结构。

此外，本章采用的熵权法对正式环境规制和非正式环境规制的单项指标赋予相应的权重，构成环境规制综合评价指数，并将其单位化为 0 ~ 1 之间。具体处理过程为：首先，将各个单项指标同度量化，得到该指标在其所在方案中所占比重，即 $p_{ij} = \dfrac{u_{ij}}{\sum\limits_{i=1}^{m} u_{ij}}$。其中，$u_{ij}$ 为单项指标，i 为方案数量，j 为指标数量，m 为样本容量。其次，计算熵值：$E_j = -K \sum\limits_{i=1}^{m} p_{ij}\ln p_{ij}$，其中常数 $K = 1/\ln m$。最后，根据所得到的熵值 E_j，计算指标权重：$w_j = \dfrac{1 - E_j}{n - \sum\limits_{j=1}^{n} E_j}$ $(j = 1, 2, \cdots, n)$。经计算各个指标的权重如表 12 - 1 所示。

表 12 - 1　　　　　　　　正式与非正式环境规制单项指标与权重

正式环境规制		非正式环境规制	
变量	权重	变量	权重
废水处理设施年度运行费用	0.318	人均收入	0.112

续表

正式环境规制		非正式环境规制	
变量	权重	变量	权重
废气处理设施年度运行费用	0.325	受教育水平	0.177
环境污染治理投资	0.357	人口密度	0.673
		年龄结构	0.038

资料来源：作者计算整理。

（3）控制变量。对于人力资本（*HUM*）的衡量，可以采用平均工资水平（蒋伏心等，2013）、普通高等学校在校生比重和人均受教育年限（韩晶等，2014；郑加梅，2018）等方法，本章选用地区人均受教育年限来度量。人均受教育年限越大表示人力资本水平越高，因而越有利于技术创新。具体计算方法为：（小学学历人数×6＋初中学历人数×9＋高中学历人数×12＋大专及以上学历人数×16）/总人数。研发投入（*RD*），用地区规模以上工业企业 R&D 经费内部支出来衡量。将技术创新和研发投入非比例变量进行对数转换处理，以消除异方差的影响。

（4）数据来源。考虑到我国环境规制政策的阶段性特征和原始数据的可获得性，本章样本数据选取 2005～2015 年中国 30 个省份、市与自治区（西藏因大量数据缺失，不作考虑）的面板数据进行分析。其中，数据来自历年《中国环境统计年鉴》《中国环境年鉴》《中国科技统计年鉴》《中国工业统计年鉴》《中国统计年鉴》《新中国六十年统计资料汇编》，部分缺失数据由各地区统计年鉴进行补充。

12.3.3　实证结果分析

分别对正式环境规制、非正式环境规制进行单一门槛、双重门槛及三重门槛的显著性检验，检验结果如表 12－2 所示。

表 12－2　　　　　　　　　　门槛模型检验结果

项目	门槛数	F	P	门槛值	置信区间下限	置信区间上限
正式环境规制	单一门槛	9.78	0.004	0.0437 ***	0.0249	0.0515
	双重门槛	7.952	0.003	0.1282 ***	0.0907	0.1595
	三重门槛	3.3058	0.068	0.2292 **	0.075	0.3356

项目	门槛数	F	P	门槛值	置信区间下限	置信区间上限
非正式 环境规制	单一门槛	10.6064	0.002	0.31 ***	0.2812	0.3605
	双重门槛	8.438	0.004	0.1424 ***	0.1199	0.2253
	三重门槛	2.1941	0.143	0.0992	0.3025	0.392

注: ***、** 分别表示回归系数在 1%、5% 的水平上显著; P 值与置信区间为 Bootstrap 法重复抽样 1000 次得到的结果。
资料来源: 作者计算整理。

表 12 - 2 给出了 Bootstrap 法重复抽样 1000 次的门槛检验结果。从表 12 - 2 可以看出,正式环境规制通过了三重门槛检验,其中单一门槛、双重门槛和三重门槛的 F 值分别为 9.78、7.952、3.3058,并且分别在 1%、1% 和 5% 的水平上显著。非正式环境规制通过了单一门槛与双重门槛检验,相应的 F 值为 10.6064 和 8.438,并且都在 1% 的水平上显著。因而正式环境规制有三个门槛,为 0.0437、0.1282、0.2292,将全国划分为四个区间;非正式环境规制有两个门槛值为 0.31 和 0.1424,将全国划分为三个区间 (见表 12 - 3)。

表 12 - 3 **正式环境规制和非正式环境规制门槛模型回归结果**

被解释变量: 技术创新			
解释变量	门槛变量: 正式环境规制	解释变量	门槛变量: 非正式环境规制
$ER \leqslant 0.0437$	-5.8526 (-2.61 ***)	$INER \leqslant 0.1424$	2.9863 (4.80 ***)
$0.0437 \leqslant ER \leqslant 0.1282$	-0.1028 (-0.15)	$0.1424 \leqslant INER \leqslant 0.31$	1.7981 (4.32 ***)
$0.1282 \leqslant ER \leqslant 0.2292$	1.0107 (2.30 **)	$INER \geqslant 0.31$	1.1666 (3.71 ***)
$ER \geqslant 0.2292$	0.4848 (2.03 **)	$\ln RD$	0.8292 (15.26 ***)
$\ln RD$	0.916 (20.50 ***)	HUM	0.3793 (5.11 ***)
HUM	0.3661 (5.26 ***)		

注: ***、** 分别表示回归系数在 1%、5% 的水平上显著;括号内为系数检验的 t 值。
资料来源: 作者计算整理。

从表 12 - 3 可以看出，对于正式环境规制，在第一区间内，即当 $ER \leqslant 0.0437$ 时，其对技术创新产生显著负向影响，即正式环境规制会抑制企业技术创新。原因可能在于，在环境规制强度较小的情况下，企业没有充足的动力进行技术创新，更倾向于进行末端污染治理，因而会挤占研发投资，对技术创新产生"挤出效应"。在第二个区间内，即当 $0.0437 \leqslant ER \leqslant 0.1282$ 时，虽然正式环境规制的回归系数仍为负，但已不显著，说明其对技术创新的抑制作用减弱。在第三区间内，即当 $0.1282 \leqslant ER \leqslant 0.2292$ 时，正式环境规制对技术创新产生显著的正向影响。原因可能在于，随着环境规制强度的提升，企业进行污染治理的成本越来越高，这将使得企业增加研发投入进行技术创新，改进生产技术或流程，提高生产率，进而弥补环境规制成本；或者企业进行绿色技术创新，减少污染排放量，从而有利于企业持续健康发展。当正式环境规制强度位于第四个门槛区间时，即当 $ER \geqslant 0.2292$ 时，环境规制的回归系数为正，并且在 5% 的水平上显著，但对技术创新的作用程度小于第三区间，说明当环境规制成本过高的情况下，企业进行技术创新的"创新补偿效应"难以完全弥补规制成本，因而企业进行技术创新的动力减弱。从上述分析可知，正式环境规制对技术创新的影响是非线性的，随着正式环境规制强度的提升，其对技术创新的促进作用呈现先下降后上升再下降的倒"N"型关系，且正式环境规制强度位于 0.1282 与 0.2292 之间时，为最优规制区间。因此，假说 1 得到验证。

对于非正式环境规制来说，在三个区间内其对技术创新的影响均为正，并且在 1% 的水平上显著，但随着规制强度的增大，对技术创新的促进作用逐渐减弱。这可能源于非正式环境规制失效，消费者在企业进行谈判或协商过程中始终处于弱势地位。由于信息不对称，公众掌握的信息远少于污染企业，因而对企业的规制效应有限，对技术创新也缺乏足够的促进作用。对于控制变量，可以看出研发投入 RD 和人力资本 HUM 在全国样本下对技术创新均有显著的正向作用，并在 1% 的水平上显著。这是因为技术创新作为一种新知识的产出过程，需要财力与人力等生产要素的投入。随着我国经济的发展，国家对科研经费的投入力度逐年递增，并且公民的受教育水平也不断提高，虽然培养出一部分的高技术人才，但还没有建立起完善的人才体系。并且大部分人才流向金融业，进入制造业等实体经济的人才相对较少。

12.4　环境规制与制造业转型升级

12.4.1　模型构建与变量说明

为了检验双重环境规制对制造业转型升级的直接影响，首先构建环境规制与制造业转型升级的直接效应模型。从前文分析可知，正式环境规制的影响可能是非线性的，因此在直接效应模型中加入正式环境规制的二次项，得到如下模型，如式（12-3）所示：

$$U_{it} = \mu_0 + \mu_1 ER_{it} + \mu_2 ER_{it}^2 + \mu_3 INER_{it} + \mu_4 \ln T_{it} + \mu_5 OPEN_{it} + \mu_6 \ln PGDP_{it}$$
$$+ \mu_7 HUM_{it} + \mu_8 \ln FDI_{it} + V_i + \eta_{it} \qquad (12-3)$$

同时，为了分析双重环境规制对制造业转型升级的间接影响，在式（12-3）的基础上分别构建正式环境规制、非正式环境规制与技术创新的交叉项，得到如式（12-4）所示的间接效应模型，以探究环境规制能否通过提升企业技术创新水平倒逼制造业转型升级：

$$U_{it} = \varphi_0 + \varphi_1 ER_{it} + \varphi_2 ER_{it}^2 + \varphi_3 INER_{it} + \varphi_4 ER_{it} \cdot \ln T_{it} + \varphi_5 INER_{it} \cdot \ln T_{it}$$
$$+ \varphi_6 OPEN_{it} + \varphi_7 \ln PGDP_{it} + \varphi_8 HUM_{it} + \varphi_9 \ln FDI_{it} + V_i + \varphi_{it} \qquad (12-4)$$

其中，被解释变量采用制造业技术高级化程度 U 来代表制造业转型升级。借鉴付元海等（2014）按技术水平将制造业行业分为高端、中端和低端三类的分类方法①，选择高端制造业产值与全部制造业产值之比来代表制造业转型升级。由于产值数据存在缺失，并且销售产值与产值数据接近，因此选择销售产值来代替。解释变量中正式环境规制 ER、非正式环境规制 $INER$ 和技术创新 $\ln T$ 的定义与上文相同，ER_{it}^2 表示正式环境规制的二次项。控制变量包括：对外开放程度 $OPEN$，选取以年平均汇率换算后的按境内目的地和货源地划分的进出口总额与地区 GDP 之比来衡量；经济发展水平 $PGDP$ 以各地区人均 GDP 来表示；外商直接投资 FDI 以换算成人民币价格的实际直接利用外商直接投资来衡量；人力资本

---

① 根据傅元海等（2014）对制造业的分类，高端制造业包括通用设备、专用设备、交通运输、电子机械及器材、通信电子、仪器仪表及文化办公用机械、化工医药；中端制造业包括：石油加工、炼焦及核燃料加工业、橡胶、塑料、非金属矿物、黑色金属冶炼、有色金属冶炼、金属制品；低端制造业包括：食品加工制造、饮料、烟草、纺织、服装、皮革、木材、家具、造纸、印刷和文体用品、其他制造业。

HUM 与前文相同。对经济发展水平和外商直接投资做对数处理。$ER_{it} \cdot \ln T_{it}$、$IN\text{-}ER_{it} \cdot \ln T_{it}$ 分别表示正式环境规制、非正式环境规制与技术创新的交互项。V_i 为个体效应；μ_0、φ_0 代表截距项；η_{it}、φ_{it} 代表随机扰动项。

12.4.2 实证结果分析

利用 2005～2015 年中国 30 个省份的面板数据来验证双重环境规制对制造业转型升级的直接与间接效应。通过 Wald 检验发现存在异方差，因此选择可行广义最小二乘法（FGLS）进行回归，以消除异方差的影响。回归结果如表 12-4 所示。

表 12-4　　　　双重环境规制与制造业转型升级的直接与间接效应

解释变量	直接效应				间接效应		
	(1)	(2)	(3)	(4)	(5)	(6)	(7)
ER	-0.182 *** (0.0583)	-0.874 *** (0.126)		-0.819 *** (0.130)	-1.516 *** (0.221)		-1.919 *** (0.265)
ER^2		0.878 *** (0.150)		0.813 *** (0.149)	0.315 ** (0.144)		-0.0107 (0.164)
INER			0.119 * (0.0608)	0.0780 (0.0614)		0.0665 (0.227)	1.059 *** (0.294)
$\ln T$	0.0314 *** (0.00710)	0.0395 *** (0.00653)	0.0178 *** (0.00627)	0.0362 *** (0.00697)			
$ER \cdot \ln T$					0.107 *** (0.0221)		0.178 *** (0.0324)
$INER \cdot \ln T$						0.00843 (0.0202)	-0.0913 *** (0.0283)
OPEN	0.117 *** (0.0149)	0.0995 *** (0.0148)	0.133 *** (0.0132)	0.0982 *** (0.0144)	0.100 *** (0.0151)	0.137 *** (0.0133)	0.111 *** (0.0148)
$\ln PGDP$	-0.106 *** (0.0216)	-0.0732 *** (0.0209)	-0.134 *** (0.0234)	-0.0912 *** (0.0243)	-0.0353 * (0.0181)	-0.114 *** (0.0234)	-0.113 *** (0.0290)
$\ln FDI$	0.0384 *** (0.00690)	0.0529 *** (0.00612)	0.0440 *** (0.00728)	0.0573 *** (0.00648)	0.0618 *** (0.00495)	0.0559 *** (0.00719)	0.0716 *** (0.00577)

解释变量	直接效应				间接效应		
	(1)	(2)	(3)	(4)	(5)	(6)	(7)
HUM	0.0535 *** (0.0114)	0.0406 *** (0.0105)	0.0477 *** (0.0118)	0.0358 *** (0.0114)	0.0351 *** (0.0100)	0.0389 *** (0.0112)	0.0366 *** (0.0109)
常数项	0.601 *** (0.141)	0.306 ** (0.140)	0.967 *** (0.182)	0.514 ** (0.201)	0.210 (0.130)	0.905 *** (0.193)	0.865 *** (0.229)
R^2	0.611	0.701	0.660	0.719	0.739	0.636	0.754

注：*** 、** 和 * 分别表示回归系数在 1% 、5% 和 10% 的水平上显著；括号内的数值为标准误。
资料来源：作者计算整理。

从表 12 - 4 可以看出：（1）从直接效应模型的回归结果来看，正式环境规制 *ER* 的一次项为负，二次项为正，并且均在 1% 的水平上显著，这说明正式环境规制与制造业转型升级呈现"U"型关系，即当正式环境规制强度较小时，不利于制造业转型升级，而随着正式环境规制强度的提升，跨过拐点时，正式环境规制便能促进制造业转型升级。这可能是由于在规制强度较小时，一方面，污染企业可以承担环境规制成本，因而难以产生优胜劣汰作用，使得污染企业退出市场；另一方面，环境规制强度较低意味着绿色进入壁垒较低，这就会吸引污染企业的进入，不利于转型升级。而随着正式环境规制强度的提升，环境规制成本不断增加，这就使得污染企业利润率下降，退出本地市场，清洁型企业进入该市场。同时，环境规制强度的增大使得部分企业更换生产设备或排污设备，以达到环保要求，因而有利于制造业转型升级。对于非正式环境规制 *INER*，在直接效应模型中对制造业转型升级产生正向影响，但当与正式环境规制同时回归时则变得不显著。原因可能在于随着经济的发展，消费者对产品的质量与身体健康更为关注，因此会选择绿色产品进行消费，这就督促企业增加对绿色产品的研发，从而增加其竞争优势，因而有利于转型升级。但非正式环境规制与正式环境规制相比，缺乏有效的强制措施，因而作用效果不强。同时，技术创新对制造业转型升级产生了显著正向影响。

（2）从间接效应模型的回归结果来看，正式环境规制与技术创新的交互项在 1% 的水平上显著为正，并且其回归系数要大于直接效应模型中技术创新的回归系数。非正式环境规制与技术创新交互项的回归系数在模型（6）中不显著，在模型（7）中显著为负。回归结果表明正式环境规制与技术创新形成了良性互动，环境规制对技术创新产生倒逼效应，并使得企业有充足的压力与动力来实现技术创新成果的转化，提高科技成果转化率，促进科技成果产业化，进而向绿色化与高级化转换。非正式环境规制的影响要显著弱于正式环境规制，因而难以与技术创新形成良性互动，并且会对制造业转型升级产生负面影响。这一结果表示，虽然国内公众环保意识有所增强，但由于缺乏法律保障、反馈机制不完善等原因，非正式环境规制难以发挥作用。根据上述分析，非正式环境规制与正式环境规制对制造业转型升级的间接影响存在差异，非正式环境规制未能通过技术创新路径促进制造业转型升级，即假说 2 部分得到验证。

对于控制变量，对外开放程度 OPEN 系数在直接与间接效应回归模型中均显著为正，这说明由于国外消费者对产品技术与质量的要求较高，这就促使企业为了提高其国际竞争力，研发绿色产品或改进生产技术，进而促进企业甚至整个行业转型升级。外商直接投资 FDI 则对制造业转型升级产生显著正向影响，这可能源于跨国企业对本地企业存在技术溢出效应等，促进了当地制造业转型升级。地区经济发展水平 PGDP 对制造业转型升级有显著负面影响，这说明地区的经济发展水平不能促进制造业转型升级。人力资本 HUM 对制造业升级产生显著正向影响，说明高素质人才将显著促进制造业转型升级。

12.5　本 章 小 结

在分析双重环境规制对制造业技术创新和转型升级作用机制的基础上，利用 2005～2015 年的中国省级面板数据，检验了双重环境规制、技术创新与制造业转型升级之间的关系。实证研究发现，正式环境规制、非正式环境规制对技术创新和制造业转型升级的影响存在差异；正式环境规制与技术创新之间有显著的门槛效应，随着规制强度的提升，对技术创新的促进作用呈现先下降后上升再下降的倒 "N" 型关系，规制者能够选择最优规制区间；非正式环境规制虽然有利于技术创新，但其促进作用随着强度的提升而减弱；同时，正式环境规制与制造业转型升级呈现 "U" 型关系，并与技术创新形成良性互动促进了制造业转型升级；非正式环境规制的影响则远弱于正式环境规制。基于以上结论，本章提出的政策建议如下：

（1）确定适宜的环境规制强度，促使企业提高技术创新水平。环境规制对制造业的技术创新，既存在 "创新补偿效应"，又存在 "遵循成本效应"。只有在适宜的环境规制强度下，企业进行技术创新的收益才能弥补规制成本，促使企业向绿色化与技术化发展。

（2）提高对公众环保诉求等非正式环境规制的重视，使更多的群众参与到环境保护和治理中。虽然我国公民对环境的关注大于从前，但与发达国家相比，我国公民的环保意识仍然薄弱。这就需要政府部门增加环保宣传教育，开设群众监督渠道，不但能形成多元化环境监督治理体系，还能节约环境监督成本。

（3）加大对技术创新的投资与补贴力度，降低企业的技术创新风险，提高科技成果转化率。非正式环境规制在推动制造业技术创新和转型升级中的作用还比较微小，需要通过加大正式环境规制力度促使企业重视技术创新，同时也要充分重视人才在技术创新中的重要作用，加大对教育的投入力度，培养充足的高技术人才，加快高科技人才队伍建设。

第13章

制造业结构变动与低碳化转型路径

13.1 引　　言

经过改革开放以来的快速发展，2010 年中国制造业产值占世界制造业产值的比重达到 1/5 左右，超过美国成为世界头号制造业大国。然而，中国仍非制造业强国，制造业高投入、低产出和高污染、低附加值的矛盾十分突出，产能过剩现象十分严重。中国制造业之所以能够迅速崛起，一个重要原因就是依赖比其他国家更低的工人工资、更廉价的土地等自然资源以及更高的环境污染容忍度所形成的综合比较成本优势。然而，进入 21 世纪以来，中国制造业发展环境发生了深刻变化，面临着多重约束：一是要素价格上涨势头较快，制造业成本上升的压力越来越大。随着人口红利的逐渐消失、世界原材料价格的持续上涨、土地使用价格的上升，以及人民币汇率持续攀升，中国制造业要素成本上升的速度越来越快，"中国制造"的低成本优势逐步丧失。二是低碳经济条件下的环境规制趋紧，制造业节能降耗减排的压力越来越大。一方面，由于低碳经济在全球的兴起，世界各国环境保护力度加大，绿色制造、绿色贸易和碳关税逐渐兴起，使得中国制造业面临的节能减排压力增大；另一方面，多年粗放式发展所带来的高污染使得中国生态环境变得空前脆弱，生态系统濒临崩溃，这也将倒逼中国制造业增加节能减排的投入。同时，全球金融危机使得欧美国家从虚拟经济的美梦中觉醒，开始回归实体经济，实施制造业"再工业化"战略；同时，新一轮工业革命已经初露端倪，新技术革命方兴未艾，大数据应用、3D 打印、智能制造等先进制造技术和制造方式层出不穷。在这种大背景下，如何抓住新工业革命的契机，推动中国制造业转型升级和产业结构优化，提升"中国制造"的国际竞争力，使中国由制造业大国转变为制造业强国，由世界生产中心转变为世界研发和制造中心；如何加快制造业领域节能减排力度，实现制造业低碳化发展，都是关系到中国经济能否持续健康较快发展的重大战略问题。

制造业碳排放是影响环境质量变化的一个重要因素，最早对其进行量化研究的是埃利希（Ehrlich，1971）等学者。他们提出了 Impat 模型，从人口、财富和技术三个维度研究了环境质量及其影响因素。之后，大量学者利用和改进该模型对环境影响因素进行研究，较有影响的研究包括迪茨（Dietz，1997）和瓦戈纳等（Waggoner et al.，2002）的两种改进性应用。前者将线性估计模型改进为对数估计模型，而后者将技术因素拆分为能源强度和单位能源排放两个因素。在测度制造业碳排放方面，日本学者加野洋一（Yoichi Kaya，1989）提出的 Kaya 恒等式影响较大。Kaya 恒等式将碳排放的影响因素分解为单位能源排放量、能源强度、人均 GDP 和人口总量 4 个因素，Kaya 恒等式也在碳排放研究领域得到很广泛的应用。

在对以上两类模型进行延展性使用和研究的过程中，产业结构逐渐作为一个新的影响因素纳入碳排放的研究框架中来。刘珂等（Liu et al.，2007）研究发现工业比重是造成中国碳排放强度较高的主要原因。朱勤等（2009）对 Kaya 恒等式进行了改进，研究发现中国碳排放的产业结构效应为正。郭朝先（2012）认为产业结构的变动推动了中国碳排放的增长。涂正革（2012）研究发现制造业在经济中所占的比重与碳排放存在着稳定关系，制造业比重每增加1%，碳排放便增加56MT（公吨）。上述研究都是以中国数据为基础，另外还有学者利用部分其他国家数据展开研究。查特吉等（Chatterjee et al.，1997）利用 9 个发展中国家 1972～1990 年的数据，研究发现产业结构的变动提高了 CO_2 排放量。刘珂等（Liu et al.，2011）利用美国、英国、日本、德国和中国五国的 1970～2006 年的数据实证研究了产值结构比重与碳排放之间的关系，发现各产业对碳排放的影响在不同产业结构的主导时期是不一样的。刘再起等（2012）选取了 7 个国家的面板数据，研究发现三次产业的发展都会引起碳排放的增加，而且单位产出的碳排放增加量第一产业最大、第二产业其次、第三产业最小。以上研究都表明，产业结构已经成为碳排放的重要影响因素。

然而，既有研究存在着以下三点缺陷与不足：第一，缺乏针对性行业产业结构的因素分析。已有研究围绕着总体经济和三次产业展开，研究结论也都是关于三次产业各自比例变动对碳排放的影响。然而，对于一些碳排放重点行业，比如占工业碳排放接近三分之二的制造业[①]的内部产业结构效应的研究太少，而这一部分对于产业结构的优化是更加微观的，对于政策的制定也是更加具有针对性的。第二，产业结构的评价不应仅局限于产业的比重与碳排放之间的关系，而应更加综合地评价产业结构的合理性与碳减排的共赢问题，即是否产业结构越趋于合理，碳减排也越成功？第三，产业结构的合理性衡量缺乏科学的方法，造成研究二者之间关系时研究结论的可信度不高。本章试图弥补以上缺陷和不足，选取制造业作为研究对象，利用改进的失衡度法评价制造业及其细分行业的产业结构失衡度，并结合碳排放测算数据，实证研究制造业产业结构失衡度与碳排放之间的关系，为制定推动制造业低碳化转型发展的产业结构调整策略提供决策参考。

13.2　产业结构变动与碳排放

13.2.1　产业结构失衡度及其衡量

一般而言，对产业结构进行评价需要关注合理化与高级化两个维度。产业结构的合理化偏向于资源在产业间的分配与各产业产值贡献度比重的一致性，而产业结构的高级化偏向在整个经济发展的进程中，标志着更高发展阶段的产业所占整体经济比重的提高。由于高级化更加侧重于整体经济，所以针对制造业行业的研究较难用高级化衡量，故本章不讨论制造业高级化问题，只量化分析产业结构的合理化。

产业结构失衡度是衡量产业结构合理化程度的指标。目前，学术界主要存在两种衡量产业结构失衡度的方法。一种是仅对劳动力资源的分配合理程度进行考虑，可称之为劳动分配法。原毅军（2008）采用劳动分配法对产业结构失衡程度进行了系统研究，干春晖（2011）和吕明元（2013）对劳动分配法相继进行改进，并获得了更加科学的衡量公式，而其中便以吕明元（2013）改进的公式最为合理，其产业结构失衡度衡量公式如式（13 - 1）所示：

$$SR = \sum_{i=1}^{n} \left(\frac{Y_i}{Y} \right) \sqrt{ \left(\frac{Y_i/Y}{L_i/L} - 1 \right)^2 } \tag{13 - 1}$$

[①]　涂正革：《中国碳减排路径与战略选择——基于八大行业部门碳排放量的指数分解分析》，载于《中国社会科学》2012 年第 3 期。

式（13-1）中，SR 表示产业结构的偏离度，可以用来衡量产业结构的合理化程度。Y_i 为 i 产业的产值，Y 为制造业的总体产值。当且仅当 $\dfrac{Y_1/Y}{L_1/L} = \dfrac{Y_2/Y}{L_2/L} = \cdots = \dfrac{Y_n/Y}{L_n/L} = 1$ 时，$SR = 0$，即产业结构处于最合理状态。而 SR 越大，则说明产业结构越不合理。式（13-1）相比之前的公式存在两个优点：第一，以各产业的产值比重为权重，这就解决了对产值比重不等，尤其是对比重悬殊的产业的不合理程度考虑得大小不一的问题。比如，2011 年占制造业总产值 0.7% 的家具制造业与占 10% 的食品、饮料和烟草制造业，如果有同样的偏离度，而在计算制造业产业偏离度时，如果不考虑二者的产值比重，那么也将无法反映出规模较大产业的偏离将会带来的更大损害。第二，运用平方再开方的形式避免了负数出现产生正负相抵的情况，即"伪合理性问题"。

另外一种产业结构失衡度测量方法是失衡度法。失衡度法从生产要素的生产率角度计算出了产业的综合效益标准化值，并与产业的实际增加值进行对比，得到产业发展的不合理速度。失衡度法认为，效益高的产业理应发展得快一些，因为其资源利用率高，投资回报率大，符合经济学中的资源优化配置观点。而对于效益低的产业，其速度应该相应降低，因为其资源的利用率低，对整个经济发展的贡献也相应较低。

综合比较劳动分配法和失衡度法可以发现，失衡度法对于评价产业发展速度，产业结构的合理性更加科学，因为这是一种与合理速度的比较，即它是在对合理速度计算之后的一种判断，更是对于产业结构的进一步调整，使方向明确、力度清楚、可操作性更强。然而，失衡度法仍然存在一定缺陷，比如只考虑了劳动和资本两种生产要素的价值，而没有考虑技术要素的价值。我们将采用改进的失衡度法来衡量制造业和其细分产业的产业结构失衡程度。

13.2.2　加入技术要素的失衡度测算方法

我们对传统失衡度法进行改进，在劳动、资本两种要素的基础上加入技术要素。技术指标采用能耗强度（单位产值能耗量）的倒数来衡量①。基于劳动力效益和资本效益计算产业发展的合理速度，具体测算步骤为：

第一，计算产值增长率如式（13-2）所示：

---

① 因为能耗量越低，技术水平越高。取倒数可以保证在后续计算技术价值时保证其价值性。

$$y_{it} = \frac{g_{it} - g_{i,t-1}}{g_{i,t-1}} \tag{13-2}$$

其中，g_{it} 为制造业 i 产业在 t 年份的产值，y_{it} 为制造业的产值增长率，并用 Y_t 表示制造业产值增长率的集合。①

第二，计算产业 i 在前两年的劳动力生产率如式（13-3）所示：

$$v_{it} = \frac{1}{2}\left[\frac{g_{i,t-1}}{l_{i,t-1}} + \frac{g_{i,t-2}}{l_{i,t-2}}\right] \tag{13-3}$$

其中，$l_{i,t}$ 代表产业 i 在年份 t 的劳动力就业人数。

第三，计算产业 i 在前两年的资本生产率如式（13-4）所示：

$$p_{it} = \frac{1}{2}\left[\frac{g_{i,t-1}}{k_{i,t-1}} + \frac{g_{i,t-2}}{k_{i,t-2}}\right] \tag{13-4}$$

其中，$k_{i,t}$ 为产业 i 在年份 t 的资本量。

第四，计算产业 i 在前两年的技术生产率如式（13-5）所示：

$$q_{it} = \frac{1}{2}\left[\frac{g_{i,t-1}}{t_{i,t-1}} + \frac{g_{i,t-2}}{t_{i,t-2}}\right] \tag{13-5}$$

其中，t_{it} 为产业 i 在 t 年份的技术量。

第五，标准化处理。即将前述三个指标标准化为无量纲的指标，其取值在 $0\sim1$ 之间，如式（13-6）和式（13-7）所示。

$$y'_{it} = \frac{y_{it} - \min(Y_t)}{\max(Y_t) - \min(Y_t)}; \quad v'_{it} = \frac{v_{it} - \min(V_t)}{\max(V_t) - \min(V_t)}$$

$$p'_{it} = \frac{p_{jt} - \min(P_t)}{\max(P_t) - \min(P_t)}; \quad q'_{it} = \frac{q_{jt} - \min(q_t)}{\max(q_t) - \min(q_t)} \tag{13-6}$$

第六，计算综合收益：$z_{it} = \frac{1}{3}(v'_{it} + p'_{it})$。将其标准化后如式（13-7）所示：

$$z'_{it} = \frac{z_{it} - \min(Z_t)}{\max(Z_t) - \min(Z_t)} \tag{13-7}$$

第七，计算修正系数：$f_{it} = z'_{it} - y'_{it}$。该修正系数的含义是通过综合收益进行衡量的产业发展的不合理速度。当 $f_{it} > 0$ 时，说明产业发展速度需要提高，反之则需要降低。当且仅当 $f_{i,t} = 0$ 时，不合理速度为 0，产业发展速度是合理的。

第八，计算合理的产业发展速度如式（13-8）所示：

$$y^h_{i,t} = y_{i,t} + \{f_{i,t} \times [\max(Y_t) - \min(Y_t)]\} \tag{13-8}$$

然后，通过合理的产业发展速度来推出合理的产值水平，进而计算出不合理

---

① 由于增加值数据不全，所以用产值来替代。

产值的比重，最后求出产业失衡指数。具体步骤如下：

第九，计算合理的产值水平，如式（13 - 9）所示：

$$g_{it}^{h} = g_{i,t-1} \times [1 + y_{it}^{h}]$$ (13 - 9)

第十，计算不合理的产值部分，如式（13 - 10）所示：

$$g_{it}^{u} = g_{it} - g_{it}^{h}$$ (13 - 10)

第十一，计算不合理的比重，如式（13 - 11）所示：

$$R_{i,t} = \frac{g_{i,t}^{u}}{g_{i,t}}$$ (13 - 11)

第十二，计算制造业产业失衡指数，如式（13 - 12）所示：

$$R_t = \sum_{i=1}^{n} w_{it} \times R_{it}$$ (13 - 12)

其中，w_{it} 为产值的占比。

13.2.3 碳排放测算方法

IPCC（Intergovernmental Panel on Climate Change）提供了一套操作性较强的测算二氧化碳排放量的方法，即参考方法。参考方法是一种自下而上的测算方法，即假设能源一旦被某一部门消费，其中所含的碳要么被转移，要么以气体的形式排放到大气中。参考方法[1]的基本公式为式（13 - 13）：

$$CO_2 = \sum_i C_i \cdot T_i \cdot ef_i$$ (13 - 13)

其中，CO_2 表示二氧化碳排放量（Gg，即千吨）；C_i 为表观消费量，$C_i =$ 产量 + 进口 - 出口 - 国际燃料舱 - 库存变化；T_i 为转换因子（根据净发热值转换为能源单位（TJ）的转换因子）；ef_i 为能源 i 的二氧化碳排放系数，单位为 kgCO$_2$/ TJ（TJ 为万亿焦耳）。

测算基于《中国能源统计年鉴》中制造业所消耗的全部化石能源分类，采用化石能源与碳排放因子一一对应的方式进行测算，保证测算精度。其中2001 ~ 2009 年，共分为 16 种能源，包括原煤、洗精煤、其他洗煤、焦炭、焦炉煤气、其他煤气、其他焦化产品、原油、汽油、煤油、柴油、燃料油、液化石油气、炼厂干气、其他石油制品、天然气。2010 年起能源类别更加细化，增加了高炉煤气、转炉煤气、石脑油、润滑油、石蜡、溶剂油、石油沥青、石油焦、液化天然气，使总的能源类别数变为 25 种。

---

① 详细参见《2006 年 IPCC 国家温室气体排放清单指南》。

13.2.4　数据来源、处理和说明

研究时间段为 2001～2011 年，原因在于中国 1998 年国有企业改制导致了大量国有企业职工的下岗，也因此使得企业的职工人数出现前后较大的悬殊，如图 13-1 所示。为保证数据前后的可比性，以 1999 年为数据的采集起始点。而失衡度的计算则需要前两年的数据，所以 1999 的起始点数据得到的失衡度起始数据年份推迟 2 年，为 2001 年。职工人数的涵盖面较小，故采用从业人员的年平均数作为制造业就业人数的衡量指标，从而保证企业的真实用工情况[①]。1999～2002 年间缺乏其他制造业的数据，通过比较发现，在 2003～2006 年间的其他制造业全年从业人员平均人数占制造业总全年从业人数平均人数的比值与 1999～2002 年期间的其他制造业职工人数占制造业总职工人数的比值均在 0.021～0.23 之间，故采用其他制造业对应年份职工人数占制造业职工人数总数的比值来估算。1999 年其他制造业实收资本缺失，采用 2000 年其他制造业实收资本占总实收资本比重值估算。

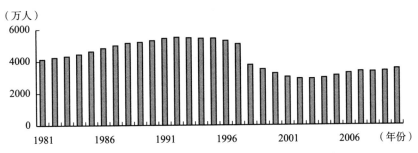

图 13-1　1981～2010 年制造业年末职工人数变动情况

资料来源：作者绘制。

测算排放量所需的能源消费量均来自历年《中国能源统计年鉴》，转换能源单位所需的发热值先采用中国统计资料给出的值，无法获取的采用来自《2006 年 IPCC 温室气体排放清单》（以下简称《清单》）所提供的值。其他洗煤发热值

[①]　从业人员指从事一定社会劳动并取得劳动报酬或经营收入的人员，包括全部职工、再就业的离退休人员、私营业主、个体户主、私营和个体从业人员、乡镇企业从业人员、农村从业人员、其他从业人员（包括民办教师、宗教职业者、现役军人等）。这一指标反映了一定时期内全部劳动力资源的实际利用情况，是研究我国基本国情国力的重要指标。

按照洗中煤和煤泥的发热值均值处理。其他煤气发热值按照其他煤气热值均值处理。排放因子来源于《清单》；汽油的排放系数采用车用汽油和航空汽油的排放系数均值；缺省碳氧化因子统一采用单位值 1 替代。

在制造业的细分行业碳排放历年比较上，由于中国的行业划分标准经过几次变化，所以为方便前后比较，采取归类方法，将历年的制造业每一行业中最大类别的一次作为比较的标准。经过归类，共分得 20 个子行业①。

所需数据来自历年《中国统计年鉴》《中国工业统计年鉴》《中国能源统计年鉴》和 Wind 数据库等。所用计量软件为 Stata12.0。

13.3   中国制造业结构失衡度的测算

13.3.1   产业结构失衡度计算结果

利用式（13 - 12）计算出中国制造业产业结构的失衡度，如图 13 - 2 所示。制造业的产业失衡度变动呈现三个倒"V"型的变化。第一个倒"V"时期是在 2001 ~ 2005 年，从 2001 年的 0.04，一直攀升至 2003 年前后的 0.13 的高失衡度，此时也是 11 年期间制造业产业结构最失衡的年份。而后开始下降，又回到 0.04 的水平。第二个倒"V"时期是从 2005 ~ 2007 年，2006 年升至 0.10 左右的极值点，2007 年又回到 2005 年 0.06 左右的失衡水平，这一阶段的失衡程度以及波动情况都较小。第三个倒"V"时期是在 2008 ~ 2011 年，该倒"V"型的极值点为 0.08 左右，年份位于 2009 年，至 2011 年又回到 0.06 左右的失衡度水平，该阶段波动水平更小。综合来看，制造业失衡度水平在 2003 年达到最高，在 2005 年达到最低，整体变动呈现周期性倒"V"型。从波动幅度来看，三次倒"V"型逐渐减小，有逐渐收敛的趋势。

---

① 该 20 个子行业分别为：B：食品、饮料和烟草制造业；C：纺织业；D：服装及其他纤维制品业；E：皮革、毛皮、羽绒及其制品业；F：木材加工及竹、藤、棕、草制品业；G：家具制造业；H：造纸及纸制品业；I：印刷业、记录媒介的复制业；J：文教体育用品制造业；K：石油加工及炼焦业；L：化学原料及化学品制造业；M：医药制造业；N：化学纤维制造业；O：橡胶和塑料制品业；P：非金属矿物制品业；Q：黑色金属冶炼及压延加工业；R：有色金属冶炼及压延加工业；S：金属制品业；T：机械、电子、电子设备制造业；U：其他制造业。字母为文中该子行业的代号。

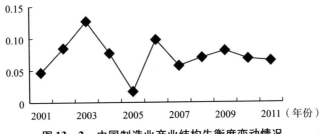

图 13-2　中国制造业产业结构失衡度变动情况

资料来源：作者绘制。

13.3.2　碳排放计算结果

经过测算，中国制造业碳排放量和碳强度变动如图 13-3 所示。从图 13-3 可以发现，中国制造业的碳排放自 2001 年以来大体可以分为两个阶段：第一阶段为 2001～2007 年，这一阶段碳排放稳步攀升，从 1999 年的 13 亿吨左右，达到 2007 年的 26 亿吨左右，涨幅达到 100%；第二阶段为 2007～2011 年，该阶段碳排放处于先大幅下降后大幅持续增加的阶段。2008 年碳排放量急转直下的主要原因在于国际金融危机导致的经济下滑，消费不足，生产量大幅减少，从而能源消费量也大幅降低。2009 年中国政府出台 4 万亿刺激计划后，经济开始复苏，碳排放水平又重新高速增长，至 2011 年已经增加至 56 亿吨左右。从碳强度（单位产值碳排放）变动来看，总体呈下降趋势，基本也可以分成两个阶段。第一阶段为 2001～2008 年，呈现一直下降阶段，说明该阶段单位碳排放价值也越来越大。第二阶段从 2009～2011 年，呈现小幅度提高阶段，但速率在下降。碳强度的总体下降说明中国碳利用效率在提高，碳排放这种权利对中国制造业发展也日益重要。

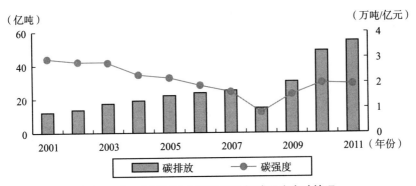

图 13-3　中国制造业碳排放量与碳强度变动情况

资料来源：作者绘制。

13.4 制造业产业结构失衡度与碳排放的关系

根据 Kaya 恒等式的研究框架，碳排放的影响因素可以分为产业发展水平、从业人员数、技术水平和产业结构四种。采用碳强度 ci_{it} 作为碳排放变量的代表指标，因为碳强度既表现出了碳排放的效率，也是中国碳减排目标的考察指标。采用产值比重来代表产业的规模大小，因为规模越大将使得该产业有更多的资金来改进自己的生产技术，从而降低碳强度。为区分开产业发展不足与产业过分发展两种失衡状态，采用不合理比重 R_{it} 来代表子产业失衡度。采用能源强度 ei_{it} 代表技术[①]。采用从业人员平均数来代表就业人数 peo_{it}。模型设定如式（13 - 14）所示：

$$ci_{it} = f(R_{it}, \ ei_{it}, \ gdpr_{it}, \ peo_{it}) \tag{13 - 14}$$

13.4.1 面板混合回归

首先，作为参照，方程首先设定为混合回归方程，如式（13 - 15）所示：
$$ci_{it} = \alpha + \beta_1 R_{it} + \beta_2 ei_{it} + \beta_3 gdpr_{it} + \beta_4 peo_{it} + \varepsilon_{it} \tag{13 - 15}$$
混合回归的结果如表 13 - 1 所示。从表 13 - 1 可以看出，解释变量中只有 ei_{it} 是显著的，其他均不显著。考虑不同产业的情况不同，可能会存在不随时间而变的遗漏变量，即存在个体效应，所以进一步考虑使用固定效应模型进行检验。

表 3 - 1　　　　　　　　　混合回归结果

变量	系数	标准差	T 值	P 值
$gdpr_{it}$	4.9007	6.3540	0.77	0.45
R_{it}	1.5407	1.7177	0.90	0.38
ei_{it}	1.8964 ***	0.1843	10.29	0.00
peo_{it}	-0.0007	0.0112	0.570	0.57

---

① 该处无需用倒数，因为反映出技术变化来即可。

续表

变量	系数	标准差	T 值	P 值
R^2	0.68			
F	36.80			

注：*** 代表在 1% 的水平下显著。R^2 代表拟合优度值，F 代表 F 检验。
资料来源：作者计算整理。

13.4.2 固定效应模型

根据固定效应模型形式，方程设定为式（13 - 16）：

$$\overline{ci}_{it} = \beta_1 \overline{R}_{it} + \beta_2 \overline{ei}_{it} + \beta_3 \overline{gdpr}_{it} + \beta_4 \overline{peo}_{it} + \overline{\varepsilon}_{it} \qquad (13-16)$$

其中，$R_{it} = R_{it} - \overline{R}_i$，$\overline{ei}_{it} = e_{it} - \overline{e}_i$，$\overline{gdpr}_{it} = gdpr_{it} - \overline{gdpr}_i$，$\overline{peo}_{it} = poe_{it} - \overline{peo}_i$，$\overline{\varepsilon}_{it} = \varepsilon_{it} - \overline{\varepsilon}_i$。

采用固定效应模型进行检验的结果如表 13 - 2 所示。从表 13 - 2 中可以发现，$gdpr_{it}$ 和 peo_{it} 同样高度不显著。故初步决定将该两变量剔除。在剔除后的回归模型中，不加入稳健标准误的回归结果可以发现，原假设为混合回归可以接受的 F 检验 P 值为 0.0000，强烈地拒绝了原假设，即认为固定效应模型是明显优于混合回归的，应该让每个行业拥有自己的截距项。然而由于没有使用稳健标准误，所以进一步利用最小二乘虚拟变量方法（LSDV）进行考察，结果发现，虚拟变量中接近 3/4 的个体虚拟变量均显著，所以可以认为存在个体效应，不应使用混合回归。

表 13 - 2 　　　　　　　　　　　固定效应回归结果

变量	系数	标准差	T 值	P 值
$gdpr_{it}$	2.2419	21.0890	0.77	0.45
R_{it}	-2.5479 **	1.2675	0.90	0.38
ei_{it}	1.4506 ***	0.1702	10.29	0.00
peo_{it}	0.0014	0.0006	0.570	0.57
R^2	0.65			
F	22.78			

变量	系数	标准差	T值	P值
rho	0.5192			
Fi	7.75			

注：**、*** 分别表示在5%、1%的水平下显著；rho 代表变化由个体部分引起所占的部分。Fi 代表个体效应不存在的 F 检验。
资料来源：作者计算整理。

13.4.3　豪斯曼检验

在处理面板数据，考虑个体效应时，不仅包括固定效应，还包括随机效应。究竟使用固定效应，还是随机效应，一般采用豪斯曼检验方法（Hausman，1978）。检验结果发现 P 值为 0.0024，强烈地拒绝了原假设为误差项与解释变量不相关的假设，认为应该使用固定效应模型，而非随机效应模型。

13.4.4　回归结果分析

剔除不显著变量之后，固定效应模型变为式（13-17）：

$$\bar{ci}_{it} = \beta_1 \bar{R}_{it} + \beta_2 \bar{ei}_{it} + \bar{\varepsilon}_{it} \tag{13-17}$$

运用聚类稳健标准误回归结果为式（13-18）（括号内为标准差），如表 13-3 所示：

$$\bar{ci}_{it} = -2.5674 \bar{R}_{it} + 1.4377 \bar{ei}_{it} + \bar{\varepsilon}_{it} \tag{13-18}$$
$$(1.0645) \quad (0.3176)$$

表 13-3　　　　　剔除不显著变量固定效应回归结果

变量	系数	t检验值	P值
$\bar{R}_{it}$	-2.5674**	-2.41	0.026
$\bar{ei}_{it}$	1.4377***	4.53	0.000
R^2	0.35		
rho	0.52		

注：**、*** 分别表示在5%、1%的水平下显著；rho 代表变化由个体部分引起所占的部分。Fi 代表个体效应不存在的 F 检验。
资料来源：作者计算整理。

剽除不显著变量之后进行固定效应模型回归的结果如表 13 - 3 所示，技术因素和产业结构的失衡度都显著地影响到碳强度的变化。虽然是利用组内离差数据的"组内估计量"，但是由于变量对时间的均值是固定数，所以系数解释与线性回归在某种意义上是等价的。[①] 失衡度的系数为 - 2.57，表示失衡度每增加 1（由于失衡度介于 0 和 1 之间，这种可能性几乎为 0，但作为参照情况可进行说明），碳强度下降 2.57 万吨/亿元。能源强度系数为 1.44，代表能源强度每增加 1，碳强度将增加 1.44。

失衡度的影响系数为负，说明其与碳强度变化呈现相反的关系。当失衡度为负时，说明产业发展不足，当失衡度为正时，说明产业过度发展，当失衡度为 0 时，产业发展最为合理。系数为负说明两种失衡状态，产业过度发展相比产业发展不足会更加低碳。这也表明，针对发展不足的产业，应该鼓励刺激其发展，因为这种结构转换是低碳化路径之一。技术系数为正，说明技术和碳强度呈现正相关。由于能源强度作为技术指标，其和技术水平呈相反关系，所以技术发展水平和碳强度呈反向关系，技术越发展，碳强度越低。

13.4.5　产业结构低碳化调整

根据加入技术的产业结构失衡度方法计算得到制造业 20 个细分行业的产业结构不合理状况，如表 13 - 4 所示。初步来看，制造业大部分行业处于发展不足状态，其中木柴加工及竹、藤、棕、草制品业（F）和家具制造业（G）在 11 年间一直处于发展不足状态。所有的发展不足状态产业共计 17 个，占到所有制造业的 85%。石油加工及炼焦业（K），化学原料及化学制品业（L）和黑色金属冶炼及压延加工业为发展过度产业，仅占到制造业的 15%。

表 13 - 4　　　　　　　　　　制造业细分行业失衡状态情况

项目	2001 年	2002 年	2003 年	2004 年	2005 年	2006 年	2007 年	2008 年	2009 年	2010 年	2011 年	比例（%）	状态
B	11.24	- 6.98	- 10.36	8.62	0.00	- 2.97	2.87	- 7.58	- 13.05	- 9.15	- 0.66	64	不足
C	3.10	- 7.97	- 8.14	1.89	- 2.33	2.79	3.22	1.75	- 4.62	- 2.85	- 0.49	55	不足
D	5.49	- 9.00	- 4.61	1.50	- 0.39	- 8.29	- 1.25	- 4.09	- 13.25	- 7.34	4.82	73	不足

---

① 陈强：《高级计量经济学及 STATA 应用》（第二版），高等教育出版社 2014 年版，第 253 页。

续表

项目	2001 年	2002 年	2003 年	2004 年	2005 年	2006 年	2007 年	2008 年	2009 年	2010 年	2011 年	比例（%）	状态
E	9.06	- 8.85	- 5.00	- 9.22	- 1.33	- 10.45	0.53	- 5.81	- 8.15	- 7.16	- 4.41	82	不足
F	- 1.19	- 11.02	- 8.88	- 0.64	- 4.47	- 24.98	- 4.58	- 26.48	- 18.20	- 11.90	- 9.63	100	不足
G	- 1.08	- 11.86	- 19.82	- 18.03	- 9.14	- 6.59	- 5.89	- 11.81	- 16.14	- 9.09	- 14.71	100	不足
H	- 4.23	- 11.31	- 15.42	1.56	- 2.35	- 1.20	2.51	- 3.19	- 11.61	- 2.11	- 5.10	82	不足
I	- 0.27	- 14.83	- 15.48	- 7.07	- 0.27	2.32	1.25	- 5.21	- 15.34	- 8.22	0.27	73	不足
J	2.87	- 9.10	- 12.60	- 7.79	- 2.78	- 3.94	- 0.27	- 1.82	- 13.39	- 6.46	- 1.93	91	不足
K	- 6.87	4.37	23.52	22.32	3.57	- 5.07	14.87	25.44	0.78	10.74	- 5.02	73	过度
L	7.69	- 5.60	- 4.92	13.04	1.51	7.33	9.28	3.94	- 2.53	2.25	1.43	73	过度
M	- 3.07	- 11.58	- 17.92	1.16	1.38	- 24.03	2.96	- 6.04	- 10.75	- 11.58	- 2.29	73	不足
N	- 8.96	2.37	- 4.64	- 2.86	- 1.54	- 25.23	3.18	- 5.19	6.69	2.77	- 8.66	64	不足
O	1.25	- 9.94	- 17.40	- 2.14	- 3.76	2.67	- 1.21	- 7.78	- 11.94	- 8.14	- 8.35	82	不足
P	6.74	- 7.95	- 8.19	7.76	0.86	7.43	3.24	- 5.64	- 12.02	- 7.81	- 4.63	55	不足
Q	8.26	- 9.74	- 0.63	- 4.85	- 0.80	21.07	20.29	14.08	4.32	16.94	22.47	64	过度
R	- 1.04	- 8.09	- 1.74	- 8.28	- 6.84	- 13.92	- 11.32	- 10.74	- 0.33	4.72	- 13.29	91	不足
S	1.84	- 9.56	- 13.09	5.47	- 2.82	- 12.45	- 2.99	- 14.65	- 17.24	- 5.07	- 6.76	82	不足
T	1.75	- 9.17	- 18.14	- 7.31	- 1.19	10.29	1.88	- 2.37	- 8.12	- 4.91	- 5.91	73	不足
U	- 1.81	- 10.08	- 22.46	21.17	3.06	10.00	9.65	- 1.63	- 2.62	- 0.61	- 5.75	64	不足

注：表中数据由失衡度计算公式中的式（13 - 12）计算得出，为产业的不合理比重，正数代表过度发展，负数代表发展不足，0 值代表发展无失衡状态。最后一栏状态定义为 11 年考察年份中占比过半的失衡状态。

资料来源：作者计算整理。

根据周达（2008）的划分，制造业可以划分 5 类产业，即单纯资本主导型产业、单纯劳动主导型产业，单纯剩余要素主导型产业，劳动、剩余要素混合型产业，资本、剩余要素混合主导型产业①。根据该种划分，如表 13 - 5 所示，其中发展过度产业 K 和 L 都属于单纯资本型产业，而 Q 属于单纯剩余要素型产业。

_____

① 划分依据为投入要素在 1981～2006 年 25 年期间的投入占比。资本主导型产业为 25 年内资本投入对产出增长贡献平均份额在 40% 以上，劳动主导型产业为 25 年内劳动投入对产出增长贡献平均份额在 20% 以上，剩余要素主导型产业为 25 年内剩余要素对产出增长贡献平均份额在 40% 以上，如果同时满足两个以上标准，则为混合型。

而且 F 和 G 都属于单纯劳动型产业，另外的 H 的不足状态也有 82%，属于高度发展不足。可以发现，制造业内部，劳动型产业已经处于长期发展不足的状态。

表 13 - 5 制造业分类别产值结构

产业类型	产业名称	产值比重（%）
单纯劳动型产业	F, G, H	3.50
单纯资本型产业	K, L, M, N, O	19.32
单纯剩余要素型产业	T, U, P, Q, R, S	55.79
劳动、剩余要素混合型产业	B, I, J	11.60
资本、剩余要素混合型产业	C, D, E	9.79

资料来源：作者计算整理。

根据前述研究结论，制造业的低碳化路径之一为将失衡状态中的发展不足向理想状态调整，即发展不足产业应鼓励刺激发展，如果在发展过程超过了理想状态，而达到发展过度的状态，也不会对碳强度产生正向增加影响。基于此，在今后制造业发展中，制造业应重点发展扶持单纯劳动型产业，尤其以 F 和 G 为重。其他重点鼓励发展的还有文教体育用品制造业（J），有色金属冶炼和压延加工业（R），橡胶和塑料制品业（O），皮革、毛皮、羽绒及其制品业等（E）。而针对 K、L 和 Q，制造业应该合理控制，但控制不应过度，防止其掉入不足状态。

13.5 本章小结

本章基于改进的失衡度法，研究了制造业细分行业 2001～2011 年制造业产业结构失衡度变动情况，碳排放变动情况以及二者之间的关系，说明了制造业低碳化路径与制造业产业结构合理化调整是不冲突的，研究结论和政策含义均具有较为重要的现实意义。改进的失衡度法相比之前的计算方法，加入了技术要素对产业结构合理性的影响，计算结果更加合理可信。碳排放的测算采用了 IPCC 的参考方法，并利用详细化石能源分类与排放因子一一对应的方式进行测算，更加准确。基于两种方法的研究结果得到了以下两个主要结论：

第一，制造业的产业结构失衡度在 2001～2011 年期间呈现周期性倒"V"型且逐渐收敛的规律。三个阶段分别是 2001～2005 年，2006～2007 年，2008～

2011 年。失衡度最大值点出现在 2003 年的 0.13，最小值点为 2005 年的 0.02。最后收敛趋于中间水平的 0.06。制造业的碳排放水平可以分成两个阶段，以 2007 年为分界点，前一阶段逐步攀升，后一阶段先降后升，至 2011 年排放达到 55 亿吨左右。

第二，制造业的低碳化与产业结构的合理化调整并不冲突，二者是共赢的。经过一系列检验发现，只有技术水平和产业结构失衡水平对碳强度产生显著影响。技术水平为反向影响，产业结构失衡水平为正向影响。后一结论表明，产业结构在发展不足和过度发展两种失衡状态中，过度发展比发展不足更优，因为发展不足的碳强度要高于过度发展的碳强度。所以制造业的低碳化发展应重点鼓励支持发展不足产业，使其向合理化状态逼近。

针对实证结果，本章提出制造业产业结构调整的政策建议。第一，对石油加工及炼焦业，化学原料及化学制品业，黑色金属冶炼及压延加工业应注意保持其合理发展速度，适当控制其过度发展。第二，除前述三个过度发展产业外的制造业 17 个细分行业属于发展不足产业，应鼓励支持发展，尤其要重点发展单纯劳动型产业中的木藤加工及竹、藤、棕、草制品业和家具制造业两类完全发展不足的产业。可以看出，制造业的低碳化产业调整的空间很大，应该成为工业乃至整个经济中产业调整的重点行业。

第14章

制造业"高新化"与转型升级路径

14.1 引　言

中国是制造业大国，也是制成品出口大国，但并非制造业强国，"中国制造"的质量和效益还落后于西方先进工业国。提升制造业质量和效益、支撑中国制造业由大变强的关键在于加快推进制造业转型升级和提质增效。当前，中国制造业面临的要素成本、资源环境、市场条件、制造技术正逐步发生深刻变化，给中国制造业发展带来了巨大压力。受世界宏观经济形势低迷、国内制造行业低水平重复建设、要素成本上涨和 FDI 外流等因素的影响，中国制造业需求放缓局面在短期内恐难以改变。但是，短期需求不足只是表象，供需错配、中长期供给的质量不高才是当前中国制造业面临的实质问题。加快实施供给侧结构性改革，推动制造业"高新化"发展是中国制造业实现转型升级、提质增效的治本之策。供给侧改革，是指从供给、生产端着手，通过解放生产力、优化经济结构、转换发展动力来提升经济增长的质量，具体体现在化解产能过剩、降低企业成本、消化已有库存、防范金融风险，提高供给质量，解决当前供需错配问题。转型升级的方向是要素集约化、技术绿色化、价值链攀升和生产智能化，本章称之为制造业"高新化"。制造业"高新化"是供给侧改革重要内容，同时供给侧改革为制造业"高新化"提供了契机和动力。

国内外学者专门针对制造业"高新化"的研究成果很少，但在产业转型升级方面的研究起步较早，成果较多。在转型升级的背景和动力方面，索洛（Solow，1956）、谢勒（Scherer，1965）、拉森等（Larsson et al.，1999）、吕滕等（Rutten et al. , 2007)、厄恩斯特（Ernst, 2010）等基于技术追赶与市场追赶理论，认为发展中国家可以在技术扩散中通过模仿和"干中学"，实现技术跨越式追赶。江小涓（2004）、吕政（2003）、杨丹辉（2005）、原毅军等（2008）、干春晖等（2009）、周振华（2011）和沈坤荣等（2013）指出，加快制造业转型升级是中国经济保持持续健康发展的迫切需要，加大自主创新力度，积极培育和引进企业家群体，营造有利于产业高端化、服务化、集约化的发展环境，能够促进产业结构调整和优化升级。在转型升级过程和路径方面，汉弗莱和施密茨（Humphrey and Schmitz, 2002）将制造业升级的过程概括为工艺升级、产品升级、功能升级和价值链升级四种模式，尼尔森和温特（Nelson and Winter, 1982）、伦纳德－巴顿（Leonard-Barton, 2012）等人研究了路径依赖现象，赛德、施雷约格和科赫（Sydow, Schreyogg and Koch, 2009）提出了路径突破理论。刘志彪等（2008，2009）、芮明杰（2012）等学者认为，中国企业需要突破俘获型全球价值链的低端锁定，通过产业内迁和产业延伸构建国内价值链，调整区域间产业关系，促进产业发展和升级。金碚等（2011）、臧旭恒等（2012）研究了消费需求升级与产业发展的内在关联机制，对消费需求升级背景下的产业结构演变进行了理论探讨和实证研究。在转型升级的政策措施方面，格里芬（Gereffi, 1994，1999）、诺兰等（Nolan et al. , 2008）、阿扎代甘和瓦格纳（Azadegan and Wagner, 2011）等认为，企业通过融入全球价值链和组织学习，可以改进其在国际分工中的地位，突破价值链低端锁定，实现产业升级。郭克莎（2007）、李善同（2008）、宋冬林（2009）、裴长洪（2010）、李平等（2010）、刘戒骄（2011）、赵彦云等（2012）、杨蕙馨（2012）等学者研究提出了促进制造业发展和升级的政策措施。

2008年金融危机后，西方各国重新审视制造业在国民经济中的地位，掀起了再工业化的浪潮，以德国的工业4.0和美国的工业互联网最具代表性，皮萨诺（Pisano, 2006）强调了制造技术在实验室技术现实化中的重要地位。同期，中国也提出了两化融合和"制造强国"等发展理念。李廉水等（2015）认为中国制造业的未来在"新型化"上，并从经济创造能力、科技创新能力、能源节约能力、环境保护能力和社会服务能力五个维度构建中国制造业"新型化"的指标体系。黄群慧等（2013）从技术经济范式转变的角度研究了"第三次工业革命"与中国经济发展战略调整的关系。张亚斌等（2012）构建了两化融合环境的综合评价体系，并比较东中西部三大地区的融合系数。周剑等（2013）构建了制造业企业两化融合评价体系，但是没有量化分析。此外，还有诸多学者提出了侧重点不同的两化融合的指标体系，来探索如何充分发挥信息化的支撑作用，提升中国制造业的智造水平。

国内外学者关于产业结构调整和升级的研究成果对于研究中国制造业"高新化"具有重大参考和借鉴价值。然而,已有研究还存在一些不足之处:一是国外学者的研究主要是针对西方发达国家或某些特定产业情况的,没有联系中国特殊制度背景和环境研究中国制造业转型升级的具体路径问题;二是进入 21 世纪以来,中国制造业转型升级的背景条件已经发生了根本性变化,国内外学术界还未系统研究要素价格上涨和环境规制趋紧背景下的中国制造业转型升级问题,还未深入探讨大数据、3D 打印、新工业革命等对于制造业转型升级路径的影响。本章的研究将努力弥补已有研究的不足,力图在以下方面有所创新:一方面针对当前中国制造业发展环境面临的新态势,结合新工业革命的特征、趋势以及信息技术在制造业发展中的巨大作用,提出中国制造业转型升级的新内涵——制造业"高新化",并在此基础上构建衡量制造业"高新化"的指标体系,测算不同地区和省市的制造业"高新化"水平;另一方面实证分析中国制造业"高新化"的影响因素,提出中国制造业"高新化"的具体路径。

14.2 制造业"高新化"及其内涵

进入 21 世纪以来,中国制造业面临的要素成本、资源环境、市场条件、制造技术等发展环境正发生深刻变化。劳动力成本上升与人口老龄化加速、资源的匮乏与环境的恶化、消费者需求的多样化和个性化、制造技术的智能化等四大因素相互交织,对制造业发展产生了显著影响。中国制造业能否通过转型升级来应对发展环境的变化,关系到中国制造业的未来,也关系到新常态下中国经济能否继续保持中高速增长。新工业革命浪潮方兴未艾,传统的转型升级路径已经无法全面应对发展环境的新变化,需要改变发展思路,提出新战略、新路径、新举措,推动中国制造业实现"脱胎换骨"式的发展。我们将中国制造业转型升级的新战略、新路径、新举措称为制造业"高新化"。"高"是指产业结构和价值链定位的高级化,对应着产业升级;"新"是指产业形态和技术工艺的新型化,对应着产业转型。制造业"高新化"包括要素集约化、技术绿色化、价值链攀升、生产智能化四个方面。要素集约化包括要素使用效率提升和结构优化两个维度,技术绿色化包括产业生态化和低碳节能化两个维度,价值链攀升包括创新驱动和品牌影响力两个维度,生产智能化包括互联网应用建设提升和智能技术的推广应用两个维度。中国制造业"高新化"的目的在于促进其持续、健康、高效地发展，"高新化"不仅可以衡量制造业企业的经济效益，还可以衡量制造业企业的社会效益。具体而言，供给侧改革背景下中国制造业"高新化"的内涵包括以下几个方面：

（1）要素集约化。制造业企业使用要素的集约程度反映了制造业企业的要素使用效率与效益，效率提高的根本在于各生产要素物尽其用，效益提高的根本在于由低附加值产业向高附加值产业转变。当前中国劳动力人口减少、劳动力成本上升，通过使用大规模的廉价劳动力来推动中国制造业的发展再也行不通了，熟练的操作型和技能型员工的广泛应用能够显著提高制造业的劳动生产率。第三次工业革命的兴起意味着知识型员工在制造业中的作用越来越重要，该类型员工能够与机器形成更好的联动，从而使劳动生产率进一步提高。资本使用效率的提高，既反映了制造业配置资本的方式日趋成熟，又能够吸引资本流向制造业企业，在一定程度上缓解制造业资本较匮乏的情况。制造业结构转变的基本趋势是由低附加值的劳动密集型产业向高附加值的资本和技术密集型产业的转变。制造业结构升级可以提高制造业的附加值与效益。现阶段中国应当着力提高劳动力素质，有重点地发展技术密集型产业和资本密集型产业。综上所述，本章用技术密集型产业比重、资本密集型产业比重衡量制造业结构优化程度。

（2）技术绿色化。制造业的发展需要考虑资源环境的承受能力，中国资源总量丰富，人均不足，发展可持续性的制造业是当务之急。制造业技术绿色化不仅要求制造业提高资源使用效率，还要求制造业积极探索可再生新能源的研究、开发与利用，实现低碳化生产。通过可再生新能源的引入，在一定程度上降低制造业对传统能源的依赖，缓解资源日趋紧张带给制造业发展的束缚。近年来，随着生活水平的提高，公众越来越关注环境问题对健康的影响。近年来，中国多地出现雾霾，公众对此深表不满，对蓝天碧水的需求异常强烈，制造业采用绿色生产技术正是满足公众对蓝天碧水需求的最好体现。尽管制造业的清洁化、低碳化和绿色化可能在短期内无法带来直接的经济收益，但是其产生的正的社会收益和潜在的经济收益是巨大的，也符合制造业新型化的要求。

（3）价值链攀升。传统意义上可将价值链大致分为研发、生产、销售三大环节，研发和销售环节的附加值较高，生产环节的附加值最低。其原因在于模块化的生产方式降低了生产环节的进入门槛，也降低了其附加值。低端的价值链锁定不但导致了生产制造环节的低附加值回报，而且造成了产品替代弹性较高的不利局面。拥有核心技术的企业会率先确定行业的技术标准，拥有强大营销能力、知名品牌的企业会拥有一大批忠实的拥趸，在遇到经济波动等情况时，其产品受到的不利影响、产能过剩的程度均低于价值链低端的生产型企业。中国是制造业大国而非强国,部分原因在于中国是制造业的生产车间,大部分企业位于生产制造环节,而不能控制价值链研发和销售环节。尽管在第三次工业革命的影响下,微笑曲线有向沉默曲线转移的趋势,但是在现阶段,研发、销售环节带来的利润仍然要高于生产环节,而产生的环境问题均低于生产环节。因此,研发、销售环节的强弱仍是衡量中国制造业竞争力乃至高新化的重要指标,中国制造业仍需提升价值链高度,以提高产品竞争优势,进一步化解产能过剩问题。

(4)生产智能化。第三次工业革命将会重塑制造业价值链各环节的价值创造能力,伴随信息产业的迅速发展,互联网、人工智能、数字制造等技术与制造业的互联将进一步加深,制造业的生产过程将更具有灵活性。互联网的应用,降低了消费者与厂商的沟通成本,消费者可以更从容地表达自身的偏好,并呈现出两个新特点:产品更新换代速度加快和市场需求向多样化、定制化逐步转型。这样的产品特性对制造业的生产过程提出了更高的要求,制造业生产过程与服务业的深度融合更有助于实现消费者多样化、个性化的产品需求。制造业的生产过程先进与否也是衡量制造业"高新化"的重要指标之一。可以设想,产品生产的一般模式将由线性创新过程变为并行创新过程。制造过程的智能化离不开高档数控机床、工业机器人、人机智能交互在生产过程中的应用。智能化的产品一方面通过加强使用过程中的人机互动提升用户体验,另一方面通过采集用户的使用体验数据,通过互联网整合数据来改进不足,进一步提高用户的满意程度。

14.3 制造业"高新化"的评价指标与方法

14.3.1 制造业"高新化"的评价指标体系

根据前文分析,本章构建了测度制造业"高新化"程度的指标体系,如表14-1所示。该指标体系包括四个一级指标,分别是要素集约化指标、技术绿色化指标、价值链高度指标和生产智能化指标,每个一级指标下包含若干二级指标和三级指标。

表 14 - 1 　　　　　　　　制造业"高新化"评价指标体系

一级指标	二级指标	三级指标	指标解释	指标单位	属性
要素集约化	要素使用效率	资本生产率	制造业总产值/制造业资本存量*	%	正向
		劳动生产率	制造业总产值/制造业从业人员数	万元/人	正向
	结构优化程度	资本密集型产业比重	资本密集型产业总产值/制造业总产值	%	正向
		技术密集型产业比重	技术密集型产业总产值/制造业总产值	%	正向
技术绿色化	生态化	单位产值废气排放量	制造业废气排放量/制造业总产值	亿立方米/亿元	逆向
		单位产值废水排放量	制造业废水排放量/制造业总产值	亿吨/亿元	逆向
	低碳节能	煤炭消耗占比	制造业煤炭消耗量/制造业能源消耗量	%	逆向
		单位产值能源消耗量	制造业能源消耗量/制造业总产值	万吨标准煤/亿元	逆向
		单位产值电力消耗量	制造业电力消耗量/制造业总产值	亿千瓦时/亿元	逆向
价值链高度	创新能力	R&D 投入强度	制造业 R&D 经费支出/制造业总产值	%	正向
		R&D 人员比重	制造业 R&D 人员/制造业从业人员数	%	正向
	品牌影响力	新产品产值比重	制造业新产品产值/制造业总产值	%	正向
		单位产值专利申请数	制造业专利申请数/制造业总产值	件/亿元	正向

续表

一级指标	二级指标	三级指标	指标解释	指标单位	属性
生产智能化	互联网应用建设	企业网站建设程度	制造业企业拥有网站数/制造业企业数	%	正向
		光缆建设水平	长途光缆皮长/面积	km/100km^2	正向
		互联网用户比重	互联网上网人数/总数	%	正向
		IT 人才储备和规模	信息传输、计算机服务和软件从业人员数/制造业从业人员数	%	正向
	制造技术	信息化在商业贸易中的应用程度	制造业企业电子商务销售额/制造业总产值	%	正向
		制造业企业机床的应用程度	制造业企业金属切削机床数/制造业企业数	台/个	正向
		电子信息制造业的国际竞争力	电子信息制造业的出口交货值/出口总额	%	正向

注：＊表示制造业资本存量用制造业固定资产净值代替。
资料来源：作者研究整理。

（1）要素集约化指标，反映制造业的要素使用效率和制造业结构提升程度，具体包括两个二级指标：要素使用效率指标和结构优化程度指标。要素使用效率指标包括两个三级指标：资本生产率和劳动生产率；结构优化程度指标包括两个三级指标：资本密集型产业比重和技术密集型产业比重。

（2）技术绿色化指标，反映制造业的环境保护水平和低碳节能水平，具体包括两个二级指标：生态化指标和低碳节能指标。生态化指标包括两个三级指标：单位产值废气排放量和单位产值废水排放量；低碳节能程度指标包括三个三级指标：煤炭消耗占比、单位产值能源消耗量和单位产值电力消耗量。

（3）价值链高度指标，反映的是制造业的创新能力和品牌影响力，具体包括两个二级指标：创新能力指标和品牌影响力指标。创新能力指标包括两个三级指标：R&D 投入强度和 R&D 人员比重；品牌影响力指标包括两个三级指标：新产品产值比重和单位产值专利申请数。

（4）生产智能化指标，反映的是制造业使用互联网的状况和智能工厂的发展潜力，具体包括两个二级指标：互联网应用建设指标和制造技术指标。互联网应用建设指标包括四个三级指标：企业网站建设程度、光缆建设水平、互联网用户比重和 IT 人才储备和规模。制造技术指标包括三个三级指标：信息化在商业贸易中的应用程度、制造业企业机床的应用程度和电子信息制造业的国际竞争力。囿于数据的可获得性，制造业企业拥有的网站数仅有 2013 年的数据，本章用 www 站点的增长率近似衡量制造业企业拥有网站数的增长率，并以此推断过去十年的数据。制造业企业电子商务销售额仅有 2013 年的数据，本章用快递数量的增长率近似衡量电子商务销售额的增长率，并以此推断过去十年的数据。高档数控机床的使用在生产智能化中具有重要地位，但是制造业企业所拥有的高档数控机床的数量难以确定，故只能近似衡量，运用金属切割机床的数量代替高档数控机床的数量。

14.3.2 制造业"高新化"的评价方法

中国制造业"高新化"水平的测度指标较多，我们选取熵权法来确定各指标的权重。熵权法是一种客观赋权法，其优势在于可以避免权重赋予时的主观性，符合数学规律且具有较为严格的数学意义。熵权法的基本运算过程如下：

1. 建立指标矩阵

设系统中包括 n 个评价对象，m 个评价指标，由此可以构建 $n \times m$ 的指标矩阵，如式（14-1）所示：

$$X = (x_{ij})_{n \times m} = \begin{pmatrix} x_{11} & x_{12} & \cdots & x_{1m} \\ x_{21} & x_{22} & \cdots & x_{2m} \\ \vdots & \vdots & \ddots & \vdots \\ x_{n1} & x_{n2} & \cdots & x_{nm} \end{pmatrix}, \quad i = 1, 2, \cdots, n, \ j = 1, 2, \cdots, m$$

$$(14-1)$$

其中，x_{ij} 指第 i 个评价对象的第 j 个评价指标的值。

2. 指标矩阵标准化

指标矩阵中的指标需要进行规范化处理，以消除量纲对最终结果的影响，计算过程如式（14-2）所示：

$$r_{ij} = \begin{cases} \dfrac{x_{ij} - x_{j\min}}{x_{j\max} - x_{j\min}}, & \text{当 } x_{ij} \text{ 是越大越好的正向指标} \\[3mm] \dfrac{x_{j\max} - x_{ij}}{x_{j\max} - x_{j\min}}, & \text{当 } x_{ij} \text{ 是越小越好的逆向指标} \end{cases}$$

$$(14-2)$$

其中，r_{ij} 指第 i 个评价对象的第 j 个评价指标的规范化值，$x_{j\min}$ 指全部评价对象第 j 个评价指标的最小值，$x_{j\max}$ 指全部评价对象第 j 个评价指标的最大值。由此可以构建规范化后的指标矩阵，如式（14-3）所示：

$$R = (r_{ij})_{n \times m} = \begin{pmatrix} r_{11} & r_{12} & \cdots & r_{1m} \\ r_{21} & r_{22} & \cdots & r_{2m} \\ \vdots & \vdots & \ddots & \vdots \\ r_{n1} & r_{n2} & \cdots & r_{nm} \end{pmatrix}, \; i = 1, 2, \cdots, n, j = 1, 2, \cdots, m$$

$$(14-3)$$

3. 各评价指标熵值的确定

首先将指标矩阵进行归一化处理，如式（14-4）所示：

$$p_{ij} = \frac{r_{ij} + 10^{-4}}{\sum\limits_{i=1}^{n} (r_{ij}) + 10^{-4}}, \; i = 1, 2, \cdots, n, j = 1, 2, \cdots, m$$

$$(14-4)$$

之后确定各指标的熵值，如式（14-5）所示：

$$H_{ij} = -k\left(\sum_{i=1}^{n} p_{ij} \times \ln p_{ij}\right), i = 1, 2, \cdots, n, j = 1, 2, \cdots, m \quad (14-5)$$

其中，H_{ij} 指第 j 个评价指标的熵值；$k = 1/\ln n$；若 $p_{ij} = 0$，则 $p_{ij} \times \ln p_{ij} = 0$。

4. 各评价指标权重的确定

如式（14-6）所示：

$$w_{ij} = \frac{1 - H_j + \frac{1}{10}\sum\limits_{j=1}^{m} (1 - H_j)}{\sum\limits_{j=1}^{m}\left(1 - H_j + \frac{1}{10}\sum\limits_{j=1}^{m} (1 - H_j)\right)}, j = 1, 2, \cdots, m \quad (14-6)$$

其中，w_{ij} 指第 j 个评价指标的权重。

5. 综合指数的确定

如式（14-7）所示：

$$Z_i = \sum_{j=1}^{m} r_{ij} \times w_j, i = 1, 2, \cdots, n, j = 1, 2, \cdots, m \quad (14-7)$$

其中，Z_i 指第 i 个评价对象的综合指数。

14.4 中国制造业"高新化"水平测度与区域比较

14.4.1 整体状况

本章运用熵权法计算出各指标的权重，随之得到 2003～2014 年中国制造业的要素集约程度、技术绿色程度、价值链高度、生产智能程度和"高新化"程度，如表 14－2 和图 14－1 所示。观察表 14－2 和图 14－1 可以发现：①要素集约程度近似呈"M"型；②技术绿色程度变化不大，呈现出先平稳后下降的态势；③价值链高度变化较为显著，呈现出先上升后下降的态势，2014 年又稍有回升；④生产智能程度呈先上升再平稳，最后下降的态势；⑤高新化程度呈现出稳中有升再下降的态势；⑥2009 年之后，五个指标都呈下降趋势。制造业"高新化"程度在 2009 年后下降的原因，本章将在 14.5 节作深入分析。

表 14－2 　　　　　　2003～2014 年中国制造业"高新化"程度评价

年份	要素集约化	技术绿色化	价值链高度	生产智能化	高新化程度
2003	0.4968	0.8426	0.2121	0.2972	0.4509
2004	0.5169	0.8513	0.2375	0.3260	0.4417
2005	0.5223	0.8330	0.2534	0.3940	0.4503
2006	0.4636	0.8164	0.3178	0.4176	0.4628
2007	0.4402	0.8392	0.3651	0.4001	0.4448
2008	0.4491	0.8359	0.3651	0.3794	0.4403
2009	0.4889	0.8381	0.4252	0.4071	0.4919
2010	0.4917	0.8690	0.4118	0.3378	0.4521
2011	0.4929	0.8487	0.3463	0.2357	0.4129
2012	0.4683	0.8187	0.3426	0.2191	0.4079
2013	0.4453	0.8197	0.3592	0.2226	0.4024
2014	0.4662	0.8664	0.4246	0.1975	0.4146

资料来源：作者计算整理。

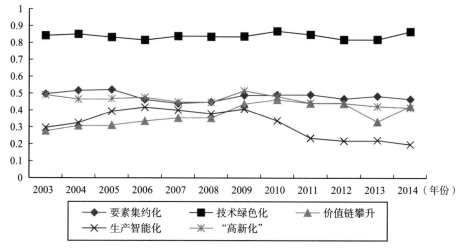

图 14 – 1　2003～2014 年中国制造业"高新化"程度评价

资料来源：作者绘制。

14.4.2　区域比较

根据常用的区域划分标准，我们将除港澳台、西藏以外的 30 个省区市划分为三大地区①，各地区的原始数值由所包含省份的原始数值加总得到，随后按照熵权法得到各地区的要素集约程度、技术绿色程度、价值链高度、生产智能程度和高新化程度。因篇幅限制，本章仅列出 2014 年区域制造业的要素集约程度、技术绿色程度、价值链高度、生产智能程度和高新化程度，如表 14 – 3 所示。从表 14 – 3 可以看出：①东部地区的要素集约程度、技术绿色程度、价值链高度、生产智能程度和高新化程度最高，除要素集约程度外，中部地区的各指标值均高于西部地区；②东部地区的各指标评分均高于全国平均水平，中部地区略低于全国平均水平，西部地区离全国平均水平的差距较大。

---

①　东部地区包括北京、天津、河北、上海、江苏、浙江、福建、山东、广东、海南、辽宁、吉林、黑龙江 13 个省份，中部地区包括山西、安徽、江西、河南、湖北、湖南 6 个省份，西部地区包括内蒙古、广西、重庆、四川、贵州、云南、陕西、甘肃、青海、宁夏、新疆 11 个省份。30 个省区市不包括港澳台、西藏。

表 14 - 3　　　　　　　　2014 年区域制造业"高新化"程度评价

地区	要素集约化	技术绿色化	价值链高度	生产智能化	高新化程度
全国	0.4662	0.8664	0.4246	0.1975	0.4146
东部地区	0.5237	0.9095	0.5090	0.2339	0.4784
中部地区	0.3696	0.8512	0.2927	0.2036	0.3464
西部地区	0.3541	0.6957	0.2268	0.2085	0.2950
北京	0.9134	0.9031	0.8929	0.9836	0.9865
天津	0.6112	0.9429	0.6322	0.2372	0.5482
河北	0.2124	0.7799	0.1514	0.0703	0.1975
山西	0.2408	0.2334	0.1992	0.2956	0.2106
内蒙古	0.1786	0.4184	0.1140	0.0239	0.0957
辽宁	0.2780	0.8860	0.1724	0.2725	0.3160
吉林	0.4720	0.8802	0.1093	0.0326	0.2487
黑龙江	0.2343	0.6816	0.2765	0.0533	0.2215
上海	0.7318	0.9426	0.7110	0.6245	0.7514
江苏	0.6298	0.9320	0.5793	0.2642	0.5431
浙江	0.3269	0.9102	0.9113	0.2067	0.5572
安徽	0.4061	0.8598	0.6100	0.2217	0.4711
福建	0.4318	0.9265	0.4442	0.1419	0.4023
江西	0.4815	0.9188	0.0694	0.0535	0.2522
山东	0.4710	0.9169	0.3100	0.1861	0.3814
河南	0.3513	0.8751	0.1757	0.3202	0.3510
湖北	0.3519	0.9122	0.3744	0.0923	0.3381
湖南	0.4126	0.8979	0.4653	0.2730	0.4498
广东	0.8594	0.9445	0.6962	0.2529	0.6356
广西	0.3939	0.8529	0.1382	0.0756	0.2513
海南	0.3105	0.6995	0.3123	0.2992	0.3487
重庆	0.6692	0.8966	0.5472	0.2510	0.5304
四川	0.4787	0.8755	0.2086	0.3291	0.3961
贵州	0.3038	0.4713	0.6302	0.0967	0.3376
云南	0.2176	0.5688	0.1199	0.5198	0.3225

地区	要素集约化	技术绿色化	价值链高度	生产智能化	高新化程度
陕西	0.3007	0.7178	0.3453	0.2035	0.3243
甘肃	0.2361	0.6101	0.1941	0.0966	0.1979
青海	0.0702	0.1891	0.0308	0.0437	0.0090
宁夏	0.0725	0.1810	0.1727	0.1085	0.0809
新疆	0.0877	0.2606	0.0555	0.0364	0.0312

资料来源：作者计算整理。

14.5   中国制造业"高新化"的影响因素分析

14.5.1   理论分析

我们从四个维度分析中国制造业"高新化"的影响因素，这四个维度分别是产业传统与产业惯性、技术创新潜力、非国有经济发展水平和政府引导。

（1）产业传统与产业惯性。从微观层面说，企业存在行为惯性，小企业的行为惯性通常会使其对营商环境的变化反应迟钝，无法及时跟上转型升级的浪潮；大企业的行为惯性通常会使其营商环境的变化判断失误，固守旧有的业务范围和体系，选择性地忽视转型升级浪潮。从中观层面说，各地区制造业的转型升级受制于制造业的价值链程度、产业配套与产业链程度、价值链锁定、产业配套与产业链锁定。从宏观层面说，由于中国的市场经济并不完善，因此各地区制度机制的不足之处对本地区制造业转型升级有较大的不利影响。综上所述，不同地区的制造业"高新化"程度会呈现出强者愈强、弱者愈弱的局面。

（2）技术创新潜力。当前中国的人口红利即将逝去，如何培育新的红利至关重要，制造业"高新化"提升的一个重要因素是能否充分吸收第三次工业革命带来的科技红利，这既需要先进的技术水平和活跃的技术交易机制作为支撑，又需要一批高素质的研发人员，尤其是具备创新精神的研发人才做后盾，但是如何将实验室的技术投入到实际应用，如何实现技术的互通交流，这还需要活跃的技术交易机制作为支撑。因此，若某地区技术创新潜力愈高，则对实现该地区制造业"高新化"的助力就越大。

（3）非国有经济发展水平。在提高制造业高新化程度方面，相对于国有经济，非国有经济有两个显著优势：一是非国有企业对新鲜事物的反应更迅速、灵活，制造业高新化的一个重要依托是以互联网为代表的信息产业的迅速发展，这要求企业对形势作出迅速的判断；二是非国有企业管理者的激励机制异于国有企业，尤其对央企而言，企业领导更像政府官员而非职业经理人（杨瑞龙等，2013），并且央企的发展方式仍然是"规模导向型"，这与制造业"高新化"的要求大不相同。因此，一般而言，非国有经济的发展水平越高，即国有经济比重越低，越有助于制造业高新化发展。

（4）政府引导。当前中国制造业的转型升级尤其需要高科技的支撑，市场机制在高新化过程中固然会起到重要作用，但是政府的引导作用更为重要，故政府应当实行积极的干预行为。当前政府在治理中国产能过剩问题时，市场反应与政策意图往往背道而驰，因此社会对如何发挥市场和政府的作用充满矛盾。但是产能过剩终究不等同于高新化，高新化的实现需要制造业具备先进的研发能力，这在初期需要政府的大力扶持，因为从产业角度来说存在产业传统与产业惯性，而从资本的角度来说，资本更愿意投向中短线回报最好的房地产等行业，而非高技术型制造业，因为高科技意味着高风险，并不意味着高利润，制造业企业的技术升级在初期未必能带来利润的升级。因此，政府的引导和政府的干预能力尤为必要，政府需要保持对整个经济的干预能力，以便及时引导制造业的发展方向。

政府的干预行为大体可以分为两类，一类是政策引导，另一类是政府消费。就政策引导而言，政府可以设置产品标准、环境污染指标。囿于数据的可获得性，本章考虑环境规制强度。环境规制强度提高，会迫使制造业企业运用更先进的技术，淘汰高能耗、高污染的业务，转变原先粗放的生产方式，发展资源节约型、环境友好型的业务。因此，环境规制强度的提高有利于制造业"高新化"的提升。就政府消费而言，政府可以对购买相关产品的消费者予以补贴，从而间接地引导高新化的方向，这样做的优势在于从需求侧助力制造业"高新化"的实现。原先政府直接给予企业补贴，市场机制的作用不显著，若给予消费者补贴，让消费者用脚投票，就能提升补贴效率。此外，该做法还有助于消除西方国家的疑虑，一定程度上改善中国制造业的国际环境。但是将软约束过度用于消费补贴是不可持续的，中国政府还是要把重点放在有再生能力、能提高国际竞争能力的技术投资上。故本章认为政府消费对制造业"高新化"的影响呈倒"U"型。

14.5.2　检验模型与数据来源

为了检验上述因素对制造业"高新化"的影响，构建模型如式（14 - 8）所示：

$$gxh_{it} = \alpha_0 + \alpha_1 gxh_{it-1} + \alpha_2 gxh_{it-2} + \alpha_3 gxh_{it-3} + \alpha_4 cx_{it} + \alpha_5 gy_{it} + \alpha_6 hj_{it} + \alpha_7 zfxf_{it} + \varepsilon$$

$$(14 - 8)$$

其中，约定变量下标 i 代表省份，t 代表时间，模型（14 - 8）中涉及的变量有：gxh 为被解释变量，指制造业"高新化"程度，滞后期代指产业传统与产业惯性；cx 为技术创新潜力指数，指人均技术市场成交额，用技术市场成交额占总人口的比例来表示，单位是元/人；gy 指国有经济发展水平，为国有企业的工业总产值与规模以上企业工业总产值的比重。hj 指环境规制强度，用废水和废气治理运行费用与制造业总产值之比来表示。$zfxf$ 指政府消费程度，为地区政府消费额占 GDP 的比例。为了检验 $zfxf$ 是否具有倒"U"型性质，将式（14 - 8）引入 zf 的二次项，得到式（14 - 9）：

$$gxh_{it} = \alpha_0 + \alpha_1 gxh_{it-1} + \alpha_2 jr_{it} + \alpha_3 js_{it} + \alpha_4 gynl_{it} + \alpha_5 hj_{it-1} + \alpha_6 zfxf_{it-1} + \alpha_7 zfxf_{it-1}^2 + \varepsilon$$

$$(14 - 9)$$

考虑到变量内生性的问题，本章进行了异方差稳健的 DWH 检验，结果显示 cx、gy、hj、$zfxf$ 为内生解释变量。考虑到时滞的影响，本章最多使用其两个更高阶滞后值作为工具变量。与差分 GMM 相比，系统 GMM 能够提高估计效率，因此本章采用动态面板系统 GMM 方法进行实证检验。实证分析的数据来源于《中国统计年鉴》《中国固定资产投资统计年鉴》《中国环境统计年鉴》《中国工业统计年鉴》。我们搜集整理了 2003 ~ 2013 年除港澳台、西藏以外中国 30 个省区市的相关数据。

14.5.3　结果分析

表 14 - 4 是对式（14 - 8）和式（14 - 9）进行回归的结果。总的来说，绝大部分解释变量与制造业"高新化"程度具有显著的相关关系，其中，列（2）中 $zfxf(-1)$、$zfxf(-1)^2$ 的系数值分别在 15% 和 30% 的水平上显著，本章认为 $zfxf$ 具有弱的倒"U"型性质。总的来看，各解释变量的系数值符合之前的理论分析，尽管被解释变量的二期滞后项的系数在 5% 的水平显著为负，但是综合考

虑一期和三期滞后项的系数，本章认为制造业的高新化程度的确具有惯性，并且三期滞后项的系数小于一期滞后项的系数也是符合常理的；非国有经济发展水平的提高能够推动制造业高新化的提高；地区技术创新潜力的提升对地区制造业"高新化"的提升具有正效应，因此政府应当提升地区的技术创新潜力；环境规制强度对制造业"高新化"的提升具有正效应，表明政府在实施该政策时要注意与其他政策相结合，否则易出现政策贯彻不到位的情况；政府消费程度具有弱的倒"U"型性质，表明政府在某些行业的消费补贴尚有比较大的提高空间。根据政府干预对制造业"高新化"的影响机理和计量分析，本章认为 2009 年后制造业"高新化"程度的回落很大程度上源于政府在 2008 年全球危机后对经济的不当干预，政府的产业政策没有充分起到引导整个制造业向"高新化"转型的作用，而是盲目降低部分企业的融资成本，扭曲了价格信号，企业不需要通过艰辛的转型升级即可获得高额利润，从而降低了企业"高新化"发展的动力。在这种情况下，企业往往会盲目扩大生产规模来增加短期利润，而不是通过提高产品的科技含量来增加长期利润。同时政府对非国有企业的扶持力度不够，不利于市场，尤其是新兴行业市场活力的提高。

表 14 - 4　　　　　　　　　　各因素对中国制造业"高新化"的影响

变量	式（14-8）	式（14-9）
$gxh(-1)$	0.7429 *** (0.0314)	0.7359 *** (0.0295)
$gxh(-2)$	-0.1262 ** (0.0542)	-0.1169 ** (0.0669)
$gxh(-3)$	0.3231 *** (0.0404)	0.3178 *** (0.0532)
cx	0.00001 ** (0.000003)	0.00001 ** (0.000003)
gy	-0.0953 *** (0.0285)	-0.1118 *** (0.0410)
hj	0.0289 * (0.0156)	0.0157 (0.0283)
$zfxf$	0.2550 *** (0.0584)	0.5262 (0.4959)

变量	式（14 - 8）	式（14 - 9）
$zfxf^2$		- 0. 6815 (1. 2199)
_cons	0. 0140 (0. 0174)	- 0. 0002 (0. 0395)
N	270	270
AR（2）	0. 6641	0. 6262
Sargan	1. 0000	1. 0000
Hansen J	1. 0000	1. 0000

注：＊、＊＊、＊＊＊分别表示在 10％、5％、1％ 的水平上显著；括号内为聚集调整的稳健标准差。
资料来源：作者计算整理。

14.6　中国制造业 "高新化" 与转型升级路径选择

在深入研究制造业 "高新化" 程度和影响因素的基础上，我们提出供给侧改革背景下制造业 "高新化" 发展的具体路径。

（1）要素禀赋升级。要素禀赋升级就是从依靠低端生产要素创造价值向充分应用高端生产要素创造价值转变，通过要素升级实现价值增值能力提升，进而推动从先天性的资源禀赋等要素逐步转向规模经济、分工与专业化水平、技术差异、制度创新、人力资本配置等后天因素，从静态比较优势转向动态比较优势，最终形成独特的核心竞争力。在国际贸易的理论中，从亚当·斯密的绝对优势理论到大卫·李嘉图的比较优势理论，再到赫克歇尔与俄林提出的要素禀赋理论，都主张立足于本国的有利方面去生产和出口产品。然而，要素禀赋的优势不是固化不变的，要以现有要素优势为基础，通过要素禀赋升级，推动制造业从劳动密集型的价值环节转向知识、信息和技术密集型价值环节，从劳动密集型价值链条转向知识、信息和技术密集型价值链条，从而推动制造业转型升级（芮明杰，2013）。要素禀赋结构指经济发展所需各种生产要素的比例关系，当主要研究劳动和资本两种要素时，要素禀赋结构升级就是资本相对于劳动越来越丰富或者说是资本深化的过程。

（2）工艺流程升级。通过整合生产系统或者引入先进技术含量较高的加工工艺，把投入更为高效地转化为产出，实现产业转型升级，从而保持和强化对竞争对手的竞争优势（Humphrey and Schmitz，2000）。工艺水平和先进程度决定了制造业竞争力的高低。制造业企业要执行严格的工艺规范，深入工艺试验和创新，造就制造业产品的高质量和高可靠性，形成质量控制体系和职业培训体系，积极推行生产专业化战略，在工艺流程上建立专业优势。引入智能制造、数字制造、并行设计、大数据等现代信息技术，推动工业流程的创新和升级，通过工艺流程升级带动制造业转型发展。

（3）产品升级。产品升级是产业转型升级的载体，通过提升引进新产品或改进已有产品的效率，达到超越竞争对手的目的，具体体现为从低附加值的低层次简单产品转向同一产业中高附加值的更为复杂、精细的产品（Humphrey and Schmitz，2000）。结合产业链定位，推动以精深加工为导向的产品升级，着力提高产品加工度，从而提升产品的价值增值能力。通过发挥产业链的前后向关联效应，推动企业从附加值低的加工制造环节，向附加值高的研发设计和营销管理环节延伸，提升产品内涵的"服务价值"，使产品逐渐向"整体解决方案"演化发展。

（4）功能升级。功能升级是通过重新组合价值链中的环节来获取竞争优势的一种升级方式，企业从低附加值的价值环节转向高附加值的价值环节，更多地把握了战略性价值环节（Humphrey and Schmitz，2000）。促进加工制造向制造服务增值提升、通过服务增值提升制造业竞争优势，是制造业功能升级的一种具体形式。以推进制造业服务化为导向，加快构建生产性服务业体系，鼓励制造业企业向服务增值环节延伸价值链，提高产业附加值与产业链的整体竞争力，推进先进制造业与生产性服务业互动协调发展。通过技术创新促进功能创新和升级，以生产性服务业培育制造业核心竞争优势。

（5）价值链条升级。价值链条升级是从一个产业链条转换到另外一个产业链条的升级方式。典型的制造业价值链过程可以分为信息收集和分类、研究和开发、设计、适量生产试销、零部件生产、引进、加工组装、市场开发、销售、售后服务、品牌维护与运作等环节。价值链各环节所要求的要素、能力不同，价值增值能力和价值分布不同，总体上呈"U"型，价值链两端价值高、中间低，被称为"微笑曲线"（施振荣，2005）。价值分布大约为：上游研发设计新增价值可以占到所有新创造价值的55%，制造和加工组装环节占15%，下游的营销服务与品牌占到30%。制造业通过价值链条升级就是要通过嵌入价值链获取技术进步和市场网络，从而提高市场竞争力，改变在价值链中的低端地位，进入到增加值更高的环节。提高技术能力创新和研发创新能力，向价值链左端跃迁；实施品牌战略、品牌提升战略和销售网络控制战略，向价值链右端跃迁；规模较大、基础较好的制造业企业可以通过研发设计和营销创新，同时向价值链两端跃迁。

（6）发展空间优化升级。发展空间优化升级就是要树立时空相结合的思维，将产业转型升级与优化产业空间布局结合起来，以空间优化促产业转型。在空间形态上由点式发展向链式发展转变，"连点成链、延链成网"，提高优势主导产业内部企业之间的产业链接度。充分发挥资源禀赋、区位优势、政策效应等方面的优势，培育一批带动力和辐射力较强的龙头企业、核心企业和骨干企业；再依托龙头企业，通过外部经济和技术溢出等途径带动中小企业发展，培育形成产业配套、协同发展的特色产业链；引导产业链延伸，形成产业网络，以产业网络支撑制造业转型升级。根据产业集聚区、城市新区、开发区等不同载体的资源优势、环境承载能力、主体功能规划、产业发展基础等具体情况，制定有差别的产业定位、发展战略和政策措施，推进区域错位发展，优化产业发展空间。高端产业环节向中心集聚，一般制造环节向外围扩散，配套企业网络状集成，优化制造业生产力的空间布局，促进产业集聚发展，与周边城市一起建设一批特色鲜明、竞争优势明显、配套条件良好、创新能力较强、品牌形象优秀、环保节能的国家新型工业示范基地。

（7）技术距离延伸与技术升级。制造业领域的工业技术包括加工技术、组装技术、设计技术和研发服务活动推动技术等。其中，工业设计技术尤为重要，培育世界领先的设计能力是提升制造业国际竞争力的重中之重。在新工业革命背景下，需要把握先进制造业的发展方向，延伸技术距离，通过技术延伸带动产业延伸的同时，以高新技术为核心，用数字化技术、大数据技术、智能制造技术、全球网络智能服务等推动传统制造业结构升级和发展方式转型。将技术延伸与产业链延伸紧密结合起来，以技术延伸为引领，以产业链延伸为主线，把靠近技术前沿、靠近终端消费的生产环节作为延伸的重点方向，不断提高精深加工程度；以技术延伸引导产业延伸，从产业链的中低端环节向上下游高端环节延伸，在高加工度环节、增值能力强的环节、控制产业链的关键环节上寻求突破；围绕重点行业领域的关键环节和高附加值环节，通过技术延伸和升级攻克关键核心技术，增强制造业转型升级的动力。以应用转化为导向的技术升级，通过集成创新把研发成果尽快转化为新生产力。技术延伸和升级的具体路径是由简单的委托代工制造，发展到研发设计，并最终建立起自主品牌，实现从 OEM（Original Equipment Manufacture）、ODM（Original Design Manufacture）到 OBM（Own Brand Manufacture）的升级。这一升级路径其实就是引进、消化吸收、模仿和创新的过程，也是技术积累和技术学习以及自主品牌的培育和发展过程。发展中国家和地区的制造业企业可以通过引进外源性技术成果，进行消化吸收再创新或集成创新，并与内源性技术创新相结合，开展自主的后续商品化技术研发活动，辅之有效的市场策略，实现自主创新和自主品牌制造。

（8）投资结构优化升级。通过优化投资结构驱动产业结构转型升级。产业投资结构与产业结构之间存在着互为依存、互相作用的关系。工业投资结构决定着工业发展方向和工业经济发展方式的转变，影响着未来的产品结构、产业结构和经济结构。优化制造业投资结构能够调整未来的产业结构，促进制造业转型升级。中国经济进入新常态后，稳增长成为国民经济发展的重点。稳增长首先需要稳投资，也就是要稳定投资规模，提高投资质量，投资重点向先进制造业和现代服务业倾斜，通过优化投资结构来优化工业结构。立足产业基础，运用高新技术、先进适用技术和信息化技术改造提升传统优势产业，延伸产业链，优化产品结构，增加产品附加值，从而培育出产业发展新优势。

14.7　本章小结

本章运用中国省级数据和熵权法测算了 2003～2013 年中国各地区的制造业"高新化"水平，之后探讨了制造业"高新化"的影响因素和实现路径。主要结论如下：①就整体情况而言，要素集约程度近似呈"M"型，技术绿色程度先平稳后下降，价值链程度先上升后下降，生产智能程度先上升再平稳后下降，高新化程度先平稳再下降。值得注意的是，2009 年之后，五个指标都呈下降趋势；这说明为应对 2008 年金融危机而采取的大规模刺激政策并未起到推动产业转型升级的作用。②就各地区而言，东部地区的各指标值最高，除要素集约程度外，中部地区的各指标值均高于西部地区。③产业传统与产业惯性、非国有经济发展水平、技术创新潜力、政府干预能力与制造业"高新化"程度有显著的正相关关系；环境规制强度与制造业"高新化"程度有显著的负相关关系；政府消费程度对制造业"高新化"的影响曲线呈非常弱的倒"U"型关系。④制造业"高新化"发展，需要解决发展动力转换和发展路径选择问题，要素禀赋升级、工艺流程升级、产品升级、功能升级、价值链条升级、发展空间优化升级、技术距离延伸与技术升级和投资结构优化升级是推动制造业"高新化"发展的有效路径。

对制造业"高新化"影响因素的分析表明，由于存在产业传统与产业惯性，制造业"高新化"程度往往呈现出强者越强，弱者越弱的局面，后发地区难以仅凭企业自身努力来缩小与先进地区的差距，必须要有政府的积极干预。但是，政府不当干预会抑制企业转型升级的动力，2009 年之后制造业"高新化"程度下降的情况也印证了这一事实。因此，政府干预措施的出发点是要降低企业转型升级的成本、提高企业转型升级的动力，比如通过建立健全技术创新机制、提高技术创新潜力，降低企业转型升级的技术成本，提高企业转型升级的动力。中国市场经济制度尚不完善，政府干预会影响制造业"高新化"发展的趋势，因此政府要以积极的政策引导和政府消费来助力企业转型升级。

第15章

价值链嵌入与制造业转型升级路径

15.1 引　　言

新工业革命的兴起、信息技术的快速发展和泛互联网时代的到来，推动了全球价值链的新一轮解构和重构，加快了全球制造业格局调整的步伐。为了应对新工业革命带来的挑战和全球经济危机的影响，欧美国家纷纷实施"再工业化"战略，参与全球价值链重构，掌控制造业价值链的制高点。2009 年美国公布《美国制造业振兴框架》，宣布实施"再工业化"战略，以新一代信息技术为依托，重点发展高端制造业，积极推广研发新一代高速宽带建设、第四代移动数据网技术和智能制造技术，从而锁定全球价值链的高端环节，推动产业转型升级、提升制造业国际竞争力，巩固其制造业强国地位。与此同时，欧洲国家也纷纷出台发展战略，引导制造业回流。英国政府于 2009 年制定了"制造业新战略"，加快了制造业智能化进程。法国于 2013 年开始实施"新工业法国"战略，将工业作为国家经济发展核心，牢牢把握新一代信息技术以重塑工业经济实力。德国出台了"工业 4.0 战略"，加快新一代信息技术的应用与普及，基于"信息物理系统"实现"智能制造"。亚洲国家也不甘落后，日本发布了《制造业基础白皮书》，进一步明确制造业在产业政策中的核心地位，并通过实施"未来开拓战略"促进制造业尖端技术研发和新一代信息技术产业的发展。印度、越南、泰国、印尼等东南亚国家凭借廉价劳动力优势，进军制造业中低端环节，对"中国制造"形成了威胁。

制造业是国民经济的主体，而信息技术是促进传统制造业改造升级、提升生产率、推进现代化的重要动力。"制造强国"战略提出以新一代信息技术与制造业的深度融合为主线,加强新一代信息技术标准化,形成传感器网络、射频识别、云计算、新型显示等 10 大拥有自主技术的重要标准体系,大力推动新一代信息技术、高端装备、新材料、生物医药等 10 大重点领域突破发展。随着云计算、大数据、移动互联网、3D 打印等新一代信息技术的不断涌现,社会步入一个信息驱动的时代,制造业的技术更新速度、创新能力、附加值及竞争激烈程度都达到了前所未有的高度。如何抓住新一代信息技术快速发展带来的战略机遇,推动制造业与新一代信息技术融合发展,从容应对制造业面临的困境,提升"中国制造"在全球价值链中的位置,实现制造业转型升级,成为现阶段中国实施"制造强国"战略的关键点。本章探讨了新一代信息技术推动制造业全球价值链解构和重构以及通过价值链高端嵌入推动制造业转型升级的内在机制,提出中国制造业应对新工业革命挑战、实现新一代信息技术驱动转型升级的路径。同时,在构建价值链模型的基础上,实证分析价值链嵌入程度、研发创新等对制造业转型升级的量化影响,并据此提出推动制造业转型升级的政策建议。

15.2　文　献　综　述

学术界研究价值链的文献主要集中在价值链定义与理论演进、价值链嵌入、价值链解构与重构等几个方面。围绕价值链定义与理论演进,学术界先后提出了"片段化价值链""多阶段生产""垂直专门化""垂直专业化分工""外包""产品内分工""要素分工""工序分工"等概念和理论,并将价值链理论的演进过程分为价值链理论、企业价值链理论、"片段化"价值链理论、全球商品链理论、全球价值链理论五个阶段。在价值链嵌入领域的研究中,克鲁格曼(Krugman,1995)探讨了企业各个价值环节在地理空间的配置能力,并据此建立了新经济地理学。刘志彪和张杰(2007)认为发展中国家嵌入在 GVC 的低端,容易被发达国家"俘获",很难进行高端升级。刘维林(2012)基于产品分工和功能分工的双重视角对 GVC 的价值模块进行解析,认为在价值模块的动态调整过程中,产品架构对于本土企业的 GVC 升级意义重大。宋玉华和张海燕(2014)通过解构亚太价值链发现中国是亚太价值链中最大的中间品出口国,中国在这一阶段第二产业的增加值创造能力明显强于第一、第三产业。在价值链嵌入的实证研究方面,孙学敏和王杰(2016)等通过计算 GVC 的嵌入程度来研究价值链的作用机制;张少军和刘志彪(2013)等通过微观层面测算企业嵌入 GVC 的程度,证明了全球价值链嵌入的生产率效应显著存在，企业所有制、资本密集度、贸易方式都会对 GVC 嵌入程度都产生影响；王玉燕和林汉川（2014，2015）等通过构建中国嵌入 GVC 方式下技术进步效应的分析框架与假说，发现高技术工业嵌入 GVC 程度远高于传统行业、GVC 嵌入与技术进步呈现倒"U"型关系。

全球价值链解构与重构与制造业转型升级的相关研究大多是联系具体产业展开的，格瑞维斯（Graves，1994）和迪肯（Dicken，1998）对汽车产业价值链进行了研究。研究结果显示，在技术和市场的双重驱动下，汽车产业价值链由生产者驱动转向购买者驱动，20 世纪末期全球汽车价值链基本完成了根本性重构。田洪川（2013）研究发现，伴随着中国逐渐成为"世界工厂"，全球价值链的格局再度发生变化，制造业在亚洲地区的重心由日本、韩国转向中国。格里芬（1999）研究了自行车产业、服装产业和电子产业的全球价值链治理模式，发现了跨国公司全球生产网络的变化趋势。朱瑞博（2004）、罗珉（2005）、余东华和芮明杰（2005）等应用模块化理论研究了价值链的解构、整合和重建过程，提出了模块化企业价值网络理论。鲍德温和维纳布尔斯（Baldwin and Venables，2010）、米尔伯格和温克勒（Milberg and Winkler，2010）以及鲍德温（Baldwin，2011）分别从外包与集聚、贸易崩溃与复苏的现象以及网络通信技术的使用等不同的角度研究价值链的解构与重构。田文（2015）认为，GVC 重构是指原先形成 GVC 的比较优势因素已发生了变化，从而导致产品生产的不同阶段出现收缩与异地迁移。唐海燕和张会清（2009）、阳立高、谢锐和贺正楚（2014）、金碚（2013）等研究了价值链分工与制造业的关系。他们认为，发展中国家在追赶发达国家的过程中倾向于通过空间集聚来追求群体优势，从而使发展中国家在制造业产业链中的竞争优势得以提高，产品内国际分工的深化能够显著推动发展中国家价值链提升。关于新一代信息技术与制造业的联系，李海舰（2014）认为，"互联网＋制造业"就是以互联网为代表的新一代信息技术与制造业的渗透融合过程，这将引发制造业组织形态、生产方式以及制造模式的变革；制造业通过"互联网＋"朝着中国智造前进，从而实现制造业的转型升级。童有好（2015）认为互联网逐步涉及制造业的各个环节和产品全生命周期，急需借助"互联网＋"实现制造业服务化的融合发展。姜奇平（2015）研究了新一代信息技术与现代制造业的融合方式和结合途径，提出制造业服务化是"互联网＋制造"的重要方向。已有文献对全球价值链及其解构与重构、新一代信息技术与制造业转型升级等方面的研究较为充分，但是对新一代信息技术推动全球价值链解构和重构的内在机制研究相对不足，对制造业如何借助价值链嵌入实现转型升级的研究仍需深化。

15.3　作用机制分析与理论假说的提出

随着新一代信息技术在全球范围内的广泛应用，信息产业和互联网的蓬勃发展正改变着世界制造业的格局。新一代信息技术涵盖下一代互联网、移动互联网、物联网、大数据、云计算等相关技术，具有全面量化、高速传输、智慧处理的特点。近年来，中国物联网、大数据、云计算的规模得到了快速发展，与制造业融合将是制造业转型升级的一个新思路。而新一代信息技术高渗透性、高增加值、创新性强、高带动性的特点，也为制造业转型升级带来新契机。20 世纪 80年代以来，为了降低成本，欧美国家曾陆续将制造业转移到海外，从而推动全球价值链开始重构。这次重构形成了制造业的中心—外围式分工体系，欧美等发达国家只保留了研发设计、高附加值零部件生产和销售服务，而将一般性的生产制造转移至发展中国家。但是随着时间的推移，制造业海外化造成了发达国家本土产业"空心化"、失业现象加剧等一系列的问题。发达国家又开始推动制造业回流，造成了全球价值链的新一轮解体和重构。

（1）GVC 低端锁定的阻碍作用。新一代信息技术引起制造业在世界范围内重新分布，造成价值链解构和重构，中国制造业面临转型升级契机。但是，中国制造业在转型升级过程中面临发达国家及新兴经济体的双重挤压、低成本优势逐渐丧失和新竞争优势尚未形成的两难境地。尤其是全球金融危机后，以美国为首的发达国家再度重视制造业，美国前总统奥巴马就曾多次强调"美国要想赢得未来，就必须打造出强劲增长的制造业部门"，强力推动制造业本土化。制造业高端环节逐步向发达国家"回流"，可能产生中国制造业被固化在产业链、价值链低端的现象，进而出现低端价值链锁定的问题。中国制造业是以低端产业与来料加工为基础发展起来的，创新能力和品牌塑造存在"短板"。在世界品牌实验室编制的 2014 年世界品牌 500 强中，中国仅有 29 个，而美国却拥有 232个。中国制造的产品较为普遍地存在重"硬"轻"软"、少创新轻设计等问题。在新一代信息技术冲击下，如果中国制造业不能有效改善用户体验度、提升供给质量，可能会使国内部分消费品出现群体性外购的现象。基于以上分析，本章提出假说 1。

假说 1：受到新一代信息技术的影响，高技术产业的 GVC 正在发生解构和重构，在短期内 GVC 会呈现低端锁定。

（2）GVC 动态嵌入的推动作用。要打破 GVC 低端锁定对制造业转型升级的阻碍作用，需要充分利用新一代信息技术在推动 GVC 解构和重构过程中带来的机遇，主动以价值模块形式嵌入 GVC，通过动态嵌入实现价值链跃迁。中国具有世界上最完整的制造业产业体系，许多产品在全球处在领先地位，许多企业正在逐步成长为全球具有竞争优势的跨国公司，有条件通过产业升级逐步提升在全球产业分工中的地位。伴随着新一代信息技术与制造业的渗入与融合，企业在组织行为层面上有着向更高价值链移动的动机和机遇，公司结构随之发生变化，原来 GVC 的比较优势因素也发生相应变化，在全球价值链重构中，中国企业应有所作为。新一代信息技术的迅速发展和全球价值链重构为中国制造业打破原有国际分工格局、突破 GVC 低端锁定提供了动力和机遇，中国制造业可以通过价值链动态嵌入实现"逆袭"。

具体而言，嵌入 GVC 推动制造业转型升级的直接作用机制包括：一是垂直专业化分工。中国制造业嵌入全球价值链，无论是中间品生产加工，还是最终品的进出口，都让国内制造业企业获得了直接参与全球垂直专业化分工的机会。与发达国家主导企业的技术差距、相对廉价的生产要素、对先进技术的追求和希望扩大出口赚取外汇的愿望，都能够推动国内制造业企业迅速发展。中国制造业企业嵌入全球价值链主要承接加工贸易型生产活动，这是国内企业利用自身禀赋条件承接发达国家部分生产环节的重要纽带，提供了国内制造业追赶发达国家、由价值链低端向中高端攀升的机会。二是后发优势。中国制造业融入全球价值链追赶发达国家先进技术水平，具有明显的后发优势。首先，跟随企业不必再花费巨额成本来选择战略方向，根据发达国家已有的发展模式和路径，结合企业自身特点，可减少发展成本。其次，跟随企业可以引进先进国家的技术、设备和资金以节约科研时间和费用，快速培养人才，在一个较高的起点上推进制造业转型升级。最后，跟随企业会产生经济发展的承诺与停滞的现实之间的紧张状态，激起跟随企业实现转型升级的强烈愿望，从而形成一种压力。这种压力一方面源于跟随企业维护自身经济利益的需要，另一方面也是主导企业的经验刺激和歧视的结果。三是产业关联。产业关联是指在经济活动中，各产业之间存在的广泛的、复杂的、密切的技术经济联系。嵌入全球价值链的中国制造业企业在发达国家主导企业构建的产品全球价值链中，直接与发达国家主导企业进行技术、人力资本、知识的交流与更换，直接接触发达国家主导企业的先进技术、生产工艺、组织管理模式，从而带动自身企业的发展和进步，实现制造业企业的转型升级。四是"雁阵"转移机制。全球价值链上形成了以发达国家为主导、新兴经济体跟随的"雁阵"格局，为制造业转型升级提供了可能。发达国家主导先进的知识密集型和技术密集型产业，掌握着核心技术、知识资本、生产组织流程等，中国制造业嵌入全球价值链主要作为跟随企业，能够形成"雁阵"转移态势。通过发达国家主导企业的带头作用，中国制造业企业不会迷失发展方向，通过吸收、学习、模仿和承接发达国家主导产业的技术和经验并适当创新，能够推动产业转型升级。基于以上分析，本章提出假说2。

假说2：在新一代信息技术的驱动下，GVC 动态嵌入能够推动制造业转型升级。

（3）GVC 与制造业转型升级的"U"型假说。近些年，中国制造业的嵌入程度出现先升后降的趋势，这正是全球价值链解构与重构的信号。在制造业全球化的发展过程中，发达国家一度将生产制造环节外包，专注产品研发和品牌营销等价值链的高附加值环节。但是，这种大量外包也造成制造业外流，发达国家"去工业化"趋势明显。发达国家意识到制造业的重要性，实施"再工业化"战略，促使制造业回流，推动全球价值链出现新一轮重构。在价值链重构初期，中国制造业面临低端锁定的风险，在短期内可能出现制造业转型升级的停滞。然而，随着新一代信息技术的传播与发展，移动互联网、云计算、大数据、物联网等与制造业将加快融合，材料、设备、产品和用户之间可以实现在线连接和实时交互，制造业将实现智能化发展。研发设计、网络协同制造、定制化服务、电子商务、在线支持等价值环节均将得到提升和发展，制造业整体价值创造能力也将借助网络和数据的力量得到全面提升，全球价值链将在科技浪潮的推动下实现再度重构。中国制造业将抓住新一代信息技术带来的机遇，加快价值链的动态嵌入，实现转型升级和提质增效。基于以上分析，本章提出假说3。

假说3：伴随着新一代信息技术发展和应用，中国制造业的低端锁定效应将不断递减，将出现价值链高端嵌入，加快转型升级步伐。因此，GVC 嵌入程度与制造业转型升级之间呈现"U"型关系。

15.4　实证检验和结果分析

15.4.1　数据来源和变量界定

本章借鉴学术界的常用方法，选取制造业增加值来衡量制造业转型升级。这是因为，一方面，制造业增加值衡量了制造业的规模和整体实力；另一方面，也能够反映出制造业附加值的动态提升情况。伴随着新一代信息技术与制造业的融入，制造业呈现转型升级趋势，制造业通过新发明为其积累转型升级的动力，从而实现技术进步与组织进步，故而本章采用信息技术领域的专利申请数来衡量新一代信息技术。参考王玉燕（2015）计算出的工业转型升级指数行业均值排名，从中选取排名前三的行业进行研究，这些行业均属于高技术制造业。本章选择制造业行业 1999～2015 年的面板数据为样本，然后测度出制造业转型的动态情况，并将其与价值链嵌入联系在一起。所选取的变量包括：工业增加值、R&D 内部经费支出、R&D 人员投入、价值链嵌入情况、专利申请数。

借鉴赫梅尔斯等（Hummels et al., 2001）提出的投入产出表法衡量价值链的嵌入程度。假设经济中有 n 个部门，Y_i 表示行业 i 的产出，M_i 表示行业 i 进口的中间投入，X_i 表示行业 i 的出口量，行业出口的垂直专业化可以表示为式（15-1）：

$$VS_i = \frac{M_i}{Y_i} X_i = \frac{X_i}{Y_i} M_i \qquad (15-1)$$

行业出口的垂直专业化份额为式（15-2）：

$$VSS_i = \frac{\frac{M_i}{Y_i} X_i}{X_i} = \frac{M_i}{Y_i} \qquad (15-2)$$

将式（15-1）代入式（15-2）中可得式（15-3）：

$$VSS = \frac{VS}{X} = \frac{1}{X} \sum_{i=1}^{n} VS_i = \frac{1}{X} \sum_{i=1}^{n} \frac{X_i}{Y_i} M_i = \frac{1}{X} \sum_{i=1}^{n} \frac{X_i}{Y_i} \left(\sum_{j=1}^{n} M_{ji} \right) = \frac{1}{X} \sum_{i=1}^{n} \sum_{j=1}^{n} \frac{X_i}{Y_i} M_{ji}$$

$$(15-3)$$

$a_{ji} = \frac{M_{ji}}{Y_i}$ 表示进口系数，即生产一单位 i 行业产品需要从 j 行业进口中间产品数量。则式（15-3）可变为式（15-4）：

$$VSS = \frac{1}{X} (1, 1, \cdots, 1) \begin{bmatrix} a_{11} & \cdots & a_{1n} \\ \vdots & \ddots & \vdots \\ a_{n1} & \cdots & a_{nn} \end{bmatrix} \begin{bmatrix} X_i \\ \vdots \\ X_n \end{bmatrix} = \frac{1}{X} u A^M X^V \qquad (15-4)$$

采用完全系数矩阵，式（15-4）式可以改写为式（15-5）：

$$VSS = \frac{1}{X} u A^M (I - A^D)^{-1} X^V \qquad (15-5)$$

其中，M_{ji} 为 i 行业从其他国家 j 行业进口中间产品数量，$u = (1, 1, \cdots, 1)$，为 $1 \cdot n$ 维向量，A^M 为进口系数矩阵，I 为单位矩阵；A^D 为国内消耗系数矩阵；$X^V = (X_1, X_2, \cdots, X_n)^T$ 为出口向量；$(I - A^D)^{-1}$ 为里昂惕夫逆矩阵；$A^M + A^D =$

A 为直接消耗矩阵。

由于中国编制的《投入产出表》中没有区分进口中间投入和国内中间投入，所以需要对相关数据进行处理。假设各行业使用 *i* 行业的中间投入中进口的中间投入的比例在各个行业间是一样的；进口中间投入品与国内生产的中间投入品的比例等于最终产品中进口的与国内生产的比例。这样 *i* 行业提供的中间投入中来自进口所占的比例等于 *i* 行业的总进口与（总产值 + 进口 - 出口）之比，结合式（15 - 5）即可计算各行业的价值链嵌入程度。

15.4.2 模型构建

在上节的内在机制的基础上，结合内生增长理论，构造制造业产业升级的驱动机制模型。设定制造业的生产函数为式（15 - 6）：

$$\ln Y_{it} = \ln A_{it} + \alpha \ln K_{it} + \beta \ln L_{it} \tag{15-6}$$

其中，*i* 表示制造业行业，*t* 代表年份，*Y* 代表工业增加值，*K* 表示研发投入，*L* 表示劳动投入；*A* 代表技术参数，研究发现其与价值链嵌入情况及专利申请量有密切联系。如上文分析，价值链对制造业转型升级存在两种效应：一方面，高端技术产业在全球价值链中处于"领头羊"地位，占据在价值链的最右端；另一方面，低端价值链存在"低端锁定"，即发展中国家处在价值链的低端位置很难被改变，这也将阻碍制造业转型升级。由此看来，两种效应综合影响 GVC 对制造业转型的作用可能是非线性的，因而本章加入 GVC 的平方项来考察这种非线性影响。首先，可以假定其存在线性关系，其关系可以表示为式（15 - 7）：

$$\ln A_{it} = \gamma_1 + \gamma_2 VSS_{it} + \gamma_3 \ln zl_{it} + \mu_{it} \tag{15-7}$$

模型中，*VSS* 表示价值链嵌入程度，*zl* 表示专利申请量。

将式（15 - 6）与式（15 - 7）联立，可得模型1，如式（15 - 8）所示：

$$\ln Y_{it} = \alpha \ln K_{it} + \beta \ln L_{it} + \gamma_1 + \gamma_2 VSS_{it} + \gamma_3 \ln zl_{it} + \mu_{it} \tag{15-8}$$

根据上文的分析，价值链对制造业转型升级存在两种效应，因而将以上模型拓展，加入 *VSS* 的平方项，得到模型2，如式（15 - 9）所示：

$$\ln Y_{it} = \alpha \ln K_{it} + \beta \ln L_{it} + \gamma_1 + \gamma_2 VSS_{it} + \gamma_3 \ln zl_{it} + \gamma_4 VSS_{it}^2 + \mu_{it} \tag{15-9}$$

15.4.3 计量模型的面板单位根检验

为了避免伪回归，首先对面板单位根进行平稳性检验，本章采用 LLC 检验，

多重约束下中国制造业转型升级路径研究

如果其结果是拒绝单位根假设的，那么该序列就是平稳的，反之，则是不平稳。面板单位根检验结果如表 15 - 1 所示。

表 15 - 1　　　　　　　　　面板单位根检验结果

变量	LLC 检验	是否平稳
ln$Y$	-2.8025 (0.0025)	1% 平稳
ln$K$	-2.1126 (0.0173)	5% 平稳
ln$L$	0.9178 (0.8206)	非平稳
VSS	-1.2731 (0.1015)	非平稳
lnzl	-3.0636 (0.0011)	非平稳
VSS^2	-1.1770 (0.1196)	非平稳
$D(\ln Y)$	-2.3413 (0.0096)	1% 平稳
$D(\ln K)$	-5.1516 (0.0000)	1% 平稳
$D(\ln L)$	-5.9209 (0.0000)	1% 平稳
$D(VSS)$	-4.2012 (0.0000)	1% 平稳
$D(\ln zl)$	-4.3793 (0.0000)	1% 平稳
$D(VSS^2)$	-3.7600 (0.0001)	1% 平稳

资料来源：作者计算整理。

根据表 15 - 1 的结果可知，制造业的工业增加值，研发投入分别在 1% 和 5% 范围内存在单位根，其他序列均不存在单位根。但是对其进行一阶差分后，所有序列均在 1% 范围内平稳。

15.4.4　结果分析

根据以上检验分析，通过 Stata12.0 使用"OLS + 面板校正标准误"进行估计，可得模型估计结果（见表 15 - 2）。

表 15 - 2　　　　　　　　　　　　面板数据回归结果

解释变量	模型 1	模型 2
$\ln L$	- 0.0871 ** (- 2.35)	- 0.1041 *** (- 3.39)
$\ln K$	- 0.2159 *** (- 2.60)	- 0.2308 *** (- 2.96)
$\ln zl$	0.3275 *** (5.17)	0.1885 ** (2.5)
VSS	1.280 *** (3.47)	- 5.4939 ** (- 2.31)
VSS^2		9.9235 *** (3.70)
$2.id$	0.1680 (0.79)	0.7399 *** (2.64)
$3.id$	- 2.2858 *** (- 19.90)	- 2.0521 *** (- 16.34)
t	0.1565 *** (6.61)	0.2120 *** (7.21)
_cons	28.7106 *** (17.28)	30.6800 *** (18.51)
N	42	42
Wald chi2（8）	14054.83 ***	13445.67 ***

注：$i.id$ 表示行业的虚拟变量，t 表示时间趋势变量。表中的 ***、** 分别表示在1%、5%的水平下显著，括号内为变量的 t 值。
资料来源：作者计算整理。

从表 15 - 2 中的回归结果中可以看出，研发人员、内部经费支出以及价值链嵌入程度对制造业升级有负向影响，而专利申请量对制造业升级有着正向影响。

其中，研发投入的弹性系数为 −0.2308，说明 R&D 内部经费支出和 R&D 劳动力每增加一个百分点会使得制造业增加值下降 0.2308 个和 0.1041 个百分点，同理，专利申请数每增加一个百分点，都会使得制造业增加值上升 0.1885 个百分点。这表明专利申请量对制造业转型升级存在正向的推动作用，而研发人员的劳动力数量及内部经费支出对制造业转型升级有负向作用，主要是因为研发人员所占制造业总人员的比例较低，对制造业转型升级会有阻碍作用。

GVC 的低端锁定检验。表 15 – 2 中的模型 1 没有考虑 GVC 对制造业转型升级的非线性影响。从结果中可以看出，GVC 的系数为正，并且通过 1% 的显著性检验，因而表明 GVC 与制造业升级之间存在正向关系。中国制造业的 GVC 已经摆脱"低端锁定"，开始朝着"高端嵌入"迈进。主要因为中国的制造业在国际上已经获得"一席之地"，全球价值链正在进行新一轮的解构和重构。

GVC 动态嵌入及其双重效应检验。表 15 – 2 中模型 2 引入衡量 GVC 的平方项，借此考察全球价值链与制造业转型升级之间的非线性关系。表 2 中呈现 GVC 的平方项的系数为正，并且通过 1% 的显著性检验，说明 GVC 的嵌入与制造业转型升级呈现抛物线的正"U"型关系。根据模型 1 的结果，可知伴随着 GVC 嵌入深度的加深，其对制造业转型升级呈现严重的阻碍效应，即所谓的"低端锁定"，待其达到临界值后，将呈现上升趋势，这表明"低端锁定"与"高端嵌入"共同存在，假设 2 和假设 3 得到验证。

本章通过构建模型实证发现转型升级排名前三的行业已经整体打破了"低端锁定"的状态。GVC 嵌入与制造业转型升级呈现正"U"型的非线性关系，这主要和中国制造业嵌入结构有着密切关系，中国制造业发展起初受到发达国家的技术限制，一旦这一阶段得到突破，中国制造业便动态嵌入到全球价值链中。当前阶段，中国高技术制造业正在牢牢抓住新一代信息技术带来的机遇，加大原始创新，尽快嵌入全球价值链的高端。

15.4.5　稳健性检验

为保证实证结果稳健，本章从两个方面对其进行稳健性检验：（1）采用全面 FGLS 对其进行估计，其回归结果见表 15 – 3；（2）重新选定观测期。将观测期定为 2001 ~ 2015 年，对这组数据进行回归，结果见表 15 – 4。综上所述，其与原模型相比，所有的回归系数值、符号以及显著性均未发生较大变化，可知上文结论具有较强稳健性。

表 15 - 3   FGLS 回归结果

解释变量	AR1 情形	PSAR1 情形
lnL	-0.0775 ** (-2.21)	-0.0870 ** (-2.51)
lnK	-0.1926 ** (-2.23)	-0.1834 ** (-2.11)
lnzl	0.1776 *** (2.78)	0.1859 *** (2.84)
VSS	-4.0602 ** (-2.17)	-3.9716 ** (-2.17)
VSS^2	7.9042 *** (3.1)	7.7192 *** (2.97)
2. id	0.6394 ** (2.56)	0.6097 ** (2.37)
3. id	-2.0171 (-16.87)	-2.0260 *** (-16.96)
t	0.2034 (7.48)	0.2000 *** (7.21)
_cons	29.4713 (16.72)	29.3303 (16.53)
N	42	42
Wald chi2(8)	7902.52 ***	7490.11 ***

注: $i. id$ 表示行业的虚拟变量, t 表示时间趋势变量。表中的 *** 、** 分别表示在 1%、5% 的水平下显著, 括号内为变量的 t 值。

资料来源: 作者计算整理。

表 15 - 4   重新定义观测期后回归结果

解释变量	模型
lnL	-0.9418 *** (-2.77)
lnK	-0.1644 ** (2.37)
lnzl	0.1701 ** (1.97)

解释变量	模型
VSS	-3.4002^{*} (-1.69)
$VSS2$	7.3355^{***} (2.73)
$2.id$	0.5772^{**} (1.84)
$3.id$	-2.0745^{***} (-15.20)
t	0.2014^{***} (6.64)
$\_cons$	29.3740^{***} (19.13)
N	36
Wald chi2(8)	16353.40^{***}

注：$i.id$ 表示行业的虚拟变量，t 表示时间趋势变量。表中的 $***$、$**$ 和 $*$ 分别表示在 1%、5% 和 10% 的水平下显著，括号内为变量的 t 值。

资料来源：作者计算整理。

15.5　本章小结

本章主要分析了新一代信息技术与价值链嵌入程度对制造业转型升级的作用机制，并实证分析了新一代信息技术与价值链嵌入程度对制造业转型升级的影响程度。本章的主要结论为：在新一代信息技术的推动下，全球价值链正在发生解构和重构，为中国制造业高端嵌入全球价值链提供了战略机遇；欧美等发达国家实施的"再工业化战略"在短期内可能对中国制造业形成价值链低端锁定，但在中长期内中国制造业能够通过技术创新和价值链高端嵌入打破低端锁定，实现价值链跃迁；中国制造业的全球价值链嵌入程度与制造业转型升级程度之间呈现正"U"型关系，并且通过动态嵌入将推动制造业转型升级。

根据以上结论，本章提出以下政策建议：①大力发展新一代信息技术，推动新一代信息技术与制造业深度融合，加快制造业智能化发展。把握新一代信息技术迅速发展所带来的契机，通过制造业信息化和服务化优化调整产业结构。制定适合信息化和工业化融合发展的产业政策、税收政策，引导企业创建自身的技术平台，努力适应时代，将物联网、大数据、云计算、3D 打印等新一代信息技术融入传统制造业，加快制造业智能化步伐，推动制造业转型升级。②加大研发投入力度，鼓励技术创新，推动制造业向价值链两端攀升和高端嵌入，尽快摆脱价值链低端锁定，推动制造业转型升级。中国制造业需要加快技术创新步伐，由传统的加工制造环节向研发、设计、专利、融资、投资、品牌构建、商业模式、物流体系延伸。掌握制造业核心技术，促进制造业向价值链高端延伸，推动加工贸易由低附加值向高附加值发展，抢占全球价值链高端，通过价值链高端嵌入推动制造业转型升级。③加大人才培养和引进力度，注重专利申请和保护，加快制造业智能化改造，实现从"中国制造"转向"中国智造"的转变。人才是创造的源泉，创新型人才在制造业转型升级过程中起着决定性作用，所以应努力加大中高端人才的培养和引进，充分挖掘人才的创造力。大力推进原始创新，提升自主研发能力，注重专利申请，扩大高技术产业的创新规模。在新一代信息技术下，要运用新技术改造传统产业，推进制造业智能化，从而实现从中国制造转向中国智造，中国速度转向中国质量，中国产品转向中国品牌。④建设法治、诚信、公平的市场竞争环境，充分发挥市场在资源配置中的决定性作用，增强中国制造业高端嵌入全球价值链的能力。协调好产业政策与竞争政策的关系，营造有利于市场发挥调节和激励作用的市场环境。充分发挥新一代信息技术的推动作用，提高制造业国际竞争力，鼓励制造业创新发展，努力实现自身转型升级。

第16章

推动制造业转型升级的
支撑体系与政策体系

16.1 引　　言

　　中国经济发展已进入工业化后期阶段，正处于加快推进新型工业化进程中。在这一阶段，制造业仍然是立国之本、兴国之器、强国之基，是工业经济的主体、国民经济的基础、服务经济的支撑和实体经济的载体，是构建现代产业体系的重要基础，也是国家竞争力最为直观的体现。制造业的规模和水平及其在国际分工中的地位，仍然是衡量一个国家或地区综合实力和现代化程度的重要标志。中国正处在由制造业大国迈向制造业强国的进程中，仍需要政府实施有为、有效、有度的产业政策，推动制造业转型升级。

　　近年来，中国制造业面临的国内外环境发生了深刻变化。从国内看，要素价格上涨和环境规制趋紧提升了制造业生产成本，减弱了"中国制造"的传统相对优势；新工业革命挑战、要素价格上涨、环境规制趋紧、消费需求结构升级和经济下行压力加大等因素对制造业的影响日益明显，使中国制造业不得不加快转型升级、转变发展方式，以破解发展困局。从国外看，发达国家先后制定并实施了加快高端制造业发展的国家战略和"再工业化"计划，吸引制造企业回流，以应对新工业革命挑战，提振实体经济，增强国家竞争优势；新兴发展中国家也先后出台了加快制造业发展的规划和战略，以要素的低成本优势抢占制造业中低端市场。中国制造业急需通过转型升级、提质增效，提高国际竞争力，以应对国际挑战。

　　然而，应当看到，中国制造业既面临着重大挑战，更面临着前所未有的历史机遇。为了抓住制造业转型升级的历史性机遇，应对国内外挑战，中国政府先后提出并实施了"互联网＋""供给侧结构性改革""战略性新兴产业发展规划"和"大众创业、万众创新"等制造业振兴战略，坚持创新驱动、智能转型、强化基础、绿色发展，加快从制造大国转向制造强国。中国制造业振兴战略的核心任务就是要应用信息网络技术驱动制造业的转型升级，促进制造业从全球价值链的低端走向高端，从资源依赖型、环境破坏型、劳动力与资本密集型的传统制造业发展模式，转变为环境节约型、创新技术推动型的可持续发展模式，提高制造业的生产效率和国际竞争力。在制造业转型升级中，能否通过技术路径的设计、重点产业的选择和重大战略的实施，使产业链上下游产业动态匹配，通过控制产业链、供应链和价值链上的关键环节，使产业链上下游产业之间和供应链、价值链上企业之间，分工合理、协作紧密、竞争有效，是决定产业结构合理和产业竞争力的关键。

　　本章将在梳理和研究发达国家制造业转型升级的经验和政策借鉴的基础上，回顾国家已经出台的制造强国、创新驱动、"互联网＋"等重大战略和相关政策，研究提出应对发达国家"再工业化"挑战、推动中国制造业转型升级战略顺利实施的支撑体系和政策体系。中国制造业应对发达国家"再工业化"挑战的总体指导原则是，认真贯彻以习近平总书记为核心的党中央加快建设制造强国的战略部署，落实新发展理念，实施创新驱动发展战略，以实施"制造强国"战略为抓手推动制造业转型升级、提质增效，坚决淘汰落后产能和工艺，加快新旧动能转换，促进中国经济迈向中高端。本章拟解决的主要问题和重点内容如图 16 - 1 所示。

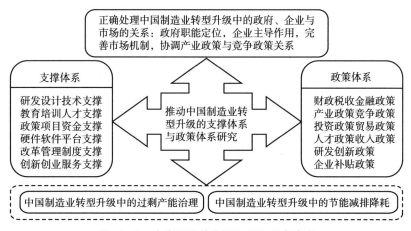

图 16 - 1　本章研究的主要问题和重点内容

资料来源：作者绘制。

16.2　发达国家制造业转型升级的经验与政策借鉴

16.2.1　美国促进制造业发展的经验与政策

18 世纪末 19 世纪初，美国成为第二次工业革命的主导国家，开始了工业化进程。在工业化初期，美国继续奉行"汉密尔顿主义"，强化工业基础能力和工业基础设施建设，通过关税保护等手段来培育制造业国际竞争力。1791 年，时任美国财长的汉密尔顿向国会提交了号称"美国工业化宪章"的《关于制造业的报告》。报告分析了美国制造业的优势和劣势，提出了促进基础工业发展的政策措施。

经过近百年的发展，美国制造业开始腾飞，逐渐成为世界制造业大国，并进入工业化中后期阶段。美国促进制造业发展的政策也开始转向，政策着力点从关税保护转变为通过鼓励创新开拓国内外市场，尤其是突出推动技术创新，综合采用研发资助、贷款担保、低息贷款、政府采购等产业技术政策措施，提升制造业综合竞争优势。美国支持制造业发展的主要手段包括鼓励技术研发、推动先进技术产业化、加快科技成果转化、完善中小企业创新服务体系、支持高新技术创业等。

20 世纪 50 年代美国进入后工业化阶段，制造业对经济发展的支撑作用相对下降，但美国政府仍然集中资源，支持信息通信技术、生物技术和先进材料等领域的核心通用技术研发，为迎接第三次工业革命、继续领跑信息通信技术产业打下了坚实基础。20 世纪 90 年代以后，美国开始实施先进技术计划，加快具有良好商业回报和广泛国家利益的创新型技术的开发，支持应用型研究项目成果加速进入产业化阶段，取得了较为明显的成效。美国十分重视中小企业的技术研究和产品开发，鼓励中小企业进入新兴产业，从而激发产业的创新活力。2000 年以来，美国政府先后制定了小企业创新研究计划、小企业技术转移计划、制造业扩展合作计划等，为中小企业提供 20 亿美元左右的资助和各种服务。另外，美国还通过立法促进大学和科研院所的科技成果转化，利用政府采购和国防军工技术合同等"有形之手"为新兴技术创造市场，以促进先进技术实现突破。

新工业革命时代，尤其是 2008 年金融危机之后，"去工业化"带来的一系列国内外经济问题使美国政府重新意识到制造业的重要性。为了重振美国制造业，美国政府提出"制造业重返美国"和"再工业化"战略。美国"再工业化"战略和制造业复兴计划的本质是，依托其在信息通信技术和先进制造技术等领域的传统优势，通过"智能工厂"建设，围绕"构筑新兴优势、巩固传统优势、消除不利因素、创造有利因素"的思路，加快推动全球制造生产体系向有利于美国技术和资源禀赋优势的个性化制造、数字化制造、智能化制造等方向转变。首先，美国政府推出一系列产业政策措施，鼓励投资制造业，推动制造业回流。这些政策措施涉及研发创新、金融支持、劳动者素质提升、基础设施建设、国际贸易关系调整和经济体制改革等，是一个庞大的系统性工程。其次，美国政府提出并实施"先进制造业伙伴计划"，通过整合政府、高校和企业的各类资源，集中力量扶持信息通信技术（ICT）产业、新材料、生物医药、3D 打印等先进制造业发展，致力于研发出提升产业竞争力的革命性技术。最后，美国还设立了"先进技术汽车制造贷款""国家制造业创新网络基金""先进制造技术基金"等政府专项扶持性基金，加大对制造业的财政预算支持力度，建立国家标准和技术实验室、先进制造业联盟等项目。另外，美国政府还通过强化制造业基础设施建设，打造服务于国家制造业发展的创新体系，建设"全国制造业创新网络"。

16.2.2　德国促进制造业发展的经验与政策

德国未能搭上第一次工业革命的快车，其工业化进程开始于 19 世纪末期的第二次工业革命。通过第二次工业革命的洗礼，德国成为欧洲工业大国，并成为当时最先进的制造业国家之一。然而，由于两次世界大战的影响和二战后的分裂，德国工业化进程被严重扭曲。

德国在工业化过程中十分重视通过对产业组织的引导和规制优化产业结构，依靠市场竞争选择支柱产业，提升产业国际竞争力。德国的产业政策主要包括：①制订科学技术开发计划，促进技术进步；②通过实施"农业市场秩序政策"，保障农业产量规模，提高农业生产效率；③通过价格补贴等手段保护弱势产业和创造大量就业的衰退产业；④竞争政策优先，保护公平竞争，严格禁止卡特尔的形成，营造公平竞争的市场环境；⑤对经济落后地区进行投资和补贴，缩小地区发展差距；⑥对战略性新兴产业进行扶持和引导，增强制造业国际竞争力；⑦十分重视扶持和促进中小企业发展，制定和实施了大量帮助创办中小企业的政策和计划；⑧制定和实施鼓励政策，推进产业集群的形成和发展。

德国政府虽然较少干预具体的技术研发活动，但是其一直保持了较高的科技投入，科技政策具有前瞻性和灵活性。公共财政支出的研究经费主要用于基础技术、共性技术项目和其他具有全局意义的科技项目，保持技术研发始终超前于产业发展，保证德国在新兴产业领域的国际竞争力。德国善于发挥各个科研联合会在共性技术的传播和转化中的作用，支持研发创新合作，形成研发创新合作联合体，构建了以专利战略为核心的成果转化机制，增强了德国的产业创新能力。

在扶持中小企业发展方面，德国政府先后实施了"中小企业促进法""自有资本援助计划""复兴信贷银行贷款计划""改善地区结构计划""新开业计划""劳动促进法"等政策和计划，帮助各界人士创办中小企业。德国还为中小企业设立了储蓄银行、合作银行、大众银行等金融机构，协助解决中小企业融资难问题。同时，还为中小企业提供政府补贴和税收减免，重点扶持能够提供就业岗位的新企业、能够节约能源的新项目、能够改善环境的新技术、能够对外出口的新产品、能够研发新产品的新工程。

德国工人素质较高主要得益于其发达的继续教育体系。德国拥有全球体系最大、覆盖面最广、知识技能体系最强的成人教育机构，推广终身学习，提升劳动力技能。政府除了对继续教育机构予以扶持和补贴以外，还出台了一系列激励终身学习和技能提升的法规、政策和计划，包括《教育制度结构计划》《晋升进修教育促进法》《学校网络计划》《成人学习汉堡宣言》《终身学习的新基础》《全民终身学习的继续教育》等。在各种政策的激励下，德国每年有近百万人获得继续教育的经济资助，有超过一半的成年人参加过继续教育。

为了应对新工业革命挑战，德国政府发布了《国家高技术战略2020》和制造业领域的"工业4.0计划"。德国《国家高技术战略2020》的主要内容包括政府资助战略性新兴技术突破，重点发展生物技术、纳米电子、光学技术、材料技术、信息与通信技术、空间技术等关键技术的发展，保持德国在高技术领域的领先地位；产业政策的重点是全流程优化创新环境，引导社会资源流向创新活动，培育创业精神，完善创新体系，增强创新能力；实施"领先集群竞争政策"和创新联盟政策，加速创新成果转化和高新技术产业化。德国"工业4.0计划"的主要内容包括通过制造技术和ICT技术的融合，维持和提升德国产业竞争优势，推动制造技术精益求精，提高复杂工业流程管理的专业化程度，保持德国装备制造业的全球领先优势；搭建"工业4.0"合作平台，提升制造环节智能化程度，以制造业智能化引领智能社会建设，以嵌入式制造系统推动全社会智能化；部署和推广物理信息系统，实施"领先供应商战略"和"领先市场战略"，建立健全知识和技术转化机制，加速创新成果的商业化。

16.2.3　日本促进制造业发展的经验与政策

在工业化过程中，日本政府一直实行的是积极有为的产业政策，扶持新兴产业发展，确定重点产业和主导产业，引导产业发展方向，调整产业结构，推动产业结构的合理化和高度化。二战以后，日本重新进入快速工业化轨道，在产业结构政策、产业组织政策和产业布局政策等方面大胆作为，推动了日本制造业快速发展。日本产业政策是以产业结构政策为重点，把促进产业结构优化升级作为产业政策首要目标，选择和培育主导产业，实施系列扶持政策，通过主导产业的发展壮大推动产业结构的合理化和整体升级。

在推动产业结构调整的具体政策方面，日本主要是采用财政政策和货币政策推动产业政策的实施。财政政策主要包括财政补贴、税收减免、特别折旧、直接投资等，货币政策主要包括低息贷款、政策性融资、特别资金资助、财政投资贷款等。20 世纪 70 年代以后，日本政府制定了大量的扶持高新技术产业发展的政策措施，对计算机产业、集成电路、汽车、钢铁等领域的技术研发实行大额补贴，提供财政援助和低息贷款。在工业化任务基本完成以后，日本又提出了"技术立国"和"知识密集型"产业政策，促进产业结构由重化工业转为知识密集型工业，将生物工程、半导体、信息技术、纳米新材料、航空航天、新能源、海洋开发等 15 个经济增长新领域发展纳入产业政策新框架。2009 年，日本经济产业省公布了《2010 年经济产业政策重心》，提出了日本未来产业发展和技术创新所要达到的目标。

日本政府一直重视扶植和发展中小企业，战后 50 多年里相继出台了 30 多部有关中小企业的法律法规，形成了较为完备的支持中小企业发展的产业政策体系。1998 年，日本政府颁布实施了"中小企业创新研究制度（SBIR）"，以补助金形式援助中小企业进行创新研究。同年，日本政府颁布了"新事业创新促进法"，对"中小企业创新研究制度"做出了具体规定。其基本内容是，国家确定面向中小企业发放的研究开发补助金及委托费的种类，并每年制定补助金及委托费的目标额度，把这些资金提供给有技术开发能力的中小企业，促进中小企业尽快把新技术转化为商品；同时，增加中小企业信用保证协会的债务担保额度，新开设不需要担保和第三者保证人的特别债务担保制度。

进入 21 世纪以来，日本政府为了应对新工业革命挑战，又制定了促进制造业发展的计划和政策，重点是增强国内制造基础和培育战略性新兴产业，提高制造业国际竞争力。日本实施"再工业化战略"、促进制造业发展的主要举措包括：

①运用减税、租赁补贴、补助金等手段促进企业在国内进行设备投资；②完善税收减免制度，对企业技术开发进行减税，鼓励企业增加研发投资；③在3D打印、新制造技术等附加制造技术领域设立国家项目，资助大学和科研机构进行技术攻关；④采用财政、科研及制度变革等手段，支持工业机器人、新能源汽车、新材料、生物制药等战略性新兴产业的研发、投资和产业化；⑤构建共性技术开发与应用平台，促进国家研究机构、大学和企业研究所将研究成果向社会公开，促进新技术普及与应用；⑥将人才作为第一资源，提高企业积极性，发挥公共机构作用，鼓励和扶持行业协会和培训机构参与产业人才培养。

16.2.4　韩国促进制造业发展的经验与政策

相对而言，韩国工业化进程起步较晚，20世纪60年代开始起飞，20世纪70年代进入工业化中期阶段。韩国产业政策在工业化进程中的作用方式可以分为两个阶段，20世纪90年代以前是典型的政府主导型产业政策，20世纪90年代以后逐渐转向市场主导型产业政策。亚洲金融危机暴露了韩国产业结构的不合理性，制造业部门间的严重失衡导致重化工业产能过剩，轻工业投资不足。20世纪90年代以后，韩国逐渐减少了对微观经济的直接干预，积极改善市场环境，逐步完善市场功能；产业政策的重点从促进重化工业的集中投资和支持大企业、大集团发展，转向以经济手段支持引进设备国产化，引进技术消化、吸收和升级，实施"科技立国"战略，大力支持科技发展、企业研发和技术创新，积极支持高技术产业发展，为中小企业发展创造良好外部环境，更多利用市场力量促进中小企业发展。

在制造业转型升级方面，韩国政府坚持出口导向型政策和技术革新、提高效率的思路，积极推行产业结构高级化战略，加快电子信息、精密仪器、新材料、精细化工、新能源等技术密集型产业的发展。20世纪90年代以来，韩国政府不断加大对科技研究与开发投资的支持力度，提高研发经费比重，逐步建立高新技术产业创新体系，推动出口产品结构升级，增强产业整体实力和在国际市场上的竞争能力。在认识到中小企业在创新和维持国家竞争力方面的重要作用以后，韩国相继出台了《中小企业创业支援法》等政策法规，在财税金融等方面为中小企业提供全方位的支持。另外，韩国高度重视技术工人培养和在职产业工人的职业培训，颁布了《面向21世纪的智力韩国》《职业训练基本法》等计划和政策，推动职业教育和技能培训，形成了较为完善的职业人才培训体系。

21 世纪以来，韩国政府根据新工业革命带来的国内外经济环境重大变化，不断调整优化产业政策。近年来，韩国产业政策的重点逐渐转向提升国家创新能力：通过实施新增长动力战略，扶持新兴产业发展；实施绿色低碳增长战略，推动工业发展方式转型升级；加快新一代信息技术的发展，推动支柱产业的信息化程度，提高支柱产业国际竞争力；调整产业组织政策，实施大企业与中小企业并重的发展战略；明确产业技术政策支持重点，实施"领先的创新者战略"，重点支持基础技术、核心技术和原创技术的研发。2009 年韩国政府颁布了《新增长动力规划及发展战略》，2010 年又发布了《主导未来产业的技术开发项目》，明确了政府产业技术政策支持的重点领域和重点产业，通过实施面向下一代技术的示范工程带动技术创新，增强国家创新能力和持续发展的潜力。

16.3　推动中国制造业转型升级的支撑体系

应对新工业革命和发达国家"再工业化"带来的挑战、实施"制造强国"战略、加快推进中国制造业转型升级、提质增效，需要系统筹划支撑体系，营造良好政策环境。我们认为，可以从以下六个方面构建推动中国制造业转型升级的支撑体系。

16.3.1　研发、设计与技术支撑体系

创新是推动制造业转型升级的第一动力，科技研发、工业设计和技术进步是制造业转型升级的首要支撑。在新工业革命和发达国家"再工业化"背景下，新一代信息网络技术既是驱动中国制造业转型升级的强大动力，也是实施创新驱动的战略支撑。

（1）高度重视技术创新和科技进步，推进新一代信息技术在制造业领域的应用。实施信息化与工业化深度融合战略，加快新一代信息网络技术在制造业领域的应用。伴随第三次工业革命而来的是一系列影响深远的新技术，尤其以凭智能化、数字化为特征的新一代信息技术为代表。信息技术的发展和应用，对制造业旧有的创新理念、发展模式、营销策略等方面产生较大影响，这种影响不会消亡，而是会持续、会加大。信息技术一方面拉近了厂商和消费者的距离，有助于营销创新；另一方面提高了信息的互通效率、查阅资料的成本，有助于研发创新。如何平衡好营销创新和研发创新的节点，有利于中国制造业实现长期较快发

展，尤其有利于提高中国制造业在市场不景气时的存活可能性，这不仅是企业应当考虑的问题，也是政府应当考虑的、并进行适度引导的问题。

（2）加快新一代信息网络技术、人工智能技术等基础技术和共性技术的研发。加快移动计算、物联网、整体解决方案、大数据、分析优化与预测技术、人工智能技术的研发，为制造业转型升级提供技术支撑。网络信息革命和材料技术革命的结合将推动生产和制造的数字化，改变制造商品的方式和就业格局，实现个性化量产和分散化就业。基础技术和共性技术的研发能够推动网络信息革命和材料技术革命。新型制造方式正在加快替代传统制造方式，随着新材料技术、3D打印技术、智能化技术、新工艺、机器人和网络服务的逐渐普及，制造业和服务业的界限日趋模糊，3D打印、智能制造、柔性生产等新型制造方式成为制造业数字化的发展方向，围绕信息技术、高档数控机床、机器人生产及应用和3D打印技术研发及应用等产业群开始涌现。要加快绿色能源技术研发，通过绿色能源革命推动制造业朝着绿色化方向转型发展。

（3）加快"三大中心"建设，形成技术支撑体系。建设复杂高度网络化的建模和仿真支持系统，推进制造业研发中心、设计中心和创新中心建设，为信息网络技术驱动制造业转型升级提供技术支撑体系。大力发展工业设计中心，提升工业设计能力和水平，通过工业设计推动产业转型和创新。鼓励大中型制造企业建设研发中心，加快技术创新成果的转化速度，完善研发成果商业化的通道和机制。

16.3.2 教育、培训与人才支撑体系

充分发挥中国人力资源大国优势，逐步完善成人教育体系和技能培训体系，努力将"人口红利"转化为"人才红利"。

（1）适应新工业革命和"工业4.0"时代要求，加快教育体制改革。改革招生和培养模式，建设工程创新训练中心，培养制造业急需的科研人员、技术技能人才和复合型人才。鼓励制造业企业与大学、科研院所之间加强信息化技术型人才的交流和培训，引导高校面向社会需求调整专业设置，加强现代制造技术人才培养，鼓励和促进学校开展与企业技术应用相结合的现代制造技术教育，培养专业化技术人才。强化创新创业教育，健全创业培训体系，加强远程公益创业培训，提升基层创业失败人员的再创业能力。

（2）强化职业教育和技能培训，形成从研发、转化、生产到管理和技能的多层次人才培养体系。借鉴德国和日本的经验，建立职业教育和技能培训体系，鼓

励企业加大产业工人培训投资，提升劳动力素质，实现从人口红利到人才红利的转变。改革职业教育体系，鼓励企业与学校合作培养高素质高技能人才。鼓励和支持教育机构、企事业单位开设符合社会需要的职业课程，不断促进工人终身学习。改革高等教育教学制度，加强各类学校之间的沟通与衔接，建立学分互认和终身学习认证机制，加快创新型人才的培养。

（3）制订和实施制造业人才培养计划，培养企业经营管理人才、专业技术人才、先进制造业卓越工程师。提高劳动者收入，消除劳动力价格扭曲。由于人口红利及制度性因素影响，劳动力价格被长期压低，不利于提高劳动者生活水平及消费需求。从扭曲的测算结果看，行业间的劳动力价格相对扭曲更为严重。因此要破除制度障碍，不断提高劳动者收入份额，但同时应充分考虑企业的承受能力，实现劳动力价格扭曲的平稳降低。不断改善劳动者收入水平。建设学习型工厂，实施知识更新工程和人才素质提升工程，完善各类人才信息库，构建创业人才水平评价制度和信息发布平台。

16.3.3　政策、项目与资金支撑体系

应对发达国家"再工业化"挑战、加快中国制造业转型升级，需要持续深化简政放权、放管结合、优化服务改革，进一步削减不合理的前置审批和许可，降低制度性交易成本，完善市场监管，严厉打击生产销售假冒伪劣商品，加大知识产权保护，加快社会信用体系建设，形成鼓励创业创新的生态。在落实好已出台各项减税降费措施的同时，进一步研究促进制造业升级的财税政策。鼓励金融机构发展普惠金融、丰富金融产品，为企业特别是中小微企业提供更好的融资、避险服务。

（1）完善金融扶持政策，降低企业融资成本。积极发挥政策性金融、开发性金融和商业金融的优势，加大对信息网络技术和现代制造业重点领域的支持力度。健全多层次资本市场，支持符合条件的制造业企业在境内外上市融资。积极探索多维融资通道，缓解企业融资成本高问题，优化制造业企业的融资结构。

（2）健全财税优惠支持政策，提高资本使用效率。优化财政资金对制造业转型升级的支持，明确制造业转型升级的关键领域；运用政府和社会资本合作模式，引导社会资本参与制造业重大项目建设；创新财政资金的支持方式，提高资金使用效益。提高资本使用效率，积极探索资本与技术相互融合的制造业转型升级路径。从制造业国际竞争力的其他影响因素来看，资本深化有显著的负向影响，说明当前资本与劳动的匹配融合并不是最具效率的。制造业企业在面临激烈

的国际市场竞争时，不应进行简单盲目的资本扩张，而应注重如何提高资本使用效率，促进资本与技术的紧密融合。充裕的资本为引进和更新生产设备提供了保障，但也对技能劳动提出了更高要求，因此应该注重优化制造业的资本与技能劳动配置结构，提升人力资本存量水平。专利技术对制造业国际竞争力的正向影响显著但系数较小，说明技术创新的积极作用还没有得到充分发挥释放。为此，应该着力建设良好的制度环境，挖掘技术对制造业发展的最大效能。生产者出厂价格提升不利于制造业国际竞争力提升，但这是当前要素价格上升导致的整体趋势，提升劳动生产率是化解该难题的有效途径。加快制造业转型升级是应对资源环境压力和国际市场竞争的治本之策。中国制造业在选择转型升级路径时，需要考虑到如何提高资本使用效率，促进资本与技术的紧密融合。

（3）增加面对中小微企业的财税金融支持，逐步完善中小微企业支持政策体系。高度重视中小微企业的发展，采取鼓励企业之间或企业与科研院所之间的合作、改善中小微企业科研项目融资条件、鼓励中小微企业接受专业创新咨询服务等一系列措施，提高中小微企业在创新方面的竞争力，增强中小微企业的经济实力。优化中小企业发展专项资金使用的重点和方式；鼓励商业银行加大小微企业金融服务专营机构建设力度，建立完善小微企业融资担保体系。加强中小微企业综合服务体系建设，完善中小微企业公共服务平台网络。借鉴美国、日本、德国和韩国实施中小企业创新研究的政策经验，资助先进制造业领域中小企业的技术创新、研发成果产业化和参与商业化潜力较大的科技项目，促进高新技术产业内创业企业和中小企业的技术创新。

（4）强化融合发展的资金支持，理顺资本市场价格形成机制。推动实施国家重点研发计划，强化制造业自动化、数字化、智能化基础技术和产业支撑能力等。要加快资本要素的市场化改革，理顺资本价格形成机制。虽然从实证结果可以看出，资本价格扭曲在短期内有利于制造业国际竞争力的提升，但从国民经济的可持续发展角度看，利率市场化应该是长期努力的方向。一方面利率过低使资金脱实入虚、大量流入金融和房地产领域，造成实体经济融资困难，不利于经济长远发展；另一方面长期以来，国有企业因其独特的超国民待遇与国有银行联系紧密，往往可以廉价地获取信贷资源，加剧了资本价格的相对扭曲，但这在相当程度上损害了民营经济的发展，使其很难享有国有企业的融资便利。因此，应该进一步推进资本市场改革、减少信贷歧视、增加实体经济融资渠道，以降低在纠正要素价格扭曲过程中对制造业竞争力的不利冲击。

16.3.4　硬件、软件与平台支撑体系

随着互联网技术的普及，企业合作创造价值成为主流，企业竞争不仅是硬件和软件的竞争，更需要通过构建平台生态圈，开展平台竞争。平台是开放与合作的基础，信息网络技术驱动制造业转型升级不仅需要硬件支撑，也需要软件支撑，更需要平台支撑。

（1）强化制造业转型升级的硬件建设。强化公共基础设施建设，增加对基础医疗、电站、港口、公路、通信基础设施等公共物品和服务的投资，进一步完善产业配套体系。加快工业机器人、智能装备、数字化控制装备等硬件设备的发展及其在制造业的应用；通过智能硬件建设推动制造业转型升级。加快信息化与制造业深度融合，增强信息技术辐射能力。政府应把握新一代信息技术的契机，调整产业结构，通过互联网的个性化定制，消费端信息的动态流动，引导制造业创建自身的技术平台，努力适应时代，将物联网、大数据、云计算等技术融入自身，推动软件与服务、设计与制造资源、关键技术与标准的开放共享，探求数字化和网络化的新型制造模式，进而提升制造业转型升级能力。

（2）强化制造业转型升级的软件建设。从构思、研发、模拟，到实现生产规划和生产实施，工业信息技术和工业软件都是主导要素。发挥以工业大数据、智能制造应用程序等为代表的工业软件在制造业全过程中的应用；利用工业软件，推动价值链环节的紧密相连，优化制造业生产过程；提高工业信息系统安全水平，实施工业控制系统安全保障能力提升工程，制定完善工业信息安全管理等政策法规，健全工业信息安全标准体系。

（3）强化制造业转型升级的平台建设。在通用研发环境中，通过"数字化企业平台"将硬件与软件、虚拟世界与现实世界进行融合，实现从车间到公司管理层的双向信息流和数据协同优化；指导制造业企业实施平台化战略，围绕用户需求整合产品链，通过构建智慧化平台，完成从提供产品硬件到整体解决方案的转型。

（4）鼓励企业通过平台开展合作，构建平台生态圈。引导企业以自身核心能力（硬件模块或软件模块）为价值模块，参与构建以计算能力开放为主的平台、以终端能力开放为主的平台、以用户关系网络开放为主的平台和以通信能力开放为主的平台。引导制造业企业合作构建位于产业链高端的平台，采用具有盈利性、可持续性、共赢性、安全性、覆盖性的平台生态圈模式，打造信息网络技术驱动制造业转型升级的平台支撑体系。

16.3.5 改革、管理与制度支撑体系

加快制度创新和制度改革步伐，完善有利于制造业发展的宏观治理体制和机制，营造制造业转型升级的良好制度环境。

（1）深化政府管理体制机制改革。转变政府职能，提高制造业治理水平，推进行政审批制度改革，创新政府管理方式，落实企业投资主体地位。适当丰富官员晋升考核机制，提高政府干预经济的效益。在转型时期的中国，政府和官员在社会经济活动中的地位非常重要，以 GDP 为核心的官员晋升机制促进了中国过去 30 多年里经济的高速发展，但是在一定程度上对地方官员的行为产生了负面影响。应加快丰富晋升考核机制的考核范围和标准，考核重点应看重质量、看重科技、看重未来。

（2）改革技术创新管理体制和方式。完善协同创新机制，建立合作研究开发体制，激发制造业企业的创新活力。完善产学研一体化合作创新科研体制，加快市场交易制度改革，合理配置要素资源。实施技术引进与自主技术开发并重的创新管理政策，引导企业在消化吸收的基础上进行研究、改造和创新，最终建立起自己的技术体系。进一步完善全国技术发明表彰制度，在赋予研发人员和发明者荣誉的同时，宣传新成果、新工艺、新产品，推动发明专利的产业化和商业化。

（3）深化国有企业改革。深化制造业领域的国有企业改革，完善国有企业治理结构和治理机制，增强国有企业市场竞争能力，提升国有资产在市场竞争中的稳定作用。加快垄断行业和公用事业部门内的国有企业改革，破除各种形式的行业垄断和行政性垄断，降低进入壁垒，引入市场竞争，促进非公有制经济发展。

（4）营造公平竞争市场环境。政府对市场进行适当引导，营造公平竞争市场环境，减少因为市场失灵给整个行业带来的损失。深化市场准入制度改革，建立公平竞争的全国统一大市场。规范竞争行为，为企业创造良好生产经营环境。推进制造业企业信用体系建设，建立健全企业信用动态评价、守信激励和失信惩戒机制。

（5）进一步完善支持制造业领域创业和创新的制度体系，推进制造业领域的供给侧结构性改革。通过制度创新优化创新创业的软环境，为推动制造业领域的供给侧结构性改革提供动力。

16.3.6　创新、创业与服务支撑体系

充分发挥政府的引导和服务作用，强化制造业领域的基础研究和共性技术研究，推动形成产学研合作机制，将"制造强国"战略与"大众创业、万众创新"相结合，鼓励制造业领域的创新和创业。

（1）推进制造业创新中心建设。围绕制造业重点行业转型升级和新一代信息网络技术、智能制造、增材制造、新材料、生物医药等领域创新发展的重大共性需求，建设一批制造业创新中心和工业技术研发基地。推进制造业创新中心建设，制定完善制造业创新中心遴选、考核、管理的标准和程序；推进制造业行业整体层面的合作创新，形成行业创新体系。重视技术创新在制造业转型升级中的地位，充分发挥创新平台在区域创新体系中的作用。

（2）构建制造业"双创"服务体系。支持大型互联网企业、基础电信企业建设面向制造企业特别是中小企业的"双创"服务平台，为制造业领域的创新、创业提供服务、支撑和保障。依托移动互联网、大数据、云计算等现代信息网络技术，发展新型创业服务模式，建立一批低成本、便利化、开放式众创空间和虚拟创新社区。保护知识产权和企业家精神，营造良好的创新创业氛围。

（3）实施质量和品牌创新与提升工程。引导制造业企业提升质量控制技术，完善质量管理机制，采用先进质量管理技术和方法。完善质量监管体系，优化质量发展环境。推进制造业品牌建设，打造一批特色鲜明、竞争力强、市场信誉好的产业集群区域品牌。

（4）强化制造业转型升级的公共服务平台建设。政府投入专项资金，加强支撑资源共享平台、技术集成平台、成果转化平台等科技服务平台体系建设，进一步完善技术市场，为基础研究和共性技术研发创造良好的外部条件。政府要树立服务意识，营造鼓励创业、宽容失败的创业文化和崇尚创造、追求卓越的创新环境，建设一批制造业转型升级公共服务平台。发展研发设计、中试熟化、创业孵化、检验检测认证、知识产权等各类科技服务。完善全国技术交易市场体系，发展规范化、专业化、市场化、网络化的技术和知识产权交易平台。

16.4 中国制造业转型升级中的政府、企业与市场的关系

在应对发达国家"再工业化"、推动制造业转型升级和实施"制造强国"战略中，应明确政府、企业和市场的关系，找准政府定位，充分发挥市场机制作用，形成"有为"政府与"有效"市场相互补充的产业发展生态。

16.4.1 制造业转型升级中的政府职能定位

（1）明确制造业转型升级中的政府职能定位和作用以及政府履行职能和发挥作用的方式和途径，政府要做到"有所为、有所不为"。政府要制定合理的产业政策，统筹东、中、西部地区协调发展。中国制造业转型升级能力存在地域上的不平衡，西部地区的转型升级能力普遍较弱。对于西部地区制造业而言，要牢牢抓住"一带一路"的历史性机遇，利用自身优势，在承接东部地区制造业转移的同时，加快制造业在"一带一路"沿线国家的产业布局。中国制造业很大一部分是劳动密集型制造业，因而西部地区制造业可以借助"一带一路"倡议将这部分失去竞争优势的制造业转移到相关国家，增加技术密集型和资本密集型制造业的比例；加强中国与中东国家的联系，使得能源和资源供给充足，确保中国制造业有着持续的转型升级动力；加大产品出口，培养跨国公司，把握西部地区制造业转型升级新的市场机遇，进而缩小东、中、西部地区制造业转型升级能力之间的差距，促进三大地区制造业协调发展。

（2）深化政府体制机制改革，转变政府职能，创新政府管理方式，加强制造业发展战略、规划、政策、标准的制定和实施，提高产业治理水平。当前，政府改革应以简政放权为抓手，加快转变政府职能，不断突破行政壁垒，提高决策效率。以政府规制政策为例，我国粗放型增长方式尚未完全转变，环境规制措施有待完善，环境规制创新补偿效应的实现，离不开技术创新和制度支持，所以制造业竞争力的影响因素不是相互分割的，而是相辅相成的。首先，政府应适当提高环境规制强度：一方面激励企业进行治污技术创新，使其在高治污水平上实现污染减排和治理；另一方面引导企业重视生产技术与流程创新，以此提高生产率和国际竞争力。进行资源价格市场化改革，放宽资源产品的市场准入，建立有效的监管体系，征收并逐步提高资源税和生态补偿费，以体现资源和环境改善的重要

性。但要注意避免走入盲目提高环境规制强度的误区，应根据各地区和行业现实特点，确定差异化的环境规制水平。

（3）健全"制造强国"战略的组织和实施机构和机制，合理界定国家制造强国建设领导小组以及相关成员单位的主要职责及工作方式。推动制造业转型升级的组织和实施机构树立服务意识，理顺政企和政资关系，减少对微观经济运行的直接干预。进一步加强国家制造强国建设领导小组以及相关成员单位的治理能力建设，鼓励相关机构充分利用现代信息资源，加强对制造业发展形势和发展趋势的预判分析，依据经济形势适时调整产业政策，为制造业转型升级创造良好的宏观环境。

16.4.2　充分发挥制造业转型升级中企业的主导作用

（1）充分发挥制造业转型升级和"制造强国"战略实施中企业的主导作用。尊重企业的首创精神，保证企业在市场竞争中的主体地位和主导作用。推动企业形成在技术创新体系中的微观主体地位，将创新政策的重心转移到企业，让企业合理权衡创新风险与创新回报，根据企业自身条件和市场预期决定投资行为和市场行为。

（2）企业发挥主导作用的方式和途径。在坚持公有制经济主体地位，增强国有经济活力、控制力和影响力的前提下，充分调动各类资本投资实体经济的主动性和积极性，大力发展混合所有制经济，引导国有资本与民间资本、境外资本与境内资本组建多种所有制形式的现代企业，完善所有制结构，激活制造业的微观主体，不断巩固强化制造业强国的微观基础。

（3）鼓励企业推进技术改造、提升自主创新能力。推动制造业转型升级，关键在于提升制造业企业的技术创新能力。完善知识产权保护的相关法律体系及执行机制，构筑有利于企业推进技术改造、提升自主创新能力的市场制度和市场环境。建立公共技术服务平台，为企业推进技术改造、提升自主创新能力提供技术咨询和技术服务。支持各类高校、科研机构和大型企业的研发部门建立大型实验室、公共科研数据的管理和共享机制，推进企业与各类科研机构的协同创新。引导企业统筹利用两种资源、两个市场，拓展发展空间，提升国际合作水平和层次，提高国际竞争力。

16.4.3 完善要素市场体系，理顺制造业转型升级中的要素价格形成机制

（1）明晰制造业转型升级和"制造强国"战略实施中政府与市场的边界。政府与市场的边界问题本质上是政府与市场的关系问题。政府与市场关系是经济体制改革的核心问题。在制造业转型升级中，要逐步减少政府的不当干预，通过高水平的战略规划、宏观调控、服务监管履行政府职能。在加快要素市场发育、消除要素流动壁垒的前提下，将有效市场与有为政府相结合，将过剩产能治理、技术创新、兼并重组、转型升级等制造业发展问题交给市场，通过发挥市场对资源配置的主导作用，优化资源配置，提高资源利用效率。

（2）健全市场机制，引导企业参与市场竞争，通过竞争提升实力。制造业是中国市场化程度最高的部门，市场化改革是推动制造业发展和转型升级的原动力。制造业转型升级仍然要坚持市场化方向，充分发挥市场机制在资源配置中的决定性作用，以市场化手段引导企业进行结构调整和转型升级。

（3）建立完善要素市场体系，深化要素价格形成机制改革。提高土地、技术、资本、信息等要素供给市场化程度，理顺水、电、气、煤炭、矿产、原油等资源类产品的价格形成机制。加快垄断行业改革，开放市场，引入竞争，形成多元化市场竞争主体，打破要素市场垄断，放开各类要素市场价格管制，积极探索建立符合市场供给关系的价格动态调整机制，创造条件加快形成主要由市场决定价格的机制。

16.4.4 制造业转型升级中的产业政策与竞争政策的相互协调

制造业转型升级中的产业政策与竞争政策的相互协调包括两个层面：一是目标和内容层面的协调；二是政策实施方面的协调。为了减少产业政策和竞争政策之间的相互冲突，需要从政策实施的组织结构和工作机制等不同层面构建多维度的政策协调机制。

（1）制造业转型升级和"制造强国"战略实施中的产业政策、竞争政策及可能产生的冲突。由制造业大国向制造业强国迈进的过程中，制造业发展要从追求速度和总量向追求质量和效益转变，从规模扩张向结构优化转变，制造业管理的体制机制和产业政策需要做出相应调整。当前，中国产业政策与竞争政策的关系尚未完全理顺，存在目标、手段、效果等方面的冲突。

（2）制造业转型升级和"制造强国"战略实施中的产业政策与竞争政策的相互协调。需要不断深化制造业管理体制机制改革，重新认识产业政策与竞争政策的关系，根据中国产业发展阶段和发展现状，调整产业政策与竞争政策之间的协调机制。在产业做大过程中，产业政策优先于竞争政策；在产业做强过程中，竞争政策优先于产业政策。竞争政策的有效实施，可以充分发挥市场在资源配置中的决定性作用，充分释放要素活力，为制造业转型升级、提质增效注入动力。

16.5　推动中国制造业转型升级的政策体系

推动中国制造业转型升级、由大到强，不仅是制造业部门的任务，更需要财政、税收、金融和发展改革等部门的大力配合，需要财政体制改革、税收体制改革、垄断行业改革、金融体制改革等一系列改革联动推进，实现功能互补和相互协调。本部分将从宏观政策、中观政策和微观政策三大视角系统研究制定应对发达国家"再工业化"、推动制造业转型升级、实施"制造强国"战略的政策体系。

16.5.1　财政税收与金融支持政策

（1）优化财政资金对制造业转型升级的支持，明确制造业转型升级的关键领域。进一步完善支持制造业自主创新和装备改造的财政、税收、政府采购、投融资等政策，增加财政资金向先进制造业领域的基础研究投入，加大国家基础研究、共性技术研究和关键技术研发及应用的支持力度。运用政府和社会资本合作模式，引导社会资本参与制造业重大项目建设。创新财政资金的支持方式，提高资金使用效益。积极推进财税体制改革，通过"营改增"改革降低制造业企业负担，为制造业转型升级创造有利的外部条件。进一步调整和完善财政补贴政策，将补贴重点由生产环节转向研发创新和消费环节，促进高新技术产业需求的扩大，利用市场机制刺激高新技术产业的创新和发展。

（2）积极发挥政策性金融、开发性金融和商业金融的优势，加大对信息网络技术和现代制造业重点领域的支持力度。健全多层次资本市场，支持符合条件的制造业企业在境内外上市融资。缓解企业融资成本高问题，优化制造业企业的融资结构。解决中小制造业企业融资难问题。继续清理民间投资的准入壁垒和歧视性政策。积极稳妥地推动利率市场化改革，提高资金使用效率，抑制传统行业的产能过剩。加快建立多层次、市场化、多元化金融体系，拓宽企业资金来源，为企业提供全方位金融支持。

16.5.2　产业政策与竞争政策

（1）增强产业政策的系统性、连贯性、灵活性、前瞻性和针对性，提高政策的实施效果。结合国际经济形势、产业革命趋势和国内产业发展现状，有预见性、有方向性、有针对性地制定国家制造业整体发展战略。同时，围绕制造业宏观发展战略和发展目标，制定和实施与之相匹配的产业政策，推动制造业朝着既定的目标转型升级。消除一些已经不适应竞争环境的隐性市场进入壁垒，为制造业转型升级和竞争力提升创造良好的市场环境和制度环境。

（2）完善竞争政策体系，通过实施竞争政策保护市场公平竞争。强化竞争政策的实施，可以形成公平竞争的市场规范，优化制造业投资环境。充分发挥反垄断法在竞争政策中的核心作用，通过反垄断执法保护市场公平竞争，彰显企业市场竞争主体地位，实现公平与效益共赢。强化竞争政策的宣传和教育，营造具有中国特色的竞争文化。反垄断政策的实施，既要考虑国内市场竞争状况，也要考虑全球竞争状况，保护国家整体利益。

（3）根据产业发展的不同阶段和国际竞争态势，合理定位产业政策与竞争政策的关系。制造业政策体系包括制定战略性新兴产业的支持政策、传统产业改造升级的扶持政策、产能过剩行业的治理政策和节能减排政策等。在产业政策实施过程中，应协调好与竞争政策的关系。建立公平竞争的市场环境，需要对当前的产业政策进行调整，将政策重点转为放松管制与维护公平竞争。

16.5.3　投资政策与贸易政策

（1）引导社会资金投向，改变资金"脱实入虚"的局面，鼓励企业在实体经济领域创新创业。积极扩大制造业企业对外投资。改变中国企业同外国企业在国际投资领域的不对等竞争状态，为中国企业走出国门消除壁垒创造有利条件。积极参加有关国际投资的公约，扩大签署双边投资保护协议的国家范围，制定境外投资行业指导，提供对外直接投资的信息咨询服务，加大海外投资保险范围和力度，避免海外投资企业双重交税。

（2）完善贸易政策，引导企业扩大出口，提升产品国际竞争力。打造民族品牌，提升制造业企业的无形资产；引导企业应对国际贸易中的反倾销诉讼，维护自身合法权益。调整进出口贸易结构，通过优化禀赋结构提升中国制造业在全球分工体系中的位置。充分发挥进出口贸易对提升制造业国际竞争力的正向作用。从前文的分析中可以看到，进出口贸易对技能溢价有正向影响，说明中国进口产品的技术含量较高，需要高技能劳动力与之匹配、使技能劳动需求层次与国际接轨，能够及时把握前沿技术发展趋势，同时还要加强对专业技能劳动者的针对性培养。外商直接投资对技能溢价有负向影响，说明到目前为止，外商直接投资的流入还是依托于中国低成本的非技能劳动力。对此，应该加强教育投资、提高劳动力技能素质，吸引高技术类的外商投资，努力扩大外资的技术溢出效应，以带动中国企业提升整体技术层次，更好地参与高层次国际专业化分工，获取更多贸易利益和市场话语权。另外，从出口贸易角度看，要素价格负向扭曲意味着国内生产要素丧失了应得收入，企业通过低价竞争将生产要素所得补贴给了国外消费者，这种贸易条件恶化型出口模式对本国社会福利的改善十分有限。因而出口贸易政策的制定不仅要关注规模增长，更应关注贸易利益。

16.5.4　人才政策与收入政策

（1）完善人才培养和引进的政策体系，树立人才是第一要素的理念，大力培养技能型人才，加大中高端人才的培养和引进，充分发挥人才的创造力。大力弘扬企业家精神和新时代工匠精神，为各类人才投身创新创业提供政策支持。

（2）强化职业教育和技能培训，形成从研发、转化、生产到管理和技能的多层次人才培养体系；制订和实施制造业人才培养计划，培养企业经营管理人才、专业技术人才、先进制造业卓越工程师；通过制定合理的收入政策扩大社会消费需求，通过人才政策和收入政策吸引国外杰出人才回国创新创业。提高科研人员比例，提升中国制造业的创新学习能力。政府应加大科研投入，营造良好的创新环境，制定相应政策引导制造业发展其自主研发能力，重视有效专利数量，扩大制造业的创新规模，加强技术创新体系建设，推进形成产学研良性互动。此外，制造业的转型升级离不开人才的支撑，因而要建立健全科学、完善的选人育人模式，大力培养专业型、创新型人才，使其成为制造业转型升级的强大动力。

（3）加强技能型人才的培养，通过获取"人才红利"和强化环境规制提升中国制造业国际竞争力。环境规制趋紧增加了对技能劳动的需求，提升了技能溢价，这就向劳动力市场传递了要求劳动者提高技能的信号，引导非技能劳动向技能劳动转化。中国已有能力承受更高强度的环境规制，甚至可衍生为制造业转型过程中的新红利。环境规制的有效实施急需紧缺的专业技术人才和创新型人才，技能溢价提升能将这种需求通过价格反映出来，但这仅是促进竞争力提升的第一步，更重要的是技能劳动质量结构要契合产业发展的需要，避免陷入技能溢价提升但劳动者技能与岗位需求错配反而削弱产业竞争力的困境。要瞄准国家重大战略需求和未来产业发展制高点，充分发挥高等教育在人才培养方面的资源优势，促进教育与科技产业、通用知识和专业技能相融合，构筑人才高地。加强对技能型工人的教育和培训，形成一支门类齐全、技艺精湛的一线技能工人队伍，推动制造业转型升级。

（4）制定合理的收入政策，引导人才流向实体经济。改变实体经济和虚拟经济就业人员收入剪刀差的现状，合理提高实业工人最低工资标准，增加技能工人工资收入，鼓励大学毕业生在实体经济领域创业就业。

16.5.5　研发创新与企业补贴政策

（1）通过政策引导增强企业研发创新动力，提升科技成果转化率，稳步增强制造业的生产增值能力，加快提升制造业转型升级效率。政府应该逐步引导企业提升资源利用效率，通过较小规模的要素投入获取较高的经济效益，实现集约型生产。此外，政府应该制定优惠政策来优化产业结构，发挥资本密集型与技术密集型制造业的优势，培育制造业集群，减少资源密集型制造业和劳动密集型制造业的比重，稳步提升制造业生产增值能力，进而推动制造业转型升级。

（2）通过实施积极有为的产业政策引导产学研协同创新。通过原始创新和引进吸收推动技术进步，注重技术选择的适宜性。研究发现，我国的技术进步呈现资本偏向性特征，与要素禀赋结构不一致，价格扭曲改变了要素的相对禀赋优势是其重要原因。因此，纠正价格扭曲必然会改变要素相对价格、对要素的相对禀赋产生影响，在此过程中，要注重技术选择问题。清洁能源、新材料等新兴的高技术产业是未来世界经济发展的新动力，在这些新高技术领域，既要加强基础研究，注重培育自主创新能力；同时也要注重引进具备先进技术的外商投资，尤其是吸引外资企业在我国建立研发机构，发挥先进技术的溢出效应，挖掘技术进步对制造业发展的最大效能，以实现制造业的可持续发展并能在世界市场上与发达国家相竞争。而环境规制整体上对制造业国际竞争力表现出显著正向影响，政府应适当加强环境规制，在一定程度上刺激企业进行治污技术创新，发挥环境规制对绿色制造、智能制造的倒逼作用，选择适宜的环保技术对于提高资源配置效率、促进经济增长同样会起到事半功倍的积极作用。

16.6　中国制造业转型升级中的过剩产能治理和节能减排降耗的战略举措

本节将制造业转型升级与制造业产能过剩治理、制造业节能减排结合起来，研究制定过剩产能治理和节能减排降耗的战略举措和政策措施。

16.6.1　制造业转型升级和"制造强国"战略实施中的过剩产能治理

（1）加快制造业转型升级，通过转型升级消化过剩产能。中国制造业产能利用水平较低，很大程度上是由我国制造业整体处在产业链和产品价值链的低端环节，产品附加值低，技术效率较低导致的，我国制造业企业技术创新能力、管理创新能力以及产品创新能力都比较落后，发展的方式还停留在以扩大产能为主，因此就出现了经济发展与产能过剩如影随形的困境。因此，要想彻底地解决中国制造业面临的产能过剩顽疾，就必须要加快制造业的转型升级，通过企业创新能力的提升，降低生产成本和环境成本，增加国际竞争力，提升企业在产业价值链和产品价值链上的位置，尽快进入产品附加值更高的人力资本密集型和技术密集型经济领域。

（2）减少政府对制造业的不当干预，消除产能过剩的行政性因素。地方政府对经济强烈的干预动机源于传统的官员晋升体制和财政分权制度，只要企业有项目，开工投产，无论盈利能力如何，都要向政府缴税，都会增加当地的 GDP，这使得地方政府非常热衷于参与项目投资，为企业的各类投资活动提供便利甚至优惠。而要减少地方政府对经济的干预，就必须从改革完善官员考核选拔制度和财政分权制度着手，改变提拔官员只看"GDP"的政府考核行为模式，更多地关注当地经济的健康合理性，改革现有财政制度削弱政府干预税收和经济的动机，着力构建服务型政府。

（3）调整市场结构，促进市场竞争。充分的市场竞争能够激励企业技术进步、淘汰落后产能以及保持合理的产能规模，进而会提升整个行业的产能利用水平，伴随着的还有技术效率和国际竞争力的提升。因此必须优化市场结构，改变现有部分行业垄断程度过高的现象，降低行业进入门槛，简化行政审批手续，鼓励成立新企业参与市场竞争；同时改善民营企业的经营环境，使民营企业能够与国有企业同台竞争，激发经济活力，优化市场环境和行业结构，形成有利于市场充分竞争的经济环境。

（4）加大环保力度，对企业征收环境保护税。产能过剩的大部分行业都是高污染行业，政府以牺牲当地环境的方式鼓励这些企业进行投资，纵容企业的污染环境行为，使得企业的投资行为所承担的私人成本远远小于该投资的社会成本，因而导致企业过度投资。为了使企业的投资回归到合理水平，必须通过建立污染排放许可证、为环境确立产权等制度明确企业的环境成本，逐步提高环境标准，并针对部分高污染行业征收环境保护税，减少企业投资的外部负效应，规范企业的环境污染责任，使得企业的投资成本回归到正常水平，进而合理化企业的投资行为，消除产能过剩形成的温床。

（5）健全生产要素市场体系，充分发挥市场的决定性作用。现有的生产要素价格形成机制中包含太多的扭曲成分，比如政府对企业使用土地、水电等生产要素的补贴，以及政府对企业从银行获取贷款进行投资的帮助，都从不同角度不同程度上形成了对企业投资行为的补贴，导致了企业的过度投资。因此，必须完善土地、水电和资本等生产要素的价格形成机制，使之反映生产要素市场的供求关系，加快生产要素价格形成的市场化。其中，土地作为一种不可或缺的生产要素，是地方用来招商引资、鼓励企业投资建厂的重要手段，因此应该改革现有的土地制度，明确土地产权，建立合理规范的基准地价制度。加快水电等生产要素的价格制度改革，完善银行的预算约束规范银行的信贷行为，形成以市场为主导的生产要素价格形成机制，合理化生产要素的市场价格。

（6）尽快完善统计体系，建立中国制造业各行业产能利用率的统计监测发布制度。所有的企业投资行为都建立在预期收益的基础上，通过比较企业投资产生的机会成本与投资的预期收益现值决定是否进行投资，因而合理的投资水平就取决于企业正确地估计未来的收益，而由于信息的不对称企业往往难以做出准确判断，这就造成了投资的盲目性，出现了经济形势越好企业投资越快，产能过剩越严重的情况。因此，为了方便企业做出合理的收益预期，政府可以从信息、数据和宏观调控政策方面建立完整的信息定期发布制度，特别是在该行业的发展现状、产能利用率等方面，从而引导企业科学合理地做出投资生产决策，降低企业过度投资、盲目投资的风险。

16.6.2　在制造业转型升级和"制造强国"战略实施中推行节能减排降耗

在制造业转型升级中推行节能减排降耗是加强生态文明建设的重要内容，是协调好工业文明和生态文明的重要举措。明确低碳经济条件下中国制造业转型升级的压力与动力，测算中国制造业发展的"碳足迹"，绘制 2015 ~ 2030 年中国制造业转型升级中的碳减排图谱，提出制造业转型升级和"制造强国"战略实施中的节能减排降耗的对策建议，是当前需要重点关注的问题。政府应积极引导绿色制造，提升制造业可持续发展能力。通过制定严格的环境管理标准体系、行业和产品排放标准及行业安全标准来"倒逼"制造业去寻求控制和减少 CO_2 和废水排放的技术和方法，通过节能减排和扩大清洁可再生能源的利用来实现低碳发展。大力推行清洁化的生产过程，高效化的资源利用过程，推动可持续发展关键技术的研发和产业化，大力提升制造业可持续发展能力，进而推动制造业转型升级。

16.6.3　坚持环境规制政策导向，充分发挥环境规制对技能溢价和制造业国际竞争力的正面效应

当前，发达国家尤其是美国的"环境保护保守主义"倾向日趋明显，规避国际责任和国际道义的环境政策再次抬头，这对中国当前大力推行的绿色发展战略不啻为一种挑战。但是，应该清醒认识到中国生态环境的脆弱性以及在资源承受能力上与美国的巨大差距，不能为了短期的贸易利益而在环境规制方面与美国进行"逐低竞争"，再次退回到"灰色经济"的老路上。应该保持战略定力，在保护生态与经济发展并重的同时，适当加强环境规制、推进集约型清洁生产，逐步从根本上化解生态环境危机。制造业中的重度和中度污染行业作为环境规制的重点对象，对环境规制较为敏感，因此政府应适度加强对这两类行业的环境规制，防止出现高污染企业通过增加低技术劳动力相对投入来转嫁规制成本的行为。强化环境规制措施分类管理的政策导向，改变目前环境规制政策末端治理模式，着眼于构建促进行业清洁生产的长效机制，从源头上减轻工业生产的环境压力。由于信息不对称、治理成本高昂等原因，末端治理容易流于形式，且只能暂时降低污染排放、不能解决根本问题。政府需要制定和完善相应的分类规制配套政策，例如，在能源政策方面，通过设置资源税来调整要素相对价格，对企业形成强大

的"倒逼"压力，促使企业向集约清洁生产转型；在财政政策方面，为企业进行清洁生产技术创新提供研发补贴和税收减免等资金支持。轻度污染行业因其本身污染排放相对较少，对当前环境规制政策的反应不敏感，因此对其环境规制措施仍可适度加强，尤其是适当强化对这类行业中一些污染排放相对较高企业的规制，防止其转化为中度或重度污染企业。制定和实施分类规制政策，更有利于发挥环境规制对技能溢价和制造业国际竞争力的正面效应，形成环境规制、技能溢价与产业国际竞争力之间的良性循环。

参 考 文 献

中文部分：

［1］波特霍夫等：《工业4.0：开启未来工业的新模式、新策略和新思维》，机械工业出版社2015年版。

［2］布莱恩·约弗森等：《第二次机器革命：数字化技术将如何改变我们的经济与社会》，中信出版社2014年版。

［3］多西等著：《技术进步与经济理论》，钟学义等译，经济科学出版社1992年版。

［4］杰里米·里夫金：《第三次工业革命》，中信出版社2012年版。

［5］钱纳里等：《工业化和经济增长的比较研究》，吴奇等译，上海三联书店1995年版。

［6］库兹涅茨：《现代经济增长》，戴睿等译，北京经济学院出版社1991年版。

［7］库兹涅茨：《各国的经济增长》，商务印书馆1999年版。

［8］森德勒等：《工业4.0：即将来袭的第四次工业革命》，机械工业出版社2014年版。

［9］野口悠纪雄：《日本的反思：制造业毁灭日本》，杨雅虹译，东方出版社2014年版。

［10］纽曼：《信息网络技术与网络科学：网络科学引论》，电子工业出版社2014年版。

［11］李杰：《工业大数据：工业4.0时代的工业转型与价值创造》，机械工业出版社2015年版。

［12］施瓦布：《第四次工业革命：转型的力量》，中信出版社2016年版。

［13］安苑、王珺：《财政行为波动影响产业结构升级了吗：基于产业技术复杂度的考察》，载于《管理世界》2012年第9期。

［14］蔡昉、王德文、曲明：《中国产业升级的大国雁阵模型分析》，载于《经济研究》2009年第9期。

［15］曹建海、江飞涛：《中国工业投资中的重复建设与产能过剩问题研究》，经济管理出版社 2010 年版。

［16］陈爱贞：《全球竞争下的中国装备制造业升级制约与突破》，经济科学出版社 2012 年版。

［17］陈德智：《技术跨越》，上海交通大学出版社 2006 年版。

［18］陈佳贵、黄群慧：《工业大国国情与工业强国战略》，社会科学文献出版社 2012 年版。

［19］陈立敏：《中国制造业国际竞争力评价方法与提升策略》，武汉大学出版社 2008 年版。

［20］陈立敏等：《国际竞争力与出口竞争力的对比研究及指标设计》，中国社会科学出版社 2013 年版。

［21］陈强：《高级计量经济学及 STATA 应用》，高等教育出版社 2010 年版。

［22］陈诗一：《中国工业分行业统计数据估算》，载于《经济学季刊》2011 年第 10 期。

［23］陈诗一：《节能减排、结构调整与工业发展方式转变研究》，北京大学出版社 2011 年版。

［24］陈诗一：《中国绿色工业革命：基于环境全要素生产率视角的解释（1980－2008）》，载于《经济研究》2010 年第 11 期。

［25］陈诗一、严法善、吴若沉：《资本深化、生产率提高与中国二氧化碳排放变化——产业、区域、能源三维结构调整视角的因素分解分析》，载于《财贸经济》2010 年第 12 期。

［26］陈志文：《"工业 4.0"在德国：从概念走向现实》，载于《世界科学》2014 年第 5 期。

［27］崔日明、张婷玉：《美国"再工业化"战略与中国制造业转型研究》，载于《经济社会体制比较》2013 年第 6 期。

［28］丁纯、李君扬：《德国工业 4.0：内容、动因与前景及其启示》，载于《德国研究》2014 年第 4 期。

［29］丁永建：《面向全球产业价值链的中国制造业升级》，科学出版社 2010 年版。

［30］董敏杰、梁泳梅、张其仔：《中国工业产能利用率：行业比较、地区差异及影响因素》，载于《经济研究》2015 年第 1 期。

［31］杜传忠：《转型、升级与创新：中国特色新型工业化的系统性研究》，人民出版社 2013 年版。

［32］杜传忠、杨志坤：《德国工业 4.0 战略对中国制造业转型升级的借鉴》，载于《经济与管理研究》2015 年第 7 期。

［33］杜传忠、郭树龙：《中国产业结构升级的影响因素分析：兼论后金融危机时代中国产业结构升级的思路》，载于《广东社会科学》2011 年第 4 期。

［34］范林凯、李晓萍、应珊珊：《渐进式改革背景下产能过剩的现实基础与形成机理》，载于《中国工业经济》2015 年第 1 期。

［35］范黎波：《"中国制造"的发展路径与战略选择》，中国社会科学出版社 2012 年版。

［36］冯飞：《迈向工业大国：30 年工业改革与发展回顾》，中国发展出版社 2008 年版。

［37］冯悦怡、张力小：《城市节能与碳减排政策情景分析——以北京市为例》，载于《资源科学》2012 年第 3 期。

［38］干春晖等：《改革开放以来产业结构演进与生产率增长研究》，载于《中国工业经济》2009 年第 2 期。

［39］干春晖等：《中国产业发展报告》（2006 - 2013 年系列），上海财经大学出版社 2007 ~ 2014 年版。

［40］干春晖等：《地方官员任期、企业资源获取与产能过剩》，载于《中国工业经济》2015 年第 3 期。

［41］干春晖、郑若谷、余典范：《中国产业结构变迁对经济增长和波动的影响》，载于《经济研究》2011 年第 5 期。

［42］耿强、江飞涛、傅坦：《政策性补贴、产能过剩与中国的经济波动》，载于《中国工业经济》2011 年第 5 期。

［43］郭朝先：《产业结构变动对中国碳排放的影响》，载于《中国人口·资源与环境》2012 年第 7 期。

［44］郭克莎、贺俊：《走向世界的中国制造业》，经济管理出版社 2007 年版。

［45］郭庆然：《中国制造业结构变动研究（1953 - 2011）》，人民出版社 2014 年版。

［46］国务院 2015 年第 28 号文件：《中国制造 2025》，人民出版社 2015 年版。

［47］洪银兴：《产业结构转型升级的方向和动力》，载于《求是学刊》2014 年第 1 期。

［48］韩国高、高铁梅、王立国、齐鹰飞、王晓姝：《中国制造业产能过剩的测度、波动及成因研究》，载于《经济研究》2011 年第 12 期。

[49] 韩文科、康艳兵、刘强等:《中国 2020 年温室气体控制目标的实现路径与对策》,中国发展出版社 2012 年版。

[50] 韩玉军、陆旸:《经济增长与环境的关系——基于对 CO_2 的环境库兹涅茨曲线的实证研究》,载于《经济理论与经济管理》2009 年第 3 期。

[51] 何彬:《基于窖藏行为的产能过剩形成机理及其波动性特征研究》,吉林大学博士学位论文,2008 年。

[52] 侯建朝、史丹:《中国电力行业碳排放变化的驱动因素研究》,载于《中国工业经济》2014 年第 6 期。

[53] 胡军等:《珠三角 OEM 企业持续成长的路径选择——基于全球价值链外包体系的视角》,载于《中国工业经济》2005 年第 5 期。

[54] 黄繁华、洪银兴:《制造业基地发展现代服务业的路径》,南京大学出版社 2010 年版。

[55] 黄桂田等:《中国制造业生产要素相对比例变化及其经济影响》,北京大学出版社 2012 年版。

[56] 黄茂兴、李军军:《技术选择、产业结构升级与经济增长》,载于《经济研究》2009 年第 7 期。

[57] 黄茂兴、冯潮华:《技术选择与产业结构升级——基于海峡西岸经济区的实证研究》,社会科学文献出版社 2007 年版。

[58] 黄群慧:《中国的工业大国国情与工业强国战略》,载于《中国工业经济》2012 年第 3 期。

[59] 黄群慧、贺俊:《"第三次工业革命"与"制造业服务化"背景下的中国工业化进程》,载于《全球化》2013 年第 1 期。

[60] 黄群慧、贺俊:《"第三次工业革命"与中国经济发展战略调整》,载于《中国工业经济》2013 年第 1 期。

[61] 黄群慧、贺俊:《中国制造业的核心能力、功能定位与发展战略》,载于《中国工业经济》2015 年第 6 期。

[62] 黄群慧、贺俊:《真实的产业政策——发达国家促进工业发展的历史经验与最新实践》,经济管理出版社 2015 年版。

[63] 贾根良:《迎接第三次工业革命的关键在于发展模式的革命——我国光伏产业和机器人产业的案例研究与反思》,载于《经济理论与经济管理》2013 年第 5 期。

[64] 姜奇平:《"互联网+"与中国经济的未来形态》,载于《人民论坛:学术前沿》2015 年第 10 期。

［65］江飞涛、耿强、吕大国、李晓萍：《地区竞争、体制扭曲与产能过剩的形成机理》，载于《中国工业经济》2012年第6期。

［66］江小涓：《产业结构优化升级：新阶段和新任务》，载于《财贸经济》2005年第4期。

［67］金碚、刘戒骄：《美国"再工业化"观察》，载于《决策》2010年第2期。

［68］金碚、吕铁、邓洲：《中国工业结构转型升级：进展、问题与趋势》，载于《中国工业经济》2011年第2期。

［69］金碚、张其仔：《全球产业演进与中国竞争优势》，经济管理出版社2014年版。

［70］金碚：《中国工业的转型》，载于《中国工业经济》2011年第7期。

［71］金碚：《全球竞争格局变化与中国产业发展》，经济管理出版社2013年版。

［72］孔伟杰：《制造业企业转型升级影响因素研究——基于浙江省制造业企业大样本问卷调查的实证研究》，载于《管理世界》2012年第9期。

［73］李海舰、田跃新、李文杰：《互联网思维与传统企业再造》，载于《中国工业经济》2014年第10期。

［74］李钢、廖建辉：《基于碳资本存量的碳排放权分配方案》，载于《中国社会科学》2015年第7期。

［75］李锴、齐绍洲：《贸易开放、经济增长与中国二氧化碳排放》，载于《经济研究》2011年第11期。

［76］李静、杨海生：《产能过剩的微观形成机理及其治理》，载于《中山大学学报》2011年第2期。

［77］李金华等：《中国现代制造业体系论》，中国社会科学出版社2015年版。

［78］李廉水等：《中国特大都市圈与世界制造业中心研究》，经济科学出版社2009年版。

［79］李廉水、程中华、刘军：《中国制造业"新型化"及其评价研究》，载于《中国工业经济》2015年第2期。

［80］李廉水等：《中国制造业发展研究报告2015》，北京大学出版社2016年版。

［81］李平、江飞涛、曹建海等：《产能过剩、重复建设形成机理和治理政策研究》，社会科学文献出版社2015年版。

［82］李善同等：《中国生产者服务业发展与制造业升级》，上海三联书店2008年版。

［83］李小平、卢现祥：《国际贸易、污染产业转移和中国工业CO_2排放》，载于《经济研究》2010年第1期。

［84］李晓华：《中国制造业的"成本上涨与利润增长并存"之谜》，载于《数量经济技术经济研究》2013年第12期。

［85］李欣、黄鲁成、吴菲菲：《面向战略性新兴产业的技术选择模型及应用》，载于《系统管理学报》，2012年第5期。

［86］李毅：《日本制造业演进的创新经济学分析》，中国社会科学出版社2011年版。

［87］梁咏梅、董敏杰、张其仔：《产能利用率测算方法：一个文献综述》，载于《经济管理》2014年第11期。

［88］廖峥嵘：《美国"再工业化"进程及其影响》，载于《国际研究参考》2013年第7期。

［89］林伯强、蒋竺均：《中国二氧化碳的环境库兹涅茨曲线预测及影响因素分析》，载于《管理世界》2009年第4期。

［90］林伯强、刘希颖：《中国城市化阶段的碳排放：影响因素和减排策略》，载于《经济研究》2010年第8期。

［91］林毅夫：《潮涌现象和发展中国家宏观经济理论的重新构建》，载于《经济研究》2007年第1期。

［92］林毅夫、董先安、殷韦：《技术选择、技术扩散与经济收敛》，载于《财经问题研究》2004年第6期。

［93］林毅夫、刘明兴：《经济发展战略与中国的工业化》，载于《经济研究》2004年第7期。

［94］林毅夫、张鹏飞：《后发优势、技术引进和落后国家的经济增长》，载于《经济学季刊》2005年第3期。

［95］林毅夫、巫和懋、邢亦青：《"潮涌现象"与产能过剩的形成机制》，载于《经济研究》2010年第10期。

［96］刘德学：《外缘性制造业技术创新能力研究》，中南大学出版社2014年版。

［97］刘春生：《全球生产网络的构建与中国的战略选择》，中国人民大学出版社2008年版。

［98］刘航、孙早：《城镇化动因扭曲与制造业产能过剩》，载于《中国工业

经济》2014 年第 11 期。

[99] 刘元春:《经济制度变革还是产业结构升级:论中国经济增长的核心源泉及其未来改革的重心》,载于《中国工业经济》2003 年第 9 期。

[100] 刘戒骄:《美国再工业化及其思考》,载于《中共中央党校学报》2011 年第 2 期。

[101] 刘世锦:《中国经济增长十年展望——在改革中形成增长新常态》,中信出版社 2014 年版。

[102] 刘再起、陈春:《低碳经济与产业结构调整研究》,载于《国外社会科学》2010 年第 3 期。

[103] 刘志彪、江静:《长三角制造业向产业链高端攀升路径与机制》,经济科学出版社 2009 年版。

[104] 刘志彪等:《长三角托起的中国制造》,中国人民大学出版社 2006 年版。

[105] 刘志彪等:《长三角转型升级研究》,中国人民大学出版社 2012 年版。

[106] 刘志彪、张杰:《全球代工体系下发展中国家俘获型网络的形成、突破与对策》,载于《中国工业经济》2007 年第 5 期。

[107] 刘维林:《产品架构与功能架构的双重嵌入——本土制造业突破 GVC 低端锁定的攀升途径》,载于《中国工业经济》2012 年第 1 期。

[108] 罗珉:《大型企业的模块化:内容、意义与方法》,载于《中国工业经济》2005 年第 3 期。

[109] 潘士远:《技术选择、模仿成本与经济收敛》,载于《浙江社会科学》2008 年第 7 期。

[110] 裴长洪、郑文:《发展新兴战略性产业:制造业与服务业并重》,载于《当代财经》2010 年第 1 期。

[111] 裴长洪、于燕:《德国"德国工业 4.0"与中德制造业合作新发展》,载于《财经问题研究》2014 年第 10 期。

[112] 吕明元、尤萌萌:《韩国产业结构变迁对经济增长方式转型的影响》,载于《世界经济研究》2013 年第 7 期。

[113] 吕铁、吴福象、魏际刚、李义平、吴晓波、张建平、王佳宁:《"中国制造 2025"的六重玄机》,载于《改革》2015 年第 4 期。

[114] 吕薇等:《中国制造业创新与升级:路径、机制与政策》,中国发展出版社 2013 年版。

[115] 吕炜、王娟:《高增长背景下的产业结构升级迟滞研究:经验证据与

体制解析》，载于《财经问题研究》2012 年第 6 期。

[116] 吕政：《中国能成为世界工厂吗》，经济管理出版社 2003 年版。

[117] 吕政等：《新型工业化道路与推进工业结构优化升级》，经济管理出版社 2015 年版。

[118] 马珩：《制造业高级化测度指标体系的构建及其实证研究》，载于《南京社会科学》2012 年第 9 期。

[119] 皮建才：《政治晋升激励机制下的地方重复建设——横向与纵向的比较分析》，载于《财经科学》2009 年第 9 期。

[120] 戚聿东、刘健：《第三次工业革命趋势下产业组织转型》，载于《财经问题研究》2014 年第 1 期。

[121] 芮明杰：《第三次工业革命与中国选择》，上海辞书出版社 2013 年版。

[122] 芮明杰：《中国产业发展的战略选择》，上海人民出版社 2010 年版。

[123] 芮明杰等：《产业发展与结构转型研究》，上海财经大学出版社 2012 年版。

[124] 芮明杰、余东华：《西方产业组织理论中技术创新思想的演进与发展》，载于《研究与发展管理》2006 年第 6 期。

[125] 芮明杰、余东华：《制度选择、规制改革与产业绩效》，载于《重庆大学学报》（人文社科版）2006 年第 6 期。

[126] 宋冬林：《东北老工业基地资源型城市发展接续产业问题研究》，经济科学出版社 2009 年版。

[127] 宋玉华、张海燕：《亚太价值链解构与中国的利得——基于 APEC 主要国家的投入产出分析》，载于《亚太经济》2014 年第 2 期。

[128] 沈坤荣：《产业转型与中国经济增长》，载于《学术月刊》2013 年第 6 期。

[129] 沈坤荣、徐礼伯：《美国"再工业化"与江苏产业结构转型升级》，载于《江海学刊》2013 年第 1 期。

[130] 沈坤荣、徐礼伯：《中国产业结构升级：进展、阻力与对策》，载于《学海》2014 年第 1 期。

[131] 申萌、李凯杰、曲如晓：《技术进步、经济增长与二氧化碳排放：理论和经验研究》，载于《世界经济》2012 年第 7 期。

[132] 孙巍、李何、王文成：《产能利用与固定资产投资关系的面板数据协整研究》，载于《经济管理》2009 年第 3 期。

[133] 唐海燕、张会清：《产品内国际分工与发展中国家的价值链提升》，

载于《经济研究》2009年第9期。

［134］唐晓华等：《中国装备制造业与经济增长实证研究》，载于《中国工业经济》2010年第12期。

［135］唐晓华等：《基于产业关联的生产性服务业与制造业互动研究——以辽宁省为例》，载于《商业经济研究》2015年第8期。

［136］唐晓华等：《装备制造业集群风险因素的层次研究》，载于《社会科学辑刊》2013年第5期。

［137］田文：《全球价值链重构与中国出口贸易的结构调整》，载于《国际贸易问题》2015年第3期。

［138］涂正革：《中国碳减排路径与战略选择——基于八大行业部门碳排放量的指数分解分析》，载于《中国社会科学》2012年第3期。

［139］王立国、高越青：《基于技术进步视角的产能过剩问题研究》，载于《财经问题研究》2012年第2期。

［140］王立国、鞠蕾：《地方政府干预、企业过度投资与产能过剩：26个行业样本》，载于《产业经济》2012年第12期。

［141］王文举、李峰：《国际碳排放核算标准选择的公平性研究》，载于《中国工业经济》2013年第3期。

［142］王文举、向其凤：《国际贸易中隐含碳排放核算及责任分配》，载于《中国工业经济》2011年第10期。

［143］王文甫、明娟、岳超云：《企业规模、地方政府干预与产能过剩》，载于《管理世界》2014年第10期。

［144］王杰、刘斌：《环境规制与企业全要素生产率——基于中国工业企业数据的经验分析》，载于《中国工业经济》2014年第3期。

［145］王岳平等：《产业技术升级与产业结构调整关系研究》，载于《宏观经济研究》2005年第5期。

［146］王岳平：《促进我国产业结构优化升级的着力点》，载于《宏观经济研究》2008年第11期。

［147］王云平：《中国制造业综合比较优势分析》，经济管理出版社2014年版。

［148］王稼琼、李卫东：《城市主导产业选择的基准与方法再分析》，载于《数量经济技术研究》1999年第5期。

［149］王婷等：《从发达国家制造业回流看中国制造业的发展》，载于《科学管理研究》2014年第6期。

［150］王志华、陈圻：《江苏制造业结构升级水平的综合测度》，载于《生态经济》2012 年第 4 期。

［151］王玉燕、林汉川、吕臣：《全球价值链嵌入的技术进步效应——来自中国工业面板数据的经验研究》，载于《中国工业经济》2014 年第 9 期。

［152］王玉燕、林汉川：《全球价值链嵌入能提升工业转型升级效果吗——基于中国工业面板数据的实证检验》，载于《国际贸易问题》2015 年第 11 期。

［153］王玉燕、林汉川等：《中国工业转型升级的若干问题研究》，企业管理出版社 2016 年版。

［154］王喜文：《中国制造 2025 解读——从工业大国到工业强国》，机械工业出版社 2015 年版。

［155］汪应洛、刘子晗：《中国从制造大国迈向制造强国的战略思考》，载于《西安交通大学（社会科学版）》2013 年第 6 期。

［156］王海波等：《新中国工业经济史》（第三版），经济管理出版社 2017 年版。

［157］魏江、周丹：《生产性服务业与制造业融合互动发展》，科学出版社 2011 年版。

［158］武红：《中国多持续区域碳减排——格局、机理及路径》，中国发展出版社 2014 年版。

［159］巫云仙：《"德国制造"模式：特点、成因和发展趋势》，载于《政治经济学评论》2013 年第 3 期。

［160］吴晓波等：《中国先进制造发展战略研究》，机械工业出版社 2013 年版。

［161］武亚军：《战略规划如何成为竞争优势》，载于《管理世界》2007 年第 4 期。

［162］徐朝阳、周念利：《市场结构内生变迁与产能过剩治理》，载于《中国工业经济》2015 年第 2 期。

［163］许广月、宋德勇：《中国碳排放环境库兹涅茨曲线的实证研究——基于省域面板数据》，载于《中国工业经济》2010 年第 5 期。

［164］许庆瑞：《研究与发展管理》，高等教育出版社 1986 年版。

［165］向其凤：《中国碳排放总量产业间的分配研究》，首都经济贸易大学博士学位论文，2013 年。

［166］闫坤、刘陈杰：《我国"新常态"时期合理经济增速的测算》，载于《财贸经济》2015 年第 1 期。

［167］姚昕、刘希颖：《基于增长视角的中国最优碳税研究》，载于《经济研究》2010 年第 11 期。

［168］杨丹辉：《中国成为"世界工厂"的国际影响》，载于《中国工业经济》2005 年第 11 期。

［169］杨蕙馨等：《经济全球化条件下产业组织研究》，中国人民大学出版社 2012 年版。

［170］杨瑞龙、王元、聂辉华：《"准官员"的晋升机制：来自中国央企的证据》，载于《管理世界》2013 年第 3 期。

［171］杨智峰、汪伟：《技术进步与中国工业结构升级》，载于《财经研究》2016 年第 11 期。

［172］阳立高、谢锐、贺正楚：《劳动力成本上升对制造业结构升级的影响研究》，载于《中国软科学》2014 年第 12 期。

［173］原毅军、董琨：《节能减排约束下的中国产业结构优化问题研究》，载于《工业技术经济》2008 年第 8 期。

［174］余东华：《双重转型下的中国产业组织优化研究》，经济管理出版社 2008 年版。

［175］余东华、吕逸楠：《政府不当干预与战略性新兴产业产能过剩——以中国光伏产业为例》，载于《中国工业经济》2015 年第 10 期。

［176］余东华、芮明杰：《模块化、企业价值网络与企业边界变动》，载于《中国工业经济》2005 年第 10 期。

［177］余东华、张明志：《异质性难题化解与碳排放 EKC 再检验——基于门限回归的国别分组研究》，载于《中国工业经济》2016 年第 7 期。

［178］余东华、孙婷：《环境规制、技能溢价与中国制造业国际竞争力》，载于《中国工业经济》2017 年第 5 期。

［179］余东华、张维国：《要素市场扭曲、资本深化与制造业转型升级》，载于《当代经济科学》2018 年第 2 期。

［180］余东华、张鑫宇：《知识资本投入、产业间纵向关联与制造业创新产出》，载于《财经问题研究》2018 年第 3 期。

［181］余东华、水冰：《信息技术驱动下的价值链嵌入与制造业转型升级研究》，载于《财贸研究》2017 年第 9 期。

［182］于立等：《中国产能过剩的根本成因与出路：非市场因素及其三步走战略》，载于《改革》2014 年第 2 期。

［183］于立等：《国际竞争政策的分歧、互动与展望》，载于《世界经济研

究》2006 年第 9 期。

［184］于立、张杰：《中国产能过剩的根本成因与出路：非市场因素及其三步走战略》，载于《产业经济》2014 年第 2 期。

［185］臧旭恒等：《转型时期消费需求升级与产业发展研究》，经济科学出版社 2012 年版。

［186］张建华等：《基于新型工业化道路的工业结构优化升级研究》，中国社会科学出版社 2012 年版。

［187］张捷：《全球分工格局与产业机构的新变化》，经济科学出版社 2014 年版。

［188］张军扩、赵昌文：《当前中国产能过剩问题分析：政策、理论、案例》，清华大学出版社 2014 年版。

［189］张明志：《我国制造业细分行业的碳排放测算——兼论 EKC 在制造业的存在性》，载于《软科学》2015 年第 9 期。

［190］张少军、刘志彪：《国内价值链是否对接了全球价值链》，载于《国际贸易问题》2013 年第 2 期。

［191］张耀辉等：《技术领先战略与技术创新价值》，载于《中国工业经济》2008 年第 11 期。

［192］张耀辉等：《产业体系配套、政策体系保障与资源立国的可行性》，载于《改革》2014 年第 5 期。

［193］张耀辉等：《知识产权的优化配置》，载于《中国社会科学》2011 年第 5 期。

［194］张亚斌等：《城市群、"圈层"经济与产业结构升级》，载于《中国工业经济》2006 年第 12 期。

［195］张亚斌、金培振、艾洪山：《中国工业化与信息化融合环境的综合评价及分析——基于东中西部三大区域的测度与比较》，载于《财经研究》2012 年第 8 期。

［196］章穗、张梅、迟国泰：《基于熵权法的科学技术评价模型及其实证研究》，载于《管理学报》2010 年第 10 期。

［197］章玉贵：《制造业升级路径研究：基于上海的自主创新的视角》，上海人民出版社 2012 年版。

［198］赵丰义：《我国装备制造业技术创新路径优化研究》，中国社会科学出版社 2010 年版。

［199］赵彦云等：《"再工业化"背景下的中美制造业竞争力比较》，载于

《经济理论与经济管理》2012年第2期。

[200] 郑健壮：《产业集群转型升级及其路径选择》，浙江大学出版社2013年版。

[201] 钟春平、潘黎：《"产能过剩"的误区——产能利用率及产能利用率的进展、争议及现实判断》，载于《经济学动态》2014年第3期。

[202] 邹庆：《基于面板门限回归的中国碳排放EKC研究》，载于《中国经济问题》2015年第4期。

[203] 周长富、杜宇玮：《代工企业转型升级的影响因素研究——基于昆山制造业企业的问卷调查》，载于《世界经济研究》2012年第7期。

[204] 周长富、王竹君：《环境规制下中国制造业转型升级的机制与路径》，南京大学出版社2016年版。

[205] 周凯歌、卢彦：《工业4.0：转型升级路线图》，人民邮电出版社2016年版。

[206] 周剑、陈杰：《制造业企业两化融合评估指标体系构建》，载于《计算机集成制造系统》2013年第9期。

[207] 周瑞辉、廖涵：《所有制异质、官员激励与中国的产能过剩》，载于《产业经济研究》2014年第3期。

[208] 周叔莲、吕铁：《中国高增长行业的转型与发展》，经济管理出版社2010年版。

[209] 周文鼎：《第三次工业革命与中国经济转型》，湖北教育出版社2014年版。

[210] 周业樑、盛文军：《转轨时期我国产能过剩的成因解析及政策选择》，载于《金融研究》2007年第2期。

[211] 周振华：《迈向十二五：创新驱动，转型发展》，格致出版社2011年版。

[212] 周振华：《产业结构优化论》，上海人民出版社2014年版。

[213] 朱平辉、袁加军、曾五一：《中国工业环境库兹涅茨曲线分析——基于空间面板模型的经验研究》，载于《中国工业经济》2010年第6期。

[214] 朱勤、彭希哲、陆志明、吴开亚：《中国能源消费碳排放变化的因素分解及实证分析》，载于《资源科学》2009年第12期。

[215] 朱瑞博、刘芸：《第三次工业革命与上海新兴产业发展》，上海人民出版社2014年版。

[216] 朱瑞博：《模块化、组织柔性与虚拟再整合产业组织体系》，载于

《产业经济评论》2004 年第 2 期。

［217］朱卫平等：《产业升级的内涵与模式研究——以广东产业升级为例》，载于《经济学家》2011 年第 2 期。

英文部分：

［1］Acemoglu, D. Why Do New Technologies Complement Skills? Directed Technical Change and Wage Inequality. Quarterly Journal of Economics, 1998, 113 (4): 1055 – 1089.

［2］Acemoglu, D. and F. Zilibotti, Productivity Differences, NBER Working Paper 1999, No. 6879.

［3］Acemoglu, D., and V. Guerrieri. Capital Deepening and Non-balanced Economic Growth. Journal of Political Economy, 2008, 116 (3): 467 – 498.

［4］Agras, J., and D. Chapman. A Dynamic Approach to the Environmental Kuznets Curve Hypothesis. Ecological Economics, 1999, 28 (2): 267 – 277.

［5］Alice B., Manufacturing Investment, Excess Capacity, and the Rate of Growth of Output. The American Economic Review, 1964 (9).

［6］Alvarez-Cuadrado, Francisco, Ngo Van Long, and Markus Poschke. Capital – Labor Substitution, Structural Change and Growth. Theoretical Economics, 2016 (2): 112 – 135.

［7］Antweiler, W., B. R. Copeland, and M. S. Taylor. Is Free Trade Good for the Environment. American Economic Review, 2001, 91 (4): 876 – 908.

［8］Arthur D. V. and G. Frey. Backlogs and the Value of Excess Capacity in the Steel Industry. The American Economic Review, 1982 (6).

［9］Aruthr, W. B. Competing Technologies, Increasing Returns and Lock – In by Historical Events. Economic Journal, 1989 (99): 116 – 131.

［10］Atkinson, A. B. and J. E. Stiglitz, A New View of Technological Change, Economic Journal, 1969 (79): 573 – 578.

［11］Azadegan, A. and S. M. Wagner, Industrial Upgrading, Exploitative Innovations and Explorative Innovations, International Journal of Production Economics, 2011 (1): 54 – 65.

［12］Azomahou, T., and F. Laisney. Economic Development and CO_2 Emissions: A Nonparametric Panel Approac. Journal of Public Economics, 2006, 90 (6 – 7): 1347 – 1363.

[13] Bai, C. E. , Li, D. Tao, Z. , Wang and Y. A Multitask, Theory of State Enterprise Reform, *Journal of Comparative Economics*, 2000, No. 28: 716 –738.

[14] Baldwin, R. , Trade and Industrialization after Globalization's 2nd Unbundling: How Building and Joining a Supply Chain are Different and Why it Matters, NBER Working Paper NO. 17716, 2011.

[15] Baldwin, R. and A. Venables, Relocating the Value Chain: Offshoring and Agglomeration in the Global Economy, NBER Working Paper No. 16611, 2010.

[16] Bardhan I, Whitaker J, Mithas S. Information Technology, Production Process Outsourcing, and Manufacturing Plant Performance. Journal of Management Information Systems, 2006, 23 (2): 13 –40.

[17] Basu, S. and D. Weil, Appropriate, Technology and Growth, Quarterly Journal of Economics, 1998, 113 (4): 1025 –1054.

[18] Berndt, E. R. and Morrison, C. J. Capacity Utilization Measures: Underlying Economic Theory and an Alternative Approach. American Economic Review, 1981 (71): 48 –52.

[19] Berman. Eli, Bound J. and Machin, S. Implications of Skill-biased Technological Change: International Evidence. Quarterly Journal of Economics, 1998, 113 (4): 1245 –1279.

[20] Berkhout, F. , Smith, A. , and A. Stirling, Socio-technological Regimes and Transition Contexts, SPRU Electronic Working Papers, 2004, No. 106.

[21] Boyd, B. K. , Reuning-Elliott, E. , A Measurement Model of Strategic Planning, Strategic Management Journal, 1998, 19 (2): 181 –192.

[22] Cassels, J. M. Excess Capacity and Monopolistic Competition. The Quarterly Journal of Economics, 1937 (51): 426 –443.

[23] Caselli, F. and W. J. Coleman Ⅱ. The world Technology Frontier, NBER Working Paper, 2000, No. 7904.

[24] Catherine J. Morrison. On the Economic Interpretation and Measurement of Optimal Capacity Utilization with Anticipatory Expectations. National Bureau of Economic research, 1985 (1): 96 –114.

[25] Chakravarthy, B. and P. Lorange, Adapting Strategic Planning to the Changing Needs of Business, Journal of Organizational Change Management, 1991, Vol. 4 (2): 6 –18.

[26] Chatterjee Lata, Han Xiaoli. Impacts of Growth and Structural Change on

CO_2, Emissions of Developing Countries. World Development, 1997, 25 (3): 395 – 407.

[27] Christopher Freeman. The National System of Innovation in Historical Perspective. Cambridge of Journal of Economics. Volume 19. Number 1, January 1995: 5 – 24.

[28] Cole, M. A. Trade, the Pollution Haven Hypothesis and the Environmental Kuznets Curve: Examining the Linkages. Ecological Economics, 2004, 48 (1): 71 – 81.

[29] Cynthia Bansak, Norman Morin, Martha Starr. Technology, Capital Spending, and Capacity Utilization. The American Economic Review, 2003 (3): 516 – 532.

[30] David P. A. Clio and the Economics of QWERTY. American Economic Review, 1985 (75): 332 – 337.

[31] Dieter Ernst, Upgrading through Innovation in a Small Network Economy, *Economics of Innovation and New Technology*, 2010 (4): 295 – 324.

[32] Dietz, T. and Rosa E. A. , Effects of Population and Affluence on CO_2 Emissions. *Proceedings of the National Academy of Sciences of the United States of America*, 1997: 94, 175 – 179.

[33] Dietz, T. , and E. A. Rosa. Rethinking the Environmental Impacts of Population, Affluence and Technology. Human Ecology Review, 1994 (1): 277 – 300.

[34] Di Maria, C. and Valente, S. , The Direction of Technical Change in Capital-Resource Economics. ETH Zürich Working Paper, 2006.

[35] Dosi G. Technological Paradigms and Technological Trajectories. Research Policy, 1982 (11): 147 – 162.

[36] Dosi G, Pavitt K, Soete L. The Economics of Technical Change and International Trade. Brighton Wheatsheaf, 1988.

[37] Echevarria, Cristina, Changes in Sectoral Composition Associated with Economic Growth. International Economic Review, 1997, 38 (2): 431 – 52.

[38] Ehrlich, P. R. , and J. P. Holden. Impact of Population Growth. Science, 1971, 171 (3): 1212 – 1217.

[39] Eng, T. Y. and J. G. Jones, An Investigation of Marketing Capabilities and Upgrading Performance of Manufacturers in mainland China and Hong Kong, Journal of World Business, 2009 (44): 463 – 475.

[40] Engle, R. F. and Granger C. W. J. , Co-integration and Error Correction:

Representation, Estimation, and Testing. *Econometrica*, 1987: 55, 251 – 276.

[41] Fare, R. , S. Grosskopf and G. Kirkley. Multi-output Capacity Measures and Their Relevance for Productivity. Bulletin of Economic Research, 2000 (52): 101 – 112.

[42] Forster, B. A. , Optimal Energy Use in a Polluted Environment. *Journal of Environmental Economics and Management*, 1980 (7): 321 – 333.

[43] Friedl, B. , and M. Getzner. Determinants of CO_2 Emissions in a Small Open Economy. Ecological Economics, 2003, 45 (1): 133 – 148.

[44] Gambhir A. , Niels S. , Tamaryn, et al. , A Hybrid Modelling Approach to Develop Scenario for China's Carbon Dioxide Emissions to 2050. Energy Policy, 2013 (59): 614 – 632.

[45] Gereffi, G. , International Trade and Industrial Upgrading in the Apparel commodity Chain, *Journal of International Economics*, 1999, No. 1: 37 – 70.

[46] Greene D. L. , Ahmad S. Costs of U. S. Oil Dependence: 2005 Update. working paper, 2005.

[47] Grimaud, A. and Rouge, L. , Environment, Directed Technical Change and Economic Policy. *Environmental and Resource Economics*, 2008: 41, 439 – 463.

[48] Grossman G. M. , Krueger A. B. Environmental Impacts of a North American Free Trade Agreement. NBER Working Paper, 1991 (11).

[49] Grossman, G. M. , and A. B. Krueger. Economic Growth and the Environment [J]. Quarterly Journal of Economics, 1995, 110 (2): 353 – 377.

[50] Grubler, A. Nakićenović, N. and Nordhaus, W. D. , Technological Change and the Environment. Resources for the Future Press, 2002.

[51] Gary Gereffi. , International Trade and Industrial Upgrading in the Apparel Commodity Chain. Journal of International Economics, 1999 (48): 37 – 70.

[52] Geels F. , Technological Transitions as Evolutionary Reconfiguration Process: A multi-level Perspective and a Case Study, Research Policy, 2002 (31): 8 – 9.

[53] Gereffi, G. , J. Humphrey, and T. Sturgeon. The Governance of Global Value Chains. *Review of International Political Economy*, 2005, 12 (1): 78 – 104.

[54] Gereffi, G. Development Models and Industrial Upgrading in China and Mexico. *European Sociological Review*, 2009, 25 (1): 37 – 51.

[55] Hansen, B. E. Threshold Effect in Non-dynamic Panels: Estimation, Tes-

ting and Inference. Journal of Econometrics, 1999, 93 (2): 345 – 368.

[56] Henrik, H. The Burden of Proof in Trade Dispute and the Environment. Journal of Environment Economics and Management, 2011, 62 (1): 15 – 29.

[57] Hickman. On a New Method of Capacity Estimation. Journal of the American Statistical Association, 1964 (59): 529 – 549.

[58] Holtz – Eakin, D. , and T. M. Selden. Stoking the Fires? CO_2 Emissions and Economic Growth. Journal of Public Economics, 1995, 57 (1): 85 – 101.

[59] Hori Takeo, Ikefuji, Masako and Mino Kazuo. Conformism and Structural Change. International Economic review, 2015, 56 (3): 939 – 961.

[60] Hummels, D. Ishii, J. , and Yi, K. The Nature and Growth of Vertical Specialization in World Trade. Journal of International Economics, 2001, 54 (1): 75 – 96.

[61] Hummels, D. , The Nature and Growth of Vertical Specialization in World trade, Journal of International Economics, 2001 (5): 75 – 96.

[62] Humphrey, J. and H. Schmitz, How does Insertion in Global Value Chains Affect Upgrading in Industrial Cluster, Working Paper for IDS and INEF, 2002.

[63] Jaffe, A. B. , R. G. Newell and R. N. Stavins, Environmental Policy and Technological Change, *Environmental and Resource Economics*, 2002, 22, 41 – 69.

[64] Jeremy Rifkin, The Third Industrial Revolution: How Did the New Economic Model Change the World, LJK Literary Management, LLC. , 2011.

[65] Johansen, S. , Statistical Analysis of Cointegration Vectors. *Journal of Economic Dynamics and Control*, 1988: 12, 231 – 254.

[66] Johansen, L. Production Functions and the Concept of Capacity. Collection Economic Mathemnatique et Economitrie, 1968 (2): 46 – 72.

[67] Johansen, S. and K. Juselius, The Full Information Maximum Likelihood Procedure for Inference on Cointegration With Application to the Demand for Money. *Oxford Bulletin of Economics and Statistics*, 1990: 52, 169 – 210.

[68] John Humphrey and Hubert Schmitz. , How does Insertion in Global Value Chains Affect Upgrading in Industrial Clusters. Regional Studies, 2002, 9 (36): 1017 – 1027.

[69] Kaplan. S. , Beinhocker, E. D. , The Real Value of Strategic Planning, Sloan Management Review, Winter, 2003: 71 – 76.

[70] Karagiannis, R. , A System-of-equations Two-stage DEA Approach for

Explaining Capacity Utilization and Technical Efficiency. Annuals of Operations Research, 2013.

[71] Kaya, Y. Impact of Carbon Dioxide Emission on GNP Growth: Interpretation of Proposed Scenarios. Presentation to the Energy and Industry Subgroup, Response Strategies Working Group, IPCC, Paris, 1989.

[72] Keun Lee, Chaisung Lim. Technological Regimes, Catching-up and Leapfrogging: Findings from the Korean Industries. Research Policy, 2001, 30: 459 – 483.

[73] Klein, Lawrence R. and Robert Summers. The Wharton Index of Capacity Utilization. Economics Research Unit, 1966.

[74] Klein, Lawrence R. and Virginia Long. Capacity Utilization: Concept, Measurement and Recent Estimates. Brookings Papers on Economic Activity, 1973 (3): 743 –764.

[75] Krugman, P., Integration, Specialization, and Adjustment, European Economic review, 1996 (2): 251 –263.

[76] Krugman, P. and A. J. Venables, Globalization and the Inequality of Nations. The Quarterly Journal of Economics, 1995, 110 (4): 857 –880.

[77] Laitner, John. Structural Change and Economic Growth. Review of Economic Studies, 2000, 57 (3): 545 –561.

[78] Levinson, A., and M. S. Taylor. Unmasking the Pollution Haven Effect. International Economic Review, 2008, 49 (1): 223 –254.

[79] Li – An Zhou, Political Turnover and Economic Performance: the Incentive Role of Personnel Control in China, *Journal of Public Economics*, 2005, No. 89: 1743 –1762.

[80] Lin, J. Y., Development Strategy, Viability, and Economic Convergence, the Inaugural D. Gale Johnson Lecture, presented at the University of Chicago on May 14, 2001.

[81] Lin, J. Y., F. Cai and Z. Li, The Lessons of China's Transition to a Market Economy, Cato Journal, 1996, 16 (2): 201 –232.

[82] Lucas, R. E., On the Mechanism of Economic Development, Journal of Monetary Economics, 1988, 22 (1): 3 –42.

[83] Manne, A. S. and Richels, R. G., The Impact of Learning-by-doing on the Timing and Costs of CO_2 Abatement, *Energy Economics*, 2004: 26, 603 –619.

[84] Martin Neil Baily., Adjusting to China: A Challenge to the U. S. Manufac-

turing Sector, Brookings "Growth through Innovation" Policy Brief, January, 2011.

[85] Maskus K. E., R. Neumann and T. Seide, How National and International Financial Development Affect Industrial R&D, European Economic Review, 2012, 56: 72 – 83.

[86] Milberg, W. and D. Winkler, Trade Crisis and Recovery—Restructuring of Global Value Chains, Policy Research Working Paper, No 5294, The World Bank, 2010.

[87] Mintzberg, H., The Rise and Fall of Strategic Planning, Free Press: New York, 1994.

[88] Morrison, C. J. Primal and Dual Capacity Utilization: An Application to Productivity Measurement in the U. S. Automobile Industry. Journal of Business & Economics Statistics, 1985 (3): 312 – 324.

[89] Murphy, Kevin M., Andrei Shleifer, and Robert W. Vishny. Industrialization and the Big Push. Journal of Political Economy, 1989, 97 (5): 1003 – 1026.

[90] Nelson, R. A., On the Measurement of Capacity Utilization. Journal of Industrial Economics, 1989 (37): 273 – 286.

[91] Newell, R. G., A. B. Jaffe and R. N. Stavins, The Induced Innovation Hypothesis and Energy – Saving Technological Change. *Quarterly Journal of Economics*, 1999: 114, 941 – 975.

[92] Ngai, L. Rachel, and Christopher A. Pissarides. Structural Change in a Multisector Model of Growth. American Economic Review, 2007, 97 (1): 429 – 443.

[93] Ngai, R. and Roberto, S., Accounting for Research and Productivity Growth across Industries, Review of Economic Dynamics, 2011, 14 (3): 475 – 495.

[94] Nordhaus, W. D., The 'DICE' Model: Background and Structure of a Dynamic Integrated Climate – Economy Model of the Economics of Global Warming. Cowles Foundation Discussion Papers 1009, 1992.

[95] Pascoe, S. and D. Tingley. Economic Capacity Estimation in Fisheries: A Non-parametric Ray Approach. Resource and Energy Economics, 2006 (28): 124 – 138.

[96] Paul A. S. Decomposition for Emission Based in Setting in China's Electricity Sector. Energy Policy, 2007, 35 (1): 280 – 294.

[97] Pavitt K. International Patterns of Technological Accumulation. In: Hood N, Vahlen J. E. Strategies in Global Competition. Croom Helm, 1988.

[98] Peng, M. K., Institutional Transitions and Strategic Choice, Academy of Management Review, 2003, 28 (2): 275 – 296.

[99] Peter Martin, The New Industrial Revolution: Consumers, Globalization and the End of Mass Production, AWG Literary Agency Limited, 2012.

[100] Phillips, A. An Appraisal of Measures of Capacity. American Economic Review, 1963 (53): 275 – 292.

[101] Pisano, Gary, Shih, Willy, Does America Really Need Manufacturing, *Harvard Business Review*, 2012, No. 5.

[102] Poon, S. C., Beyond the Global Production Networks: A Case of further Upgrading of Taiwan's Information Technology Industry, *International Journal of Technology & Globalization*, No. 1, 2004.

[103] Popp, D., Induced Innovation and Energy Price. *American Economic Review*, 2002: 92, 160 – 180.

[104] Porter, M., The Competitive Advantage of Nations. New York: The Free Press, 1990.

[105] Robert P. and D. Baker, Reindustrializing America: A Proposal for Revising U. S. Manufacturing and Creating Millions of Good Jobs. New Labor Forum, 2010, 19 (2): 17 – 34.

[106] Rock, T. T. and D. P. Angel, Industry Transformation in Development World, Oxford University Press, 2005.

[107] Romer, P. M., Increasing Returns and Long-run Growth, Journal of Political Economy, 1986, 94 (5): 1002 – 1037.

[108] Romer, P. M., Endogenous Technological Change, Journal of Political Economy, 1990, 98 (5): 71 – 102.

[109] Rosenberg N., Perspectives on Technology. Cambridge University Press, 1976.

[110] Sahal, D., Technology Guide-posts and Innovation Avenues. Research Policy, 1985 (14): 61 – 82.

[111] Selden, T. M., and D. Song. Environmental Quality and Development: Is There a Kuznets for Air Pollution Emissions. Journal of Environmental Economics and Management, 1994, 27 (2): 147 – 162.

[112] Sharif, H. Panel Estimation for CO_2 Emission, Energy Consumption Economic Growth, Trade Openness and Urbanization of Newly Industrialized Countries.

Energy Policy, 2011, 39 (11): 6991 –6999.

[113] Shafik, N. , and S. Bandyopadhyay. Economic Growth and Environmental Quality: Time Series and Cross – Country Evidence. World Bank Policy Research Working Paper, 1992.

[114] Shleifer, A. and R. W. Vishny, Politicians and Firms, *Quarterly Journal of Economics*, No. 109, 1994.

[115] Sue Wing, J. , Induced Technical Change and the Cost of Climate Policy. MIT Joint Program on the Science and Policy of Global Change Technical Report 102, 2003.

[116] Sydow, J. , G. Schreyogg and J. Koch, Organizational Path Dependence: Opening the Black Box, Academy of Management Review, 2009 (10): 689 – 709.

[117] Teece J. Firm Organization, Industrial Structure, and Technological Innovation. Journal of Economic Behavior & Organization, 1996 (31): 193 –224.

[118] Vaclav Smil, Made in the USA: The Rise and Retreat of American Manufacturing, Massachusetts Institute Technology Publish Press, 2013.

[119] Von Hippel E. Lead User Analysis for the Development of New Industrial Products. Management Science, 1988 (34): 569 –584.

[120] Waggoner, P. E. and J. H. Ausubel. A Framework for Sustainability Science: A Renovated IPAT Identity. Proceedings of the National Academy of Sciences of the United States of America, 2002, 12 (99): 7860 –7865.

[121] Young, Alwyn. Invention and Bounded Learning by Doing. Journal of Political Economy, 1993, 101 (3): 43 –472.

后　记

　　2014年，在一项关于反垄断研究的国家社科基金项目顺利结题后，我带领的课题组决定临时调整研究领域，从"行政性垄断"转向"制造业转型升级"。频繁更换研究领域是学术研究的大忌，更何况我们在行政性垄断、地方保护和市场分割、横向并购反垄断控制的效率抗辩等领域已经形成了学术研究的"规模效应"，"中国知网"原有的大数据功能一直将我们团队排在该领域"知名学者"的前列。我们在反复考虑后还是决定忍痛割爱、"放弃老阵地"，选择迎难而上、"抢占新山头"，主要原因在于以下几点：一是反垄断领域虽然是热点领域和国家重大需求领域，但是由于长时间序列数据很难获得，没有数据研究生们开展实证研究的难度很大，缺少实证研究既难以发表高水平论文，也不容易以"低风险"状态毕业；二是反垄断和制造业转型升级都是产业经济学的内容，二者还有很多相通之处，转换的沉没成本还是在可以接受的范围之内；三是制造业是中国经济的命脉所在，如何推动制造业转型升级和高质量发展的确需要系统深入研究，也是国家重大需求。思虑再三之后，我们申请了国家社科基金项目"要素价格上涨和环境规制趋紧下的中国制造业转型升级路径研究"（批准号：14BJY081）并获批立项。随后四年，我带领着学术团队对如何推动中国制造业转型升级展开了系统研究。研究周期内，课题组先后到珠三角、长三角和青烟威等地深入调研，获得了大量一手资料，对制造业转型升级的路径问题进行了系统和深入的研究。2018年底，该项国家社科基金项目顺利结题，研究成果获得鉴定专家的高度评价，研究报告的鉴定等级为"优秀"。在完成了两个国家社科基金后，我们又从制造业转型升级的路径研究转向制造业转型升级的动力研究，申报了国家自然科学基金面上项目"高质量发展导向下中国制造业转型升级的适宜性技术选择与动力变革研究"（批准号：71973083），并有幸获得资助。两年来，课题组结合新旧动能转换，围绕制造业转型升级和高质量发展的动力机制问题进行了系统研究，形成了一批研究成果，后续将会以《多重约束下中国制造业高质量发展的动力机制》为名出版，成为本书的姊妹篇。除了以上国家级项目以外，课题组还先后获得了教育部人文社科一般项目（批准号：19YJA790109）、山东省自然科学基金面上项目（批准号：ZR2019MG018）、山东省社会科学规划重大项目和重点项目（批准号：18AZJ04 和 20BZBJ03）、山东大学人文社会科学重大研究项目（批准号：18RWZD17）等课题的资助。本书就是以上项目研究的阶段性成果之一，在此需要对各项课题的慷慨资助者和课题评审专家的充分肯定，表达诚挚的谢意。

通过课题研究，我们更加深入了解了制造业对于国民经济的重要性，尤其是对于我国这样的发展中大国而言，制造业是国民经济的基石，制造能力直接决定了国家的综合实力和国防实力，也是保障基本民生的"压舱石"。保持制造业占比相对稳定、推动制造业高质量发展、实现由制造大国向制造强国的转变，是未来 5~15 年内中国制造业发展的首要目标。人类仍然处于工业文明时代，制造业仍然是人类创造物质财富的重要手段。在人类迈向数字文明的门槛处，推动制造业的数字化转型仍然是重中之重。数字技术是推动制造业转型升级和高质量发展的重要动力，在数字经济的引领下，制造业的组织形式和生产方式都将发生革命性变化。在后续研究中，我们将重点关注数字技术、数字经济、数字生态对制造业转型升级的作用机制，研究如何更快更好地推动制造业的数字化转型。最近几年，在承担国家和省批复的纵向课题的同时，我本人还承担了一些与"十四五"规划相关的横向课题，参与了多个省市和多个部门的"十四五"规划咨询论证。一个深刻体会就是，未来 5~15 年，高质量发展、原始性创新、数字化转型、生态化融合将是制造业转型升级和高质量发展的大方向，树立创新思维、融合思维、生态思维，对于加快制造业高质量发展十分重要。根据世界科技产业发展的大趋势，培育未来产业，优化产业生态，提升产业国际竞争力，仍然是制造业转型升级的重要任务，也是学术界需要继续研究的重要领域。

15 年前，我们团队出版了《双重转型下的中国产业组织优化研究》，对处于转型时期的中国产业组织优化路径和模式进行了研究，提出了推动产业组织优化的政策体系。本书是该书的延续，从宏观产业层面回到了中观制造业层面。在 2019 年底暴发新冠肺炎疫情之后的一段时间内，我利用集中成片的时间，集中精力整理了 20 多年以来我对工业革命及其驱动因素的思考和研究，完成了 100 多万字的初稿，暂定书名为《工业革命的驱动因素：人类工业文明演化的多维思考》。该书采用多学科思维方式对人类历史上发生的四次工业革命背后的驱动因素，进行了系统而又深入的分析，提出了很多新观点，推导出很多新结论。同时，对人类的工业文明进行了理性反思，提出了工业革命的新方向、新动力和新模式。该书是不带功利心去研究和写作的尝试，期待该书能够得以出版，与此书形成呼应。

在课题研究过程中，也形成了一些阶段性成果，虽然没有全部整合到本书之中，也要对发表我们阶段性成果的学术期刊和编辑老师们致以诚挚谢意。尤其是要感谢《天津社会科学》原主编赵景来先生，近二十年的真挚友谊让我感受到来自人文学者的温暖，他的认真、严谨和敬业精神，一直是我治学的榜样。在对制造业转型升级的研究过程中，课题组成员先后在《天津社会科学》《中国工业经济》《世界经济》《改革》《财经问题研究》《经济科学》《经济与管理研究》《南方经济》《经济评论》《财贸研究》《产业经济研究》《南方经济》《产业经济评论》（排名不分先后）等期刊发表学术论文 40 多篇，产生了较好的学术影响。其中，2 项成果获得中国工业经济学会年会优秀论文一等奖，6 项成果获得山东省人文社科优秀成果奖。

团队合作是新时代学术研究的基本路径，也是学术研究中攻坚克难的基本方式。感谢我所在的学术团队，多年来给予我无私的支持和帮助，特别是要感谢于良春教授、侯凤云教授、张伟教授、姜琪教授、付强副教授、牛帅副教授、王会宗副教授等团队成员。每月一次的大课题组研讨，既能砥砺思想，又能启发思维，还能一起培养学生、推动研究、提升成果。谢谢学术界多年合作的好朋友们，在各种学术活动中，来自你们的全力支持、热情鼓励和共襄盛举，对于性格内向的我而言，更加显得弥足珍贵。

课题研究和论文发表的过程，也是人才培养的过程。在课题研究过程中，我指导的博士生和硕士生通过参与课题调研取得了较多研究成果，发表了很多高水平论文，基本上都获得了国家奖学金，其中还有多人获得了校长奖学金；一名博士获得山东省优秀博士学位论文奖，六名硕士获得山东省优秀硕士学位论文奖。我指导的博士后王必好博士获得国家博士后基金资助，他的博士后工作报告被列入国家博士后文库出版。借助此书出版的机会，对参与课题研究的部分博士生张明志、孙婷、李捷、张鑫宇、陈汝影、胡亚男、李云汉、王梅娟、马路萌、王山等，硕士生王青、谭鹏、马立伟、范思远、李祥兵、牟晓倩、陈晓丹、张海东、王蒙蒙、吕逸楠、李铁伦、刘滔、邱璞、水冰、张维国、信婧、田双、邢韦庚、崔岩、张昆、于佳、韦丹琳、燕玉婷、王爱爱、张恒瑜等，致以谢意，本书的出版也有他们的功劳。每逢教师节，来自世界各地的问候，让为师者倍觉欣慰。

是为后记，以达谢意，以铭往事。

2022 年 1 月 6 日